基地学术委员会

杨圣敏　马　戎　郝时远
朱苏力　卓新平

中央民族大学"985工程"
中国当代民族问题战略研究哲学社会科学创新基地

胡鸿保 林春／著

文野互动

——民族考古文集

中央民族大学出版社
China Minzu University Press

图书在版编目（CIP）数据

文野互动：民族考古文集/胡鸿保等著.—北京：中央民族大学出版社，2010.7
ISBN 978-7-81108-847-2

Ⅰ.①文… Ⅱ.①胡… Ⅲ.①民族考古学－文集 Ⅳ.①K85-53

中国版本图书馆CIP数据核字(2010)第113117号

文野互动——民族考古文集

作　者	胡鸿保　林　春
责任编辑	吴　云
封面设计	布拉格
出 版 者	中央民族大学出版社
	北京市海淀区中关村南大街27号　邮编:100081
	电话:68472815(发行部)　传真:68932751(发行部)
	68932218(总编室)　　　68932447(办公室)
发 行 者	全国各地新华书店
印 刷 者	北京华正印刷有限公司
开　　本	880×1230(毫米)　1/32　印张:14.75
字　　数	366千字
版　　次	2010年7月第1版　2010年7月第1次印刷
书　　号	ISBN 978-7-81108-847-2
定　　价	38.00元

版权所有　翻印必究

在历史学与社会学之间的人类学

(代序)

若把 1979 年作为中国民族学和人类学的重建元年，那么这 30 年人类学的学科走向波折是比较明显的，简单地说，就是从历史学向社会学进行位移。众所周知，新中国的建立使得一些社会科学分支遭遇了一次"改造"和重新定位，还有一些干脆被取消。"文化大革命"之后则又有了所谓"二度定位"[1]。经历了这次波动，无论从学理上或者历史渊源上如何解释，民族学和人类学事实上是渐行渐远了。

20 世纪 80 年代初，大陆最早的两个人类学系和一个民族学系相继成立。领军人物梁钊韬、陈国强按心目中理想的"四领域人类学"组建并打造他们的梯队和人类学系，并且认为人类学属于一门历史学科。我们不妨认为此举继承的不仅是所谓"南派"衣钵，而且还留有曾对新中国"民族研究"产生过重大影响的苏维埃民族学的印记。

时隔 30 年后再回首，我们不难发现，目前的人类学状况与梁、陈等先生当初的预设目标有着不小的差距。人类学经受了远比民族学更多的波折。姑且不论官方机构制定的"名录"上如何定位人类学，至少在学界，人类学最出彩也最广受"外行"接纳的乃是它那"参与式"田野作业方法。当下一个不争的事实是，

---

[1] 杨圣敏主编：《中国民族学人类学研究 60 年》，北京：中央民族大学出版社，2010 年。

教育学、传播学、法律学等专家学者跨界来取经，借鉴的主要是"民族志"方法，而难得有人关注人类学的整体论。一位厦门大学人类学系学者近期撰文说到，由于功能学派更加贴近社会现实，更具针对性和应用性，所以其"社区方法论"已经成为人类学最主要的研究取向[①]。

其实，全球化时代带给我们的一个明显感受就是流动，所以"族群"完全可以没有共同体质特征、共同历史以及共同地域诸要素，如"向日葵族群"！那么，人们不禁要问，民族学、考古学和历史文献学三结合的研究法对于"新新人类族群"还能行之有效吗？

从学科发展史的角度看，30 年很短，不过，中国人类学这 30 年间的波动是值得我们深思和总结的。在分科发展与科际整合两种取向的互动中，我们期待人类学走出一片新天地。

胡鸿保
于中国人民大学寓所
2010 年 5 月

---

① 黄向春：《中国人类学的南方传统及其当代意义》，载《光明日报》，2009 年 6 月 2 日，011 版。

目 录

民族学与社会史 …………………………………………（1）
中国社会学中的人类学传统 ……………………………（3）
从"社区"的语词历程看一个社会学概念内涵的演化 ……（18）
《碧血剑》内外所见之满汉族群互动 ……………………（30）
转型社会中的考古学家——李济个案的社会史剖析 ……（45）

民族调查 ……………………………………………………（53）
略说拉祜西家庭制度中的母系制原则 …………………（55）
元江调查四人谈 …………………………………………（66）
学步忆实——从"另类学"到人类学 …………………（80）
武陵地区的儒教"堂祭三献礼" ………………………（87）

考古发现与研究 …………………………………………（101）
宜昌地区长江沿岸夏商时期的一支新文化类型 ………（103）
城背溪·彭头山文化和中国早期稻作农业 ……………（122）
红花套史前农人生活——5000年前的一支稻作文化 …（138）
长江西陵峡远古文化初探 ………………………………（148）
鄂西地区三代时期文化谱系分析 ………………………（179）
鄂西渝东地区二里头时期文化遗存试析 ………………（196）
巴蜀的青铜器与巴蜀史 …………………………………（228）
《宜昌路家河》结语 ……………………………………（237）
路家河文化泥片拼接制陶法考察报告 …………………（276）
深圳史前遗存所见之文化交流 …………………………（283）

文物保护 …………………………………………………（291）
城市建设与文物保护 ……………………………………（293）

不同的角色，共同的责任……………………………（303）
　　丹江口、葛洲坝、三峡三大水利工程文物保护简介……（306）
　　长江三峡工程文物保护十问…………………………（339）
书评………………………………………………………（359）
　　民族学与考古学的相互渗透：读《美洲土著的房屋
　　和家庭生活》……………………………………………（361）
　　追思流金岁月，再现历史真相：读《从清华园到
　　史语所——李济治学生涯琐记》随感………………（367）
　　跨文化的心灵旅行——读《尼萨》和《重访尼萨》……（370）
影视民族学………………………………………………（377）
　　文字VS图像——兼谈视觉人类学的边缘性…………（379）
　　出入影戏——跨越文本和角色的边界………………（390）
附录………………………………………………………（400）
　　考古学中的聚落形态……………………………………（400）
　　林春的困境——左边是文物，右边是工程……………（447）
　　做水利工程文物保护代言人……………………………（456）
后记………………………………………………………（465）

民族学与社会史

中国社会学中的人类学传统

从社会学在中国的近百年学科发展史来看,其中始终蕴含着一种人类学的传统。20世纪70年代末以来20年的社会学"重建",这种早年的传统也在新的氛围中得以延续并发扬光大。本文拟扼要考察这种学术传统并尝试对其成因略作分析,以求正于各位同行。

一、19世纪欧洲的社会学与人类学

社会学和人类学作为两门独立的学科,都形成于19世纪欧洲的资本主义国家。资本主义社会矛盾的日趋激化,使得维持社会正常运行和发展的问题变得突出,愈加引人注目。于是,社会学"作为从整体上和从发展机制上对社会进行综合具体考察的学科就应社会的这种需要而出现了"[1]。人类学则出于社会对不同族群(体质形态及社会文化彼此相异的人群)增进理解的需要而萌生并逐渐发展起来。我们说人类学在19世纪中叶作为一门独立学科得以形成,与欧洲各资本主义国家(稍后也含美国)到亚、非、澳、美等洲开拓殖民地有很大关系[2]。当然,以上仅仅是指学科形成之初的情形,其"约定俗成"的分野是:社会学以

---

[1] 贾春增主编:《外国社会学史》,北京:中国人民大学出版社,1989年。
[2] 黄淑娉、龚佩华:《文化人类学理论方法研究》,广州:广东高等教育出版社,1996年,第3—5页。

研究工业社会的社会运行为主,人类学和民族学以资本主义世界以外的异民族社会文化为学科对象。至于民俗学,则是研究本族基层文化(民众知识或民间风俗习惯)和历史文化残余的。这种不乏欧洲中心主义和社会达尔文主义的文化优越感,成为至今仍有学术影响力的传统观念。在东西方社会学人类学同行的对话中,我们是不难感受到上述学科起源的历史身影的①。

二、社会学和人类学在 20 世纪前期的中国

社会学和人类学同在 20 世纪初期传入中国。对于这两门学科策源地的欧洲资本主义国家而言,中国既是一个前资本主义的异文化社会,又是一个有别于原始土著人的、拥有优秀古代文明和丰富历史文献的东方帝国。因此,批判地借用两门学科的合理成分来为中国社会的进步与发展服务,乃是一项具有现实意义的工作。比如对社会学来说,一方面认识到,孔德一系的社会学是为维护资本主义社会的协调发展服务的,另一方面又认识到,对于封建制的中国,它也可以是推动社会改良和进步的一个认知工具或武器;至于马克思主义社会学,则更成了饱含社会冲突的近代中国的革命理论指导②。对于民族学或人类学,同样也有一个改造并使之适合中国国情的过程③。岑家梧先生当年就注意到了

---

① 费孝通曾指出,社会学由于"出身不正"、"先天不足",社会上对它存在偏见。见潘乃谷:《但开风气不为师——费孝通学科建设思想访谈》,潘乃谷、马戎主编:《社区研究与社会发展》,天津:天津人民出版社,1996 年。
② 胡鸿保:《对社会学中国化的历史透视》,载《云南社会科学》,1992 年第 4 期。
③ 周星、胡鸿保:《中国民族学的构成与特征》,载《宁夏社会科学》,1994 年第 2 期。

中国民族与欧洲民族的不同,"在中华民族内,不存在异种人,中国也没有殖民地","我们所需要的民族学,和欧美殖民地式民族学有本质上的区别"。他还从不同的社会背景和学术背景出发,剖析论证了"中国化"的必要性[1]。比如从方法上讲,西方民族学采用比较法是为了猎奇,处处求异,而中国民族学采用此方法则不是为了猎奇,乃是为了在各族文化中求同。李济先生则指出,民族学最初发生的时候是以全人类作为研究对象的,但是就它以后的历史发展看,事实上只限于研究欧洲人所谓文化较低的民族。这就有意无意地建立了一个错误的、以欧洲文化为最高境界的标准。在这种标准下工作的人无形中把这门学问的客观性毁灭了不少,结果是,民族学的好多基本问题都看歪曲了。李济主张,我们的出发点应该是以人类全部文化为目标,连我们自己的包括在内,具体的计划就是先从自己的文化以民族学的方法研究起。至于方法,则还是要向欧洲民族学的先进学的,不过自己自然也应该时时刻刻想新的方法,推进这种研究[2]。

另外,我们亦注意到张海洋在其博士论文《中国的多元文化与中国人的认同》中,考证了汉文"民族"一词与西文 nation 等概念的复杂关系[3]。他的结论为人类学和民族学在 20 世纪初进入中国学术圈又被中国学者本土化,提供了一种新的理解角度。张博士指出,"如果说语言是思想的直接现实的话,那么,中国的语言就说明古人思想观念中没有现代民族这一现实……我们考察近代以前的中国时,应该遵从和体验当时的语言规则";

---

[1] 岑家梧:《中国民族与中国民族学》,载《岑家梧民族研究文集》,北京:民族出版社,1992年。
[2] 李济:《民族学发展之前途与比较法应用之限制》(1939),载张光直、李光谟编:《李济考古学论文选集》,北京:文物出版社,1990年。
[3] 张海洋:《中国的多元文化与中国人的认同》,中央民族大学博士学位论文,1996年。

"中国在与西方接触之前不需要这个'民族'［指 nation——引者］"①。看来，民族自身社会情景的变动乃是人类学和民族学被接纳、进而被改造利用的重要原因。这并不仅仅是一门学科知识的简单移植。

三、吴文藻与中国功能学派的兴起

吴文藻（1901—1985）这位清华的留美博士在学成回国之后，便开始了他漫长的人类学和社会学中国化的"上下求索"。自20世纪30年代起，吴先生及其弟子们为社会学的本土化作出了不朽的功绩。其中，在引介英国功能学派理论和开展现代社区实地调查两方面成就尤其显赫②。吴文藻同时还注重培养人才，着眼于学科本身的建设与发展。于是，一方面在他周围形成了一个坚强的、经久不散的学术梯队，另一方面则产生了一批学术魅力长盛不衰的、里程碑式的学术著作。《江村经济》、《金翼》、《云南三村》等即是其中的佼佼者。国际同行将吴文藻等誉为

---

① 张海洋：《中国的多元文化与中国人的认同》，中央民族大学博士学位论文，1996年。民族观念形成于族群的互动之中，因此，作为一种参照，我想借用唐德刚先生的一句话为张博士作一注脚："'中国'不是像英法德意或爱尔兰、乌克兰那样单纯的'民族国家'（nation-state）。'汉人'（洋人口中的 Chinese）也不专指某一特定民族。"参见唐德刚：《论"转型期"与"启蒙后"》（代序），欧阳哲生：《自由主义之累——胡适思想的现代阐释》，上海：上海人民出版社，1993年。
② 金天明、龙平平：《论吴文藻的"民族学中国化"学术思想》，载《中央民族学院学报》，1986年第2期；林耀华、陈永龄、王庆仁：《吴文藻传略》，载《民族研究》，1987年第5期。

"中国功能学派"①，不是没有原因的。

费孝通晚年缅怀恩师，在纪念吴先生逝世 10 周年的会议上曾有一席讲话，充分肯定了先生开一代风气之先的成就，并对先师的人品给以很高的评价②。费孝通指出：吴文藻认为，利用已有的书本上的中国史料来填写西方的理论和基本上借用西方的问卷来填入访问资料，都不能充分反映中国社会的实际。"他把英国社会人类学的功能学派引进中国，是想吸收人类学的方法来改造当时的社会学。因为人类学注意到文化的个性（即本土性），因而强调研究者应采取田野作业的方法。吴先生提出社会学中国化就是着重研究工作必须从中国社会的实际出发。"同时，吴先生还明白，"要实行学术风气的改革和开创，决不是一个人所能做到的"，所以，他"不急之于个人的成名成家，而是致力于培养能起改革作用和树立新风气的人才。一代不成继以二代、三代"。如今，我们结合学科发展历史研读过来人的切身体会，无非是想从另一个角度说明，吴文藻的确是中国功能学派的开山祖，而这一名称本身也反映出国际学术界对他们本土化努力与成功的首肯。

四、传统的延续与发展

近年来，中国社会学学科建设无论从理论方面还是在实证或应用研究方面都有长足进步。研究者队伍也补充了新鲜血液。科

---

① "中国功能学派"一词为费孝通所使用，见费孝通：《功能学派》，载《中国大百科全书·民族》，北京：中国大百科全书出版社，1986 年，第 136 页。笔者以为，此词较"社会学的中国学派"更能贴切地指称该学派而不至于引起争议。

② 费孝通：《开风气，育人才》，载费孝通：《从实求知录》，北京：北京大学出版社，1998 年。

际整合的学术趋势以及社会科技的高速发展，使得社会学的思想与方法渗透到人们生活的方方面面。不过，中国社会学中的人类学传统并没有因为社会的现代化而退步抽身，反而在新形势下得到发扬光大[①]。这一点，正是由于中国固有的民族社会背景及其置身其中的国际大氛围所使然的。例如，中国境内民族众多，有发展对民族关系和不同地方族群进行社会人类学或民族社会学研究的需要；中国地大物博，区域间经济、文化发展不平衡，了解中国的有效途径之一可能就是从社区个案入手再上升到"类型"及"模式"之间的互相比较；中国在世界诸文明中有特殊的重要地位，曾经是较西方文明更具普遍意义的"连续性形态"的代表[②]；而在当今国际社会中又处于"后发达国家"之列，应当有不同于早期西方发达国家的发展道路和模式。人类学的理论与方法对于这些历史进程和社会现实的研究是十分必要和有益的。

我想强调，关注传统的延续时不应该忽视因历史条件不同而出现的变异，不要忘记时代变化带来的影响。现在有些人只注意到1979年以来社会学和人类学、民族学的发展有不少与20世纪三四十年代所关注的课题相似，于是就过多地强调其不变的一方面，所谓"一贯坚持"、"终身为之奋斗"之类的字句在学科史的研究著作中并不少见。其实，社会学的"重建"并非"回归"。当前的民族研究中强调开展对汉族的人类学研究，接受《江村经

[①] 冯小双、李海富：《加强学科建设、回应伟大时代——"中国社会学的学科建设"学术讨论会综述》，载《中国社会科学》，1997年第5期。

[②] 张光直：《连续与破裂：一个文明起源新说的草稿》，载张光直：《中国青铜时代》（二集），北京：生活·读书·新知三联书店，1990年，第133—134页。张先生认为："中国提供了根据西方历史研究所拟定出来的若干社会科学的理论假说加以测试的重要资料。"他又以文明起源为例指出，"中国的形态很可能是全世界向文明转进的主要形态，而西方的形态实在是个例外，因此社会科学里面自西方经验而来的一般法则不能有普遍的应用性"。

济》、《金翼》的学术遗产，都是从扬弃的角度、历史的高度来认识问题的，绝对不是跨越30年的革命风雨（1949—1978）而不染红尘。尽管也有不少年长的学者说过，要注意用唯物主义历史观指导学术研究，却并未引起年轻学者足够的重视，代沟现象及由此而引发的摩擦时时可见。不过，比较生动的还是结合具体情景引述费孝通先生的话："一个人的学术思想不可能不反映当时社会和政治的情况，而且也可以说一个时期的学术思想和当时的社会政治是密切结合的，是其中不可分割的部分。"费先生这番话是在他为其博士生丁元竹的博士论文《费孝通社区研究的理论与方法》做评议书时写下的[1]。联系到今天，费先生创办的北京大学社会学人类学研究所，10多年来的课题路子大体都由他亲自来"破题和引路"，足见传统是在新的历史条件下有变异地得以承袭的。

笔者以为，30年的风风雨雨教会了人们许多值得思考的问题，过来之人尤其难以释怀，潜移默化当尽在不言之中。尽管历史是不会中断的，可是某一种传统却会被迫放弃。学术史家应该善于穿越时间隧道、解读有涯人生的各个时段之间的变与不变。作为一名身体力行者，费孝通今天的成功当中同样包含社会学被取消时期他所经历的种种生活体验。这里我想举一个"反右"、一个"文化大革命"中的例子作为佐证。1957年秋，人民领袖毛泽东在最高国务会议第13次会议上做了一席讲话[2]。在这次讲话中他说到，知识分子如果不附在无产阶级身上，就有做"梁上君子"的危险。其中，他老人家特别点到了费孝通。至少在毛主

---

[1] "北京大学博士学位评议书·丁元竹卷"，第3页。费先生的落款日期是1991年6月2日。参见丁元竹：《费孝通社会思想与认识方法研究》，北京：中国社会出版社，2007年，第327—330页。

[2] 毛泽东：《坚定地相信群众的大多数》，载《毛泽东选集》，第5卷，北京：人民出版社，1977年，第480—495页。

席心目中，这位写过《中国农民生活》（即《江村经济》）的社会学家或人类学家并没有真正的工人、农民朋友，而在自己的一个知识分子朋友圈子里头出不来，因此吃了亏。1972年春，美国人类学家顾尤勤（Gene Cooper）作为"关心亚洲学者委员会第二次友好代表团"的一名成员来到中央民族学院，得到了一个难得的与吴文藻、费孝通和林耀华会谈的机会。当这位美国人类学家将他要在《当代人类学》杂志上报道这次会晤的消息告诉中国同行并寄去一份"会谈稿"时，后者给了他一封联名回信。后来此信连同顾文一起在海外刊出。费孝通等先生在信中重在对顾文中显示出的与自己原意有出入的地方予以辩解，同时也借此表白与旧的自我决裂的意图。他们说，"在党和政府的领导下，我们都经历过一场自我革命"，"至于你把我们称作'人类学家'，我们只能把它作为一个过去的称号来接受"①。这也说明，中国人类学、民族学以及社会学发展的道路是十分坎坷、非常曲折的。

五、"本民族学者"成长的意义

上述吴文藻先生倡导中国现代社区实地调查之举，被功能学派奠基者马凌诺斯基称为"社会学的中国学派"。费孝通晚年回首，归纳其特点在于："过去人类学者都以文化及经济水平较低的土著民族为研究对象，而中国学派则是以本国的经济文化较高的社区为研究对象。"② 当然，《江村经济》在社会人类学方法上

---

① Gene Cooper, An interview with Chinese Anthropologists. Current Anthropology 14: 480—482.
② 费孝通：《略谈中国的社会学》，载《社会学研究》，1994年第1期；费孝通：《个人·群体·社会》，载《北京大学学报》（哲学社会科学版），1994年第1期。

的创新也与此有关。对此，马凌诺斯基在为该书撰写的"序言"内已经挑明。至于后来者对该书方法论的意见中，最为费先生自己重视的则当首推利奇（Edmund Leach）所说的"尖刻的评论"[①]。利奇所说的问题之一便是我们关注的、以自己的社会作为人类学家研究的对象是否可取这么一种质疑。对于同类问题，同样处于利奇评论视野中的另一中国学者林耀华则是这般回顾当年的。他说，"这是一种自观的研究法"[②]。我在此企图挑明的有两层意思：其一是自观研究法原指像当地人——事件参与者——那样去观察并评价一种文化，并非参与者等于研究者；其二，只是在非欧美的（欧美人眼中的）异民族社会中，所谓的当地人或土著才有可能具备双重角色，即研究者本来就是天设地造的事件参与者。

对于进行人类学田野工作的学者来讲，和社会学的实地调查最大的不同恐怕就是需要考虑研究者本人的身份。本土人类学家既有优势也有劣势。不过他（她）要经历的困难与通常意义上的同行所遭遇的略有区别。走进异文化的人类学家必须经受一个"文化冲击"，继而超越这条鸿沟、突围而出，真正到达"深度沉浸"（deep immersion）的境界[③]。然而，自省的或反观自我的人类学家则要防止另外一种倾向，即保持观察者应有的反映距离，以防出现完全认同于本地人的价值立场（going native）的危险。"保持距离"和"取得一致性"两种要求加在一起，造成了人类学观察者的进退两难窘境[④]。人们不禁要问，之所以造成"不识

[①] 费孝通：《人的研究在中国》，载《读书》，1990 第 10 期。
[②] 林耀华：《金翼》，"著者序"，北京：生活·读书·新知三联书店，1989 年。
[③] 陈永龄：《田野调查是民族学者成长的必由之路》，载马启成、白振声主编：《民族学与民族文化发展研究》，北京：中国社会科学出版社，1995 年。
[④] 阿特斯兰德著，李路路、林克雷译：《经验性社会研究方法》，北京：中央文献出版社，1995 年，第 84—86 页。

庐山真面目",原因到底是"只缘身在此山中"呢?还是"只缘身在此山外"呢①?

费孝通在回顾中国社会学的发展历程时,提到了英国的布朗和美国的派克两位大师,说他们一个是从社会学方面去攀近人类学,另一个是从人类学方面去靠拢社会学,一推一拉就在中国实现了这两门学科的通家之好②。依照本人愚见,这一推一拉之中似乎也隐含中国学者的参与,若非学术场景为中国这个东方的多民族社会,上述通家之好在两门学科之间殊难成立。英美的社会学与人类学充其量不过是互相借鉴、彼此渗透③,亲和程度当远远不及中国。这与本民族学者的本土化努力是分不开的。

说到所谓"本民族学者",一种题中应有之义似乎是:限定"学者"的"民族"二字,指的是人类学家的研究对象,换言之,乃是一个被研究的民族,其中的一些人——"本民族学者",充其量也不过是被我们研究的民族中的文化人或学术同行。本民族学者往往是文明程度较高的、具民族身份的人类学家,涉指相对于自己而言处于低水平的民族中的优秀分子而使用的一个名称罢了,它并不仅仅着眼于区分民族异同而已。在中国的具体语境中,汉族学者似乎既是西方人眼里的本民族学者,而同时他们又在另外一种互动中称少数民族学术同行为本民族学者。同一名称在不同

---

① 纳日博士认为,从认知人类学的角度看:"过分强调本土观点或者非本土观点都是不可取的……人类学家的研究工作,应当是兼顾本土观点和非本土观点的'第三种作品'。"纳日碧力戈:《姓名论》,北京:社会科学文献出版社,1997年,第55页。

② 费孝通:《略谈中国的社会学》,载《社会学研究》,1994年第1期。

③ 英国学者Gellner曾说过,社会人类学并不仅仅研究简单社会,它也不能被定义为微观社会学。一些正宗的人类学家也调查高度发达的社区,也同样津津乐道于抽象理论。我们不要试图从逻辑上来对社会学与社会人类学两门学科划界。参见Gellner, Ernest, The Concept of Kinship: and other essays, p. I, Oxford: Basil-Blackwell, 1987.

场合的实际内涵的差别，似乎向人们暗示了一种梯度级差状态。

　　无论如何，新中国的成立使中国人在世界民族之林中的地位获得提高；与此同时，民族平等和民族团结的国策也使国内少数民族的地位发生了深刻的变化。差异在缩小，而民族则得到前所未有的发展机遇。那么，在此情景中，本民族学者的成长对于一种以异文化比较研究为金科玉律的人类学又具有什么样的方法论意义呢？毋庸讳言，民族学家、人类学家研究本民族共同体，"只缘身在此山中"而每每富于强烈的本民族文化中心意识。于是，在方法论上将面对文化相对论的质疑。但是在另一方面，受过人类学训练的富于专业眼光的本民族学者却又可能凭借濡化而得的"先赋"优势揭示更多异民族调查者难以发现和领悟的文化现象及其内涵[1]。从这个意义上讲，严格的人类学训练有可能让本民族学者达到超越自我的境界，"进得去"、"出得来"[2]。而本民族的真正的人类学家，对于社会学本土化以及人类学的学科建设，无疑是难能可贵的人才——既不可多得又无法替代。

　　在中国，少数民族与汉族分享"地大物博，人口众多"两大特征，并且正在"合则两利"地共同繁荣。少数民族社会与边疆地域社会，既是社会学也是人类学研究的对象。很难设想没有人类学特色的中国社会学会是完美、健全的。对于边疆和少数民族社会的实地研究事实上大多由人类学家来承担，这也是中国社会学中人类学传统得以延续的重要原因之一。再从国际学术交流的

---

　　[1] 日本学者末成道男曾说，"家乡人类学家"具有几点优势和劣势，优势是：(1) 更了解和更易接近被研究者，(2) 具有同一观点，(3) 具有共同的社会政治价值；劣势则是：(1) 对无意识因素反应迟钝，(2) 受母文化的约束，(3) 难于保持中立。末成道男：《研究东亚的自身社会的人类学》，载北京大学社会学人类学研究所：《东亚社会研究》，北京：北京大学出版社，1993年，第49—52页。

　　[2] 费孝通：《再谈人的研究在中国》，载北京大学社会学人类学研究所：《东亚社会研究》，北京：北京大学出版社，1993年，第163页。

角度看,中国事实上是西方人类学家关注甚于社会学家瞩目的一片地域。由此引出的后果则有,中国的"人类学的社会学家"(anthropological sociologists)在世界的中国学(sinology)研究领域中拥有更多的、有共同语言的学术同行。

当然,形成鲜明对比的是,欧美主流文化陶冶下的社会学家,不论其在学术风格上是实证主义的还是注重人文传统,却都很少会被视为所谓的"本民族学者"。

六、人类学新格局

费孝通先生早先是不主张把社会学与社会人类学区别成两门学科的,因为它们的研究对象是相同的①。他还曾把民族研究归在"民族社会学"的名目之下②。他自己的研究也是从问题出发,不受学科界限的约束。可是从学科建设的角度考虑,前些年他曾经提倡人类学、社会学与民族学三科并立,各得其所,共同发展。然而,这一设想当时受到很多人的反对③。因为从西方的学术传统看,民族学与文化人类学是等同的,至少也是相当的,学理如此④。但是,如果从这几门学科在中国的发展历史分析,直接套用西方的界说显然会遇到实际困难。难怪有的研究者要以

---

① 费孝通:《学历自述》,载费孝通:《杂写甲集》,天津:天津人民出版社,1982年。
② 费孝通:《费孝通民族研究文集》,"自序",北京:民族出版社,1988年。
③ 王建民:《作为学术问题的中国人类学史》,载《思想战线》,1997年第3期。
④ "民族学"、"社会人类学"、"文化人类学"等词目,载《简明不列颠百科全书》(中文版),北京:中国大百科全书出版社,1985年。

"剪不断、理还乱"来形容中国人类学与民族学的关系了[1]。

1996年国务院学位委员会的专业目录中,"人类学"由原来在"生物学"下和"民族学"下改为在"社会学"(0303)一级学科之下的四个二级学科之一,学科代号为030303,与之并列的其他三门分别是社会学、人口学和民俗学。尽管在制度化的分类体系当中,"人类学"还未成为一级学科,但是毕竟先与"历史学"、后与"民族学"脱离关系而向"社会学"靠近了一些。

如果要说一点直观的理解的话,那么,我认为值得注意的是,近几十年来民族工作和民族研究的实践在客观上已经导致了所谓"'民族'词义的狭义化"和"民族学的广义化"。新中国成立后不久,社会学即遭受批判而被取消,民族学的研究则被代之以"民族研究"。这段历史可以说客观上对于铸就现在这门一级学科"民族学"具有不容低估的作用。许多学者把这段历史过程视为学科发展中的"空白",我看是不确切的。与此同时,"民族"一词实际上在许多场合几乎约定俗成地都转变成为"少数民族"的同义词。在民族平等的善良初衷下,"民族地区"、"民族干部"、"民族语文"乃至"民族区域自治"等字眼,都在潜移默化的语境中一定程度上为"民族学不研究汉族"作了语义方面的诠释。西方早期民族学和人类学方法论的整体观,似乎也为"广义民族学"[2]的形成提供了理论基石。这门学科要担负起研究一个群体社会生活方方面面的学术使命,政治、经济、宗教、历史等,无所不包。目前一级学科"民族学"其实就是广义而言的民族学,在它之下又有二级学科"民族学"与"民族理论"、"少数民族历史"、"民族艺术"、"民族经济"等并列。这种情况,可能与我上面指出的

---

[1] 潘蛟:《剪不断、理还乱的情结:中国人类学与民族学的关系》,载《人类学纪事》,第2期,北京:中央民族大学民族学系,1995年。

[2] 施正一主编:《广义民族学》,"导论",北京:光明日报出版社,1992年。

两点存在一定的潜在联系。与此同时,有意摆脱"少数民族"羁绊的研究者(无论是从本人身份方面、还是出于知识结构方面和研究客体方面考虑),则纷纷亮出了超越"民族"二字局限的"人类学"旗号。其中,汉族身份的本土人类学者尤其引人注目。当然,我的用词不一定贴切,还可以斟酌推敲。总之,用来自西方的或者新中国成立以前的学理解释当前人类学与民族学的学科关系会遇到困难,要想"理乱"就不该忽视所谓的历史"空白"[①]。

七、结　　语

美国著名的中国史专家史景迁(Jonathan Spence)在为费正清夫人费慰梅(Wilma Fairbank)撰写的一部传记作"前言"时,出言不凡,一开头便极为感慨地写道:"仅仅让我们远远地对20世纪的中国历史做一番鸟瞰,就不难发现,这是一个浪费惊人的世纪:浪费掉了机遇,浪费掉了资源,也浪费掉了生命。"[②] 痛定思痛,由于"出身不正"而屡遭劫难的社会学等学科的历史,不也是正如此吗?所幸的是,新中国第二代领导集体的核心人物邓小

[①] 由于这段"空白",人类学等"出身不正"的学科时至20世纪90年代在大陆依然遭受部分人的误解或鄙视。一个极端的例子是,接受过相关专业训练的少数民族知识分子张承志,在为其师俞伟超的考古学文集作"序"时写下的对民俗学和人类学的个人见解。张先生说:"我不大信任所谓民俗学或人类学;比如,我总怀疑背负着血腥的屠杀美洲原住民的历史的美国民族学与人类学,究竟有多少深度。它们应当与人类认识真理的规律相悖。受欧美影响而展开的中国民俗学、人类学,说透了并没有提出过什么值得重视的认识——也许正是这一偏激感受的注释。"(见俞伟超:《考古学是什么——俞伟超考古学理论文选》,北京:中国社会科学出版社,1996年。)这也算得上是人类学的悲哀。

[②] 费慰梅:《梁思成与林徽因——一对探索中国建筑史的伴侣》,北京:中国文联出版公司,1997年。史景迁的此份"前言"写于1993年11月8日。

平于世纪末力挽狂澜、急起直追，指引我们走上了建设现代化的大道。在 1979 年的一次重要讲话中邓小平同志指出："政治学、法学、社会学以及世界政治的研究，我们过去多年忽视了，现在也需要赶快补课。"① 如今，经过近 20 年的努力，相关学科的建设与发展情况是让人欣慰的。我们无论如何不能再浪费了。

　　如果认同"社会学是关于社会良性运行和协调发展的条件和机制的综合性具体社会科学"② 这一界定，那么，中国这个统一的多民族东方国家的国情决定了它的本土化的社会学必然是带有人类学传统的。数百年来、尤其是近一个半世纪来的东西文化交流以及民族互动是造就此等局面的、厚重的历史大手笔。而在建设具有中国特色的社会学的历程中，本民族学者致力于材料本土化、方法本土化乃至于尝试建立本土理论，并进而对世界社会科学通则的建立提出自己贡献的学术活动实践，是很值得我们重视并进行系统分析的。借用费孝通对丁元竹博士论文评议书中的话讲，就是需要把实践行动者自己没有用明白的语言表白的理论与方法，经学术史研究者的"再创造"，用语言表达出来。我认为这种未免姗姗来迟的学术理论史探讨，同样需要人类学家和社会学家付出辛勤的劳动，理论总结与应用研究同样重要，强调田野工作的重要性决不应该成为轻视理论研究的理由。

　　原载《黑龙江民族丛刊》，1998 年第 4 期。

---

　　① 邓小平：《坚持四项基本原则》，载《邓小平文选》，北京：人民出版社，1983 年。
　　② 郑杭生主编：《社会学概论新修》，北京：中国人民大学出版社，1994 年。

从"社区"的语词历程看一个社会学概念内涵的演化

自从德国社会学家滕尼斯把"社区/共同体"这一概念引入社会学后,100多年过去了,社区研究与时俱进,成为社会学人类学等领域的一个研究热点。"社区"概念的内涵和外延也逐渐丰富起来。从不同的研究角度和研究目的出发,人们对社区作出不同的界定。因此,"何为社区"值得作为一个问题提出来思考。本文试图从中外文化交流和中国社会和学术发展的角度对百余年社区概念的演化脉络进行一番梳理。

一、Gemeinschaft 概念的翻译难题:"社区"还是"共同体"?

社会学研究者们认为,"社区"概念进入学科领域,当从1887年滕尼斯(Ferdinand Tonnies,1855—1936年)发表《共同体与社会》(Gemeinschaft and Gesellschaft)一书算起[①]。德文 Gemeinschaft 一词可译作"共同体",表示任何基于协作关系

[①] [德]滕尼斯著,林荣远译:《共同体与社会——纯粹社会学的基本概念》,北京:商务印书馆,1999年。亦译作《社区与社会》或《礼俗社会与法理社会》,吴文藻先生译作《自然社会与人为社会》。

的有机组织形式①。滕尼斯提出"社区"与"社会"相比照,主要是用来表示一种理想类型。引用他的话说就是:

"关系本身即结合,或者被理解为现实的和有机的生命——这就是共同体的本质,或者被理解为思想的和机械的形态——这就是社会的概念……一切亲密的、秘密的、单纯的共同生活……被理解为在共同体里的生活。社会是公众性的,是世界。人们在共同体里与同伙一起,从出生之时起,就休戚与共,同甘共苦。人们走进社会就如同走进他乡异国。"②

对此,吴文藻的解释是:"'自然社会'与'人为社会'的区别,乃是了解杜尼斯[即滕尼斯——引者]社会学体系的锁匙……由这'本质意志'而产生了他所谓的'自然社会'……反之,'作为意志'[林荣远译本作'选择意志'——引者]形成了杜氏所谓之'人为社会'……试将人为社会与自然社会来对比:自然社会是本质的,必需的,有机的;人为社会是偶然的,机械的,理性的。自然社会是感情的结合,以齐一心志为纽带;人为社会是利害的结合,以契约关系为纽带。"③

滕尼斯在提出与"社会"相区分的"社区"(Gemeinschaft)这一概念时,旨在强调人与人之间所形成亲密关系和共同的精神意识以及对 Gemeinschaft 的归属感/认同感;而且他强调得更多的是一种研究的路径、一种"理想类型"。因此,在滕尼斯的视

---

① 古人说:"名无固宜,约之以命。约定俗成,谓之宜;异于约,则谓之不宜。"(《荀子·正名》)虽然 Gemeinschaft 一词在此处译作"共同体"更为恰当,但它的汉语译名"社区"已成为海内通用的社会学术语。这的确为汉语行文带来不便。反而倒是当下大陆文学理论界的人士常常用"社群"来迻译 Community,做了"脱域"处理,有效地避开了"群"与"区"的关联。

② [德]滕尼斯:《共同体与社会》,北京:商务印书馆,1999年,第52—53页。

③ 吴文藻:《德国的系统社会学派》(1934),转引自:《吴文藻人类学社会学研究文集》,北京:民族出版社,1990年,第90页。

野中，Gemeinschaft 的含义十分广泛，不仅包括地域共同体，还包括血缘共同体和精神共同体，人与人之间具有共同的文化意识是其精髓，所以 Gemeinschaft 译作"共同体"应该说更贴近滕尼斯的本意[①]。

随着工业化和城市化的进展以及由此而产生的种种社会问题，滕尼斯所提出的"社区"逐渐引起社会学家的研究兴趣。第一次世界大战以后的 20 世纪 20 年代，美国的社会学家把滕尼斯的社区（Gemeinschaft）译为英文的 Community，并很快成为美国社会学的主要概念。英文 Community 一词源于拉丁语 communitas，有"共同性"、"联合"或"社会生活"等意思。美国的芝加哥学派把社区问题作为其研究重点，对美国不同类型的地域社会及其变迁进行深入的研究，获得了丰富的成果。尽管从研究取向上看，美国芝加哥学派注重经验研究而与滕尼斯的纯粹（理论）社会学异趣，不过使用英文 Community 作为德文 Gemeinschaft 的译名，至少在符号能指上仍然是同一的，并没有以后进入汉语导致的分裂。或者说，不论是重地理还是重心理，使用的都是一个字眼，而不必在两个语词（社区/共同体）之间徘徊选择。一个简单而可以被接受的解释或许是英、德两种语言的谱系关系非常近罢。

二、社区概念的发展（20 世纪 30—40 年代）

从滕尼斯提出"Gemeinschaft"概念的一百多年来，随着社会变迁和社会学学科的发展，社区研究引起社会学家人类学家的

[①] 如英国当代人类学家 B. 安德森就把民族界定为一种"想象的政治共同体"。见安德森著，吴睿人译：《想象的共同体》，台北：时报文化出版公司，1999 年。

普遍关注，"社区"的内涵也不断得到丰富。由于在不同国家、不同文化以及不同的历史发展阶段，社区研究有着不同的实践，因此学者们对于社区内涵和外延的界定出现了多元化的趋向，对于究竟何为社区，也就颇多歧见。

据美国社会学家希勒里（George Hillary）的统计，到20世纪50年代，各种不同的社区定义已达90余种。在这些定义中，有的从社会群体、过程的角度去界定社区；有的从社会系统、社会功能的角度去界定社区；有的从地理区划（自然的与人文的）去界定社区；还有人从归属感、认同感及社区参与的角度来界定社区[①]。这些定义与滕尼斯提出的社区概念相比，不论内涵还是外延都发生了很大的变化。

社区的定义众说纷纭，但归纳起来不外乎两大类：一类是功能的观点，认为社区是由有共同目标和共同利害关系的人组成的社会团体；另一类是地域的观点，认为社区是在一个地区内共同生活的有组织的人群。当社区被界定为一个相对独立的地域社会之后，社区的内涵已经与滕尼斯所提出的作为亲密关系的生活共同体的 Gemeinschaft 概念有了很大的偏离。

我们认为，中国社会学界把社区界定为地域社会，其中既有社区研究史上的渊源，也是社区建设在我国近代化/现代化进程中实践的结果。

自从 Community 概念被以"社区"为语言符号（译名）引进中国之后，人们对它的理解中便含有了地域性的因素。"社区"一词是在20世纪30年代转道由美国被引进中国的。其中吴文藻起过重要的作用。他在当年的讲演中曾解释说："'社区'一词是

---

① Borgatta，EdgarF.，RhondaJ. V. Montgomeng（eds.）Encyclopedia of Sociology，New York：Macmillan Reference USA，in 5vols. 2nd edition，2000，其中的"Community"词条，vol. 1，pp. 362—369。

英文 Community 的译名，这是和'社会'相对而称的。我所要提出的新观点即是从社区着眼，来观察社会，了解社会。因为要提出这个新观点，所以不能不创造这个新名词。这个译名，在中国词汇里尚未见过，故需要较详细的解释……"[①]。由此可以看到，中文的"社区"一词是辗转翻译而来的，它经历了从德文的 Gemeinschaft 到英文的 community、然后到中文的"社区"的语词的旅行。

记得旅美学者刘禾在她的话语研究中，要求读者注意 19 世纪末到 20 世纪初这一相对有限的时段存在的一种独特的历史状态。在这一时段中……经由日语对欧洲词语的"汉字"翻译这样一种中介，很多汉语复合词在很大程度上被重新发明了出来。其中"文化"就是一个非常突出的例子。

> 高名凯和刘正埮提醒读者应当谨慎从事[②]，不要把外来词简单地等同于它们在古汉语中的对应词。例如，"文化"（culture）的现代含义源出于日语的"汉字"复合词 bunka，汉语的文化与英语的 culture（法语的 culture；德语的 die Kultur）之间的对等关系是通过借用的方式才确立起来的。在古代汉语中，"文化"指的是与武力或军事征服相对的"文治与教化"，它完全没有今天通常与两个"汉字"组成的复合词相关的民族志内涵……我们无法绕过日语的 bunka 一词来说明"文化"的含义，我们不能认为字形完全一样，古汉语词汇可以

---

① 吴文藻：《现代社区实地研究的意义和功用》（1935），载《吴文藻人类学社会学研究文集》，北京：民族出版社，1990 年。
② 高名凯、刘正埮：《现代汉语外来词研究》，北京：文字改革出版社，1958 年。

自然而然地解释其在现代汉语中对应词的含义①。

这番论述对认识"社区"所经历的德（语）——英（语）——汉（语）的语词旅行和概念发展无疑是有启示作用的②。想要真正理解"社区"，决不能简单地从"社"和"区"两个字义相加去寻找答案。

吴文藻认为，滕尼斯在使用社区概念时，虽然没有提及地域特征，但他将社区概念降至社会之下，已具有地域性意义③。显然吴文藻对滕尼斯提出的社区与社会这对概念的认识存在偏差，社区与社会表达了传统乡村社会与现代都市社会的两种截然不同的人际关系和社会整合方式，它们是两个并列的概念，并不存在从属关系。但是吴文藻和费孝通等人把社区理解为有边界的相对封闭的实体，是基于对中国的现实社会进行实证研究的这一需要出发的。吴文藻有选择地引进人类学的功能学派理论，而该学派的奠基人马凌诺斯基就认为，只有在一个边界明晰、自成一体的社会单位里，才能研究整体文化中各个因素的功能。20世纪30年代，中国部分社会学家接受了马氏的影响，认为以全盘社会结构的格式作为研究对象，这对象必须是具体的社区。费孝通曾经做过这样的小结："（社会学的研究对象）并不能是概然性的，必须是具体的社区，因为联系着各个社会制度的是人们的生活，人

---

① 刘禾：《跨文化研究的语言问题》，载许宝强、袁伟选编：《语言与翻译的政治》，北京：中央编译出版社，2001年，第244—245、第264—265页。

② 诸如此类的词源考证常见于社会学、人类学、民族学等学科的概论性著作之中，可惜多半属于附庸风雅的"伪考"，未能说明真正的源流关系。如最近出版的一部国家级重点教材对于所谓"核心概念"的"文化"考证，犯有只看字形相同、不究具体语词历程的低级错误。见庄孔韶主编：《人类学通论》，"绪论"，太原：山西教育出版社，2002年。

③ 吴文藻：《现代社区实地研究的意义和功用》（1935），并参考丁元竹：《社区研究的理论和方法》，北京：北京大学出版社，1995年，第125—128页。

们的生活有时空的坐落，这就是社区。"① 也就是说，社会作为全体社会关系的总和，具有抽象性和宏观性，很难着手对其进行研究，而研究社区则极富可操作性。

吴文藻等人面对的研究客体是"乡土中国"（这里并不是说当时中国没有现代城市，而是说整个社会具有"乡土"特性），而乡土社会的重要特征之一，就是精神共同体往往是依附于地理共同体上的，因此，以"社区"对译 Community，尽管以"区"字强化了地理共同体的含义，而对"精神共同体"这个题中应有之义传达不足，在当时环境中却不会导致学术上的困惑。不过既然语言符号具有"任意性"，那么，从后来的发展史反观，可以认为"社区"一词被创造起，其符号所指（基于地理区位的精神共同体）与社会事实（有人居住的地理区位）之间就已经存在错位。由于中国社会转型打破了以往精神共同体常常与地域共同体合一的传统格局，汉语译名"社区"/"共同体"使两者之间的裂隙日益扩大②。

中国功能学派秉承英国功能学派和美国芝加哥学派两大学术传统，倡导本土化的实地研究，在 20 世纪三四十年代取得了令人注目的成绩。新词"社区"之被接纳，显然离不开这批社会学家的学术实践。

三、社区概念的发展（20 世纪 80—90 年代）

新中国成立后的很长一段时间内，社会学被取消，社区研究

---

① 费孝通：《乡土中国》(1947)，北京：生活·读书·新知三联书店，1985 年，第 94 页。

② 此段的表述曾经与冯仕政博士作过讨论，受益良多，特表谢意。

也无从谈起。改革开放之后,社会转型加速,社区建设蓬勃发展,带动学术界重新关注并深入研究这一领域的问题,"社区"也成为中国百姓日常生活里使用频率很高的词汇之一。

目前我国社会学界对社区的研究更多的是与社区服务和社区建设联系在一起的,所以,社区建设的实践势必会影响包括学者、政府官员和老百姓在内的各界人士对社区概念的界定[1]。学术界和政府部门结合国外社区发展的理论和实践,面对中国的国情,在20世纪90年代初提出了具有本土特色的社区建设概念。政府倡导社区建设的主要目的是为了解决社会转型期所出现的各种矛盾,如国有企业亏损、工人下岗、贫富分化、官员腐败、老龄化加剧、城市流动人口增多,单纯依靠政府的力量无法解决这些复杂的矛盾,因此动员民间力量,与基层社会结合,在城市基层开展社区建设就成为一条行之有效的途径。另外,随着政府机构改革和"单位制"被打破,城市居民逐渐由"单位人"转变为"社区人",推进社会发展的大量社会事务需要通过社区来落实。

社区建设问题受到了中国高层领导的重视。1999年10月,江泽民总书记在天津考察工作时指出:"加强社区建设,是新形势下坚持党的群众路线,做好群众工作和加强基层政权建设的重要内容,社区服务直接关系千家万户的利益,也是发展第三产业的重要方面,前景十分广阔,要通过加强社区建设,充分发挥街道、居委会和群众的力量,不断提高社区服务水平和城市的管理水平,提高居民素质和文明程度。加强社会治安综合治理,保证居民群众安居乐业,促进社会稳定和发展。"[2] 中央领导的指示又进一步推动了实际工作的开展。

---

[1] 需要说明的是,本文侧重考量语词义项的扩大,所以讨论没有涉及新时期复兴的、传统意义上以人类学家为主所进行的社区实地调查和个案研究。

[2] 《人民日报》1999年10月11日,1版。

目前的社区建设大多以"法定社区"作为操作单位。在当前的语境中，确定社区实体首选的标准是地界明显，至于成员归属感的强弱则是次要的。换言之，地域的基础是预先规定的，而社会心理的基础是要靠以后培育的。具体而言，社区在农村指的是行政村或自然村，在城市指的是街道办事处辖区或居委会辖区以及目前一些城市新划分的社区委员会辖区。城市的基层社区建设之所以比农村的来得突出和迫切，一方面固然与城市人口的高度异质性有关，另一方面可能是单位制淡化后需要由社区担当原先由前者承担的社会功能，而这恰恰需要促成一种由地理性的小区向有足够的互动和认同感的社区的过渡。譬如，1996年，上海市市委书记黄菊在上海市城区工作会议上说："社区是城市的细胞，社区建设和管理是城市建设和管理的基础工作……在发展社会主义市场经济的新形势下，许多社会职能将要更多地依托社区来承担。"[①] 相比之下，农村社区的地域特征与成员归属感两者从历史传统上看就是自然结合的，不存在重新培育认同感、增强凝聚力的问题。

四、e时代回眸古典思想家

把社区理解为"地域社会"已与滕尼斯提出的Gemeinschaft概念相去甚远，因为滕尼斯提出这一概念时，并没有强调它的地域特征，而强调社区是具有共同归属感的社会团体，英文community早先也没有"地理区划"的含义。滕尼斯提出Gemeinschaft（"共同体"／"社区"）这一概念，强调的是本质意志、

---

① 黄菊：《加强社区建设和管理，不断提高城市现代化管理水平》，转引自徐永祥：《社区发展论》，上海：华东理工大学出版社，2000年，第4页。

是生机勃勃的有机体，它是礼俗社区的精髓和实质。如果说目前涉及基层政权建设的、对法定社区的界定是对滕尼斯意义上社区概念的偏离，那么，虚拟社区的出现算是对滕尼斯描述的理想生活的一种回归。

"虚拟社区"译自英文"Virtual community"。其实除了"虚拟的"之外，"Virtual"还有"实际上起作用的、实质上的"之意。何谓虚拟社区？大家并未形成统一的认识。尽管译名已经"约定俗成"、无法硬性规定，但为避免望文生义，不妨把此语境中的"Virtual community"理解为"隐形的共同体"。国外有论者指出，"Virtual community"的意义在于"为网络衍生出来的社会群聚现象，也就是一定规模的人们，以充沛的感情进行某种程度的公开讨论，在网络空间中形成的个人关系网络"[①]。国内有的学者认为，虚拟社区是由一批网友自动聚集并相对固定在一定的网际空间进行如信息发布、言论交流等活动的地方；也有些学者从行动结合体或社会群体的角度界定虚拟社区，认为它是人们在电子空间里通过精神交往所形成的、具有共同归属感的联合体。

尽管大家从不同的角度去考察虚拟社区，但对它的本质有着统一的认识，即虚拟社区存在于和日常物理空间不同的电子网络空间（cyberspace），社区的居民为网民（netizen），他们在一定的网际空间，围绕共同的需要和兴趣进行交流等活动，并且形成了共同的文化和对社区的认同感与归属感。

虚拟社区是与传统的实在社区（real community）相对应的，它也具有实在社区的基本要素——一定的活动区域、一定数量固定的人群（网民）、频繁的互动、共同的社会心理基础。虚

[①] ［美］唐·泰普斯科特（Dan Tapscott）：《数字化成长——网络世代的成长》，大连：东北财经大学出版社，McGraw-Hill 出版公司，1999年。

拟社区是信息技术发展之后形成的崭新的人类生存空间，在某种意义上说，它更接近滕尼斯所谓共同体的那种"天然的状态"[1]。虚拟社区与实在社区最大的差异在地域空间的界定上。实在社区通常强调地域环境的影响，其社区形态都存在于一定的地理空间中。社区实际上是居住在同一地域内的人们形成的地域性共同体。虚拟社区则没有物理意义上的地域边界，虚拟社区的非空间组织形态以及成员的身体缺场（body absence），使其成员可能散布于各地，即一个个体可以超越空间的障碍生活在好几个虚拟社区里。由此看来，虚拟社区无疑更强调作为"共同体"的社会心理基础而不关注其地域属性。

　　e时代虚拟社区的出现显然对工业时代理解的社区观念提出了挑战，迫使我们重新思考社区的含义。虚拟社区使网络空间内的人际交往超越了地理界限的限制，可以说它是一个无物理边界的社区，具有很大程度的开放性。在虚拟社区里具有共同兴趣和爱好的人们，经过频繁的互动形成了共同的文化心理意识和对社区的归属感和凝聚力，我们正在这个意义上说，虚拟社区就是"隐形共同体"。虚拟社区的出现，解构了人们对社区是关于地域性生活共同体的统一认识。昔日滕尼斯悲叹城市的兴起破坏了传统的有机结合，如今互联网为本质意志和礼俗社会的回归带来了新曙光。

　　通过以上梳理，可以看出翻译、界定"社区"概念的实践活动，为我们揭示的民族思维方式的多样性和社会科学研究的复杂性。社区概念和社区实体与人们的生活实践有着极为密切的互动关系。一方面，社区概念的界定影响着人们的观念和实践，有助于社区工作和社区建设，乃至地域社会的蓬勃发展；另一方面，人们改造客观世界的生活实践又在不断拓宽人们认识社区的视

---

[1] ［德］滕尼斯：《共同体与社会》，北京：商务印书馆，1999年，第58页。

野，致使学者和官员根据不同的需要，从不同的角度去理解和表述社区这个客体①。考究语词"社区"的跨语境历程，既让公众看到了中外文化的交流以及理论与实践的互动，同时也给了做学问的人许多有益的思想启示。

与姜振华合著，原载《学术论坛》（广西），2002年第5期。

---

① 语言是思想的外在表现，当代西方哲学家维特根斯坦曾说："一个词的意义就是它在语言中的使用。"（［奥］维特根斯坦著，李步楼译：《哲学研究》，北京：商务印书馆，1996年，第31页。）在求知的过程中我们体会到，社会学概念一定要根据特定的语境（context）去理解。例如，在"社会运行论"和"'强政府—弱社会'模式"两个词组里，前后两个"社会"就有不同的意义。

《碧血剑》内外所见之满汉族群互动

当代著名作家金庸有一部武侠小说《碧血剑》（1956年），演绎的是明朝崇祯年间的一段历史故事。在他的众多作品里，该书特别的地方是，金大侠小说做完之后意犹未尽，时隔9年后又写了一篇《袁崇焕评传》作为补充。在"后记"里作者自揭谜底道："《碧血剑》的真正主角其实是袁崇焕，其次是金蛇郎君，两个在书中没有正式出场的人物。"金蛇郎君夏雪宜自然是文学虚构的角色，本文不予讨论。只是袁崇焕却是时到今天仍然具有生命力的历史人物。本文拟以金庸小说《碧血剑》以及为袁大将军守墓的佘家后人口耳相传的故事为两种研究文本，从文化比较研究的角度，探讨两个文本对于这一真实的历史人物与事件的解释和表述方式之异同，以及从中表现出的不同心态，而尤重于二者对满汉族群互动关系的认识。如果说"历史人类学与历史学的区别之一就是人类学把过去和现在相联结"[①]，那么笔者撰写此文，是想逸出历史学的常规而做所谓的历史人类学的实践，从小说、历史/史学、表述方式、族群理论等交错比勘多个角度做一番综合探讨。

---

① ［美］卡罗林·布莱特尔著，徐鲁亚译：《资料堆中的田野工作——历史人类学的方法与资料来源》，载《广西民族研究》，2001年第3期。

电视剧《碧血剑》剧照之袁承志

一、《碧血剑》里缺席的袁督师

袁崇焕（1584—1630）是明末清初之际最重要历史人物之一，300多年来前贤学者有关他的传记和论著已经为数不少。史书记载，袁崇焕，广西藤县籍，东莞人，明朝万历己未进士，任福建邵武县令。天启朝升兵部职方司主事，监军山海关外，曾坚守危在旦夕的宁远孤城（今辽宁兴城），一战而击退身经百战、战无不胜的后金汗努尔哈赤。努尔哈赤既死，太宗皇太极继位，袁崇焕采取以和为守、以守为攻、乘机出战、以和谈为配合的方针，遭明廷指摘为"欺君"、"诱敌胁和"等罪名。崇祯三年（1630）清兵绕开山海关大路，由蒙古地经大安口入遵化，京师震动，举城戒严，袁崇焕率辽军入援，崇祯帝中皇太极所施反间计，以袁崇焕通敌罪将其下狱，于菜市口弃市。崇祯帝这一自毁长城的昏庸之举，终于导致明朝灭亡、清军入关，崇祯帝自缢煤山的历史悲剧。

东莞袁崇焕纪念园之袁崇焕塑像
(万惠仪摄于 2006 年 7 月 30 日)

金庸说:"历史上的事件和人物,要放在当时的历史环境中去看。宋辽之际、元明之际、明清之际,汉族和契丹、蒙古、满等民族有激烈斗争;蒙古、满人利用宗教作为政治工具。小说所想描述的,是当时人的观念和心态,不能用后世或现代人的观念去衡量。"(序,第 4 页)

袁崇焕在《碧血剑》里没有出场,涉及他的形象描写比较多的主要有三处,即第一回、第十一回、第十四回。第一回写山宗的朋友在袁督师遭难三周年忌辰祭奠旧主的场面,作者借神像描绘了英雄形象:

> 张朝唐抬头看时,只见殿中塑着一座神像,本朝文官装束,但头戴金盔,身穿绯袍,外加黄罩甲,左手捧着一柄宝剑,右手手执令旗。那神像脸容清癯,三络长须,状貌威严,身子微侧,目视远方,眉梢眼角之间,似乎微带忧态……
>
> 张朝唐听到这里,才知道这神像原来是连破清兵、击毙清太祖努尔哈赤、使清人闻名丧胆的蓟辽督师袁崇焕。他抬头再看,见那神像栩栩如生,双目远瞩,似是

痛惜异族入侵，占我河山，伤我黎民，恨不能复生而督师辽东，以御外侮。（第29—30页）

第十一回借程本直手稿《漩声记》[①] 诉说袁崇焕的"痴"：

试问自有辽事以来，谁不望敌于数百里而逃？弃城于数十里而遁？敢于敌人画地而守，对垒而战，反使此敌望而逃、弃而遁者，舍崇焕其谁与归？
……举世皆巧人，而袁公一大痴汉也。唯其痴，故举世最爱者钱，袁公不知爱也。唯其痴，故举世最惜者死，袁公不知怕也。

同时又借程青竹口诉说袁督师的不幸：

令尊身遭奇冤，昏君奸臣都说他通敌，勾结满清，一般无知百姓却也不辨忠奸是非，信了这话。（第391—393页）

第十四回通过皇太极与袁承志的对话突出了袁崇焕在交战对方心目中的形象：

皇太极一凛，道："你是袁崇焕的儿子？"袁承志

[①] 据《东莞县志》："布衣程本直，以上疏讼袁督师冤论死，其作《漩声记》云：壬申之秋，将赴西市，愿余弃市后，复有一程本直者收余尸，并袁公遗骨合而葬之，题其上曰：'一对痴心人，两条泼胆汉'，九原之下目为瞑也'。今京师袁督师墓右有一坟，无碑碣，相传为从督师死者，姓名不传，此当为程本直墓。盖好义者如其说葬之，特无确证耳。"足见如下文所述有关佘义士一类传说也并非一个。（转录自《袁崇焕资料集录》，第223—224页。）

道："正是。我名叫袁承志，便是要继承我爹爹遗志，抗御你鞑子入侵。"

……皇太极挥手命侍卫不必再喝，温言道："袁崇焕原来有后，那好得很啊……"

皇太极叹道："你爹爹袁公，我是很佩服的。可惜崇祯皇帝不明是非，杀害了忠良。当年你爹爹跟我曾有和议，明清两国罢兵休民，永为世好。只可惜和议不成，崇祯反而说这是你爹爹的大罪，我听到后很是痛心……"

皇太极道："你爹爹是崇祯害死的，我却是你爹爹的朋友。你怎的不分好歹，不去杀崇祯，却来向我行刺？"袁承志道："我爹爹是你敌人，怎会是你朋友？你使下反间计，骗信崇祯，害死我爹爹。崇祯要杀，你也要杀。"皇太极摇摇头，道："你年轻不懂事，什么也不明白。"（第478页）

尽管在小说里袁崇焕是缺席了，但作为补充的《袁崇焕评传》却是按照正规史学笔法来写作的。金先生想要表达的一个新观点是：崇祯皇帝杀袁崇焕的根本原因不是如通常所说的中了反间计，"而是在于两个人性格的冲突"。（第828页）

二、"诗"与"史"

"历史"与"小说"是一种什么样的关系，中西学者对于这个问题的探讨已经有上千年历史。我们以为有三点重要内容值得回顾。

一是中国上古文人的理解，与现在所指有一定的出入。旅美

年轻学者鲁晓鹏对此有详细的考辨,不妨援引他的表述:

> 小说作为历史的一种特殊类型,对它既要防范又要适当加以利用。一方面,小说对史官来说,价值不大。它琐碎而又不可信,因为它包含了流言、大众观点、不可靠的资料来源、编造和主观因素,不适于高层次的史书编纂;另一方面,小说也有可能被纳入官方文化,因为小说中的故事或讽刺可被当作民众情绪的指标来阅读,它反映了民众的呼声,从而起到了进谏的正功能。
>
> 小说可以补经、史,正是因为经、史已经具有小说的属性:不在、不足、不确等。实际上,正是求助于"非本质的"小说才证明了以儒家思想为依据的文学经典远非自给自足和完美无缺。(鲁晓鹏,2002:174、185)

二是西方起自亚里士多德的文艺传统,亚里士多德的"诗学"应该就是"文艺理论",他在《诗学》里就历史与诗的辨析予当下的讨论不无启发意义,诗与后来的小说有一定的类同。希腊文 Historia 的词根意思是"看"或(通过看而达到)"知"。Historia 包含通过分析和辨察掌握信息的意思,可作"探究"、"查询"解。从公元前 4 世纪起,historia 可指对往事的记叙。史学家珀鲁比俄斯基本上确定了 historia 的这一用法,从而使该词专指一门记叙往事的学问或科学,即我们今天所说的"历史"。亚里士多德认为,历史和诗至少有如下三点区别:(1)历史记述已经发生的事,而诗描述可能发生的事;(2)历史记载具体事件,诗则着意于反映事物的普遍性;(3)历史叙述一个时期内发生的所有事情,诗却意在模仿完整的行动。历史把事实变成文字,把行动付诸叙述,把已经发生的事变成记载中的事。历史取之于具体的事例,还之于具体的记载;从这种由具体到具体的形式变动中看不到历史的哲学可塑性。与之相比，诗取材于具体的事件，却还之于能反映普遍性和因果关系的情节。诗是一种"积极的艺术，诗人的工作具有可贵的主动性。(亚里士多德，1996：254—255，陈中梅的附录)

三是当代西方文论家的见解，虚实界限依然存在。比如海顿·怀特认为，文学可以虚构，与之不同的史学著作是由存在于作者意识之外的事件构成的。史学家面对的是可证实的已经构成了的无序事件。(怀特，2003：374—375)

对于族际互动的态度，姑且认定小说家反映的即是当时人的心态、历史的真实，第十二回、第十三回有精彩的道白。那是江湖群雄在高碑店地界与从未见过的"绿眼珠、高鼻子的外国人"的过招。先是在客栈比剑、后是在山凹毁炮。武艺和壮举就不重复了，单挑有关话语照录如下：

> 铁罗汉道："红夷大炮到底是怎么样子？我从来没见过。"……沙广天笑道："大炮是拿去打满清鞑子的，可偷不得……"(436页)
> 袁承志对钱四通道："你对他说，他们洋兵带大炮来，如是帮助中国守卫国土，抵抗外敌，那么我们很是感谢，当他们是好朋友。"……袁承志又道："但你们到潼关去，是帮皇帝杀我们百姓，这个我们就不许了。"(第461页)

三、口述传统里的袁督师

那么，作为历史的延续的"今天"，老百姓和学者对于袁崇焕以及与之关联的满汉族群互动又抱有怎样的心态呢？定宜庄等对守墓的佘家后人的访谈，从基层文化的视角为这个问题提供了一种解释。

佘幼芝，退休教师，居住于北京崇文区东花市斜街三号，此处旧称佘家馆，即袁崇焕墓与祠堂所在。2001 年 1 月 18 日，定宜庄与岑大利于此处对佘女士与她的丈夫作了访谈①。据佘幼芝自述，她的先祖是袁崇焕的谋士，广东顺德县马岗村人，跟从袁崇焕入京后就住在此处。明崇祯三年（1630），崇祯帝中清太宗皇太极的反间计，将袁崇焕磔死于北京菜市口，佘家先祖冒满门抄斩的危险，趁夜黑时分将袁崇焕的头盗出，葬于其家后院。

佘女士也不知先祖姓名，只说各种材料上都写作佘义士。据她说：

> 我们先祖临终时把全家人叫到一起，说："我死以后把我埋在袁大将军的旁边，我们家辈辈守墓，我们一辈传一辈，不许回去南方，从此以后再也不许做官，但是我们要读书，读书好明白事理，好知道怎么样报效祖国。"所以从明朝到现在我们家都是读书人。一直遵守先祖的遗志和遗愿，一直守在这儿。到我这代已经是第十七代了。8 月 16 号是袁崇焕的忌日，到现在是 371 年。

据《明史·袁崇焕传》："（崇祯）三年八月遂磔崇焕于市。兄弟妻子流三千里，籍其家。崇焕无子，家亦无余赀，天下冤之。"（卷二五九）而事实上，当时北京市民并未认为袁崇焕是冤

---

① 这次访谈的内容现在已经见诸文字、正式发表，载王俊义、丁东主编：《口述历史》，第一辑，北京：中国社会科学出版社，2003 年。

屈的:"明年四月,诏磔西市,时百姓怨恨,争啖其肉。皮骨已尽,心肺之间叫声不绝,半日而止。所谓活剐者也"(计六奇《明季北略》卷五)。袁之惨状与市民之残忍、冷漠,如今读来仍令人心悸。

至于袁崇焕头颅的下落,《明史》没有交代,唯张岱《石匮书后集》记:"……骨肉俱尽,止剩一首,传视九边"(卷十一)。不知所本。可知所谓"盗头",这个流传在佘家后人口中的生动故事,其实更像是一部传奇。

此事在民国年间曾作为轶闻见诸报端:"闻乡人说,崇焕被戮后,其仆佘氏窃负其尸葬于北京广渠门广东老义园内,终身守墓。佘仆死后,粤人义之,亦以葬于崇焕墓侧。今居园内守墓者,及其十四代之子孙名淇。……佘氏广东顺德县马江人,至今粤人称之曰义仆云。此等轶事,为正史所未载。特附记以告采访者……"(《袁崇焕资料集录》,第226页)。

与佘女士讲的故事相似,唯"义士"与"义仆"有别,佘女士对此亦有表态:"现在别的材料有写我们家是马夫的、仆人的,我也不跟人家辩,人家有人家的写法,学术上的事我不管,采访我,我就按家里传下来的说。"

佘女士的故事早就引起海内外各行各界人士的兴趣,关注点却各不相同。我们更感兴趣的,则是从与袁崇焕相关的故事看几百年来的满汉关系,因为明清之际的这段历史,毕竟是发生在中华民族内的、距今最近的一次剧烈的民族冲突,如何评价袁崇焕,又是对这一民族矛盾持何种看法与情绪的集中体现。所以我们的访谈,就选择了这一角度作为侧重点。

王树楠在《明袁督师庙碑记》中称"诚以督师之生死,为明清兴灭之所由关,而种族之见,遂酿为四千余年世局之大变,而不可收拾",固然带有辛亥革命时期反满排满情绪的历史烙印(事实上袁崇焕祠、庙的建立和佘义士传说的兴起都在此时,也都与这一历史时期特定的背景紧密相关），但将袁崇焕作为明清兴亡系于一身的人物，也确不为过。有关袁崇焕的种种传闻也正是因此而兴盛不衰的。除佘义士的盗尸故事之外，最多的要算是他的后裔问题了。

佘女士（下简称佘）：刚盗了（袁崇焕的）头之后什么都不敢修，也是我家给草草葬的，只有我们一家知道，谁也不敢往外张扬，那时候没有祠堂，是我们自己的家跟这儿住。

定宜庄（下简称定）：那时候袁大将军的后代跟你们有联系吗？

佘：他们没留后代。既没有儿子，也没有女儿。他要有儿有女，可能我家不给他盗了呢。

定：你们后来跟他的部下、亲属一点联系也没有，完全断绝了？

佘：没有。要不然不就给我们也端出去了么。

定：你们盗头时清军还没入关呢？

佘：对。

定：清军入关时候发生过什么事吗？

佘：袁大将军跟努尔哈赤打仗，当时满族人侵犯中原，可能您是满族，没关系吧？满族原来住在山海关门外，来侵犯中原，那我们就不干么，各保其主，是吧（笑）？那时代不知道满族也是咱中华民族的，是不是？要知道何必这么打呢（又笑，大笑）。你侵犯我们，我们就打你。努尔哈赤自起义以来没有任何人把他打败过，唯有袁崇焕把他打败了，袁崇焕以守为攻，死守城池，就是兴城。他拿的武器是西方进步武器，红夷大炮，可归根到底这红夷大炮还是咱中国制的，是东莞袁崇焕的老家制的，让葡萄牙人给买走了。这是我们1994年在广州参加袁大将军400周年学术讨论会上他们讲的。要不说袁崇焕是历史上一个转折的人，如果明朝崇祯时不把他杀死，满族进不来，那咱们历史不知道什么样了。

定：清朝一直就不知道这事？

佘：过了150年才知道。一直到乾隆当政的时候。乾隆皇帝当政以后，发现袁崇焕是个忠臣，一方面他为笼络人心，一方面他也为标榜他的先祖皇太极善用计谋，就下诏找人，说谁要找到袁崇焕家里的人，他愿做官，朝廷给他官做，他愿经商，朝廷给他钱让他做买卖，愿意种地，朝廷给他贴地让他种地，谁要找到谁给盗的头，也给予表彰。因为155年经过两个朝代了，从菜市口旗杆子盗（袁崇焕头）的这个案子一直没有破。为什么我们要隐姓埋名呢？就是因为没破。崇祯皇帝他得查呀，谁给盗走的就说明他跟袁崇焕是一派的，也得遭一样的迫害。这祠堂是乾隆皇上在我们房子的基础上，把平房扒了重修的。这是大厅，里边还一个客厅，喝茶、聊天的，客厅比大厅还好。

定：乾隆皇帝怎么找到您这儿的？

佘：那就不知道了，反正他先找袁大将军的后代，没有找到。乾隆原来还有题词呢，是个匾，就在大门那儿挂着。红卫兵都给砸么。忘了写的什么了。155年以后不隐姓埋名了，袁崇焕冤案才公之于世，公开纪念。清朝把他杀了，不是乾隆皇帝杀的，祖先和后代不能一概而论是吧？我们觉得乾隆皇帝还是个开明皇帝，当然他也有私心，他刚当上皇帝他要笼络人心。

按佘女士谈到的乾隆帝寻找袁崇焕后人之事，有史实为据，见《清高宗实录》卷一一七〇，乾隆四十七年十二月丙寅："谕军机大臣等：昨披阅明史，袁崇焕督师蓟辽，虽与我朝为难，但尚能忠于所事。彼时主暗政昏，不能罄其忠悃，以致身罹重辟，深可悯恻。袁崇焕系广东东莞人，现在有无子孙，曾否出仕，著传谕尚安，详悉查明，遇便复奏。"

据《实录》，袁崇焕还是有一个后人的，他的嫡堂弟文炳曾过继给他一个儿子，其五世孙名袁炳，乾隆帝也确实给了他一个佐杂等官①。乾隆帝此举，是他自乾隆四十年以后采取的以"立臣节"为宗旨的一系列举措中的一个组成部分，这些举措包括表彰为明捐躯的忠臣节烈、将投降清朝的明朝降官列为"贰臣"等。此时距清军入关已有百余年，满族统治者已经大体完成了从异族入侵者到泱泱大国君主的角色转换，对他们来说，臣对君的效忠既然已成为保证统治稳定的大事，历史当然也就需要改写。对袁崇焕评价的转折点，正是自此时始。不过，虽然学者多数强调乾隆帝的目的是出于稳定统治，但我们却毋宁相信，当他细阅《明史》，读到有人壮烈赴死，有人腼颜投降，人格之高下判然可分之时，对于黄道周等人发出"风节凛然，不愧一代完人"的赞叹，也是真实的，因为从他们身上体现的，是人类无论哪个民族中最有尊严的精神。

（访谈继续）

定：你们与清朝还有仇恨吗？

佘：那时（指乾隆时）就化解了。敌人给他平了反了，咱们还能有什么意见呢？说明人家开明。好比两人打了架了，你先来理我，我能不理你吗？觉得你比我高尚。我母亲告诉我的，因为我受我母亲的影响特别大。

定：你们对清朝、对满族好像没有什么隔阂嘛。

佘：没有，确实没有了。我爷爷都过继给满族了，我爷爷不是叫佘恩照么，这姓恩的，就是旗人。他们知道我们家的背景，可是关系都特别好。我父亲叫佘全喜，这全姓也是满族人的姓。满族人不是以名为姓么？现在满族人也来访问呢。溥仁的侄子金

---

① 按此仅为一说，另一说为袁崇焕有一遗腹子，后因军功入宁古塔正白旗，并有张江裁撰袁氏世系为证。据此表载，袁的六世孙寿明阿曾任江宁将军、吉林将军等职，其子寿山、永山均于清末在中日、中俄交战中以身殉国。因此事与本文无直接关系，故不赘言。可参见王钟翰：《论袁崇焕与皇太极》，载王钟翰：《清史新考》，沈阳：辽宁大学出版社，1990年，第112—131页。

玉章都来过。也有个从山东来进修的年轻人，就是最近，他在网上发表观点，认为是满族把汉族给灭了，所以他们应该滚出去。这个思想可是有害的，太过激了。后来我们就警惕起来了。我们绝对没有仇恨的情绪。

所以面对络绎不绝的访问者，佘女士夫妇总是要强调"民族精神"，这与乾隆帝的口径倒是不谋而合了：

佘：我们守墓守的是一种精神：民族精神，民族气节，还有一种是忠义精神。我们国家伟大就是因为自古以来有忠义精神。我们两家把忠、义都给占上了。袁大将军忠、佘家义（将"文化革命"时被毁的袁崇焕祠修复）是咱们中华民族的事，凡是中华民族的子孙，都有责任来爱护它，有责任替它呼吁，把这个祠给修起来。

四、结　　语

当年明与清、满与汉的冲突与交战，在这里已经被淡化，淡化到仅仅成为一种背景。近二三十年来，以"只要符合历史发展的大潮流，即使是投降也应该肯定"作为评价古人功过是非标准的论调，经由一些学者首倡而甚嚣尘上，而我们则认为，在政治斗争、阶级界限乃至所谓的"历史发展潮流"之上，人格和灵魂的尊卑，也应该进入历史学家的视野并作为对人物的评价标准，这反映的倒确实是一个学者思想境界的高下了。

我国近代最出名的文论家梁启超在1902年曾经写过一篇《论小说与群治之关系》。在他看来，小说具有不容忽视的社会功能，同时又认为当前的小说十分有害于社会，故对之深恶痛绝、大肆鞭笞。文中梁任公说："欲新一国之民，不可不先新一国之小说……何以故？小说有不可思议之力支配人道故……故今日欲改良群治，必自小说界革命始；欲新民，必自新小说始。"

梁启超还著有《袁崇焕传》（《饮冰室专集之七》，载《饮冰室合集》第6卷）对于传主，评价极高，称其为"明季第一重要人物"；并在文章开篇就说，广东地处岭表，在中国历史上鲜有如此"足以当一国之人物"。当然，梁氏这番感慨也是有感于当时的民族危机（"国难"）而发的，似乎也印证了"真正的历史都是当代史"的说法。该传记结论中有言："……故袁督师一日不去，则满洲万不能得志于中国……今日之国难，急于明季数倍，而举国中欲求一如袁督师其人者，顾可得耶。顾可得耶……若袁督师者，真千古军人之模范哉，真千古军人之模范哉。"

大笔如椽，民族激情跃然纸上。设若梁先生能够读到金大侠的小说《碧血剑》，谅必有上乘评论面世。

参 考 文 献

1. 亚里士多德：《诗学》，陈中梅译注本，北京：商务印书馆，1996年。

2. 定宜庄、岑大利：《我们守的是一种精神——佘幼芝夫妇访谈录》，《口述历史》第一辑，北京：中国社会科学出版社，2003年。

3. 海顿·怀特：《后现代历史叙事学》，北京：中国社会科学出版社，2003年。

4. 金庸：《碧血剑》，北京：生活·读书·新知三联书店，1994年。

5. 梁启超：《袁崇焕传》，收入林志钧编：《饮冰室合集》，中华书局影印本，1989年。

6. 鲁晓鹏：《文化·镜像·诗学》，天津：天津人民出版社，2002年。

7. 纳日碧力戈：《现代背景下的族群建构》，昆明：云南教育出版社，2000年。

8. 沈信夫：《访袁崇焕墓庙》，《文史资料选编》，第23辑，北京：北京出版社，1985年。

9. 夏晓虹编：《梁启超文选》（下），北京：中国国际广播电视出版社，1992年。

10. 阎崇年、俞三乐编：《袁崇焕资料集录》，南宁：广西民族出版社，1984年。

11. Lu Sheldon（鲁晓鹏），1994，From Historicity to Fictionality: The Chinese Poeticsof Narrative, Stanford, Stanford University Press.

本文与定宜庄合著，曾经作为研讨论文提交"中国社会史学会第9届年会"（上海，2002年），后经修改发表于《天津师范大学学报》（社会科学版），2003年第1期。

转型社会中的考古学家
——李济个案的社会史剖析

> "世界上有喜马拉雅山,也有国民公会。"
> "……被同时代人所忽视,这正是它的伟大之处……欣赏平凡的东西和小山是容易的;可是那些过于崇高的东西,不管是天才或者一座高山,不管是一个议会或者一件杰作,在离得太近去看的时候,是会使人惊骇的……"
> ——维克多·雨果(《九三年》)

李济(1896—1979)是中国第一位饮誉国际学术界的考古学家。他出生以后的一个世纪正好是中国社会发生翻天覆地变化的年代。历史的道路一波三折,国学传统也在西学的影响下潜移默化。这些都引起后来者的极大兴趣。然而对于这一段历史,或许正是由于"离得太近"的缘故,我们纵然可以找到足够的历史材料,却颇难攀上应有的历史高度、描绘出鲜明的轮廓、作出公允的评价。我之所以选择"李济个案"作为社会史研究课题,一是因为李氏以1949年为界先后在海峡两岸从事考古学研究;二是因为虽然考古学与政治相去甚远,但作为人民一员的考古学家依然仰食"人间烟火"。故而"一叶知秋"地去分析,我们从一位考古

学家的经历中也能推演出中国文人一幕幕精彩的"心路历程"。

作为某个特定时代文人的一种典型，李济先生属于那种在学堂受了国学传统熏陶之后，又出洋留学接受西方科班训练，而后再回国以中西合璧方式研究中国文化的一类学者①。他的主要成就是让世人了解了中国古代文明，并使中国考古学在世界上占据了应有的地位。当然，这样宏大的工作并非一人之力所能胜任，我在这里只是说他在这方面做出了超群的成绩而已。如果想不提起他的名讳来叫人猜测的话，作为一名考古学家，李济突出的"区别性特征"至少有二：一是"1918—1923年留学"（留学年代最早的考古学家）；二是与安阳殷墟的关系至为密切。这是他的学生夏鼐（1910—1985），又一位在国际考古界颇有声望的中国考古学家，在不愿意写出"李济"二字的情况下，为让人们在众多考古学家里猜中李济，所出示的标志②。

李济的学术经历现已由其长子李光谟先生编订的文稿刊布③，为研究者提供了方便的原始资料，本文不再赘言。现仅挑明两点：第一点，李济先生留学的目的是为报效祖国。李济在晚年写过一些随笔和忆旧散文，其中《文化沙漠》（1959）和《我在美国的大学生活》（1962）谈到这一话题。当将20世纪50年代中国台湾赴美留学的青年与20世纪20年代大陆留洋学生相比，李济不无感慨，说他那个时代做留学生的人都想学点什么东西，以备回国服务，能对社会、对国家尽点责任；绝无后来者那种留在美国不回来，当上美国人的爸爸〔指在彼岸生儿育女——

---

① 李光谟编：《李济与清华》，北京：清华大学出版社，1994年；李光谟撰：《锄头考古学家的足迹——李济治学生涯琐记》，北京：中国人民大学出版社，1996年；李光谟编：《中国现代学术经典·李济卷》，石家庄：河北教育出版社，1996年。
② 夏鼐：《五四运动和中国近代考古学的兴起》，载《考古》，1979年第3期。
③ 李光谟编：《李济先生学行纪略》（未定稿），北京：自印本，1995年。

引者注]那份洒脱①。李济身教重于言教，在中国脚踏实地地苦干了一辈子，为中国文明走向世界作出了卓越的贡献。第二点，执著的事业心与高度的责任感。蔡元培当年在为中国的近代考古学挑选一位学术带头人时，瞩目于受过西方人类学训练的归国留学生，而不是有国学传统的著名金石学家。这一明智的选择使得李济与安阳结下了不解之缘②。1949年李济的赴台，仅仅是他10年田野工作与从抗战起12年护卫殷墟文物辗转西南艰苦旅行的继续而已。对于这批国宝，李济先生可谓恪尽职守，个人的政治毁誉只不过是身外之物罢了。对于先生的这种抉择，他的学生张光直的评价是公允的。张光直指出：

"提到李济先生与殷墟发掘，我们便不能不特别强调提出，李先生在对1928—1937年这一段期间殷墟发掘出土文物的保存与报告上面所付的苦心与所作的贡献。在1937到1949这十二年之间，这批发掘物自南京撤往西南……又撤往台湾。同时，当时主持发掘的青年考古工作者，有的在抗战期间投笔从戎而基本上离开了业务……一部分在1949年投入了新的考古洪流，最后只有极少数的几位老班底跟在身边抱残守缺地把这笔宝贵的材料加以整理发表……"③

笔者认为，如果把新中国成立前出土的殷墟文物迁台与周口店猿人头骨的可悲结局作一对照的话，我们不能不感激李济先生和他的同仁们对中国文化的不朽功绩，不能不感受到一种崇高的人格力量。周口店猿人头骨已在太平洋战争爆发后，在几个美国人的手里

---

① 李济：《感旧录》，台北：传记文学出版社，1967年，第18、第19、第136—144页。
② 王世民：《李济先生的生平和学术贡献》，载《考古》，1982年第2期。
③ 张光直、李光谟编：《李济考古学论文选集》，北京：文物出版社，1990年，第988、第989页。

弄得下落不明①，而殷墟文物毕竟至今仍然完好无损地留在中国人手中。

"求同存异"地说，李济作为一位有成就的、爱国的知名学者当无问题。我们能够有幸较为客观地来讨论他，应托福于今天这个具体的历史时空。首要因素当然是改革开放、一国两制构想等政策和措施，以及两岸的一些积极合作。"索虏"、"岛夷"式的相互攻讦正在渐渐让位于对"兄弟阋于墙"的叹息。

那么，如果把画面定格在先后不同的几个特定时空，我们便会看到一个有意思的发展过程，且看下面的逆时追溯：1991年年底，北京，中国社会科学院考古研究所，为纪念李济先生95诞辰举行学术座谈会，对李济评价颇高②。1990年，北京，文物出版社出版了《李济考古学论文选集》，中国社会科学出版社出版了《安阳》的汉译本（台湾已在1977年出版了《李济考古学论文集》两大本）。1979年，身为当时大陆考古学"领导"的夏鼐撰文讲述中国近代考古学发展历史，文中提到名讳的学者有孙诒让、王国维，还有丁文江、裴文中和梁思永，马克思列宁主义学者郭沫若、尹达自不待言，连洋专家英国的丹尼尔和美国哈佛的威利都出现在文中，唯独不见他自己的老师李济的名字③。1975年，台北，石璋如撰写了《李济先生与中国考古学》，借庆贺先生80大寿，介绍了他的简历、工作及其重要著作④。1959

---

① 贾兰坡、黄慰文：《周口店发掘记》，天津：天津科学技术出版社，1984年，第123—135页。
② 邱池孙：《考古、历史学界集会纪念李济》，载《中国文化》（香港），1992年第6期。
③ 夏鼐：《五四运动和中国近代考古学的兴起》，载《考古》，1979年第3期。
④ 石璋如：《李济先生与中国考古学》，原载《中华复兴月刊》，第八卷第五期（1975年），第6—16页；转载于杜正胜、王泛森主编：《新学术之路——中央研究院历史语言研究所七十周年纪念文集》，第135—161页，台北："中央研究院"历史语言研究所，1998年10月印行。

年，北京，《考古》第1期刊登集体署名文章《批判李济的反动学术思想》。1958年，尹达在《考古通讯》（北京）第10期发表《考古工作中两条道路的斗争》。台湾则在1956年尚有劳干庆贺李济60寿辰而写的《对于李济先生的简单叙述》[1]。20世纪50年代初，中国科学院考古研究所刚刚在北京成立时，所长一职由郑振铎先生兼任，石兴邦先生当时困惑不解，曾就此事与夏鼐有过一番对话，后者的答词中提到，"所长可能是给李济先生留下的"[2]。笔者在论及大陆社会学界几位洋博士历经多次政治运动而思想多有变动时曾隐喻道：身不由己，不论脸谱红白，却都是演剧的艺人[3]。上述的一段历史过程让人觉得，今天的中国学术与政治正在一步一步地走向进步和成熟。

　　试金石是以其功能而得名。有的人物也具有类似的鉴别功能。然而一旦把它僵化为一种定式，则可能产生许多副作用，成为运动中用来整人而祭起的大棒。鲁迅、郭沫若都曾被当作这样的试金石、这样的大棒。李济与这两位大人物都有过交往[4]。对

---

[1] 李光谟编：《李济先生学行纪略》（未定稿），北京：自印本，1995年，第22页。

[2] 石兴邦：《夏鼐先生行传》，载杜正胜、王泛森主编：《新学术之路——中央研究院历史语言研究所七十周年纪念文集》，台北："中央研究院"历史语言研究所，1998年，第722页。

[3] 胡鸿保：《试析林耀华先生的社会人类学思想》，载《社会学与社会调查》，1990年第6期。

[4] 郭沫若在《南京印象》之九——《失悔不是军人》一文中写出了1946年在南京中央研究院见到李济时的良好印象："李济之的上身穿的是一件已经变成灰色的白卫生衣，背上和肘拐上都有好几个窟窿。这比起那些穿卡几服、栓玻璃带的党国要人，觉得更要发亮一些。"（《郭沫若全集·文学编》，第十四卷，北京：人民文学出版社，1992年，第492—495页。）具有讽刺意味的是，在1946年出版的《南京印象》里作者对李济的印象还要更好些，而这些更好的印象在解放十年之后的修订版中被历史地修订掉了（李光谟撰：《锄头考古学家的足迹——李济治学生涯琐记》，北京：中国人民大学出版社，1996年，第148页）。无独有偶，李济与鲁迅、杨杏佛当年在中央研究院上海办事处有过一张合影。1957年起在北京的鲁迅博物馆公开展览时，李济的影像被剪去，直到20世纪80年代末才被实事求是地恢复历史原貌。参见李光谟撰：《锄头考古学家的足迹——李济治学生涯琐记》，北京：中国人民大学出版社，1996年，第55页。

于想象力丰富、热情多于冷静的人，李济的评论是，文学家有丰富的想象力，但不该以此来贬损那些脚踏实地的科学家为站不起来的爬虫，而自诩为灵活的飞鸟；李济指出，在科学研究中"想象力应该是有控制的"①。

对于郭沫若成就背后的阴影，李济在一篇纪念董作宾的文章中曾有所言。李济列举了郭沫若在新中国成立前后对董作宾评价的转变以及他对自己作品的批判等事实，并且评论道，郭沫若缺乏一种自约精神，对于自己过去的著作没有自信②。撇开其中具体的学术争论不谈，仅就郭氏的态度和方法而论，可以看出在滤去政治色彩之后所剩下的、乃是不受拘束的热情和想象力③。由此看来，不同学风的学者，在不同学术领域内所能获得的成功机会是大不一样的。

今天大陆后辈考古学家在有机会反思当年的政治气候与治学心态时说，那个时候处于非主流地位的人可以对主流派保持缄默，但不等于不去作自己的思考④。可以看出，当代大陆学界进步的胚胎植根于那个史无前例的年代。那个年代从表面上看已然

---

① 张光直、李光谟编：《李济考古学论文选集》，北京：文物出版社，1990年，第96、第97页。

② 李济：《感旧录》，台北：传记文学出版社，1967年，第105—112页。

③ 郭沫若在"蜥蜴的残梦——《十批判书》改版书后"（1950）中写道："以前搞田野考古的人大抵缺乏社会发展史的知识，有的人根本不相信社会发展史的阶段划分，故他们对于这些史料［指殷墟中的人殉——引者］不加重视，或则兢兢于古器物尺度轻重的校量，或则根据后来的历法推谱所谓'殷历'，真可以说是捧着金饭碗讨饭了。"（见《郭沫若全集》历史编，第三卷，北京：人民出版社，1984年，第71—78页。）话虽是针对董作宾而发，锋芒却也兼及1949年后赴台的当年殷墟发掘者们。

④ 俞伟超：《中国考古学的现实与理想——俞伟超先生访谈录》，《江汉考古》，1994年第1期；张忠培：《中国考古学：实践·理论·方法》，郑州：中州古籍出版社，1994年，第45—57页。

摒弃传统文化，但是国学在潜意识中毕竟一脉尚存，回天有术①。

杨绛女士诙谐的作品《洗澡》以她特有的细腻笔触，描绘了大陆知识分子在那个风风雨雨的年代中的思想改造活动，寓意深刻，读来令人感慨不已又回味无穷。我们的大陆文人包括考古学家们在内，经历过多次"洗澡"，每洗一次之后精神面貌总会有点不同。马克思列宁主义、具有中国特色的马克思列宁主义的洗礼不会不给中国文人留下触及灵魂的思想变化。中国人有一句充满智慧的俗话叫做"历史是留给后人写的"。这正与前文引用的雨果的话息息相通。或许我们退得还不够远，不足以抬头不落帽子而仰望到高楼的顶尖，但我们总是试图在当代中国社会史的园地中留下点什么。因为中国终究拥有古老的历史学传统，传统文化的土壤地力是肥沃的。

附记：此乃提交 1995 年在北戴河举行的海峡两岸"传统社会与当代中国"社会史研讨会论文。本文写作过程中，承李济先生哲嗣李光谟先生提供帮助；研讨会分组讨论时，李济先生当年在台湾大学考古人类学系的学生、现台北"中央研究院"院士李亦园先生对本文提出了中肯的意见，使我受益匪浅，在此一并致谢。论文曾发表在《北京航空航天大学学报》（社会科学版）1999 年第 2 期，收入本文集时，又作了一些补充。

---

① 美国著名的中国史专家史景迁（Jonathan Spence）在为李济的朋友、费正清夫人费慰梅（Wilma Fairbank）撰写的一部传记著作"前言"时，出言不凡，一开头便极为感慨地写道："仅仅让我们远远地对 20 世纪的中国历史做一番鸟瞰，就不难发现，这是一个浪费惊人的世纪：浪费掉了机遇，浪费掉了资源，也浪费掉了生命。"（载费慰梅：《梁思成与林徽因——一对探索中国建筑史的伴侣》，北京：中国文联出版公司，1997 年。）痛定思痛，难道我们不该以史为鉴吗？

民族调查

略说拉祜西家庭制度中的母系制原则

1984年春,笔者随指导教师同赴云南作实习调查,调查项目主要是少数民族中的母系制的残余。因此,我们选择了澜沧拉祜族自治县糯福区和宁蒗彝族自治县永宁区两个点,调查了拉祜族的一个支系——拉祜西和被归为纳西族一支的摩梭人。本文根据自己的所见所闻,谈谈拉祜西家庭制度中至今尚存的母系制痕迹及其反映的母系制原则。

一

拉祜族是一个跨境民族,分布在我国云南省西南部边疆地区以及缅甸、老挝、越南和泰国境内。他们居住在山区,与佤族、布朗族、哈尼族、傣族等民族交叉间杂。我国的拉祜族有30.4万人(1982年),主要集中在澜沧江两岸的临沧和思茅两个专区,西双版纳傣族自治州内也有一部分。

新中国成立前后,拉祜族社会经济发展不平衡,近内地的已处于封建地主经济形态下,靠边境的则在傣族土司统治下继续保留浓厚的原始公社制残余。就人口而论,拉祜族有一半是处在后一种状态之中,澜沧拉祜族自治县糯福区的拉祜西是其中最落后的一部分。

目前,澜沧拉祜族自治县有20多种民族,共40余万人,拉祜族有16万多人,占总人口的40%。糯福是该县最靠南的一个区,与缅甸接壤,全区总人口为13310人,2385户,户均约5.6

人。拉祜族占全区总人口的72.5%，为9650人（1983年底）。

糯福区共有9个乡，其中南段、巴卡乃和完卡3个乡全部是拉祜族（其他民族人口在1%以下），洛勐乡大约90%是拉祜西。这4个乡的拉祜西总共有5655人。

据前人的调查材料记载，拉祜西家庭制度的显著特点是保存母系大家庭，男子婚后从妻居。20世纪四五十年代还有100人以上的母系大家庭存在。1965年的调查材料记述，新中国成立初，南段老寨有7个大家庭，平均每个大家庭有18人；巴卡乃寨人口最多的一家有101人，四代同堂，共有24对夫妇[①]。

目今继嗣原则仍按母系，但家庭规模缩小了。据我们调查，1984年春，整个南段乡共有358户，1908人（其中拉祜西1891人），户均5.3人。南段老寨共31户，240人，户均7.7人，核心家庭有16户，占总户数的51.6%。调查合作人声称，旧社会保持大家庭的原因之一是为了少缴门户税。后来没有门户税了，小家庭就渐渐分离出来。"文化大革命"十年动乱的影响，使得不少人越境迁往国外，一些大家庭也因此而走散了。近年来小家庭发展比较快，据说与实行生产责任制有关。因为实行生产承包制后，以小家庭为单位搞生产能够比较快地富裕起来。

小家庭的房子大多分布在妻子父母家屋附近。一对男女结婚时，他们一般都与妻子的父母居住在一起，过上一段时间之后（往往是妻子的妹妹成亲时），他们就在女方的寨子里另立门户形成小家庭。这种类型的核心家庭的形成，一方面与男子上门从妻居（uxorilocal）有关；另一方面也与幼女继承制（ultimogeniture）有关。我们发现，一对拉祜西夫妇如果有若干女儿和儿子

---

① 宋恩常、李扎娃：《民主改革前澜沧县糯福区巴卡乃拉祜族家庭形态调查》，载云南大学历史研究所民族组：《拉祜族佤族崩龙族傣族社会与家庭形态调查》，内部铅印本，1975年。调查时间为1965年4月。

的话，这个家庭的演化大致如下：儿子们成年之后大多去外寨（少数在本寨）上门，从妻居。大女儿结婚招赘婿上门与父母共同生活，一直延续到第二个女儿结婚；妹妹招婿后，姐姐往往在本寨另建新屋与父母分居。这样，直到最后留下幼女在家成婚并负责父母的养老送终。也有的父母让幼女另立门户，而与自己比较钟爱的一个女儿同住。每个女儿结婚分离出去时，父母都分给一部分家产，所以，到父母最后去世时一般不再析产。当然，现在拉祜西的生活仍不十分富裕，分家也没有什么大宗财产可供分割的。

1984年我们调查发现，南段新寨的39对夫妇在成婚之时一概都是男子上门，现在保持从妻居的仍占87.2%，其余5对（12.8%）改为从夫居的都有一定的原因（如与妻方家人不睦等）。

母系继嗣原则的惯性很强，即使是在族际通婚家庭中也不容改变。我们访问的洛勐乡乡长姜学新是个汉族干部，1959年去巴卡乃寨上门，1972年妻子病故，留下3个子女，按照拉祜西的习俗，姜学新不能把他们带走，因为他们属于母亲家里的人。于是姜学新后来就从俗与前妻的表妹结婚，共同抚育3个孩子。

拉祜西男子娶妻大多因为本人没有姐妹，或者家中缺乏劳动力。南段老寨的罗扎四是个未婚男青年，与父母兄嫂住在一起，连同他哥哥的孩子一家共7口人。他告诉我们，因为他们没有姐妹，再加上家中也缺乏劳动力，所以哥哥娶进了媳妇；但他今后结婚时按习俗就该去女方上门。罗扎四的父亲扎倮就是上门来到南段老寨的，罗扎四的舅舅也是上门去的巴卡乃寨，两个姨妈则都在本寨成婚。

70岁的扎努是上门到南段老寨的，妻子叫娜波，他们生过10个儿子，其中6个都未及成年便先后去世。由于没有女儿，第二代就由次子李四娶妻过门；但到了第三代又恢复了招赘。目前老扎努家是寨子里人口最多的家庭，共有23口人。由上面两个例子可见，拉祜西的家庭至今仍旧维持母系制原则，这种男子娶妻不过是母系社会中缺乏女嗣的一种权宜之计，犹如奉行父系制的汉族社会中的招女婿，是不能作为世系转换的标志的。

以比邻地区的拉祜纳（拉祜族的另一支）作一对比就可以明白其间的变化了。拉祜纳历史上也曾流行从妻居，后来，男子往往在上门一段时间之后携妻返回自己父母所在的寨子建立小家庭，整个地域群的住居形式是两栖居（bilocal）。糯福新寨是"文化大革命"时期从老寨分出一部分人建立起来的，这里的住居形式是两栖居。现在全寨共有14户，其中，李文光一家再加上他的两个兄弟和5个姐妹各自的家庭就占了8户，从妻居和从夫居并行不悖。李文光原先是到糯福老寨来上门的，妻子叫李素英。现在李素英的父母和她的姐姐、姐夫等住在一起。近年来，拉祜纳青年男子婚后从妻居已经流于形式，以3个月甚至3天的期限来代替过去3年的惯例。家庭制度也呈现出由母系向父系转变的迹象。

然而无论哪支拉祜，妇女的地位都比较高。我们所到之处，都见拉祜族妇女与男子有不相上下的社会地位。由于男子往往去外寨上门，一个家庭之中女家长的地位就明显要高些。在生产劳动中，妇女也确实起到了"半边天"的作用。糯福乡的副乡长是个拉祜族女青年，她还兼任乡会计工作。她告诉我们，拉祜族女孩上学的比例比其他民族高。妇女在家里的权力尤其大，对于子女的教育以及婚姻大事大多由她一手操办。在当地，伐木是一项重要的副业，男子伐木可以挣不少钱。但是，持单据来领取现金的往往不是男子本人，而是他们的老婆。当然，妇女们都很体贴丈夫，有了钱少不了要去买烟买酒给他们享用。

人们习惯把一对夫妇的名字连在一起作为对这个家庭的称呼，妻子的名字往往又在丈夫的名字之前，例如，那朱·扎波

（家），那斯波·扎提（家），等等。但是，必须认清，拉祜族本来无姓，因此，判断继嗣原则不能以姓氏为准。澜沧拉祜族自治县文教局的李维信（拉祜纳）告诉我们，拉祜族的姓是从汉族那里借过来的，他们本来无所谓姓的观念。有时姓氏的获得方式很奇特。例如，小孩生病，家长为了给小孩消灾，就在路口等候，碰上一个过路的外人就请他为孩子祈祷，请他给孩子起名并且袭用该人的姓氏。全国人口普查时，也有因忘了自己原来用过什么姓而随口报上一个姓的，间或有夫妻同报一姓的，情况比较混乱。一些干部告诉我们，他们的名字是当年读扫盲班时老师给起的。现在在为孩子登记户口时则可以按家庭意愿让他（她）从父姓或者从母姓。

拉祜族对祖先和家族谱系的观念十分淡薄。拉祜西既无垒坟习俗也无祭祖惯例。拉祜纳中有一部分人有为父母辈或祖父母辈扫墓的习惯，但无论母方或父方的祖先超出3代就记忆不清了。对于高龄去世者往往改为火化而不行土葬，据称是，年纪很大了死后会变成恶鬼，若不火化就会出来作祟。这些似乎表明，拉祜族对于生时未能见面的祖辈没有什么观念上的印象，也不像旧时的汉族那样重视祖先崇拜。

罗常培先生曾著有《论藏缅族的父子连名制》[①]，他认为，父子连名制是藏缅语诸民族的一种文化特质（cultural trait）。澜沧拉祜族自治县民委主任李绍维（哈尼族）告诉我们，他们家的亲戚就能背诵十几代人的名字，他本人少年时也能背诵。但是，我们在各支拉祜族中都未发现这种文化特质。拉祜族只是在为了区别名字相同的人时才采用亲子连名的形式。我的导师黄淑娉认为，这可能是一种早期的亲子连名制方式。笔者以为罗先生的说法不够精确。父子连名制是与父系世系原则有关的一种文化现

---

① 罗常培：《语言与文化》，"附录一"，北京：语文出版社，1989年。

象，藏缅语民族中的拉祜族还处在母系制或母系向父系过渡的家庭形态下，是不可能产生父子连名制的。这种文化特质的缺乏也间接表现了拉祜族不同于藏缅语族其他民族的世系原则。

干栏式长屋是大家庭的一个标志。每所大房子里住着一个大家庭，包括三四代人，若干对夫妻，好几十名成员。尽管目前已经看不到四五十年前那种大规模的母系大家庭了，但是村民们告诉我们，现在的房屋格局基本还保持原来的式样，仅仅是长度缩短了而已。扎努家是南段老寨人口最多的一个家庭，有5对夫妇，23口人。这个家庭住的是一所干栏式草顶竹楼。与村里别家不同的是，它的楼板不是用竹排铺的，而是采用木板。据说只有富裕的人家才有经济能力用木料做楼板。这所房子原先的长度比现在的要长。他们说，因为后来家里人少了，所以在翻修房屋时把长度缩短了一些。看得出来，屋顶上的山茅草以及四壁的竹排是过几年就要更换一次的，但是木结构的屋架及木楼板已经使用好几十年了。房屋的变化反映了家庭规模的变化，这是早已为摩尔根所证实了的[1]。我们通过实地调查，加深了对这一理论的认识。

与拉祜族老妇在废弃的旧教堂前
（黄淑娉摄于1984年5月）

---

[1] 摩尔根著，李培茱译，陈观胜校：《美洲土著的房屋和家庭生活》，北京：中国社会科学出版社，1985年。

二

最近半个世纪以来，拉祜西社会在政治经济文化各个方面都发生了一系列重大变化。母系大家庭逐渐为小家庭所取代。但是，尽管家庭形态经历了由大到小的变化，母系继嗣原则却仍然延续下来。笔者认为，母系继嗣原则之所以能够保存，是因为拉祜族是由原始公社制残余的家庭直接向社会主义的家庭形态过渡，而未经过私有制之下的父权制家庭这一历史阶段。以往的研究者大多不提这一层因素，而是把研究重点放在建立一个以母系向父系过渡的发展序列模式。但是，要想寻找这样的例证似乎选择拉祜纳比较合适一点，单纯考察拉祜西支系的家庭发展史，尚无法看清这种过渡的迹象。或者可以说，要不是民主改革，拉祜西的家庭制度就有可能会像拉祜纳一样逐渐向父系世系转化，可是，民主改革抑制了这种自然的转化。

历史发展的一般规律是，家庭规模由大变小，继嗣原则由母系向父系过渡，两者是平行发生的。特殊的原因使拉祜西的母系制得以保存，那么，家庭规模的变小又是怎样发生的呢？

现存的母系家庭规模变小与幼女继承制有明显的关系。请看图一，如果原有的母系大家庭拥有的成员是虚线框内的那些，那么，现存的家庭成员就仅包括实线框内那部分了。现在的母系家庭实行幼女继嗣制，尽管有的父母会挑选一个与自己合得来的女儿一起生活，她并不一定是幼女，但是这对于目前家庭成员成分的构成并不会产生异样的影响。从原则上讲，现在一个母系家庭中的数对夫妇之间的关系是直系串联式的，而排除了过去那种既有直系串联又有旁系并联的状态。现在的母系家庭中不存在连襟关系（如果允许我使用汉族传统用词的话，这样的表达是很便捷的），只有未成年的兄弟姐妹能附在由两对以上不同世代的夫妇构成的直系亲属链的侧旁。

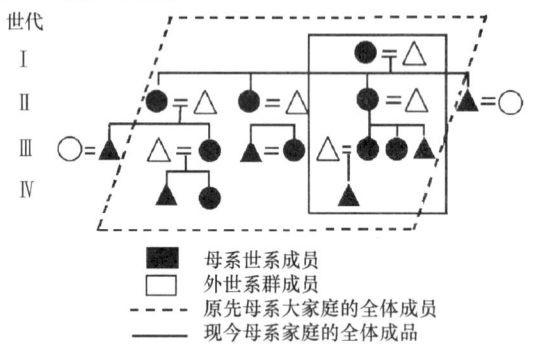

■ 母系世系成员
□ 外世系群成员
---- 原先母系大家庭的全体成员
—— 现今母系家庭的全体成品

图一 拉祜族的母系
世系群与地域之间的关系

著名人类学家克鲁伯和拉德克利夫－布朗都曾指出，研究家庭制度、住居要素（residence element）与亲属关系（kinship relation）具有同等重要的地位。图一中已经反映出一些情况，拉祜西的母系世系群成员在住居方面是分散的；同时，在同一个地域群——母系大家庭之中，又包含有外族的成员，即那些上门的女婿。如果我们再把它与宁蒗彝族自治县永宁区的摩梭人的"一度"作一个比较[①]，就更有助于理解拉祜西母系大家庭的特点。

摩梭人主要聚居在四川、云南两省交界处的泸沽湖畔、狮子山下，云南宁蒗彝族自治县永宁区是其中心。尽管他们要求成为单一民族的愿望较为强烈，目前却仍然被算为纳西族的一个支

---

① 宋恩常：《永宁纳西族的群婚家庭残余》，载宋恩常：《云南少数民族社会调查研究》，下集，昆明：云南人民出版社，1980年。

系，因此人口数字无法准确统计，估计大约有1万人。民主改革以前，当地社会经济已处在封建领主制之下，但在婚姻家庭形态方面却还保留着原始的特点①。他们的住居单位摩梭语称之为"一度"，应是母系世系群。婚姻是"阿注婚"，其实质是一种带有群婚残余的早期对偶婚，男女阿注实行望门居（duolocal）、走访婚。一个人一生可能结交几十个阿注，但同一时期内保持阿注关系的人数不多，合、离都很自由，手续简便。近几十年来阿注关系趋于长久、稳定，结交阿注的平均数也逐渐减少。由于阿注之间并无必然的经济联系，因此社会的基本生产和生活单位就是母系"一度"。存在于封建领主制之下的"一度"体现的是氏族制之下的经济生活原则，住居原则实质就是反映出一个共产同居的女系世系群。它既不同于现代意义上的家庭，也有别于"亲族"。图二表示了"一度"的情况，一个母系世系群的男女成员全可包容在同一居住点上，构成一个社会经济细胞。他（她）们的配偶则是居住在此地域群之外的。

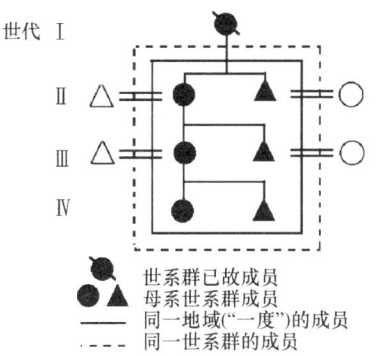

图二　摩梭人的母系世系群与地域之间的关系

---

① 中国社会科学院民族研究所云南民族调查组、云南省民族研究所编：《云南省宁蒗彝族自治县永宁纳西族社会及其母权制的调查报告》（宁蒗县纳西族调查材料之一、之二、之三、之四），内部铅印本，1963—1978年。

拉祜西实行婚后从妻居，当年母系大家庭的成员构成是：一个母系世系群的全体女性后裔及其赘婿，再加上该世系群的未婚男子。这与摩梭人的情况不同。从某种意义上说，拉祜西把本世系群的成年男子与外世系群作了交换，地域群成员和世系群成员是不一致的。

从婚姻发展史的角度分析，摩梭人的阿注婚属于早期对偶婚，婚后住居形式为望门居；拉祜西的情况可谓带有对偶婚残余的一夫一妻婚，从妻居；发展形态序列上摩梭人居前。因此，在地域群的成员构成方面就表现出如上所述的差异。

但是，倘若从社会经济对婚姻家庭的制约性来考察，拉祜西反而比摩梭人更原始、落后。为此，笔者以为，摩梭人的实例向我们说明的，仅仅是特殊的社会历史条件可以导致婚姻家庭形态的非常态发展；对于劳动生产率与血族关系的相关性问题，拉祜西的实例更具有普遍的诠释意义。目前，以猎奇观点为指导思想调查摩梭人婚俗之举已引起当地干部和人民的极大反感，民族学界也存在工作上的缺点错误，亟待纠正；与之相反，对于拉祜族的家庭调查研究还很不够，从婚姻家庭史研究看，不能不谓之用力不当。

尽管从大范围来看，目前保留的母系家庭不过是父系制汪洋大海中的零星孤岛，可是这些孤岛却都有各自存在的具体历史背景和社会原因。我国优越的社会主义制度是男女地位平等的可靠保证。笔者据此认为，这些"直接过渡地区"的拉祜西人民在今后较长的一个历史时期内，仍将保留母系家庭和母系制原则。社会主义没有为男子提供私有制社会中男子仗以凌驾女子之上的种种政治条件和经济条件，父系颠覆母系的革命也就无从发生。拉祜西人民将迎来一种新经济基础上的母系家庭。在我们国家的民族大家庭中，还保存典型母系社会的是台湾的阿美人。如果一国两制的构想能在海峡两岸付诸实施，那么，比较各族的母系制在不同方式的现代化浪潮冲击下的变迁过程，对于中国人类学家将会是一个饶有趣味的课题。

总之，我们在调查了糯福和永宁两个点之后，认为今后应当加强对于拉祜族家庭制度的调查和研究工作。对于拉祜族各个支系中婚姻家庭形态的纵向（diachronic，贯时）的和横向（synchronic，共时）的比较研究，民族学界所做的投入太少了，希望今后能有所改进[①]。

附记：写作中抄录了黄淑娉老师调查日记里的一些数字，特此致谢。

本文原载《云南社会科学》，1987年第3期。

---

① 在这次调查的基础上，黄淑娉老师也有研究论文发表。她在文中依社会经济发展水平的高下为标尺，对拉祜族的婚姻居住形式和世系制的不同情况排出了一个演进序列。详见黄淑娉：《拉祜族的家庭制度及其变迁》，载《新亚学术集刊》，1986年第6期，香港中文大学新亚书院。

元江调查四人谈[①]

　　云南省元江哈尼族彝族傣族自治县是一个多民族杂居的山区县[②]。目前在中央民族大学攻读语言学博士学位的陈丁昆是元江籍的哈尼族青年学者,北京大学的周星教授、刘援朝副教授以及中国人民大学的胡鸿保副教授则都在元江做过民族调查,胡鸿保还在元江插队当知青3年。这样,具有不同个人经历而又受过民族学专业训练的几名中青年学者恰巧都在元江这片土地上生活和工作过,并且都有专论发表[③],不能不说是"千里有缘"。于是,我们设想聚在一起漫谈在元江做研究的感受,希望能对人类学、民族学的田野工作方法做一些探讨,同时希望有更多的学者和社会各界人士来关心元江的社会发展。下面是以交谈形式编写成的文本。胡鸿保为本次会谈的主持人和文本统稿人。

　　胡鸿保(以下简称胡):今天我们与元江有缘分的几位民族

---

　　① 1997年6月26日在北京大学社会学人类学研究所,我与周星等人就元江调查进行了一次学术会谈。会后由我将各人所写的稿件汇总加工,改编成对话体。承《广西民族学院学报》主编徐杰舜先生厚爱,以《人类学本土化与田野调查——元江调查四人谈》为题刊出(载《广西民族学院学报》,1998年第1期)。现在收入本集中,仍恢复原题,行文亦稍有修改。

　　② 元江哈尼族彝族傣族自治县位于云南省中南部,北距省会昆明270多公里。全县面积2858平方公里,总人口近18万,其中少数民族人口约占78%,包括哈尼族、彝族、傣族、白族、拉祜族、苗族等。

　　③ 各人撰写的有关论文有:胡鸿保《山地民与平地民——云南元江民族社区研究》(1989)、周星《元江发展模式与地方族际社会》(1996)、刘援朝《元江白族的宗族组织》(1996)、陈丁昆《哈尼族的梯田文化》(1996)。参与会谈者曾传阅了这些文章。

学同行在北京大学社会学人类学研究所聚会，另外还有两位哈尼族学者参加，主要是谈大家对元江田野工作的体会和对元江发展的感受，希望借此来促进社会各界对元江社区发展的关注。在北京大学这个让学人敬畏的场所，周星副所长"反主为客"推我来当主持人，只能说因为我年纪稍长的缘故吧？就请大家不拘一格谈谈自己的田野经历和感受。

周星（以下简称周）：不是年长的缘故，而是你老胡在元江做研究比我们都早。你的博士论文对我们后来去做调查是很有启发的。我在自己的调查研究报告中有好几处引用了你的材料。你对插队住过的绿园傣村的个案描述很有意思。论文中提到元江作为一个文化接触地带所具有的典型意义已然引起我们的重视。

胡：当时我只是想，写自己熟悉的题材比较容易把握。直觉可能会自然地引导出较为正确的结论。元江不是哪个民族占优势的地方。它如果能够称得上某种典型的话，那就是几个民族杂居共处、互相影响，也就是后来费孝通先生一语点穿的那个所谓"多元一体"。我着重于元江的整体性而不专门去论述傣族或别的单一民族。这种感觉主要是插队生活几年在民族方面的意外经验收获，不完全是上中央民族学院和中山大学以后再去做田野工作的结果。

周：不过，我在元江做田野的时间比较短，方法上与老胡的也稍有不同。我们调查的缘由是这样的：1994年夏天，北京大学社会学人类学研究所的一个调查小组，在云南省元江哈尼族彝族傣族自治县澧江镇和因远镇进行了为期近一个月的入户问卷调查和社区访谈调查。这次调查是费孝通教授主持的国家"八·五"重点课题"中华民族凝聚力的历史形成与发展"研究的组成部分。选择元江作调查地，是听取了云南省社会学会负责人、已故朱赤平先生的建议。朱先生于1993年曾使用我所设计的问卷，在元江基层社区发放并回收过数百份问卷。

我们的问卷是在调查的基础上，考虑到全国范围内不同地方的适应性，因此相对比较简单，主要提出了一些较为基本的问题。户访问卷主要涉及户主的家庭结构，收入、消费与生计，居住与社会交往，宗教、语言与族际通婚，邻里与朋友等；户访问卷必须进入研究对象的家里，在与户主及家人的对话、讨论过程中如实填写。社区问卷主要涉及社区基本状况与社区史、社区组织形式与社区基本活动、民族构成与民族意识、居住格局与社会交往，包括语文使用、亲属网络、集市贸易、风俗习惯、重大社会变迁及国家政策等内容，主要通过对若干社区负责人的深度访谈来完成。

胡：问卷法是社会学家用得多一些，优点是便于量化；而民族学人类学家似乎偏好个案研究和局内（参与）观察。你这个人类学背景出身的博士使用问卷总还是有些特别的考虑吧？

周：我一向主张将社会学与人类学的方法结合起来研究中国的社会与文化问题。元江调查，根据这个原则，也是既要入户填写问卷，又要有细致的社区观察和深入访谈。我的体会是，实际调查中这两种方法未必能也未必需要区别得泾渭分明。首先，调查工作的目标，是在较短的时间内从既定社区回收足够数量的、为整个研究计划所需要的有效问卷。我们没有采取培养调查员、委托社区干部或邮递问卷然后坐等回收的方式，而是坚持由研究者亲自入户填写问卷。因为我们同时把入户填写问卷看做是社区观察和深入访谈的重要途径和机会。我们的进度较慢，除大家都还不太熟练填写问卷的工作方式外，总是能够在相对简单的问卷之外发现和找到与户主进一步深入讨论的问题，则是最重要的原因。其次，通过社区内的实地观察和多人次的深度访谈，为未来基于问卷调查的统计分析提供必要的背景知识和解释。进入农户家中，使我们感兴趣的话题通常总是超出问卷设定的范围。由于不同家庭的实际情况千差万别，我们不想也不应该被统一的问卷所束缚。超出问卷的话题，虽然会占很多时间，但它们并不与问卷调查的目标相背离，而是相互补充的关系。再次，除亲身调查的资料外，我们还必须兼顾文献研究，重视地方政府提供的各种数据和资料，以使最终的研究成果不仅比较全面，比较切合当地实际，而且应在有关课题的研究上有所进展、有所创新、有所积累，或者还能接近于达成可与当地社区的人们以及与地方政府有关部门的对话，从而实现研究服务于民众和知识回馈于社会的理想。

刘援朝（以下简称刘）：我与周星是做同一个课题而去元江的。我们先是一起在县城所在地澧江镇做问卷调查，后来我又专门去了因远镇做问卷和社会调查。虽说元江是云南出名的"火炉"，但是整个县境内只有几个坝子是"火炉"，山高的地方气候便十分宜人，而且民族的分布也与气候有关。所谓"火炉"，实际只是一块小小的河谷。河谷中住着耐热喜水的傣族。出了河谷、上了山，便是一片温凉湿润的气候带。在这种气候中生活着两支山地民族：彝族和哈尼族。彝、哈两族分布很有意思：元江之北，气候略为干燥，居住着实行旱作农业的彝族；元江之南，气候湿润，居住着实行水田农业的哈尼族。哈尼族是一种少见的水田山地民族，在大山上开梯田、种水稻，引水上山。因此，当地便有"山有多高、水有多高"的说法。可惜这种农耕方式还很少被人研究。确实，走近哈尼山寨，抬头望去，只见青绿色的山峦上，时常露出一些盖着茅草的房舍，周围拱绕着大大小小的梯田。这无疑是哈尼山寨了。清凉的泉水像线一样从山上滑下来，叮叮咚咚。

但最吸引我的仍是白族。这不仅仅在于我早就知道白族是一个文化高度发达的民族，而且其宗族制度也特别发达，而这些年宗族制度正是我最感兴趣的题目之一，且白族生活习俗和汉族最为相似，生产方式也基本与汉族相同。生活在白族中，既不会有气候上的不适，也不会有语言上的困难。因为白族的男女老少除了操白语外，人人都会汉语。

我选择了元江的白族地区。这个地区是元江江南的因远。因远坝区面积不大，方圆不过二十几平方公里，四周被群山环绕，气候温和湿润，当地人骄傲地称之为"小昆明"。

胡：小陈正巧是因远人，只不过并非白族。小陈，你可是我们这里唯一的本地人了。你看问题的角度谅必有独到之处。

陈丁昆（以下简称陈）：胡老师在元江插过队，我们也可以算是老乡了。今天我们在这里讨论元江发展之路——"元江模式"，对于同类地区的发展无疑是有触类旁通的借鉴和启发意义的。作为元江人，我谨对各位老师对我家乡的关注表示由衷的感谢。

元江，这个祖国西南边陲的多民族的山区县，在短短十几年的时间里，一下子成为云南省农业集约经营水平较高的高产县之一。1988年就基本实现电气化，成为全国首批初级电气化县之一。地方财政收入持续上增。1992年便突破2000万元大关，被云南省确定为发展边远多民族地区经济和社会较为成功的范例。这一切，应该说都得益于元江模式的科学设想和成功实践。元江哈尼族彝族傣族自治县山坝结合的模式以坝区为支点，来实现经济和社会全面发展的目标，使山地民解决了温饱问题、平地民走上了小富的阶段，两者间社会经济差距有所缩小，成功地引导出当地社会的良性运作。这个事实或者趋势证明，低起点、欠发达的西部多民族地区并非无计可施，关键在于能不能规划制定出一条切合地区实际的社会经济发展策略和合理的产业结构发展计划。我们相信，山坝结合给元江哈尼族彝族傣族自治县的经济繁荣和文化发展带来了生机，无疑也会为多山区、多民族和低起点地区的发展提供许多有益的启发。

胡："元江模式"的提法本身就改变了传统民族学研究中偏

重"族别"的思考方式,而把元江多民族共居的地域当作一个整体来对待。我当年做博士论文时曾注意到山地民与平地民的互动。不过现在周星博士的研究报告中提出"地方族际社会",又特别关注地方政府的主导作用,这应该说是又深了一层。

周:无论什么课题,从事调查研究的人通常都得有一个或若干个立场、角度或切入点。进入一个微观社区蹲点,或按照族别来收集资料等,是很多人类学、民族学研究者习惯采用的方法。它们的优点和长处自不待言。但如果变换一下角度去观察和思考,也是有可能产生新意、发展出新的研究境界的。对于我来说,元江的研究有三个重要的角度:一是关心现实的发展问题,关心由于发展所牵动的各族群间的关系,由此引申出对地方政府主导作用的重视。二是采取族际的而非族别的观点,因而重视族际文化共享的意义,较易接近多民族社会即族际社会的理念。三是企图在宏观的大背景下(例如,改革开放与西部发展)、在微观社区的基础上(例如,绿园、澧江镇、因远白族社区等),建构"中观"层面的即县级社区的视角,就是说,强调"地方"或"区域"研究的意义。这一点也与纯粹的族别研究不同。有了一个"地方"或"区域"的视角,也就比较容易理解既定地域里多民族相互关联的历史发展,同时也比较容易理解既定地域内现阶段的发展状况及其对民族关系的影响。我倾向于认为,要理解民族关系,就必须有一个地方族际社会的框架,没有这个框架,民族关系甚至就无从发生。变换一下观察和思考的角度,能使我们揭示以前有所感觉但又难以把握的许多问题。例如,在一个微观社区里,研究者有可能意识到社区外某些因素的、甚至是具有决定意义的影响,但它们在社区内却往往难以给予充分说明。

陈:周星教授关于地方族际社会一体化趋势日益加强的观点值得重视。因为它代表着一种深刻的社会经济,乃至于观念的变迁。正如胡鸿保博士谈到的水傣婚姻制度是由从妻居到受汉族影响而改为男娶女嫁，新中国成立后她像汉族一样过春节、中秋节、端午节。社会文化的一体化在元江是由人数不多、政治权利又处于低位次的汉文化引导下的变迁。这是较高势能的文化对周边民族一种不断传播，即中心辐射型与周边向心型的文化传播与吸收的过程。对该县3个自治民族哈尼族、彝族、傣族来说，走向一体化是时与势所规定了的、不可不为的举措。没有一个民族生活在真空似的尘世中，也无一个群体能脱离与这凡尘交相激荡的互动。面对外界或强或弱的冲击，人们都会自觉不自觉地做出或消极的防御、或积极的适应性行为来保护自身或实现群体的更新。在变革的浪潮中，如果这3个民族仍以民族本位的立场来看待社会的变化和发展，盲目地排斥一切新鲜事物，对其周围所发生的新变化都漠然处之的话，只会给民族或其成员带来与现实的严重背离和畸形的生存。不足可以革新、长处则可以相师。我想，每一个要求进步的民族或个体都会做出积极的态势，主动去迎接挑战。3个不同的民族都不约而同地取向汉文化，把汉文化上升为一种社区的主导文化地位，使不同民族背景下的社区通过文化的整合而走向有序的运作。这是伴随着各民族社会政治、经济、文化生活的变动相辅而行的结果；这也是各民族顺应社会发展潮流、立足于开放、互动的现代社会的重要保证。

周：老胡在博士论文中特别突出地提到了山地民与平地民之间的关系。在讨论坝区的绿园个案时，并没有忽视上述关系的背景。这对我印象很深。在我看来，山地民与平坝民之间历史上就已存在的种种关系，乃是元江模式中"山坝结合"的地方文化传统的资源或背景；但仅此并不能构成元江模式。如果没有地方政府的主导，这个发展模式是难以想象的。实现了境内少数民族联合性区域自治的地方政府，面临和致力于建设的是一个多民族的地方族际社会。因此，元江发展模式必须兼顾该社会内各个民族的共同利益。在这个地方族际社会里，资源互补而共享、文化多元而互融。地方自治政府的每个决策，实际上都程度不同地影响到各个少数民族基层社区的生活和发展。随着地方政府在当地发展中的主导作用日益加强和区域自治制度下各民族主体意识的张扬，其社会和文化的变迁进程也将持续发展。一体化和多元化的两个趋势将会相互交织，既可能演化成资源，也可能滋生出问题。

胡：周星，你的报告很长。我们几个倒是传阅了，但别人没有机会拜读。你可否介绍一下？

周：元江的调查问卷经计算机处理，将与云南省以及全国其他地方的问卷一起汇总，有关的统计分析报告将成为本课题研究最重要的成果之一得以发表。根据调查组的分工，基于元江调查的体验和资料，主要是社区观察和访谈资料以及社区和地方政府提供的资料，我向课题组提交了一份题为《元江发展模式与地方族际社会》的研究报告。这个研究报告还不成熟，尚未能与有关的统计分析报告互相参照。仅就个人体验来说，我在调查和研究中特别关心的问题主要有以下几个方面：

（1）关于元江发展模式。讨论我国多民族地区的社会和文化问题，尤其是研究民族关系问题时，有关"发展"的问题常常是研究者难以回避的，在元江更是如此。朱赤平先生建议以元江为调查地的理由之一，便是元江模式已经有了很好的实践，亟须要做进一步的深入研究。注重边区和少数民族地区的发展问题，实际上也是费孝通教授和我所从事民族研究的特色之一。正是由于关注发展，才使我在报告中特别留意地方政府的作用。

（2）关于文献研究。我们在元江的调查研究得益于前人的地方很多。例如，胡鸿保博士1989年的博士论文不仅提供了"绿园"的个案；而且他对于元江之作为文化接触地带的"典型性"以及对山地民和平地民之间关系的理解等，对我也有不少启发。此外，包括地方史志在内的地方文献，也是我们所必须倚重的资料。

（3）不仅应注意到"多元文化并存"的事实，还应注意到"族际文化共享"的状况。以往过多地对文化作族别的分类与研究，常使研究者忽视多民族社区里族际文化共享的重要性。族际文化共享之状况的普遍存在，乃是与多民族社区的成立相互对应的。因此，我倾向于在报告中将多元文化并存和族际文化共享联系起来看，同时给它们以同等的重视。坦率而言，因调查时间较短，我的报告对元江地区多元文化并存及族际文化共享的把握还是表面化和十分初步的。这正是今后该进一步深入的问题。

（4）关于地方政府主导的地方族际社会。我认为，元江实际上是一个由地方政府发挥主导作用的县级地方社区，是一个地方族际社会。它当然有一个漫长的历史形成过程。如果仔细分析，可以发现这个地方族际社会有一些重要的特点。例如，其社会结构除一般意义上的城乡关系、工农业关系外，还有基于族群的立体分布而形成的山区和平坝间的关系、地方政府主导的族际社会与各族基层社区的关系等。关于地方政府主导的意义及其与多民族联合实行区域自治的关系，关于"地方族际社会"这个概念的界定，当然还有待于进一步的说明和发挥。因问题比较复杂，不妨留待来日。这里提及它们，除其中多少包含了自己研究的一点新意外，还由于它们是在研究者变换了观察和思考的角度之后才得以发展出来的看法。

最后，我还必须注意到元江这个地方族际社会目前所处的社会和文化变迁过程。我试图通过生活方式（以家用电器的普及为例）、多语现象和族际通婚三个方面来分析元江正在发生的变迁。尽管它们还都是粗线条的，但我相信它们都是十分重要和有分析价值的。

胡：假如再有机会，你以为还可以从哪些方面进一步完善你的这项研究计划呢？

周：我的这篇研究报告也存在不少缺点。首先，因调查时间短，社区观察和访谈还不很深入，尤其对山区各族的社区研究尚有待开展。其次，对已经获得的有关元江的问卷调查资料以及统计数据尚未能利用。未能将其与地方政府提供的数据相互参证、相互补充。这是下一步应该做的工作。再次，报告提出的一些新概念和新观点，还需进一步推敲和论证。此外，关于本课题在当地的研究，也有不少问题和参考文献尚需进一步开掘与拓展。我希望在以上各方面都能得到大家的批评和指教。

胡：援朝兄大作中对亲属称谓做了仔细分析，收集了不少族谱、墓志之类的宝贵资料。不知正题以外可有杂感？有人认为人类学的田野工作没有被丢弃的生活素材，真可谓"嬉笑怒骂皆成文章"！

刘：我到因远是做问卷调查，调查有3个村落200户人家。调查中发现有一种惊人的一致：几乎所有的白族家庭在回答"若有财力，首先打算干些什么"时，都回答"上学，有能力就上大学"。而确实，在调查的200家中，子女上大学的已有十来家。而且有一户竟是家中四个子女全部考上了省内或省外的大学，而户主不过是一农家妇女，丈夫也只是在因远镇工作的一个职员。令人惊奇的还不止这一点。小小因远镇，不过4000来口人，镇上竟有一个小小的图书馆。图书馆藏书千余册，从文学名著到农牧科技应有尽有。图书馆还订有二十几种报刊，从通俗文学到颇有学术气息的刊物。书籍、报刊都可以借阅。小图书馆每日晚7时开馆，11时闭馆。每日总有十来个年轻人至此翻阅报刊。借阅也极简便。只要押10元钱，便可借两本书，还书时退钱。图书馆外是一个不大的篮球场。图书馆楼上是录像厅，但录像厅时常关门，据说看录像的人不多。这使我想起在他处小镇上调查时，录像厅人头攒动，图书馆不是没有、就是十分冷清。多么鲜明的对照啊！

胡：小陈，你家毗邻因远白族聚居区，是否也受此优秀学风的熏陶？毕竟哈尼族读到博士的人为数不多。这可能与掌握汉语言文字的程度有一点关系，你说呢？

陈：三位先生都注意到了汉语对少数民族的影响。我是学语言学专业的，最后想就少数民族兼用汉语谈一下自己的内心感受。

人们的交际活动离不开语言。在现实生活中，语言虽然行使着社会交际语规范的作用，大社会中所潜在的交际语使用规则以一种不可抗逆的方式，约束和指导着每一个来自不同语言集团的人采取被该社区所公认的语言调适方式。这种社会用语规范对操哈尼语、彝语、傣语、白语的人们产生了强大的汉语言压力，使各民族成员下意识地受其限制、而趋于对汉语做出积极主动的反应，并沿着适合个体或群体生存和发展的特定汉语环境来改变其语言角色。由此而导致的是，操用汉语者越来越多。汉语的社会交际功能在不同的民族中日益扩大，大家都把汉语视为族际交际语。我认为，这不仅是各民族在社会外力驱动下的被动反应，也是为其社会的进步、民族的发展而做出的主动选择。在他们学习汉语的兴趣中，还包含了他们追求更为高远的社会目标的内在要求和把汉文化视作较高文明、而对之予以积极肯定和理性的选择。我们应该尊重民众的自觉选择。这是我想陈述的一个方面。

然而，只是一味地渲染汉语对元江哈尼族彝族傣族自治县诸少数民族的重要性，渲染多民族一体化的趋向，而忽视由此所带来的负面影响，就不是科学的态度了。看到众多少数民族语言交际范围的进一步缩小和功能上的不断退化，我的心中不免生发出缕缕的忧虑。这并不是因为我本人是少数民族，而是看到代代相传的母语即将成为讲求实际的人们的牺牲品，眼睁睁地看着它一步步退出历史舞台，那心情真是难以言表。每一种语言都是一个民族文化的结晶体，是人类精神文化的不同体现。每种语言都有其不同的价值，表现着每一个民族独有的精神和文化特质，有着一个自属的语言人文精神家园。语言种类越多，人类的精神文化面貌就表现得越多、越丰富。可以预测到，在以后的岁月里，不可能有哪一种民族语言能赢得与汉语在社会交际功能上并驾齐驱的地位。民族语言的存留将受到更加严峻的挑战。这是"前进道路"上的必然，是不以人的主观意志为转移的。这也是元江哈尼族彝族傣族自治县族际文化共享的具体体现，是元江哈尼族彝族傣族自治县各民族社会文化一体化进程的一部分。面对这一事实，我不知诸位可有与我一样的沉重感？

语言是人类最为重要的文化遗产，理应让每种语言平等地存活下去。今天的我们应当清楚地认识到，必须为那些无竞争力的小语种留出充分的余地。正如我们以植树造林来保障我们的生态环境一样，我们也应该有意识、自觉地开始做保护语言的工作。否则，总有一天会尝到失去语言人文精神家园的苦果。

刘：白族是典型的深受汉文化影响的民族。她是内向性地学习并继承了中国传统文化，以至于有一位日本汉学家称白族为"比汉族还像汉族"的民族。中国的满族、壮族、畲族以及回族等都深受汉族影响。当然，他们各自接受汉文化的方式和程度是不一样的。但共同的一点是，不是全盘汉化，而是有选择地吸收，在保持民族文化精华的基础上大量吸收外来文化。这就是文化的交融与吸收。文化的交融与吸收对一个民族的发展是有极大好处的。日本现代化的成功就是一个鲜明的例子。但关键在于，对待融合要有正确的态度，自信有能力吸收并消化外来文化。那种全然拜倒在外来文化脚下，或对外来文化高悬"免战牌"的做法都是不正确的。今天，随着市场经济的深入，各民族之间的文化接触会越来越广泛。我相信，只要有坚定的信心，相信自己有能力吸收并消化外来文化，那么，对于随着市场经济而来的异文化的冲击就不会措手不及了。

胡：说到市场经济，不由得叫人联想到一个"商"字。以前我读过一位云南本地学者写的一篇短文，讲元江的白族善于经商，不但在省内活动，还去国外跑单帮。援朝兄对此有什么感受？

刘：文化和商业的关系是各界十分关注的现象。"商场无父子"。文人不论下海与否，大多对商潮怀有一种道义上的谴责，指责"为富不仁"或"道德沦丧、发不义之财"。对那些发了财的便有人吹捧，"儒商"大帽子满天飞，也真不知道中国有多少个真正的"儒商"，又有多少人配得上"儒商"这种称号！

然而，我在因远却真正发现了儒商。虽然这些儒商们资金并不雄厚、店铺并不多、名气并不大、商路也并不太远，但是他们却是真正的儒商。他们经营商业，却并不指望一下子暴富。他们以蝇头微利生活，并服务于社区百姓。他们虽然也会花言巧语，但绝不是巧言令色。他们要赚钱，然而都是公平地赚，决不去坑害他人，把假的说成真的；他们重视文化，以自己的经营所得供子女上学，努力把子女培养成为更有出息的人。这种赚钱的目的与牟其中之类的大款（有的报刊将他捧为"当代儒商的代表"）截然不同。他们是以钱养文，重在文化；而牟其中却是在做"资本积累"，是十足的资本家而不是儒商！

胡：真心希望因远的儒商事业有成。我们这种"元江人类学"课题研究可以被他们当作"文""养"起来。元江的研究是很值得继续深入做下去的。其实，与20世纪80年代末我回去做调查时相比，近十年来关于元江已经有不少论文和专著问世。如《元江之路》等，都有一定的思想性而不光是资料和数据的堆砌。现在回过头来看当年做的博士论文，实在惭愧，书确实是读了一些，也有些自己的想法，但田野工作还不过关。不过，我始终不能忘记插队的村子和绿园的村民们。尽管插队时交往平平，但离队后数次回去都大受欢迎。这种感觉在我到别处做田野工作时无论如何是不会有的。所以我希望有更多的人、更多的儒商来关心元江。但愿在当地学者和外来学者的共同耕耘下，元江能成为中国民族学、人类学的一个经典田野工作点。我想，小陈也不必道谢了，这是"迈向人民的人类学"所应该做的本分。

原载《广西民族学院学报》（哲学社会科学版），1998年第1期。

学步忆实——从"另类学"到人类学

《广西民族学院学报》把他们认为上档次的著名民族学（人类学）学者的大幅照片当"明星像"作为学报的封面，坚持了多年（新千年改登民俗学家）。前几年曾经出了一份"封面集锦"，令黄淑娉教授出奇地成为"万花丛中一点红"，就是说，成为十数名同行"大腕"里唯一的一位女性。也许纯属偶然，因为事先应该没有设立特别的遴选评审委员会；也许因我是黄老师的学生，所以这幅插页对我显得特别抢眼。然而黄老师上榜凭的肯定不是一副"明星相"或者媒体炒作。以我揣度，她本人会认为是运气，因为堪与自己比肩的女民族学家就有一小批。那么我就想以自己的老师为例，让后学了解这一代师长的风范，且不必拘泥辨析什么个性、共性。由于是回忆，所以即使力图求实，也会因印象淡漠而记忆失误；而后来的经历又会让我把前后感受联系起来思考，犹如意识流的拼接，有"闪回"，也有"蒙太奇"。它不免带上感情记忆和口述历史的种种特点。失"实"及"发挥"欠妥之处，恳请读者批评指正并予谅解①。

---

① 在对历史记忆的讨论中，"感情记忆"是论说者们关注的一个重要方面。有论者指出，人们的确是只看他们想看的东西，只听他们想听的声音。证据只对愿意承认它们的人存在（张汝伦：《记忆的权力和正当性》，载《读书》，2001年第2期）。保罗·康纳顿则有言，"我们应当把社会记忆和最好称之为历史重构的活动区分开来"（康纳顿著，纳日碧力戈译：《社会如何记忆》，上海：上海人民出版社，2000年，第9页）。本人以为，对于"宏大叙事"而言，这样的考虑和探究是必要的，但在本文这种"半"公共空间的微观叙事里，似乎可以忽略对"记忆政治"、"客观历史"、"强势论说"的商讨。

1982年我从云南大学历史系毕业并考上中央民族大学（当时为民族学院）民族研究所民族学专业原始社会史研究方向的硕士生，指导教师是黄淑娉。在此之前黄老师是与林耀华先生一起招生，程德祺（已故）和庄孔韶、王培英等3人是首批毕业生。我入校时正值她开始单独招收这个方向的学生，共录取2名。是年林耀华则和吴文藻、金天明三位先生一起指导龙平平、张海洋、关学君和纳日4名学生。三年研究生生活里当然有许多可资回忆的酸甜苦辣，不过，要挑与当下情境相宜的话题，我愿意选取平常不太爱提的实习之旅，那便是1984年4月的云南行。

以现在的眼光看，我们当时研究生实习的经费还算宽余，民院的老师又有喜欢田野的优良传统，一来是对学生负责，二来也许是不甘坐失接触研究对象的良机，所以学生实习多半有指导教师带领。黄老师几年前带庄孔韶等3名学生去了基诺山，这次是携我去考察两个保留母系制的少数民族地方——澜沧拉祜族自治县的拉祜西和宁蒗彝族自治县永宁的摩梭。这次实地调查后我们各人有一篇论文发表[1]，讲述了对母系家庭的感受，也算得是读书与行路相结合的收获吧。本文不拟叙述他者，而是简单回顾一下想去观察他者的观察者的几件琐事。

我们从北京到昆明后住在云南民族学院，黄老师带我去拜见了马曜先生。马老的好客是出名的[2]，得知我们已经在云南民族学院住下，当即表示在离开时要安排小车送行。黄老师不让马老知道我们次日一早就要去机场的实情，宁可多走些路也不愿意麻烦主人。她自己背负随身的行李不让别人代劳，走在路上对我

---

[1] 黄淑娉：《拉祜族的家庭制度及其变迁》，载《新亚学术集刊》（香港），1986年第6期。胡鸿保：《略说拉祜西家庭中的母系制原则》，载《云南社会科学》，1987年第3期。

[2] 最近我在阅读当年云南大学的老师谢本书撰写的《世纪学人——马曜评传》（昆明：云南教育出版社，2001年）后，体会更深。

说:"我父亲是个商人,他就曾教我们,出门带的行李一定要是自己能够拿得动的。"以后即使是行进在崎岖的山路上,她也始终坚持自己携带自己那份"负担",不把它转嫁给别人。

澜沧的拉祜西居住地区紧邻中缅边境,山高坡大,交通不便。到达县城的时候正巧逢上召开三级干部会议,我们与那些干部们一样在县招待所住下,趁开会的空隙找他们访谈。我们想去的地点是从20世纪五六十年代民族调查报告里披露的保留母系制特征比较明显的南段和糯福,于是就找到从那里来的干部交谈;同时也在县城找有关政府部门了解情况,抄录资料。三级干部会议一结束,县政府派卡车送各区的代表返回,我们趁便搭车来到糯福,以后往南段和巴卡乃就只有步行了。

尽管步行体力消耗较大,心理上却显得宽松;然而为了赶时间,有搭车的机会还是不想放过。旅途中就有过一次搭手扶拖拉机返回澜沧县城的经历。手扶拖拉机装满了木柴和空油桶,有一人多高。我按城里人的常理推想,这样的货堆上面再坐人,走在山区的土路上是挺危险的;当然这又跟我不是与知青同学为伍有关,我担心老师出了意外做学生的难以交代,力劝黄老师再等等别的机会。可是她回答得平静也干脆:不走的话不知道要等到什么时候,走吧!她先我后爬上拖斗在柴堆上"落座"之后就把一切都交付给拖拉机手了。我在颠簸中感受到的是莫名其妙的"陌生"和"隔离"。在连绵的大山里,人工开凿的文明之路显得十分细小。不多的几个搭车人挤坐在一起却彼此相知甚少,以眼下网民的流行话联想,可以用一句:"没有人知道你是一条狗!"[1]日后对于这段经历,恐怕也只有黄老师会和我一样诉诸文字回

---

[1] "狗"可以是一种随意性非常大的隐喻,未必含贬义。比如钱钟书的英文姓拼作Ch'en,就被牛津大学的洋教习调侃为"狗"[法文chien]。见何平:《钱钟书的学籍卡》,载《读书》,2001年第2期。

忆。我们进入田野后又出来了。

泸沽湖之行，最难忘的还是中途在落水村歇宿的一夜。当时没有今天电视里看到的那样发达的旅游业和相应的餐饮住宿条件，路旁的一幢传统式样的两层木屋似乎是唯一的客店，经营者是两位青年伙子。我是男人，被安排住在两个铺位一间的小房，同住的是位当地中年男干部；黄老师就住我们隔壁，房间稍大，设4张床铺。隔墙是松木板的，不但拼接欠严实，而且树节多有脱落，透光传音。走乏的身体倒在床上还没来得及入睡，隔壁便有男女对话夹杂着口弦声传来。可以辨出有两男两女在调情，感觉非常惊讶，不是黄老师住那间屋吗？怎么又换了？后来明白她住的正是此屋，与那两对年轻人不过是蚊帐相隔而已。只好默认是当地风俗吧？想来也是一场难得的人生体验。

在当地的入户访谈苦于时间短暂，只允许是走马观花式的，然而这种经历对于我日后解读摩梭研究的论著、理解影视作品里的当地人形象和观念变化仍有莫大的帮助。

返回宁蒗县城后我们没有再作逗留，当即取道华坪，到金江改乘火车直奔西昌。这时林耀华、宋蜀华和秋浦先生还有金效静老师等人正在邛海旁的宾馆等候黄老师去商讨"中国大百科全书·民族卷"定稿的事[①]，她不到，这事就没法讨论。尽管她神情气色比我更好，但我在心理上还是"如释重负"，不无可笑地怀有"完璧归赵"之感，把黄老师安全地"送"达目的地，让她回到了熟人圈里，又完成了一次"从异文化到本文化"的"过渡仪式"。

行文至此，关于这实习的历史回忆可以告一段落，我想回头

[①] 就在我们去实习的同时，林耀华先生也率领与我同届的、他指导的研究生龙平平等"三上凉山"。详见林耀华：《三上凉山》，载林耀华：《凉山彝家的巨变》，北京：商务印书馆，1995年。

来做"破题"并兼及一点方法论的问题。题目选成现在这副模样，多半是出于眼高手低的临摹。我曾拜读过杨绛女士的《干校六记》，并在撰写《中国民族学史》（下卷，1998年）时援引了里面的有关材料。"学步忆实"一名即由此演化得来。至于副题，则有两重思考。其一是想到了效法导师。黄老师有回忆自己50年学行的长文《从异文化到本文化》，同时林耀华先生暮年出版有早期学术作品精选，题名为《从书斋到田野》（2000年）。就是说，师长们都愿以一种有动态感的标题挑明自己那个与学术紧密相连的人生历程。应该说，这样的话从某个侧面"一语中的"道破了他们所治学问——人类学——的真谛。试问还有什么能比一个成功的学者以自己的生命活动来向后学诠释治学方法来得更透彻的呢？对我而言，则明摆着用来"续貂"的不得不是"狗尾"。其二是出于我对学科史和人类学认识论的思索。博士毕业以后自己无力遵循导师的指点、恪守传统、走出书斋、长途跋涉、去研究异文化或本文化；反而有退回陋室，度一种"谈笑皆鸿儒，往来无白丁"的生活。当然谁也不敢否认"人类学史"和"人类学评论"也是人类学的一部分。我既然"躲进（学术史）小楼成一统"，就该琢磨解释这至今仍被部分文人误解的学科历史进程和现状。在有机会与纳日合作，翻译格尔兹的一篇书评时，我为当时尚未出名的后学格尔兹从比较大师列维—施特劳斯进出田野体会到的学术思想巨大转变所震动。格尔兹说道："……通过接近、通过自身卷入特定的原始部落中去不能实现的目标，却能通过拉开距离，通过发展一种封闭、抽象的综合性的形式主义思维科学，即一种通用的心智法则来实现……从《忧郁的热带》那失望的浪漫主义中产生了另一部主要作品《野性的思维》中愉悦的科学主义。"[1] 我的理解是，所谓的田野作业的意义不可以肆意夸大，严格意义上的"人类学田野"就是"非我现场"，是本无所谓物理学上的远近的[2]。人类学更看重和需要的是理解力，田野不过是获取跨文化理解力的重要途径或者手段而已。有鉴于此，我就试图把自己的体会归结成一个醒目的标题。也就是说，当初"人类学"作为一门"比较社会学"出现之时，它还欠成熟，主要是以（对研究者而言的）"另类"为研究对象的，极端一点地说，它的对象既不能涵盖全体地球人，那就只好屈居"另类学"名下。

马凌诺斯基的另一中国高足许烺光先生晚年在他的回忆录《边缘人》中回顾当年时深有体会。他注意到马凌诺斯基和其他英国人类学家都倾向于把土著人际关系与其他民族间的人际关系作比较，找出相同和相异之处，但从不把土著人与英国人或其他白人作比较。因为他们认为英国人和其他白人都是科学家，绝不可能沦为科学研究的对象。至于其他非白人的文化是可以拿来加以分析研究和归类的[3]。只是在经历了几代学者的艰苦努力和主客互渗之后，以多元文化为客体的、真正的"人类学"才出现在全体地球人面前。不过即使在"后殖民"的今天，又有几个中国人类学家甘心被同行放在他者的位置上"分析"的呢？

本文副题企图表达的便是该学科意义的深层变化。列维—施

---

[1] 格尔兹著，纳日碧力戈等译：《文化的解释》，上海：上海人民出版社，1999年，第402—403页。

[2] 王铭铭在这方面有比较通俗简明的表达："在别的世界里体验世界的意义，获得'我'的经验，是现代人类学的一般特征"，"人类学家的肉身没有被自己搬运到别的世界中去，但他们的心灵却必须在一个远方寻找自我反观的目光，在一个想象或实在的异域中寻找他者相对于'我'的意义。见王铭铭：《人类学是什么》，北京：北京大学出版社，2002年，第50、第51页。

[3] 许烺光：《边缘人：许烺光回忆录》，国立编译馆主译，台北：南天书局，1997年，第54页。

特劳斯被视为当代人类学的大师，可是他也会不失时机地质疑一下这门学科的名称，借以揭示或者解释其特殊意义。在《忧郁的热带》里他就曾经说："人类学实际上可以改成为熵类学（entropology），改成为研究最高层次的解体过程的学问。"① 我们现在推测外星上可能也存在与人类类似的生命体，又自然而形象地名之为"外星人（类）"，我倒很愿意后辈学子看见在科学足以昌盛的将来，人类学有长足进步，研究对象既是自己，同时也包括外星人，成为一门广泛意义上的人类学。

既然在此忆谈"从师学艺"，便也期望习得的技艺能在自己手上承前启后、薪火相传、发扬光大。于是，揣摩人类学家心态的田野研究——包括面对面互动和阅读文本之后的评论——还将继续进行下去。

附记：此文为当年提交"庆贺黄淑娉老师从教 50 年学术讨论会"的论文。2002 年 8 月 3 日二稿于人民大学寓所。

原载周大鸣、何国强主编：《文化人类学理论新视野》，香港：国际炎黄文化出版社，2003 年。

---

① 列维—施特劳斯：《忧郁的热带》，王志明译，北京：生活·读书·新知三联书店，2000 年，第 544 页。

武陵地区的儒教"堂祭三献礼"

本文中所指的"武陵地区",泛指以武陵山脉为中心、今湖南省常德至重庆市涪陵(东经107°—112°)、自湖北省宜昌到贵州省凯里(北纬30°—26°),即大致为战国晚期秦国所置黔中郡范围。这一区域大半面积的海拔高程在1000米左右,武陵山脉由西南至东北贯穿全境。维系这一相对独立地理单元和文化区域数千年经济命脉的主要有三大水系:发源于贵州南部、并经黔北由涪陵流入长江的乌江及支流;源于湖北恩施由宜都注入长江的清江;流入洞庭湖的澧水、沅江及支流酉水、辰水等。考古资料和历史文献证明,至少在宋代以前,三大水系的航运加上水系之间陆路交通网络能量,以及以此为背景的文化联系,由于各种原因,已超出我们今日有关这一区域的常识之上。2002年,在湘、川、黔交界的湖南龙山县里耶镇发现数万枚战国时期秦、楚简牍,就是有力的证据。

正因为如此,今天的不富庶之地,在现代交通发明之前,却是重要的战略通道。历史上许多改变社会发展轨道的军事行动就发生在这一通道上:楚国庄蹻从这儿取道"入滇";公元前280年(周赧王三十五年),秦将司马错率军10万,驾船10000艘,载米600万斛,就是从枳(今涪陵)溯乌江而上夺取楚国黔中郡;公元前277年,秦在今沅水中游的沅陵县设黔中郡;这里是李自成抗击清军的根据地;石达开由此进川;1935年红军在这儿突破乌江天险;同一时期的贺龙在这儿建立湘鄂川黔苏维埃根据地的核心区;武陵山脉在抗战时保卫着中国的大西南,1945年春的湘西会战使湖南芷江成为日本侵略者向中国正式投降的第一站。

之所以如此介绍本区的历史背景，旨在说明：在三四千年前的夏、商、周三代时期，本区就是楚、秦、巴、濮多部族频繁的文化碰撞、交流、融合地区，在数千年以后的近、现代，儒教三献礼依然向我们揭示了这一文化现象，而这也正是笔者认识武陵地区"堂祭三献礼"的出发点。

一

湖北省宜都市（县级）与五峰、长阳两个土家族自治县以及与之相邻的鄂西土家族苗族自治州，是一片土家族、苗族聚居区[1]。当地的丧葬仪式主要有三种：一是土家族的"跳丧"；二是道士们所进行的"开路"；三是"堂祭"[2]。1949年以前，有经济能力的丧家可能会同时举行上述三种丧葬仪式，但三套仪式并不混杂着做，丧家一般采取的是一天做一套，即一天"跳丧"、一天"开路"、一天"开祭"[3]。第三套葬礼在1949年以后几乎销声匿迹，在本次考察之前，当地有关部门或者不知道、或者将其视为道教的葬礼，并未考虑到它与儒家文化的渊源关系。

20世纪80年代我们就听说这儿保存有一种主要唱词来自儒家经典的丧葬礼仪。2004年2月，笔者终于有机会在海拔1000多米

---

[1] 由于种种原因，当地一些土家族居民的民族成分可能被列为苗族更为贴切，如根据本次开祭的张氏先人留下的裙装服饰和后人回忆中的头上银饰，就可能被划归苗族。

[2] 在鄂西南发现的抄本中，"堂祭"都写成"唐祭"，但根据更多的资料，我们还是把其名为"堂祭"。

[3] 据说鄂西南的"堂祭"由两部分组成：一是丧礼"开祭"；另一是婚礼"告祖"。

高的五峰县傅家堰乡何家湾村现场考察堂祭三献礼的"开祭式"①。下文的介绍在尊重事实的前提下，主要围绕堂祭葬礼的儒教色彩和由于社会变迁所引发的当地儒教社会地位的变化而展开。

本场堂祭是为已经过世的张姓土家族老人举办的"周年祭"。已经过世的张氏老人有三子二女，都已结婚成家，除了大儿子和小儿子仍居住在张家老屋外，其余分住各地。第二次开祭的孝堂设在大儿子的堂屋和堂屋外的稻场。

孝堂外贴出以"鸿儒文坛"名义张贴的告示，告示上写道："本坛为超荐考魂晓谕事……"（见图一）

```
          鸿  儒  文  坛

本坛为超荐考魂晓谕事
湖北省五峰县傅家堰乡何家湾土地下孝士
张××以及孝眷人等即日哀告自甲申年正
月十二五日起甲申年正月二十七日止超度
新逝亡人张××老大人往升天界兹将执事人
开列于侑俾各司其职

等

  证盟        李××
  香主        张××  盟
  主祭        都管  舒××
  亚祭        李××
  引礼        汪××
  歌童        张××  张××  肖××  向××
  音乐        向××  张××  谭××  李××  陆××
  鞭炮        张××
  大盘        张××
  烧茶        汪××
  大厨        张××
  小厨        吴××

  孝眷叩首谢恩
  来日功德圆满
  开列执事人等
  设坛追宗报本

儒坛主祭
                盟
甲申年正月二十七日
```

图一　鸿儒文坛告示

---

① 所谓"现场"，实际上是为我们的考察专门安排的。在宜都工作的退休文化干部张××接受我们委托，为寻找这一礼仪回到他在五峰土家族自治县深山处的老家，找到堂祭抄本后，他与若干位曾经在几十年前做过堂祭的老人们，一起回忆有关这一礼仪的程序和细节，并请这些老人们再次实践数十年前的开祭。

本次开祭共进行二次，第一天在乡政府所在地举行，以为张××父亲新逝的名义进行；第二次在张××的老屋举行，以为张××已过世的父亲进行"周年祭"的名义进行。但两次开祭的告示和祭文都是用第一次开祭所书写的文本，因此在本文中和影视记录上出现的文本会有某些冲突，也存在程序上的缺环。

告示上的执事者中各人具体情况大致如下：

主祭李××，85岁。在长阳土家族自治县大儒吕敬臣处读私塾，小时候常随其师为丧家开祭或为喜主告祖，1949年以前曾多次当过主祭和亚祭。本次开祭的文告、祭文等都由他指导、画押，是本次开祭活动的核心。瘦小的他由于身体不好，在本次开祭中的很多时间只是呆站（或坐）在中堂的左侧。在休息时，有妇女抱着幼儿向其讨教孩子的疾病治疗办法，可见儒生们在今天当地民众中仍具有一定的影响。在本场堂祭一个多月后的2004年4月，李××去世，在五峰土家族自治县的深山处可能再也凑不起较为完整的堂祭班子了。

亚祭刘××，72岁。其父王××为长阳土家族自治县大儒吕敬臣的弟子，王××后来成为当地的私塾先生。刘××本人读过7年私塾，当过歌童，因其父土改时被划为地主，入赘到大山深处的刘家。刘××至今珍藏着其父在民国年间所书写的堂祭抄本和1936年为学生们所撰写的常识课本，家传的私学使刘××对堂祭的程序、细节都有相当的了解，并对此保持很高的热忱。

证盟李××，75岁。读过数年私塾，新中国成立以后考上武汉大学，1957年被划成右派并遣送回家乡。他和他的三个兄长结婚时都举行"告祖"礼。本次开祭中的"鸿儒文坛"告示、祭文、设所等所有文字都是他在主祭的指导下，根据堂祭"文式"之类的抄本撰写并书写。

引礼生，2人。都是70岁以上的、读过私塾的老人，但显然对堂祭的程序、细节和唱词都谈不上熟悉，所以无法履行作为引礼生（又有称通赞生）带领歌童唱赞词的任务。他们作为引礼生的职责只好由亚祭刘××替代。

歌童4位，歌童中有3位70或近70岁，或可称"歌爷爷"，也都参加过真正的堂祭。本次"现场"原打算与数十年前一样，让当地的学童们来担当，但考虑到没读过私塾的孩子们在短时间内恐怕跟不上引礼生的唱词而作罢。

告示中的"音乐"在当地称"六合班",是当地的半专业乐班,承接当地的红白喜事,不管是跳丧、开路或者开祭,他们承认自己不是"先生"(即儒生,当地也有把儒生称为"宗伯先生"的,把开祭称"行宗伯礼")。

开祭现场

本次开祭的程序为:

1. 起奠

主要内容:设立浣洗所、寝息所、刚鬣所、茅沙所等诸所,迎神;

2. 行初献礼

主要内容:引孝子初献帛,初献馔,初献果品,献蓼莪首章、白华首章和南陔首章[①];

---

① "白华"和"南陔"都是《诗经》中的亡诗,堂祭中的"白华"和"南陔"就是采用西晋束晳所编的补亡诗。

3. 行亚献礼

主要内容：引孝子亚献帛，亚献馔，亚献果品，献蓼莪次章、白华次章和南陔次章；

4. 行终献礼

主要内容：引孝子终献帛，终献馔，终献果品，献蓼莪三章、白华三章和南陔三章；

5. 行侑食礼

主要内容：侑食、献茗、孝子受胙、焚燎、撤馔、招魂[①]、送神。

由于本场开祭是周年祭，所以不必扶棺上山，但有一道当地开祭中必不可少的"埋茅沙"。

埋"茅沙"

---

① "招魂"只在祭祀对象的周年祭上举行，新逝亡人不招魂。

在行侑食礼中的孝子受胙之后，亚祭刘××在主祭李××的指点下用红笔点申奏牒文，并盖上"儒贤良宝"方章，在亚祭朗读申奏牒文以后，放进信封里一起焚烧，意思是呈送给天上的孔夫子。（"申奏牒文"全文见图二）

申奏牒文

据

湖北省五峰傅家堰乡林乡五甲何家湾土地下孝士××即日哀告

显考张公讳××老大人于甲申年丙寅月乙丑日吉时寿终谨具香帛酒醴果品牺牲之属陈设于鸿儒坛前祭奠亡灵儒生李××等顿即沐浴斋戒诚惶诚恐特具表上达

大成至圣先师文宣王殿下伏乞体查下情协同冥司允其超脱早升仙界尝闻本水源慎终追远寝苫枕块衣蔴素餐故古有太庙之设唐有家祭之兴圣者有明教以垂世民有常规而绵延且人既物化当归南山谨卜于甲申年丙寅月丁卯日未时经

白鹤仙子

值日功曹勘定牛眼利向高封马巤陟岵瞻亲子孙荫荣兹者輀拂既挽旐旟飘扬茔葬在即谨拜表以闻

鸿儒文坛　章

天运甲申年丙寅月丁卯日　化

图二　申奏牒文

信封则写道：

申奏牒文

上　詣

東極宮中大成寶殿

鴻儒文壇（章）具

2004年4月，笔者在收集到湘西和贵州锦屏县的堂祭三献

"申奏牒文"信封

礼①的一些资料后，专程找亚祭刘××。从他那儿得知：二月份举行的堂祭是没有献牲的，如果是献三牲（猪、牛、羊）的话，就需要加唱《大学》、《易经》或《正气歌》、《论语》。

可以看出，堂祭的程序、某些细节和文献与目前仍在福建、台湾存在的三献礼大同小异，与胡适家乡（也是朱熹的家乡）的三献礼"先有'降神'，后有'三献'，后有'侑食'，还有'望燎'"②的程序接近。

---

① 陈晓毅：《儒家乎？儒教乎？——苗疆"堂祭三献礼"的宗教人类学研究》，载《中山大学学报》（哲学社会科学版），2003年第6期。
② 胡适：《我对于丧礼的改革》，载《胡适全集》，第1卷，合肥：安徽教育出版社，2003年。

但是，鄂西地区的堂祭仍有自己的鲜明特色：

1. 浓厚的儒家色彩

胡适在《我对于丧礼的改革》中曾经提及其安徽绩溪老家丧葬三献礼等儒家传统，鄂西堂祭三献礼也是《朱子家礼》在当地传承的结果。但与安徽绩溪一带富庶地区安逸的儒生们相比，经济、文化相对落后的汉夷杂居区的祭堂上，儒生们更有一种文化精英俯视天下的气派，同时能够感受到一种孤芳自赏的孤独感和使命感。

本次开祭的参加者反复强调他们的儒生身份，说他们从不参加"跳丧"或"开路"。他们说，作为儒生他们在丧家或喜家们吃的都是正规的、上十道菜的酒席，而不像一些开路道士，围着一个火锅就可以打发。

与每年夏季末参加祭孔仪式的书生们一样，参加堂祭的礼生们都必须着长袍，这是对参加堂祭的礼生们在服饰上的唯一要求。

与鄂西地区相似，渝东南彭水苗族土家族自治县的"文坛"，"自称儒教，由朱熹所创。其礼仪是朱熹按《礼记》、《周礼》改编而成"。"参加文坛的都是有文化的男子，祭祀活动中，有一套进退跪拜礼仪，被认为是斯文的一派，所以颇受人敬重"。

2. 抄本直接引用儒家经典为其他地区所未见

收集到的所有抄本都大量引用《诗经》、《礼记》、《正气歌》等经典，这一现象在整个武陵地区都普遍存在，而不见于其他地区。

3. 婚典"告祖"是其他地区所未见

告祖的程序和细节同开祭相近。也是设衣冠所、浣洗所、肴馔所等诸所，由引礼生引新郎到祠堂或厅堂向祖先报告，在唱词中大量引用《诗经》中"关雎"、"桃夭"等经典。显然，开祭和告祖是一批儒生生产出来的"双胞胎"。

二

　　根据目前笔者所收集的资料，武陵地区的8个县（市）有堂祭三献礼的残存或者记录，其中湖北3处、湖南1处、渝东南2处、贵州2处（黔东与黔北各1处）。渝东南、黔北的3处是在文献中搜索到的，具体情况不详，其他5处有抄本或整理本。从抄本的情况看有以下几点值得注意：

　　1. 鄂西南宜都市的抄本中含有大量的道教内容，可能与宜都位于武陵地区的边缘地带有关。由此推理，如果继续搜索的话，可能还会在类似的边缘地带出现儒、道（或许再加上释）混杂的现象；再进一步设想，在武陵地区的腹心地带，是否可能出现儒教与诸如土家族文化谱系中最原始的"梯玛"等巫教混杂的现象。

　　2. 鄂西南的抄本中都有招魂的内容，而其他地方的堂祭抄本中没有发现，这可能与"招魂"习俗流行于湖北省长江干流沿线、襄樊等地有关。

　　3. 鄂西南五峰的抄本与湘西张家界的最接近，如果武陵地区的堂祭三献礼可以再区分的话，这两个地点很可能是同处于一个亚区；

　　4. 黔东锦屏县的堂祭三献礼是从湘西的靖州传过去的，抄本虽然与鄂西南、湘西的具有一定的共性，但显然具有自己的个性。把讲书所、读礼所作为堂祭必设之所是这些抄本中所仅见。大段的《礼记》、《论语》、《正气歌》也是鄂西南、湘西抄本所未见，相比之下，锦屏本更严谨、更接近儒家教义。不过迄今为止锦屏尚未见告祖婚典。

　　尽管现在来谈武陵地区堂祭三献礼的起源和传播还为时过

早，但仍有一些蛛丝马迹可寻。据陈晓毅的研究，黔东锦屏县河口乡的三献礼可能是明末由江西传入湖南靖州苗族侗族自治县，清顺治十一年（1654）传入锦屏县河口乡；而地处渝东南的彭水苗族土家族自治县，"文坛"传入该县是在清咸丰年间。

武陵地区堂祭三献礼的现状和发展趋势可能是一个让人更感兴趣的问题。

上文已谈及，笔者在鄂西南地区为找这一礼仪花了20年时间。随着主祭李××的去世，要在五峰土家族自治县组织一次具权威性的堂祭恐怕办不到了。20世纪20年代，尤其是1949年以来，文化激进主义思潮一浪高过一浪，儒生们无法在新的社会中生存，儒家教育随着科举制度的废除和私塾教育的结束而消亡[1]，堂祭三献礼也随着儒生的消亡而消亡。而与之对应的是，随着由跳丧改编而来的"巴山舞"成为宜昌等地喜闻乐见的群众性舞蹈后，被认定为土家族民俗的跳丧也得到推广，原来不跳丧的地区开始跳丧，汉族居民也跟着效仿。武陵地区的大环境是道教的温床，随着人民生活水平的提高，民众在丧礼上讲排场的心理为道教的发展提供了宽广的空间，像师傅带徒弟一样批量生产道士的现象普遍存在。

与鄂西、湘西的情况相反，据陈晓毅介绍，堂祭在锦屏县河口乡很流行。而更令人吃惊的是，在陈晓毅复印堂祭三献礼抄本时，原籍湖南娄底市的打工仔们告诉他，他们家乡这种叫做"三献祭礼"的抄本多得是，他们还随口背了几句给他听。娄底市显然不属于武陵地区，至少不属西南官话区。不过，在没有调查或者见到抄本之前就下结论还为时过早，因为今天福建西部的客家人也存在有别于武陵地区的三献礼。

锦屏县和娄底市堂祭三献礼的复苏，不像鄂西南、湘西三献

---

[1] 根据方志，武陵地区的私塾教育大约要到20世纪50年代中期才告结束。

礼的式微，可能与当地宗族势力的强弱有关，与社会对这一礼仪的需求有关。鄂西南、湘西地区宗族势力弱小，没能为"孝、悌、忠、信、礼、义、廉、耻"的朱子儒家精神留下足够的生存空间；而锦屏、娄底地处宗族势力上升发展区，宗族势力的发展需要借助朱熹式儒家的教义。但是可以断言，这些"礼生"们绝不是像主祭李××那样的旧儒生，而是与市场经济相适应的新人。

写到这儿的时候，桌子上就放着主祭李××于1983年抄写的《唐祭仪常》的封面照片，1949年以后就再也没有举行过堂祭。当年64岁的儒生，是怀着什么心情来书写的呢？是无奈，还是孤寂？

三

武陵地区的堂祭三献礼显然不是武陵地区的本土文化产物，而是一批或若干批儒生根据《朱子家礼》等儒家经典演绎出来的。随着明、清两朝中央政府对武陵土司制度的限制乃至最终取缔，儒家对土民的教化作用与统治者们的愿望渐趋吻合，在彭水苗族土家族自治县，"原由僧道等办的'打清醮'，办'盂兰会'、'办亡斋'等，都由文坛取代"。在武陵地区这一文化多元的大环境中，儒家为争夺话语权的努力和获得的成果是有迹可寻的和成功的，不过，儒家在与道教、佛教对下层百姓的争夺中也使自己具备了宗教的性质。

无论考古发现、文献记载或者民间传说都证明：武陵地区的数千年历史，是一部不断的移民史，不断的文化交流、对抗、融合史，外来文化不断涌入，黏合在原生文化的层面上，时间一长就可能渗透、融合，相互分不出彼此。而新的一轮文化碰撞、交流可能就又展开了，加上历史上的、当今的文化人的造神话运动[1]，使得本来就扑朔迷离的武陵地区文化面貌更加庞大而杂乱。

因此，探寻这支主要由外来文化占主导地位和文化现象在本地生根、开花、传播、迁徙、消亡（或者重生）的历史过程，可以使我们在缕析其文化基因的同时，更深入地了解当地相关文化的变迁，或许会使我们对本区的文化发展脉络有更多的了解。

原载《民间文化论坛》，2005年第3期。

---

[1] 龚浩群：《一个古老神话的再生与传承——湖北长阳廪君神话考察报告》，载《中南民族大学学报》（人文社会科学版），2004年第1期。

考古发现与研究

宜昌地区长江沿岸夏商时期的一支新文化类型

近些年来，许多同志都在努力探索鄂西地区商周时期的考古学文化面貌[①]。本文也试图就分布于宜都——秭归长江干流沿岸（不包括支流）这一特定空间内，相当于中原的二里头文化到安阳商文化这一时期的考古学文化遗存做初步的探讨。

一、文化遗存面貌概述

根据历年来的调查、发掘材料，这一地区分布了不少大约为夏商时期的遗存，但发表材料不多。本文赖以研究的材料有：宜都县红花套、向家沱[②]、毛溪套遗址[③]，宜昌县路家河、白庙[④]、三斗坪遗址[⑤]和秭归县鲢鱼山遗址等。

以上7个遗址中出土该时期陶器的基本情况如下：

陶质以夹砂陶为主，多为灰黑色和褐色陶，另有少数粗红陶、黑衣陶和橙黄色陶；泥质陶主要为灰色陶，另有黑色、橙黄

---

① 俞伟超：《先楚与三苗文化的考古学推测》，载《文物》，1980年第10期；俞伟超：《追溯楚文化渊源的新探索》，载《江汉考古》，1982年第2期。
② 长江水利委员会文物考古队发掘资料。
③ 长江水利委员会文物考古队调查资料。
④ 湖北宜昌地区博物馆、四川大学历史系考古专业：《湖北宜昌白庙遗址试掘简报》，载《考古》，1983年第5期。
⑤ 长江水利委员会文物考古队1979—1982年三峡库区文物考古调查资料。

色和褐色陶。

纹饰以绳纹（竖向、斜向、网块状、辐射状、波折状、不规则状等）为主，另有附加堆纹、方格纹、米粒状纹、篮纹、花边装饰、弦纹、划纹、镂孔纹、泥饼纹、S 纹、云雷纹、贝纹、连珠纹等。

制法多手制，器内壁常凸凹不平；轮制法见于中型盛食器；袋足为模制后安在器上。器类有罐、灯座形器、盉、斝、簋、豆、盘、觚、杯、勺、钵、盆、大口尊、壶、瓮、甗、釜、缸、器盖和一些未定名器。

二、典型器的型式分析

陶器中最具代表性且型式发展序列较完整、清晰的器物有 4 种：夹砂灰黑陶系的鼓腹罐和灯座形器，夹砂褐陶系的卷沿圆肩釜和侈口溜肩釜。它们的发展关系如下：

鼓腹罐。大口束颈，斜腹壁，小底。按其口、肩、腹、底的形制变化，分为五式：

Ⅰ式：口径远小于腹径，斜沿尖唇，或呈倒钩状；弧肩，下腹略内弧；平底。肩部饰块状竖向细绳纹或压印纹（图一：1）。

Ⅱ式：尖唇，或略呈倒钩状；斜弧肩，下腹略外弧；平底。肩部饰网块状绳纹、横人字形篦划纹或绳纹（图一：2）。

Ⅲ式：溜肩；小平底近圜。素面（图一：3）。

Ⅳ式：口径略等于腹径，圆唇、溜肩、圜底。素面（图一：4）。

Ⅴ式：口径或大于腹径，尖唇、斜肩，小尖底中部有乳突。素面（图一：5、6）。

灯座形器的形制较特殊。长柄中间空直通上斗与喇叭形器座，用途不明，依其空柄，上斗的形制变化，分为三式：

Ⅰ式：空直柄；上斗敞口，腹部斜弧（图一：7）。

Ⅱ式：空直柄；上斗敞口，腹部略内弧，急下收（图一：8）。

Ⅲ式：空柄中部突出，斜腹急收。依细部区别，此式内又可再分为两小型。

Ⅲa式：空柄中部两周凸弦纹（图一：9）。

Ⅲb式：空柄中部外鼓，或再饰凹弦纹（图一：10）。

侈口有颈圆肩釜按其口、颈、腹的变化，分为三式：

Ⅰ式：尖唇，束颈。夹砂灰陶（图一：11）。

Ⅱ式：圆唇薄，短颈。饰米粒状纹。夹砂红陶（图一：12）。

Ⅲ式：圆唇，颈较高；圆肩、圆鼓腹。饰长条竖向绳纹，颈下有按窝。夹砂褐陶（图一：13）。

侈口溜肩釜按其口、颈的变化，分为两式：

Ⅰ式：圆唇较薄，仰折沿无肩。饰米粒状纹。夹砂红褐陶（图一：14）。

Ⅱ式：侈口圆唇，颈较高，溜肩，深腹。饰竖绳纹或者方格纹，颈下部有浅按窝。夹砂褐陶（图一：15；图三：4）。

以上四种器形的发展变化过程大体是：鼓腹罐从尖唇，弧肩，斜弧腹，小平底；到圆唇，溜肩，斜弧腹，圜底；再到尖唇，斜肩，斜腹，小底有乳突；口腹径趋于接近；器物体型亦逐渐缩小。灯座形器由直柄到柄中部外突；杯形斗由缓收到急下收。侈口有颈圆肩釜和侈口溜肩釜都是从尖唇、矮颈到圆唇、高颈。

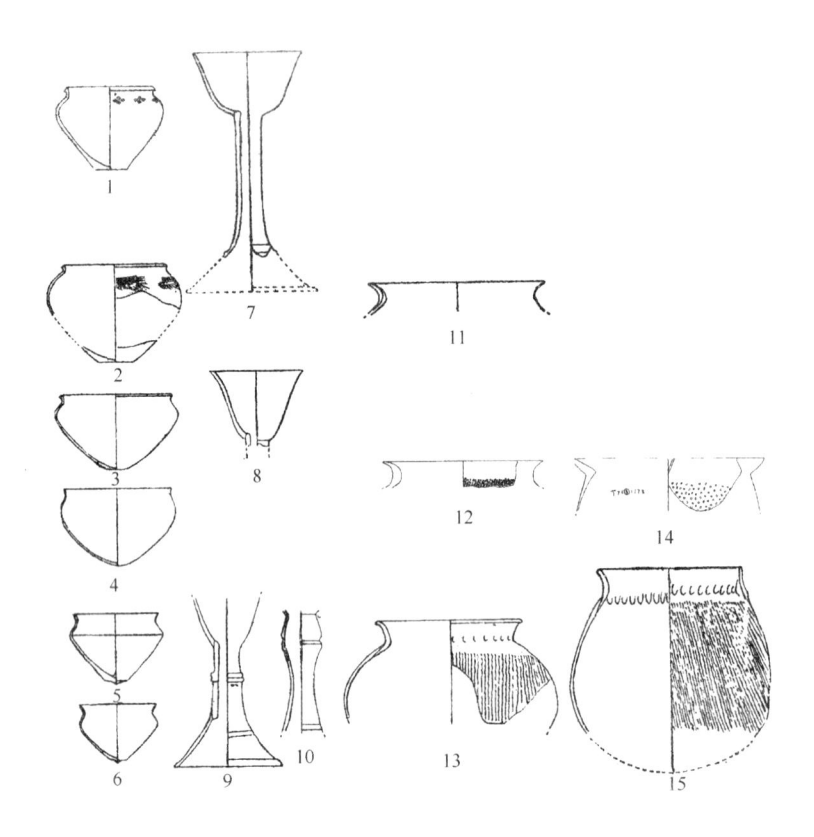

图一 典型器物序列图

1—4. 鼓腹罐Ⅰ—Ⅳ（毛 H：2；红 T112③：1；红 T71③：172、171）
5、6. 有肩罐Ⅴ（红 T111H501：1；路采：19）7、8. 灯座形器Ⅰ Ⅱ（毛 H：5；红 T58H218：2）9、10. 灯座形器Ⅲ（红 T111H501：2；路采：21）
11—13. 卷沿圆肩釜Ⅰ—Ⅲ（向采：43；红 T64③A：6；路采：30）
14、15. 侈口溜肩釜Ⅰ、Ⅱ（红 T71③：173；路采：55）

三、陶器总类分析

为了更好地分析各群体文化遗存诸因素的关系，以及此类遗存与其他考古学文化之间的异同，我们把这一文化遗存的陶器大体分为三组：

三组陶器群的陶系分别是：第一组以夹砂灰黑陶器为主骨干；第二组绝大多数为夹砂褐陶；第三组的陶色、陶质不一。

三组陶器群的纹饰特点为：第一组常见块状的竖向、网状或斜向绳纹，流行在器口沿上的压印绳纹；第二组多见长条竖向或斜向绳纹、米粒状纹，还有贝纹等；第三组有连珠纹、云雷纹、S纹、泥饼纹，蕉叶纹等。

三组陶器群的器类有：第一组有鼓腹罐、灯座形器、深腹鼓腹罐、长颈鼓腹罐、小平底敞口杯、大口不浅腹盘，以及勺、钵、长颈壶、瓮、缸、杯状纽器等；第二组包括卷沿圆肩釜、侈口溜肩釜、直领球形釜等各型釜类器，还有侈口深腹罐、卷沿圆肩罐、侈口溜肩罐、大口瓮、折沿盆等；第三组有盆、盉、斝、觚形杯、大口尊、高领罐、花边中口罐、鬶、瓮、粗砂红陶缸等。

鼓腹罐的形式变化已于第二部分叙述。

深腹鼓腹罐。除腹部较深外，其他形态、纹饰特征和形态变化都同于鼓腹罐Ⅰ式和Ⅱ式。

长颈鼓腹罐。细泥黑、灰陶，长颈外侈，尖唇，鼓腹，小尖底。颈、腹上饰有弦纹，或再加贝纹（图三：1）。

侈口深腹罐。按其口、腹变化，分为两式：

Ⅰ式：尖唇、上腹鼓、下腹紧收，小平底。腹上饰稀疏绳纹（图二：6）。

Ⅱ式：圆唇、弧腹、平底。腹部分饰长条竖绳纹或划纹（图三：2、3）。

卷沿圆肩罐。按其口、颈变化，分为两式：

Ⅰ式：尖圆唇、无颈。腹上饰网块状绳纹（图二：7）。

Ⅱ式：圆唇、短颈。腹上饰长条竖向绳纹（图三：13）。

侈口溜肩罐。口较小，圆唇薄，束颈。绳纹或加饰贝纹（图三：8）

高颈罐。圆唇或方唇，泥质灰陶或褐胎黑衣陶（图三：5）。

花边口罐。砂褐胎黑衣陶。腹上饰稀疏细绳纹（图二：5）。

方唇深腹罐。夹砂褐红陶。方唇，仰折沿有的唇下压饰花边。素面或饰交叉绳纹（图二：4）。

夹砂灰黑陶。分两式：

Ⅰ式：细高颈，高档，短流向上。宽扁上刻划竖向平行纹间以倒人字纹，上部一小圆形镂孔，据同出残器知，足跟呈尖锥形（图二：1）。

Ⅱ式：肥颈。口沿下饰波浪形附加堆纹，鋬上部一小圆形镂孔（图二：8）。

小平底敞口杯。腹上部抑折，下腹急收成。通体有螺旋纹（图二：10）。

觚形杯。泥质褐红陶。敞口，尖唇，束腰。平底微凹（图二：2）。间有夹砂红陶质。

勺把。泥质灰陶。空把前端似鹰嘴，塑两眼和贝纹，后端下部一圆形镂孔（图三：12）。

钵。夹砂陶。圆唇，小折沿腹部饰斜绳纹（图二：15）。

折沿盆。口稍敛，宽折沿，深腹。斜直壁上饰稀疏细绳纹。

大口尊。夹砂橙黄陶。口径略大于肩径，折肩处饰附加堆纹再压饰绳纹或者指窝纹（图二：12）。另有泥质灰陶的。

长颈壶。夹砂陶。侈口尖唇束颈（图二：3）。

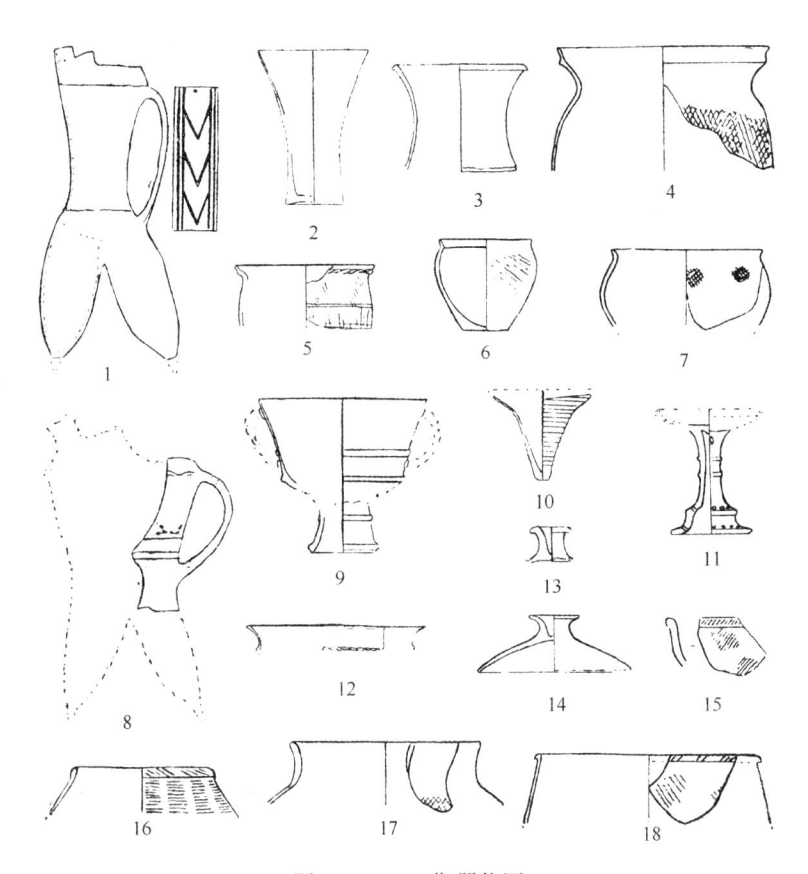

宜昌地区长江沿岸夏商时期的一支新文化类型　　109

图二　一、二期器物图

一期：1. 盉Ⅰ（毛H：6）　2. 觚（毛采：2）

二期早段：3. 长颈罐（毛采：4）5. 花边罐（红采：25）6. 侈口深腹罐Ⅰ（毛采：3）7. 卷沿圆肩罐（毛采：1）8. 盉Ⅱ（向采：45）15. 钵（向采：24）18 缸（向采：24）

二期晚段：4. 方唇深腹罐（白庙T1⑤：3）9. 簋（红T64③A：1）10. 杯（红T72③：101）11. 豆（T63③A：4）12. 大口尊（向采：3）13、14. 器盖（红T58H218；T58：5）16、17. 瓮（向采：33；12）

罍。泥质褐胎黑衣陶。高颈，圆唇或方唇，肩部饰云雷纹或S纹（图三：7）。

敛口瓮。圆唇、斜肩。唇外侧与肩上饰绳纹，夹砂灰陶。（图二：16）。

大口瓮。夹砂褐红陶。直颈，圆唇。肩部饰交叉绳纹（图二：17）。

卷沿圆肩釜和侈沿溜肩釜的形式变化见本文第二部分。

直领球形釜。直领，球腹，肩上饰划纹（图三：11）。

敛口缸。翻卷沿，尖唇或方唇，夹砂灰陶（图二：18）。

敞口缸。尖唇或圆唇，底部有圜底、乳突底或杯状小平底三种形状。腹上多饰方格纹，也有饰篮纹、绳纹，还可有上部分方格纹、下部绳纹的；腹上一道或数周附加堆纹，上面再压印绳纹、指窝纹或者叶脉纹。粗砂红陶（图三：17、18）。

杯状纽器盖。夹砂灰陶，纽沿外侈（图二：13、14）。

除了以上所述的外，还有泥质褐红胎黑皮陶质的细圈足豆和两耳圈足簋，制作精细，形制也较特殊。

细圈足豆。浅盘，圈足为喇叭状，饰凸弦纹和镂孔纹（图二：11）。

簋。敞口，尖唇。残耳上可见平行竖向划纹，腹、圈足上各两道凸弦纹。

三组陶器群中，第一组的许多器物形制特殊，形式发展变化关系清楚，在一段时间内占据主导地位，显然是一定考古学文化的典型器物群；第二组器物器类简单，器形一般，但在一定时期内不仅在数量上占绝对多数，而且与周围同期文化相比有明显的特点，是这一时期文化遗存的主要特征之一；第三组器物数量不多，对各种器物的出现和消失就现有资料还看不出什么规律，不是该遗存的主要文化因素。

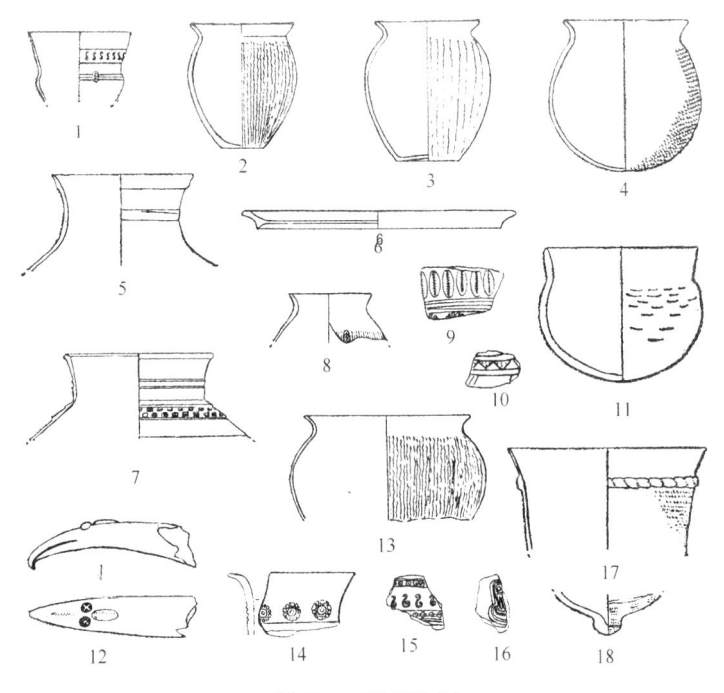

图三 三期器物图

1. 长颈鼓腹罐（路采：54）2、3. 侈口深腹罐Ⅱ（白庙 T1④：41、1）
4. 侈口溜肩釜Ⅱ（鲢鱼山）5. 高领罐（路采：57）6. 盘（鲢鱼山）
7. 罍（路采：1）8. 侈口溜肩釜（路采：27）9、10、14、15.（鲢鱼山）
17、18. 缸（向采：8、6）

四、文化分期与年代

我们进行分期的主要依据是：毛溪套灰坑、红花套 T112③、T111③A、T58H218、T7l③和 T111H501 等单位有层次关系的出土器物。其主要陶器组合见表一：

表一　典型层位单位主要出土物表

层位单位	鼓腹罐	灯形器	其他器物	纹　饰
毛 H	Ⅰ3	Ⅰ1	深腹鼓腹罐Ⅰ1、盉Ⅰ1	浅细竖向绳纹
红 T112③	Ⅱ2、Ⅲ1	直把2	尖足根袋足	复道横向人字蓝纹、划纹或绳纹
红 T111③A	Ⅱ1、Ⅲ1		瓮等	
红 T58H218	Ⅲ2	Ⅱ2	圆柱根袋足、泥灰罐（罍）、器盖3	
红 T71③	Ⅲ3、Ⅳ1	Ⅱ2	侈沿溜肩釜、细圈足豆、杯、大口缸、器盖、印纹硬陶片	米粒纹、波折状绳纹
红 T111H501	Ⅴ6	Ⅲa1、Ⅲb2	大口缸	规整的长条竖向绳纹

注：表中罗马数字代表式别、阿拉伯数字代表件数

以上单位中，有直接层位关系的只有红 T111 中存在 H501 打破③A 一例。这种早晚关系证明了鼓腹罐Ⅱ、鼓腹罐Ⅲ早于鼓腹罐Ⅴ，因此，红 T58H218 等出土的鼓腹罐Ⅲ也应早于 H501 的同类器。H501 灯座形器Ⅲ晚于 H218 灯座形器Ⅱ的间接关系也由此得到了证明。这两种器物的形式发展关系，使我们得知毛溪套灰坑的同类器应属于早期。由于建立了鼓腹罐、灯座形器的形式发展序列，随之了解了与之共存的各阶段的纹饰特征，前后变化的大体过程是：浅细竖向短绳纹——网块状绳纹——米粒状纹——规整的长条绳纹。根据同样的道理，在上述认识的基础上又可以推导出砂褐陶系中卷、沿圆肩釜和侈口溜肩釜的形式发展关系以及与其他器物的组合关系。

根据四种典型器物的形式变化过程及彼此的共存关系，大体可划分为早、中、晚三个时间段的三种组合关系：

	鼓腹罐	灯座形器	卷沿圆肩釜	侈口溜肩釜
第一组	Ⅰ	Ⅰ		
第二组	Ⅱ—Ⅳ	Ⅱ	Ⅰ—Ⅱ	Ⅰ
第三组	Ⅴ	Ⅲ	Ⅲ	Ⅲ

三种组合中，鼓腹罐Ⅰ与鼓腹罐Ⅱ的形态差异不大，反映了一、二组合间的年代上下承接。鼓腹罐Ⅲ、鼓腹罐Ⅳ与鼓腹罐Ⅴ的形态差异较大，卷沿圆肩釜Ⅱ与卷沿圆肩釜Ⅲ、侈口溜肩釜Ⅰ与侈口溜肩釜Ⅱ也存在着同样的情况，他们都使人感到二者彼此间有明显的缺环，这说明二、三两大组合在时间上存在一定的间距。第二组合中器物形态变化较多，根据共存关系，还可以再分为两个阶段，见下表：

	鼓腹罐	灯座形器	卷沿圆肩釜	侈口溜肩釜
早 段	Ⅱ、Ⅲ	不明	Ⅰ	
晚 段	Ⅲ、Ⅳ	Ⅱ	Ⅱ	Ⅰ

依据上述诸组合情况，可以将它们归纳为三期四段。

第一期，目前仅见于毛溪套灰坑和毛溪套遗址的部分采集品。

陶系以夹砂灰黑陶为主。器类有第一组陶器群的鼓腹罐、深腹鼓腹罐、灯座形器和第三组的盉和瓿等。盛食器都是平底器，袋足根尖锥状。纹饰多见浅细块状竖绳纹。

第二期，陶系仍以夹砂灰黑陶为主，有少量的夹砂褐红陶。器类除第一期已有的以外，尚有属第一组陶器群的杯、勺、钵、瓮、缸、器盖，第二组的釜、罐、瓮，第三组的斝、大口尊、罐、缸等。器形多平底，有袋足器和圜底器。纹饰除下面分段描述的以外，还有方格纹。与第一期一样，鼓腹罐是主要的炊器。

本期还可再分为早、晚两段：

早段：包括红花套 T112③、T111③A 和向家沱 T1⑦、T2⑦、T4⑦的出土物和向家沱遗址的部分采集物。

属于这一段的器物还有花边口罐、盉Ⅱ等。袋足根呈圆锥状。纹饰以网块状绳纹为特征。

晚段：包括红花套T71③、T72③、T74③A、T64③A、T58H218等单位出土物和向家沱部分采集物。出土有几何印纹硬陶、敞口缸、簋、细圈足豆等，第二组陶类群中釜、罐占有一定的比例。袋足根呈圆柱状。纹饰有米粒状纹、连珠纹。

第三期，红花套T111H501、向家沱少数和路家河的大部分采集物，以及三斗坪、鲢鱼山的大多数出土物。夹砂灰黑陶数量明显减少，夹砂褐陶、泥质灰陶、粗砂红陶大量出现。

与陶系变化相对应的，是夹砂褐陶系各型釜、罐的大量出现和鼓腹罐、灯座形器的数量减少。器形多圜底，出现尖底器，不见盉、鬶之类的袋足器。特别是砂褐陶釜取代了前两期鼓腹罐的主要炊器地位。

新出现云雷纹、S纹、蕉叶纹、贝纹和各种压印纹。绳纹多长条竖向，密布器腹。

路家河遗址出土青铜残块，鲢鱼山等遗址出土卜甲，白庙等遗址出土刻划符号，宜都县出土一件相当于殷墟一期的青铜罍。

从上述文化特征的分析可以看出：第一组陶器群与第二组陶器群大体上有着此消彼长的对应关系。具体而言，第一期和第二期都是第一组器物群占优势。第二期晚段是转折点，到第三期发生了根本性的变化，第二组陶器群取代了第一组的优势地位。

通过与相关材料的类比，对上述三期的年代初步推测如下：

据研究[①]，束颈封口盉是二里头文化的典型器物之一。在偃师二里头遗址，二期的封口盉瘦高颈、管流向上、器形细长；三

---

① 高广仁、邵望平：《史前陶初论》，载《考古学报》，1981年第4期。

期的同类器肥颈，器形矮胖①。因此，与之相同发展序列的毛溪套等的盉Ⅰ、盉Ⅱ当与二里头文化的早、晚期年代相对应。所以，毛溪套灰坑的大体年代约相当于二里头文化早期。

第二期发掘出土物中没有很典型的器物可以与其他文化类比，但在属于本期晚段的红T71③、T64③A中出土少量的几何印纹硬陶、连珠纹和粗砂红陶敞口缸，说明其上限可能已到二里冈下层②时期。

粗砂红陶缸是黄陂盘龙城③、江陵张家山④、石门皂市⑤和二里冈等遗址的主要器类之一，泥质灰陶的高颈罐、罍、云雷纹、S纹、连珠纹等也常见于以上诸遗址。这些器形和纹饰显然不是从宜昌夏商时期文化第一、第二期遗存中直接发展而来的。因此，第三期的年代当与上述遗址的主要年代即二里冈上层时期相当。考虑到本期同型器物和同类纹饰富于变化，估计它的延续时间可能较长。

这样，第二期早、晚段的年代就按顺序大致归于二里头文化晚期到二里冈下层时期。

五、与相邻地区同期文化的关系

本地区内这时期和稍晚的遗址，除了上述的7个以外，还有

---

① 中国科学院考古研究所洛阳发掘队：《河南偃师二里头遗址发掘简报》，载《考古》，1965年第5期。

② 河南省文化局工作队：《郑州二里冈》，北京：科学出版社，1959年。

③ 湖北省博物馆：《盘龙城一九七四年度田野考古纪要》，载《文物》，1976年第2期。

④ 陈贤一：《江陵张家山遗址的试掘与探索》，载《江汉考古》，1980年第2期。

⑤ 湖南省博物馆：《三十年来湖南文物考古工作》，载《文物考古工作三十年》，北京：文物出版社。

宜都县的吴家岗①，宜昌县的李家河、杀人沟、小溪口，秭归县的何家湾、老鼠岩、柳林溪②等遗址。

位于本地区东部的沮漳河流域，目前还未发现与这一文化类型三期年代相当的遗址可供比较。

在两湖平原，与此文化类型第三期时代相当的，有盘龙城、张家山、皂市等遗址。特别值得注意的是，它们都共有此文化类型第三组陶器。王劲同志注意到，包括鄂西在内的整个江汉流域商周时期文化，都有着某种共同的地方因素③。此文化类型第三组陶器的存在，进一步验证了这一看法的客观实在性。但是上述遗址的炊器主要是鬲，而不是釜。两者显然有着各自不同的此文化类型发展道路。最近发掘的稍晚于此文化类型第三期的沙市局梁玉桥遗址④的陶器中，典型器中的鼎的质地和口腹作风与第三期的卷沿釜有一定的相似之处。但前者的炊器毕竟是方格纹陶鼎，它与本文所论的文化类型的关系还有待于进一步探讨。

宜昌以西，是川东丘陵地带。从巫山县到涪陵区，发现了许多与这类型的第三期年代相当，并具有许多共同文化因素的遗址⑤。其中发表材料较多，可供具体研究的有忠县甘井沟和巫山

---

① 俞伟超：《先楚与三苗文化的考古学推测》，载《文物》，1980年第10期；俞伟超：《追溯楚文化渊源的新探索》，载《江汉考古》，1982年第2期。

② 杨锡璋：《长江中游湖北地区考古调查》，载《考古》，1960年第10期；中国科学院考古研究所长江三峡工作组：《长江西陵峡考古调查与发掘》，载《考古》，1961年第5期。

③ 王劲：《江汉流域商周时期文化的几点认识》，载《江汉考古》，1983年第4期

④ 彭锦华：《沙市发现三千年前的商周遗址》，载《湖北日报》，1982年5月13日。

⑤ 四川省博物馆：《四川省三峡水库考古调查简报》，载《考古》，1959年第8期。四川省博物馆：《川东长江沿岸新石器时代遗址调查简报》，载《考古》，1959年第8期。

大昌坝遗址。

甘井沟遗址，陶系以夹砂红陶为主。器形多圜底，尖底次之。纹饰多绳纹，还有泥饼纹、几何印纹等。器类从波浪形的花边口沿釜（罐）（图六：3、5）最为常见，还有卷沿釜、粗砂红陶缸和大量的敞口尖底杯[1]。1982年复查该遗址时还采集到鼓腹罐Ⅴ和灯座形器。另出土有卜骨、双翼式铜箭镞和石矛等。

大昌坝遗址，陶系以夹砂红褐陶为主。纹饰有绳纹、方格纹等，陶器中最具特征的是波浪形花边口沿釜和卷沿圆肩釜（图六：7、8）。1980年冬天还出土一件相当于殷墟晚期的鸟（凤）首青铜尊[2]。

以上两个遗址本身还有早、晚之分，但其主要内涵的年代应与宜昌此文化类型第三期相当。其中的鼓腹罐Ⅴ、灯座形器、卷沿釜、粗砂红陶敞口缸等，都与宜昌此类型同时期遗存相似或相近。以上两遗存以数量众多的波浪形花边口沿釜为特色，如据1958年调查简报的报道："在忠县到巫山360公里的沿江地带……皆发现有波浪式口沿和敛颈大腹夹砂绳纹陶器残片。"[3]看来，川东丘陵一带，是一个与宜昌此类型有一定关系的文化类型。

令人感兴趣的是，在成都平原上，也发现了与宜昌此类型第一组陶器群相似的文化遗存。主要遗址有广汉中兴公社[4]、成都

---

[1] 四川省长江流域文物保护委员会文物考古队：《四川忠县井沟遗址的试掘》，载《考古》，1962年第8期。

[2] 巫山县文化馆资料。

[3] 四川省博物馆：《四川省三峡水库考古调查简报》，载《考古》，1959年第8期。四川省博物馆：《川东长江沿岸新石器时代遗址调查简报》，载《考古》，1959年第8期。

[4] 四川大学历史系考古教研组：《广汉中兴公社古遗址调查简报》，载《文物》，1961年第11期。

羊子山[①]和新繁水观音遗址[②]等。遗址中出土陶器的基本情况如表二。

表二 成都平原同期文化遗存简表

	陶系	纹饰	器形	主要出土物
中兴公社遗址	夹砂灰陶为主	绳纹（网块状、平行断续）为主，连珠纹、云雷纹、花边	小平底为主，少量袋足器，不见圜底器	鼓腹罐、灯座形器、大口浅腹盘、勺、杯状纽器盖、侧流盉等
羊子山遗址	灰黑色陶为主	绳纹（短斜向、网块状）刻划纹、花边	平底器为主，少量圜底器	鼓腹罐、灯座形器、瓮、缸、杯状纽器盖
水观音遗址	夹砂灰陶为主	绳纹、连珠纹、花边方格纹	早期墓出平底器，晚期墓多圜底器，地层出土多尖底器	鼓腹罐、长颈鼓腹罐、灯座形器、长颈壶、侧流盉、青铜戈、矛、钺、斧、削

值得注意的是，水观音遗址的层位关系和器物组合不仅是该遗址文化分期的依据，也为宜昌这一文化类型的分期提供了重要佐证。根据发掘简报，在开口于文化层下的早期墓葬 M4 中，出土了平底鼓腹罐（图四：1），其形态与宜昌同类型同类器Ⅱ、Ⅲ相似。"出在文化层中部"的"晚期墓葬 M1"中，则出土了 44 件夹砂灰陶器；主要器型是"三种不同形状的圈底罐"（图五：5、6），同出的有二里冈时期的青铜戈和其他青铜武器、工具等。在四川省博物馆展出的该文化层出土的两件尖底折腹罐，不论陶

---

① 四川省文物管理委员会：《成都羊子山土台遗址清理简报》，载《考古学报》，1957 年第 4 期。

② 王家祐：《四川新繁、广汉古遗址调查记》，载《考古通讯》，1958 年第 8 期；四川省博物馆：《四川新繁水观音遗址试掘简报》，载《考古》，1959 年第 8 期。

质、陶色、大小、形态都与红花套 T111H501 的同类器非常相似，从而再次证明了鼓腹罐的形式发展顺序。该地层中出土的侧流盉（图五：7）可能也属于这一时期。

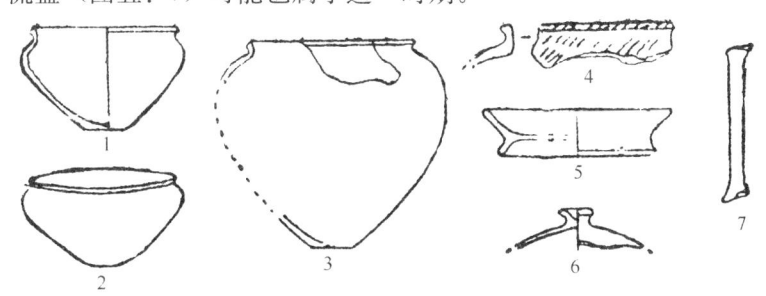

图四　成都平原遗存（一）
1. 水观音　2、5、6、7. 中兴公社　3、4. 羊子山

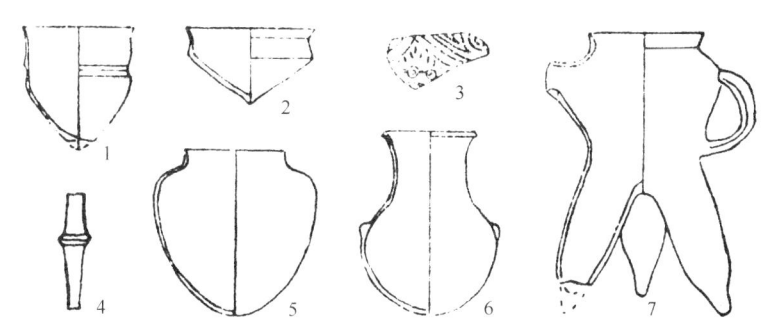

图五　成都平原遗存（二）
1—3、5—7. 水观音　4. 中兴公社

以上三个遗址中陶器的基本特征与宜昌此类型第一组陶器群的特征大体一致，如陶系都以夹砂灰陶为主，流行各种绳纹，典型器物群都是鼓腹罐、灯座形器、大口浅腹盘、鸟嘴状把勺、高颈壶等。较早阶段的炊器都是平底鼓腹罐。不难看出，这与宜昌此文化类型第一、第二期，特别是第二期遗存具有相当大的

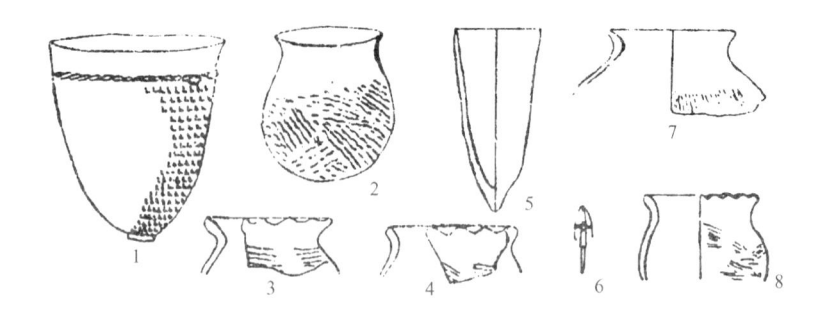

图六　四川东部遗存
1—6. 甘井沟　7、8. 大昌坝

共性。

下面，我们把川东地区、成都平原几个重要遗址相关遗存的年代，与宜昌此类型间的大致对应关系列如下表。

表三　鄂西地区、成都平原主要同期遗存对应表

宜昌地区	川东地区		成都平原	
第一期				
第二期			中兴公社	羊子山
第三期	甘井沟	大昌坝		水观音

通过以上分析，我们认为：宜昌地区长江干流沿岸此类型的第一、第二期同属于成都平原（也应包括川东地区）的考古学文化范畴。到第三期时，由于这一地区诸文化发展的互相影响，情况有所变化，但无论如何，这一时期宜昌地区长江干流沿岸文化遗存与川东、甚至与成都平原的关系还是比其他地区的关系要密切得多。

从以上文化特征的分析、文化分期的研究和年代的推测，我们认为：宜昌地区这一新的文化类型所反映的文化特征与当阳赵

家湖[①]、江陵纪南城[②]等地所代表的楚文化内涵全然不同，看不出从前者过渡到后者的迹象。因此，宜昌此文化类型不可能是楚文化产生的直接源头。

原载《江汉考古》，1984年第2期。

[①] 高应勤、王光镐：《当阳赵家湖墓葬的分类与分期》，载《中国考古学会第二次年会论文集》。
[②] 湖北省博物馆：《楚都纪南城的勘查与发掘》，载《考古学报》，1982年第3期、第4期。

城背溪·彭头山文化和
中国早期稻作农业

近几年在长江中游的城背溪·彭头山文化中发现了我国目前已知的最早的稻作遗存，这是农业考古中极有意义的事件。为了让各方行家对这一古老文化遗存的年代、经济发展水平及含稻壳的陶片等情况有更具体的了解，我们写就此文介绍所掌握的有关材料，并阐述对一些相关问题的初步看法。鉴于这一文化的发现与研究方始起步，加之笔者功力有限，不当之处尚祈识者不吝指正。

一、文化面貌及年代

为了使读者对城背溪·彭头山文化有更多的了解，当先简要介绍长江中游新石器时代考古学诸文化、文化类型、文化序列及年代，特别是城背溪·彭头山文化、皂市下层文化、朝天嘴一期文化和大溪文化早期遗存的年代及有关的不同看法。

新石器时代的长江中游历史文化区的大致范围为，西自长江三峡，东抵武汉市，南起洞庭湖，北达汉水下游地区（东经110°—114°，北纬29°—32°）。该历史文化区还可分为三个文化亚区：长江三峡文化区，以澧水流域为代表的洞庭湖西北岸文化区（下面简称澧水区），以及汉水下游文化区。由于地域的接近和自然地理环境的相似，在新石器时代的大部分时间，特别是在早期阶段，长江三峡和澧水区的文化联系更为密切，文化面貌更为接近，社会发展阶段同步，考古学文化分期也是基本一致的。虽然目前考古学界在长江中游历史文化区某些文化的文化渊源、文化命名等问题上仍存在争论，但对其文化序列及大致年代已取得共识。下表是湖南省文物考古研究所所长何介钧先生关于澧水区史前文化序列及年代的观点①和作者关于长江三峡区史前文化序列和年代的认识。可以看出，两者的年代虽有出入，但总的来讲是一致的。

表1　长江中游新石器时代文化分区发展年代对照表

澧 水 文 化 区	长江三峡文化区
彭头山文化：：9000—8000 B.P	城背溪文化：9000—7500 B.P
皂市下层文化：8000—7000 B.P	相当于皂市下层文化：7500—7000 B.P
汤家岗下层遗存	朝天嘴一期遗存：7000—6800 B.P
大溪文化	大溪文化前段：6800—5000 B.P
屈家岭文化	大溪文化后段：5000—4500 B.P
洞庭湖区龙山文化	季家湖文化：4500 B.P—？

上述文化序列和年代的确立，除了考古学、地层学和器物形态学的研究成果外，还得力于一批绝对年代的测定（因年代长久，本文所引用的^{14}C年代一般都未经树木年轮校正）。

目前发表的彭头山遗址^{14}C数据有4个：采集陶片为9100±120（BK87002），T11④为8200±120（BK87050），T14②为7815±100（BK89016），T14⑥为7945±170（BK89018）。实际年代当在8000年以上。

城背溪遗址 T6③兽骨^{14}C的年代为6800±120（BK84028），

---

① 何介钧：《洞庭湖区新石器时代文化》，载《考古学报》，1986年第4期；何介钧：《洞庭湖区新石器时代早期文化探索》，载《湖南考古辑刊》，1989年第5期。

这与同时代的彭头山遗址的数据相差千余年，显然有误。

因此，我们认为城背溪·彭头山文化是长江三峡区和澧水区约8000年前的考古学文化。由于两地相距很近（城背溪遗址和彭头山遗址的直线距离仅约100公里），文化面貌相似，两个遗址的发现时间也相隔不远，加之城背溪遗址发掘资料尚未正式发表，故而有人便以"彭头山文化"统称二者，认为它们属于同一文化；亦有人以"城背溪文化"和"彭头山文化"分称。本文不讨论命名问题，暂以合称代表长江中游此时期的文化，分称表示两地该时期略有差异的亚文化。

城背溪文化，以首次发现地点湖北省宜都县红花套镇城背溪遗址（东经111°25′，北纬30°30′）命名（图一）。该遗址发现于1982年，1983年和1984年进行二次发掘，正式发表的资料仅有调查简报[①]。鄂西地区所发现的该文化的遗址还有宜昌县路家河，枝城市枝城北、花庙堤等。这些遗址都位于长江干流岸边，海拔高程都在常年洪水线（海拔高程约51米）以下2—3米。

彭头山文化，以湖南澧县大坪乡彭头山遗址（东经110°45′，北纬29°40′）命名。遗址发现于1984年，1988年正式发掘[②]。该文化目前仅发现于澧县境内，而且都位于澧水北岸澧阳平原海拔高程50米的低冈台地上。除彭头山外，属于这一文化的遗址还有李家岗等近10处。

皂市下层文化以湖南石门县皂市遗址（东经111°14′，北纬29°39′）下层文化层遗存命名[③]，遗址位于澧水支流渫水北岸的

[①] 长办库区处红花套考古工作站、枝城市博物馆：《城背溪遗址复查记》，载《江汉考古》，1988年第4期。枝城市，原为宜都县，今为宜都市。

[②] 裴安平：《湖南澧县彭头山新石器时代早期遗址发掘简报》，载《文物》，1990年第8期。

[③] 湖南省博物馆：《湖南石门县皂市下层新石器遗存》，载《考古》，1986年第1期。

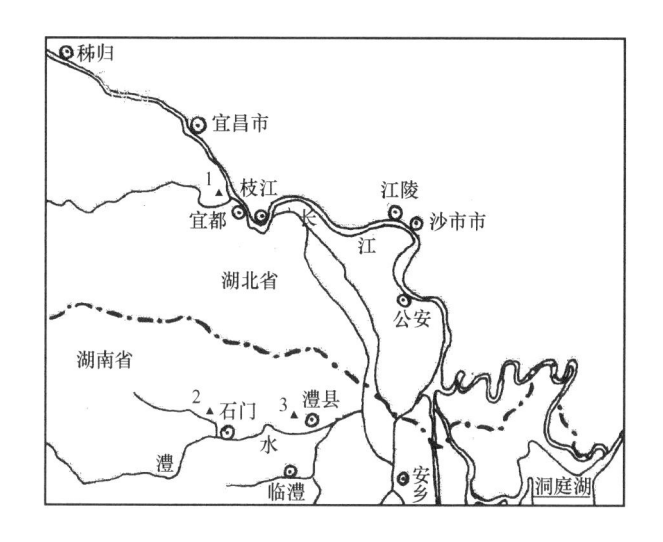

图一 遗址分布
1. 城背溪遗址；2. 彭头山遗址；3. 皂市遗址

坡地上。在属该文化的地层之上有近 1 米不含任何文化遗物的沉积土间歇层，再上是商代的一支地方文化——皂市上层文化。皂市下层文化主要分布于澧水中下游和沅水下游一带。

皂市下层文化的石器以打制为主，其中以燧石器为特色。陶器中有一组以亚腰双耳罐和各种刻划、剔压、戳印纹所组成的最具特色的文化因素，这组文化因素不可能来源于以侈沿深腰绳纹罐为特色的城背溪·彭头山文化传统，而另有来源，它的遗传密码应在其他相邻文化中获得。

皂市下层文化已测定的 ^{14}C 数据有四：皂市遗址 T43⑤为 6920 ± 200（BK82081）；临澧县胡家屋场遗址中偏晚的 T102⑤为 6960 ± 100（BK87047），偏早的 T102扩⑦为 7190 ± 140（BK87045）、T2④为 72104 ± 100（BK87046）。以上两遗址都位于澧水区。

长江三峡区该时期文化遗存仅见于城背溪遗址中的少量遗存和枝城市青龙山遗址。其文化遗存都远不如澧水文化区。

晚于皂市下层文化的汤家岗下层和朝天嘴一期遗存以湖南安乡汤家岗下层[①]、澧县丁家岗一期[②]和湖北秭归朝天嘴A区一期[③]、宜都市孙家河遗址[④]为代表。关于该遗存的文化归属目前还没有一致的意见。有学者认为其为皂市下层文化晚期遗存，也有人认为它属大溪文化第一期，或者为皂市下层文化向大溪文化的过渡阶段。该遗存还未有碳14数据。陶器以夹砂（有时还夹蚌壳末）绳纹划纹陶釜为大宗，典型器物还有装饰剔压、篦点、刻划纹饰的褐胎黑皮陶盘、碗。陶器群中最醒目的是装饰以各种繁缛精美图案的白陶盘。应该特别指出的是，白陶的数量和器类以澧水文化区发现的最多，三峡文化区发现的极少。这种白陶应与浙江桐乡县罗家角遗址[⑤]和深圳一带发现的白陶有密切的文化联系。

白陶鼎盛于皂市下层晚期文化时期，延续至大溪文化早期。该时期的代表遗址有湖南安乡划城岗遗址[⑥]H8、H12，湖北秭归朝天嘴区二期和宜昌县杨家湾遗址[⑦]的大部分遗存。该时期文

---

① 湖南省博物馆：《湖南安乡县汤家岗新石器时代遗址》，载《考古》，1982年第4期。

② 湖南省博物馆：《澧县东田丁家岗新石器时代遗址》，载《湖南考古辑刊》（1），1982年。

③ 王军：《湖北秭归朝天嘴遗址发掘简报》，载《文物》，1989年第2期。

④ 长办库区处红花套考古工作站、枝城市博物馆：《城背溪遗址复查记》，载《江汉考古》，1988年第4期。

⑤ 罗家角考古队：《桐乡县罗家角遗址发掘报告》，载《浙江省文物考古所集刊》，北京：文物出版社，1981年。

⑥ 湖南省博物馆：《安乡划城岗新石器时代遗址》，载《考古学报》，1983年第4期。

⑦ 余秀翠、王劲：《宜昌县杨家湾新石器时代遗址》，载《江汉考古》，1984年第4期。

化除绳纹釜、白陶之外，更以各种繁缛装饰的红衣彩陶器为显著特征。彩陶图案可能阴纹较早而阳纹较晚。应该说明的是，目前的研究者认为，这一遗存属于大溪文化的较晚阶段而不是最早阶段，而笔者从不同的形态、陶釜依然饰以绳纹而非大溪文化常见的素面釜和存在一定的白陶等因素，确认其为大溪文化的最早阶段[①]。

二、含稻壳的城背溪遗址陶片

1991年8月在南昌召开的首届国际农业考古学术讨论会上，笔者之一携有两块城背溪遗址出土的、含有稻壳痕迹的陶片。其中城采：32陶支座上有一个较完整的稻粒，该稻粒经中国科学院遗传研究所的李璠先生初步鉴定为粳稻，从而引起各方专家的重视，并要求了解出土情况、年代及相关问题。现简单报告如下。

两块陶片都系采集品。（参见照片）

城采：5。1986年采集。系一圜底钵的口沿及腹部残片。陶质为质地疏松的夹炭黄褐陶。侈沿、坦腹稍弧。器表有不甚规则的、拍印较粗的绳纹。器内壁抹平。口沿直径22厘米，残高7.6厘米。内壁上可见稻壳痕迹近10余个，因挤压破碎无法鉴定种属。

城采：32。1990年采集。系一陶支座片。陶质为质地疏松的夹稻秆稻壳褐黄陶。支座顶面可能为圆形，似无孔，颈部较粗，直径5.5厘米。在破碎的陶胎上，可见较完整的稻壳4枚。

---

① 林春：《西陵峡区远古文化初探》，载《葛洲坝工程文物考古成果汇编》，武汉：武汉大学出版社，1990年。

稻1：粒长6.1毫米，粒幅3毫米，李璠先生初步鉴定为粳稻。稻2：残粒长5.8毫米，残粒幅2.5毫米。稻3：残粒长4.4毫米，粒幅2毫米（粒长应不超过5毫米）。稻4：粒长6.1，残粒幅1.8毫米。与这件陶支座一同出土的有一侈沿罐残片，城采：31为一陶罐残片，陶质为夹细砂红褐陶，器表排列较整齐的滚压绳纹，敛口，侈沿，肩欲侈，鼓腹，口径20厘米、残高11厘米。

按笔者的认识，城背溪·彭头山文化目前还可初步再分为三个发展阶段：

第一阶段以彭头山遗址为代表。深腹罐（釜）直口稍侈，颈部近无，腹稍弧，腹部下垂，圜底近平。钵多侈口直壁或直口直壁，坦腹，圜底近平。陶支座多实心。绳纹多为拍印粗绳纹。城背溪遗址的部分采集品亦属这一阶段。

第二阶段以城背溪遗址89D1为代表。深腹罐敛口，侈沿，颈部稍内收，溜肩，鼓腹，圜底近平。钵多侈口坦腹，圜底。陶支座顶面呈椭圆形，无孔。绳纹多为拍印较粗绳纹。

第三阶段以城背溪87H1为代表。深腹罐敛口，侈沿，颈部内收，其与沿部纵剖面呈弧形，肩微弧，鼓腹。钵多为敛口，弧腹，圜底。支座顶面呈圆形，无孔。陶质多为夹细砂红陶彩，器内外多着红衣，多饰滚压细绳纹。

根据以上的认识，城采：5陶钵的年代当比城背溪89D1更早或相当，年代约为距今8500年左右。城采：32的年代，特别是同出深腹罐（釜）的年代，应与87H1相当，即距今7500年左右。至于彭头山遗址的稻作遗存，可参阅该遗址的发掘报告[①]。

---

① 湖南省文物考古研究所、澧县文物管理所：《湖南澧县彭头山新石器时代早期遗址发掘简报》，载《文物》，1990年第8期；裴安平：《彭头山文化的稻作遗存与中国史前稻作农业》，载《农业考古》，1989年第2期。

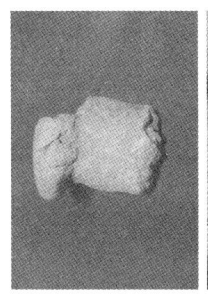

红花套城背溪遗址出土支座和陶片上的稻壳

三、长江中游最早农业社会的概貌及引发的问题

　　城背溪文化所处的鄂西地区，特别是宜都市一带，正位于黄陵庙背斜至江汉平原的丘陵过渡地带，彭头山文化位于武陵山余脉至洞庭湖盆地之间澧阳平原的低冈台地上，都属于较典型的山前地带。

　　彭头山遗址孢粉分析所描绘的古环境有以下三点值得注意：（1）彭头山在8000—9000年前为一小山岗，当时的人们破坏了原生的杉木林，山冈上逐渐形成针阔叶混合林。人类在山冈附近水域边缘种植水稻；（2）该文化时期的气温比现在略低0.5℃—1℃，处于全新世早期的升温期；（3）所发现的禾本科花粉不多，但个体均在37.5微米以上，而且萌发孔边缘加厚10—11微米，与现代水稻接近，与浙江河姆渡发现的水稻花粉形态一致[1]。

　　城背溪·彭头山文化的生产工具绝大多数为打制石器，另有少量的小型磨制石器。彭头山文化有较多的小型燧石器及管和珠

---

[1] 顾海滨：《湖南澧县彭头山遗址孢粉分析与古环境探讨》，载《文物》，1990年第8期。

一类的小型精细的磨制装饰品，而城背溪文化则多见石英石刮削器、尖状器等。城背溪文化出土了一定数量的螺蛳、鱼骨和其他动物骨骸，但很少发现骨器，说明骨器数量不是很多。城背溪·彭头山文化至今未发现木器，应与这一带酸性土壤的腐蚀有关。总之，城背溪·彭头山文化的工具器类简单，器形不规范，没有可明确为农具的组合，说明采集渔猎经济仍是当时居民的主要生活方式，而稻作农业也还处于生荒火耕阶段。这一事实又说明了另一个问题，我们不能因为该文化及华南地区一些早期遗址中没有成套的农业工具出现而否定原始农业的存在。与长江中游的情况一样，华南农业工具成套的出现可能是很晚的事情。

城背溪·彭头山文化时期原始聚落已经形成。在彭头山遗址发现约30平方米以上的大型方形地面建筑和小型半地穴建筑，表明当时已出现功能不同的房屋。房屋、灰坑和墓葬都有一定的分布规律。人们已经能较长时间定居在某一地点，说明他们已具有获取长期生活资源的能力，其社会组织当为氏族公社。

现有资料表明，城背溪·彭头山文化还与华南地区同时期文化有着相当程度的文化交往和联系。城背溪·彭头山文化与华南新石器时代早期文化有许多共同的文化因素，比如都有夹炭陶陶器，陶器都以深腹圜底罐、钵为组合，陶器上盛行刻划、剔压、篦压纹饰和共有小型燧石器等。这些共同因素虽然与同属于生产经济的早期阶段以及相似的自然地理环境有关；但总的来说，城背溪·彭头山文化及皂市下层文化的文化面貌与华南地区的同期文化有许多相近之处，而与以深腹三足罐、平底钵和磨盘、磨棒为特色的磁山·裴李岗、老官台诸北方文化有很大的差异，与长江下游的河姆渡文化也有很大的区别。这种考古学上的基本事实促使我们把研究的触角伸向华南，去揭示中国稻作起源的题中应有之义。

四、理应存在的史前文化交流：一种跨地区的比较

探讨城背溪·彭头山文化稻作遗存，当然不能回避中国稻作起源问题。由于笔者对稻作起源问题并未进行过深入研究，不可能提出一套系统的看法，但是，既然掌握了城背溪含有稻壳的陶片及其他资料，则必然会提出带有一定倾向性的意见。可能由于同样以长江中游7000年前文化遗存为研究起点，笔者觉得裴安平同志的看法不无道理。裴氏认为，稻作栽培是一项极其复杂而漫长的历史过程，不可能在长江中、下游或者云贵、华南某个区域内单独直线地完成这一过程的全部内容，并在这基础上不断地向外辐射影响，"农业的发展不是孤立的历史产物，而是以大范围的总体进步为其必要条件或基础……彭头山遗址发现的迄今我国最早的稻作遗存，并不能单独地理解为长江中游是中国最早的农业区，而应进一步理解为中国东部大陆已进入农业时代的标志，是农业在气候等自然条件允许的范围内广泛发生一种区域现象"[1]。我们认为，华南地区同样具有自己灿烂的史前文化，长江中下游和华南都对中国稻作的起源作出了贡献（云贵高原考古情况目前尚不够明确，故暂且不论）。

在稻作起源问题上，"华南说"被认为缺乏过硬的考古学证据[2]。在华南发现的7000年以上的遗存长期来被怀疑年代测定有问题，或者由于没有明确的农业工具套而被判断可能不存在农

---

[1] 裴安平：《彭头山文化的稻作遗存与中国史前稻作农业》，载《农业考古》，1989年第2期。

[2] 陈文华：《中国稻作起源的几个问题》，载《农业考古》，1989年第2期。

业经济。因此，倘若不解决华南早期考古学的文化序列和年代问题，"华南说"就难有新的突破。现以长江中游考古研究成果为基础，再对华南地区的早期文化作一跨地区的对照比较，我们以为，华南地区（主要指岭南一带）确有 7000 年以上的农业遗存，有本地源远流长的农业传统。取得这种认识不但需要考察华南本地区的考古材料，更需要进行不同地区的比较。今试述如下。

1. 华南地区早期遗址中，年代略早于或相当于城背溪·彭头山文化的有广西桂林甑皮岩[①]、南宁豹子头[②]等贝丘遗址。甑皮岩中，打制石器的数量约占全部石器的二分之一，余下的磨制石器有斧、锛、杵、磨石、矛等；骨器有鱼镖、箭镞、锥和穿孔蚌刀。同时出土的动物遗骸有猪、牛、羊、鹿、鱼、龟、亚洲象。经鉴定，猪已为人工饲养，证明此时已有农业存在。甑皮岩遗址有碳 14 数据 14 个。"以第二钙华板为界，分为早、晚两期，晚期年代大约在 7500 年左右，早期年代在 9000 年左右"[③]。

南宁豹子头等贝丘遗址的石器一般都经过磨制，打制石器占全部石器的 10% 左右。石器类有斧、锛、凿、刀、矛、杵、磨棒、网坠等；骨器有箭镞、刀、钩、锛等，还有蚌刀、蚌匕等。同时出土的动物骨骸有猪、牛、羊、鹿、象、虎、鱼、鳖、田螺、蚌等。豹子头遗址的碳 14 数据有 4 个：9385 ± 140（ZK-848）、10565 ± 200（ZK-841）、9625 ± 100（ZK-840）、10720 ± 260（ZK-284）。

---

① 广西壮族自治区文物工作队：《广西桂林甑皮岩洞穴遗址的试掘》，载《考古》，1976 年第 3 期。

② 广西壮族自治区文物考古训练班、广西壮族自治区文物工作队：《广西南宁新石器时代贝丘遗址》，载《考古》，1975 年第 5 期。

③ 中国社会科学院考古研究所实验室等：《石灰岩地区碳—14 样品年代的可靠性与甑皮岩等遗址的年代问题》，载《考古学报》，1982 年第 2 期。

与上述遗址年代相近的还有江西万年仙人洞洞穴遗址[①]，文化面貌与甑皮岩和豹子头等有许多共性，经济生活亦应相当。

可以推断，上述诸遗址的经济当以广泛的狩猎、捕捞、采集为主，但农业也占有一定的比例，属于集渔猎、采集、捕捞的"园圃式农业"和家畜饲养业于一体的经济复合体。

与长江中游同期或稍后的文化相比，甑皮岩和豹子头等遗址生产经济的进步性是不言而喻的。磨制石器占全部石器的二分之一以上，适用于混合经济的工具套已经定型。以斧、锛、刀、矛、杵、磨棒、网坠、蚌刀为组合的工具套，显然比城背溪·彭头山文化还未定型的打制刮削器、尖状器、燧石器和少量的小型磨制石器更为进步。

2. 上文已经谈到，皂市下层文化主要分布在澧水区一带。长江三峡区发现的很少，其中体现的经济发展水平也不如澧水区。皂市下层文化中有一种以双耳亚腰釜和各种刻划、剔压、戳印纹为特色的文化因素，这些文化因素不可能来源于以绳纹深腹罐（釜）为传统的城背溪·彭头山文化，而另有渊源。从诸方因素考虑，其源头不可能来自北方或西方，而只能往澧水区的东南方向搜寻。

3. 近年来，广东珠江三角洲的考古发现向我们展现了一个耐人寻味的成果，深圳咸头岭遗址[②]与汤家岗下层遗存一样，都继承了皂市下层文化那套外来的文化因素：夹砂绳纹、贝划纹釜、剔压、篦点、刻划纹泥质陶盘、钵，两地还共同拥有以数组压印、篦点、模印图案装饰的白陶盘。虽然咸头岭与汤家岗下层

[①] 江西省文物管理委员会：《江西万年大源仙人洞洞穴遗址试掘》，载《考古学报》，1963年第1期；江西省文物管理委员会：《江西万年大源仙人洞洞穴遗址第二次发掘报告》，载《文物》，1976年第2期。

[②] 彭全民：《深圳市大鹏咸头岭沙丘遗址发掘简报》，载《文物》，1990年第11期。

和朝天嘴一期遗存不属于一个文化系统，甚至不同属于一个大文化区。但是，它们之间具有一定的共性，有一种较强的文化联系，这是一再被证明的事实。

深圳大黄沙遗址[①]与咸头岭遗址一样属于环珠江口沙丘遗址。这种沙丘遗址分布在深圳、珠海、香港、澳门一带。此类遗址一般都位于大陆沿海、海上岛屿、面向小海湾的沙堤或沙洲上，前面大片海滩，后背两侧则有低丘包围[②]。石器中磨制石器的数量多于打制石器。器类有斧、锛、盘状器、拍、杵、砺石、网坠等。耐人深思的是，陶器以绳纹侈沿釜（罐）、红衣赭色彩绘陶盘、钵和各种刻划、剔压、戳印纹为特色，同样没有明确的农业工具套。咸头岭和大黄沙遗址虽离大海很近，附近贝壳俯拾皆是，却"均未发现贝壳遗存"，也没有关于出土动物骨骸的报道。值得注意的是，大黄沙遗址出土有"炭化粮食"并被用做碳14标本，十分可惜的是，发掘者没有介绍这是什么粮食及其数量，也似乎未作是否栽培粮食的鉴定。

在环珠江口这类沙丘遗址的文化遗存中，红衣赭彩绘大圈足盘格外引人注目，大黄沙遗址中出土的泥质红陶中绝大部分属于这类彩陶。有人认为这种彩陶与大溪文化有关联，笔者认为有一定的道理。与这种彩陶同时出土的还有装饰了精美图案的白陶盘等。

上文已经指出，饰以戳印、篦压、模压纹等组成的各种图案的白陶盘等器物，在澧水文化区发现最多，在所有包含上述两阶段文化内涵的遗址中都有发现。根据化验，白陶的陶土中含有较

---

① 文本亨：《广东深圳市大黄沙沙丘遗址发掘简报》，载《文物》，1990年第11期。

② 商志覃、谌世龙：《环珠江口史前沙丘遗址的特点及有关问题》，载《文物》，1990年第11期。

高比例的氧化镁（23.38％）[①]。无独有偶，浙江罗家角遗址出土的精美的白陶盘（图五），陶胎成分也含有较高比例的氧化镁（15％—21％）[②]，这是国内其他陶片中所不见的。这表明，白陶（盘）是一种用特定的陶土、以特殊的制作方法制成的，其中可能含有某种象征意义的特殊器物。深圳地区的白陶虽未做过化验，但从其器类主要是盘，从其同样精美复杂、用同样的制作方式和装饰组合的图案，可以推断：深圳地区的白陶盘与长江中、下游同时期白陶器物一样，是含有某种象征意义的特殊器物，这可能暗示着当时三地文化的某种共同崇拜。罗家角第④层的4个绝对年代数据为：6905±155、7040±150、6890±10％、7170±10％（经树轮校正），长江中游该时期文化与此相当，深圳咸头岭的年代也应与之接近，即为距今近7000年。

深圳大黄沙等遗址的彩陶与长江中游地区大溪早期文化彩陶虽有一定的相似性，但不如白陶那样为非常近似的程度。两地彩陶显然各具鲜明的区域性，大溪文化这一阶段的彩陶多为红衣底黑彩，也有白衣底红黑间彩，装饰的重点多在罐的口沿、腹部。而环珠江口沙丘遗址的彩陶都是红衣赭红彩，多见于陶盘上。两地图案有许多相似之处，常见有宽带、圆点、圆弧、三角、勾连纹等，而与后来的大溪文化较晚阶段的旋涡纹、横人字纹没有什么联系。至于这种彩陶来源何方、流向何处，至今仍不明了，究竟是受华南的某个块块影响，长江中游和环珠江口，抑或是长江中游影响其他地区，还有待更多的考古学证据来说明。

大黄沙遗址有一碳14数据：6255±260B.P.（ZK2513，经

[①] 湖南省博物馆：《澧县梦溪三元宫新石器时代遗址》，载《考古学报》，1979年第4期。

[②] 张福康：《罗家角陶片的初步研究》，载《浙江省文物考古所集刊》，文物出版社，1981年。

树轮校正）。根据对长江中游划城岗 H8、H12，朝天嘴二期遗存的研究结果，笔者认为这一数据可能偏晚。

以上的比较说明，在距今 6500—7000 年期间，长江中游地区与华南地区仍然共同拥有相同的或者近似的文化因素；表明两地存在着相当密切的文化联系。不过在总体文化发展水平上，与先前城背溪·彭头山文化时期华南地区发展水平明显高于长江中游文化的情况相反，长江中游地区这一时期的社会生产力已明显高于珠江三角洲一带。

有了上述认识后，再让我们来看一下新石器时代早期长江中游历史文化区与相邻地区的文化关系。粗略说来，它与北方的磁山、裴李岗以及老官台等旱作农业文化有着迥然不同的文化面貌，与长江上游的交往因缺乏对比材料眼下还无从说起；至于长江中游与下游文化则已被证明"自始至终都是两个独立的系统"[1]。考虑到该时期长江中游的气候仍处于全新世早期的升温期，稻作农业肯定受到气候环境的制约。因此，就目前资料看，长江中游早期稻作文化显然与比其生产力水平略高、更适宜水稻生长的华南地区文化联系来得密切。

总而言之，跨地区的文化比较可以使我们更清楚而全面地认识华南的早期农业，同时也证实稻作农业的起源的确是以大范围的总体进步为基础的。

五、小　　结

通过对长江中游与华南地区距今约 1 万年至 6000 多年间两

---

[1] 严文明：《中国史前稻作农业遗存的新发现》，载《江汉考古》，1990 年第 3 期。

地史前文化的初步比较，可以得出三点推论：

1. 距今 8000 年前，华南地区的文化发展水平高于长江中游地区；

2. 距今 7000 年时，环珠江口一带（也可能包括整个华南）总体文化水平低于长江中游地区；

3. 在数千年间，两地有着密切的文化交往，这也反映出存在一定程度的经济联系，因此中国早期稻作文化圈应当包括华南地区在内，而不可能仅仅限于长江中下游一条狭长的带状地区。

笔者试以长江中游考古学文化的个案研究心得，来比勘华南地区的史前文化，尽管只是初步的尝试，然而，这种跨地区的比较研究对于探索我国稻作及农耕的起源问题是十分重要的，也是不容忽视的。

1991 年 11 月于红花套

原载《农业考古》，1993 年第 1 期。

红花套史前农人生活
——5000年前的一支稻作文化

红花套遗址在今湖北省宜都市境内，遗址位于宜昌下游约30公里的长江南岸，背山临江，与枝江县的猇亭镇隔江对峙。1973—1977年，遗址的发掘由长江水利委员会文物考古队主持，先后参加发掘的单位有北京大学、四川大学、中山大学等，发掘面积近3000平方米[①]。遗址的文化内涵主要属新石器时代的大溪文化，时间跨度大约在公元前3800—2900年间[②]。通过对出土遗迹和遗物的人类学分析，我们可以构拟5000年前新石器时代红花套土著居民的生活概貌。

一、红花套遗址反映的稻作农业生活

红花套遗址中历次发掘共发现房屋遗迹25座，年代皆属大溪文化时期。房屋建筑有半地穴式和地面式两种；大多是先掘沟立柱，后又建草木结构的墙壁；屋顶推测应为坡面盖草。这类住房已非临时窝棚，而可供定居者长期居住。

[①] 红花套考古队：《红花套遗址发掘简报》，载《史前研究》，1990—1991年（辑刊）。
[②] 《中国考古学中碳十四年代数据集》，北京：文物出版社，1983年，第90页。但因标本有问题，故此三样本虽说都出在红花套一期，而年代差别较大，在2400—3800 B.C.间不等。

F111是一座典型的原始社会大房子[①]，为长方形地面式建筑，南北长11.25—11.75米、东西宽4.7—5.1米，面积约60平方米。房四周是长方框形墙基，墙基上有柱洞22个，房内地面上另有柱洞15个。门道开在北墙中，宽1.8米，东南处另开一小侧门，门道宽约0.8米。屋内有一瓢形灶坑，灶的西、北两侧有一曲尺形矮挡火墙。室内有一块烧土硬地面，长1.21米，宽0.7米。

在F111大房子附近有同一时期的、房门朝向对着F111的圆形小房子F109和F2。尽管居住面上也发现有石制生产工具和陶制生活用器皿，但未见灶坑。推测这三座房屋应当为同一原始人村落的组成部分。

同样的房屋布局还可见F221、F222和F223，这是三座圆角方形地面式小房子，彼此相距很近，布局呈"品"字形。三座房屋的居住面积都不大，分别约为3.1平方米、5.3平方米和7.1平方米，三座房屋周围有同时期的大小灰坑5个，估计为小家庭储物的窖穴。

据考古学者分析，这一时期地面式房屋的建造方法程序为：先在地上挖一浅沟，填以红烧土碎块和泥土，并安柱子；而后用红烧土及泥土垒筑成稍高出地面的墙基；再在两柱之间以竹枝或树枝、木杆烘烤形成墙壁。房顶一般应为质地较轻的茅草，盖在竹子或木材的椽子上。但大房子的遗迹中发现三排柱洞，又从出土石器工具看，有可用于做木工工具的凿、锛、斧等一套，分工较复杂而非简单的一器多用，或可推测已有比较原始的木屋架构件。在红烧土上印有竹片、木板、木棒、树枝以及芦苇秆的痕迹。这一方面说明当时人所用的建筑材料复杂；另一方面也说明了人们有一定的加工利

[①] 长办考古队：《宜都红花套原始社会村落遗址一九七三年发掘简报》（油印本）。

用竹木材料的技术。这种较为复杂的程序和技术，反映了当时社会生产力的水平，也是人们生活稳定的物质反映[①]。

　　红花套史前居民生活内容的丰富多样性，还可由出土的石器及石器加工场得到证明。红花套遗址以其出土石器丰富而著称。出土完整石器共2000多件，加上残件和半成品约有5000多件，若再加上经打制过的石片和加工过程中产生的石芯等石制品则数以万计。石器原料多为河滩上的卵石，取材十分方便。石器种类有斧、锛、凿、铲、尖状器、盘状器、锤、磨棒、磨盘、石球、箭镞和纺轮等，其中以石斧的数量为最多。

　　遗址中发现2个很有特色的新石器时代的石器加工场，代号为H11和H342。H11是一圆形的制石工作坑，或可说是一个半地穴式的工作窝棚。此处曾被两度使用，下层除出土大量石料和石器外，还发现有大型的石砧和砺石各一块，上面锤痕累累；上层又有一个完整的制石工作台，还有砺石石凳。H342是另一时期的一个石器制作场所，为一圆角方形坑，面积约1.4平方米，深约0.34—0.56米，坑底由东北向西南渐往上升，坑底部有密集成片的石料堆积，石料中杂有残石器及半成品。在已出土石器中，我们可以看到由残石钺改造而成的石凿，以及断刃后重新改制的石斧。这也反映出红花套史前人利用石料的水平是比较高明的。红花套遗址出土的如此丰富的石器、石器半成品和石片，似乎超出了本共同体人们的基本需要。有研究者推测，这里生产的石器不仅满足本集团的日常需要，而且还用于同其他邻近的人们共同体作交换，乃是一种商业性生产[②]。

---

　　① 长办考古队：《宜都红花套原始社会村落遗址一九七三年发掘简报》（油印本）。

　　② 严文明：《中国新石器时代聚落形态的考察》，载《庆祝苏秉琦考古55年论文集》，北京：文物出版社，1989年。

遗址位于长江边上的一小块河谷平地,其后有丘陵相依。从地理环境看,是适于农耕的。又根据孢粉分析的结果,可以得知:当时的土壤多为盐碱地,但有局部淡水水域;气候干旱而不利于成片森林的生长[①]。

遗址中出土的红烧土块中夹杂着大量的稻草和谷壳的痕迹。这也证实当地史前居民以稻作为主要生计方式。出土的大量石制农业生产工具则从另一侧面说明了这个问题。

除了种植稻米外应有栽培技术,或利用纤维植物来做纺织原料。从出土的大量陶纺轮及一些石纺轮来看,其大小、厚薄、形状都差别较大,有的薄2毫米,有的厚度则超过2厘米;剖面也有梭式、长方式、六角式等多种。这反映出,其纺织原料为不同的植物纤维,或许纺织工艺上也有不同。

在陶制品中还有陶塑小船一件及小动物几件。其中的陶猪高3.5厘米、长7厘米,短吻圆腹,似家养品种。

人类学的研究已经证明,农业出现之初,居民不可能单纯以农业为生、而必需辅之以狩猎(或渔捞)和采集业,而且最初的农业是刀耕火种型的游耕农业而非定居农业。从遗址出土的大量遗物,和包括25座房屋在内的遗迹看,红花套大溪文化时代的土著居民,早已告别早期农业、兼狩猎-采集经济时代,而进入以农为主、辅以渔猎和多种经济的稳定发达的社会发展阶段。

遗址出土了丰富的陶器,各时期有不同的制作方法、不同的质地、不同的典型器类或器物组合。通过对这些陶器的排比分析,不但可以使我们确定红花套遗址的相对年代标尺及器物的发展状况,更能够由此揭示它作为大溪文化一个地方类型,与其他地域文化的相互关系,从而说明这些器物主人——早期人们共同

[①] 笔者按:此推测引自中国科学院植物研究所孔昭宸和杜乃秋两同志分析红花套遗址出土样品后致长办考古队的信函(1981年2月10日)。

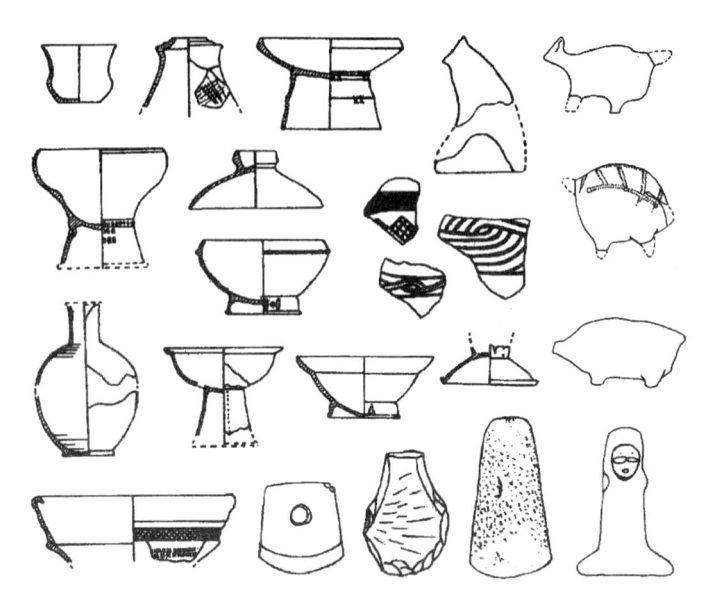

图 1　红花套遗址出土器物图

体之间的文化交流与融合。有研究者指出，以红花套遗址为代表的文化类型可称之为长江三峡文化类型区，该区的范围大致从枝江县到巫山县大溪镇。它的文化特征在陶器方面的表现是：（1）器型以圈足器为主，少见三足器，主要的炊具是釜；（2）陶器纹饰中以红底黑色彩绘自成序列；（3）器物组合以圈足簋、盂、盘、豆、釜、猪嘴状支座为核心[①]。

与三峡文化类型区并存发展的有汉水下游文化区（大致分布范围在长江汉水三角洲至江陵县以东）、澧水流域文化区（位于洞庭湖西北部）以及汉水上游文化区。在几个区域之间的江陵县及其附近是上述几个文化区的文化接触地带，具有几个类型交融

---

① 红花套考古队：《红花套遗址发掘简报》，载《史前研究》，1990—1991 年（辑刊）。

或多重影响的特点，因此文化面貌不固定，反映在遗址上是多重文化因素并存的所谓非典型性。

根据器物组合，和对江汉地区数十个这一时期文化遗址的研究结果表明，大约以5000年左右为界，红花套该时期遗存还可分为前、后两段。在相当于"红花套前段"时，三峡文化类型区的遗址面积大、分布密集、地层堆积厚，反映出该共同体处于强盛和稳定的发展阶段。它在与江汉地区其他人们共同体的交往中处于先进的主导地位。但在"红花套后段"时，情况有了变化，此时三峡文化类型的遗址面积小、分布稀疏、文化堆积薄、出土器物较少，更多地反映了来自别处的文化影响，而缺乏独特的能贯穿整个阶段的典型器物群。因此到了后来，红花套史前居民可能融合到屈家岭文化人们共同体或龙山时代更为广大的人们共同体之中了。从陶器这一时代感极强的人工制造品上，我们能看到的不光是其自然属性，更多的是物质文化的创造者、文化的载体——人及其种种群体行为，即社会属性。

总之，通过对红花套史前遗址出土的遗迹和遗物分析，我们认为，当地史前土著居民是一个以种稻为主兼营渔猎和其他手工业（制陶、制石器、纺织）的农人集团。它与周边的人们共同体进行密切的文化交往，互相学习、互相影响。在这种频繁的文化交流、文化撞击和整合中，产生了新的文化融合，形成更大范围的人们共同体。人类社会就是在这种不断的文化运动中向更高层次的社会迈进。

二、对中国稻作农业起源和传播的一点思考

红花套史前人的生计方式以农业为本，并有较高的发展水平，说明该文化已不属于新石器时代早期文化。最近在离红花套

遗址东 5 公里的城背溪遗址也发现了稻作遗迹。城背溪遗址属于新石器时代中期文化。近年来，考古工作者在洞庭湖西北岸的彭头山遗址（与城背溪文化同一时期，年代在 8000 年前左右），也发现了种植水稻的遗迹。

可以认为，随着对史前农业和史前居民生计方式的研究不断深入，我国有关稻作农业的发现将会愈来愈丰富。而这一切与《农业考古》杂志对推进农业起源问题、稻作起源问题的努力是分不开的，这种努力推动了我国史前史的研究，拓宽了史前史的领域。这是学术界，尤其是人类学界的一大幸事。

关于中国稻作农业的起源，目前有几种不同的假说：长江下游说，华南说，黄河下游说及云贵高原说[1]。笔者以为云南说较为可信[2]，理由是：从世界史前考古的研究成果看，农耕大抵起源于山前地带[3]；从中国民族志等材料看，也可证明农耕起源于山前地带，然后再向平地扩展。先有山地的刀耕火种旱稻栽种，然后在有能力控制水患、治理江河之后，把稻作农业由山地推向低地，由栽培旱稻再选育出栽培水稻[4]。又从中国目前考古发现的新石器时代稻作遗存情况看，黄河流域和长江中游种植水稻的

---

[1] 陈文华：《中国稻作起源的几个问题》，载《农业考古》，1989 年第 2 期，第 89—91 页。

[2] 渡部忠世：《亚洲稻的起源和稻作圈的构成》，载《农业考古》，1988 年第 2 期，第 283—292 页；渡部忠世著，尹绍亭译：《稻米之路》，第八章，昆明：云南人民出版社，1982 年。

[3] 孔令平：《关于农耕起源的几个问题》，载《农业考古》，1986 年第 1 期，第 28—37 页。

[4] 李根蟠、卢勋：《我国原始农业起源于山地考》，载《农业考古》，1981 年第 1 期，第 21—31 页。

时间一般比下游的要早①。从这些材料，可以重新构拟一个稻作文化发展的波形扩散图，其辐射中心区域不可能来自东方（长江或黄河下游），而更有可能是由西向东推进的。城背溪遗址和湖南澧县彭头山遗址稻作遗存的发现，也说明了这一点②。

至于华南地区，作者以为，史前土著居民在"新石器时代革命"中选择的栽培食物可能是块茎作物而不是稻谷③。

在讨论稻作起源的问题上，应该重视一个相关的问题，即"新石器时代革命"是由氏族公社成员来完成的。在农耕起源诸说中，有人认为，许多民族放弃以狩猎——采集为主的生计方式而代之以农耕，以及农耕在间冰期几乎同时出现于世界各地的原因都在于这一时期的人口压力④。可能是由于一些考古学者对民族学的氏族组织理论缺乏足够的理解，这种意见忽略了一个基本问题：早期人类社会组织的重大演进——氏族的起源——产生于旧石器时代的中期或晚期⑤，它先于与全新世几乎同时到来的新石器时代。也就是说，当血缘家庭转为氏族-部落共同体时，人类依靠其他非农耕的生计方式解决了人口增殖以及社会组织规模

---

① 张瑞岭：《新石器时代我国北方也种植水稻》，载《农业考古》，1990年第2期，第271—273页；又见李江浙：《大费育稻考》，载《农业考古》，1986年第2期，第232—247页；严文明：《中国史前稻作农业遗存的新发现》，载《江汉考古》，1990年第3期，第27—32页。

② 裴安平：《彭头山文化的稻作遗存与中国史前稻作农业》，载《农业考古》，1989年第2期，第103—108页。

③ 1977年张光直指出："从一万年以前到大约公元前3200年或再晚一点，一群使用绳纹陶的块茎植物种植者居住在这个地区，往北或许远达长江中游。"《考古学参考资料》，第1辑，北京：文物出版社，1978年。

④ 斯卡托·亨利：《农耕文化起源的研究史》，载《农业考古》，1990年第1期，第31—32页。

⑤ 有关氏族起源问题可参见林耀华主编：《原始社会史》（北京：中华书局，1984年）的有关章节。尽管对于氏族是如何产生的目前仍有争议，但氏族组织至少在旧石器时代晚期已经出现，对这一相对时代的界限却为多数学者认同。

扩大的问题。或许可以认为，农耕的起源最初并未能够替代狩猎——采集而成为日常生活中的主要谋食手段，但是作为一种"副业"，农耕起源有可能提前到与氏族产生相近的时代，即在旧石器时代晚期。

最后，笔者对文化传播谈点看法。近年来，我国考古学界一些学者对于忽视"中程理论"建设的状况有所省悟，并由此开始注意到国外同行的学术思想的发展历程，且对近40年的中国考古学理论进行反思[1]。不难看出，西方考古学理论的发展是与民族学（狭义的文化人类学）理论思潮的变化密切相关的[2]。或许同样归属行为科学的缘故，考古学与民族学有许多共通之处，而民族学研究的群体行为与文化又比较容易掌握，于是从已知来推未知，"以今证古"就成了考古学借鉴民族学的顺理成章的手法。毋庸讳言，民族学的一些理论，特别是其中的文化圈学说（包括从格雷布内尔、施密特到博厄斯等著名民族学家的各家理论在内），对于半个多世纪以来的中国考古学研究是有很深影响的[3]。

既然我们承认事物的发明存在某些"中心"，那么传播就是必然的现象。这一点在历史时代是十分清楚的。在李约瑟博士的《中国科学技术史》中考证了不少有史可稽的例子[4]。由于史前时代生产力水平低下，许多事物相对简单，可以由不同地域的人群各自独立发现或发明出来，于是就出现了人类学上所谓的"趋

---

[1] 俞伟超：《考古学思潮的变化》，载《中国文物报》，1991年1月13日、21日、27日连载。

[2] 吴春明：《史学与人类学》，载《东南文化》，1991年第2期。

[3] 容观琼：《文化人类学知识与考古学研究》，载《史前研究》，1988年辑刊；容观琼：《考古学走与人类学相结合的道路》，载《东南文化》，1990年第3期。不同意见可参阅裴安平：《系统科学思想与中国考古学研究》，载《东南文化》，1990年第5期。

[4] 李约瑟：《中国科学技术史》，汉译本，第一卷第七章"中国和欧洲之间传播科学思想与各种技术的情况"，北京：科学出版社，1975年。

同"现象。在讨论农耕起源与栽培作物时,有两个着眼点:其一,讨论史前诸文化的联系时,不应忘记当初它们曾经是互相分立的,把它们放在一起考虑仅是鉴于后来文化的发展[1]。早期各支文化的相对独立性以及可能由此而表现出来的因生态环境而造成的生计方式及文化的趋同,应当有别于文化交流和传播导致的文化整合。其二,欧洲史前考古关于小麦扩散之路的研究给我们提供了有益的启示。研究者认为,欧洲的小麦是从西亚传播过去的,甚至推算出传播的速度约为每年1英里[2]。现在我们讨论中国稻作农业起源、中国水稻的最初栽培地及其传播,是否也能够推算出类似的情况呢?值得注意的是,这样的假设必须考虑到栽培稻起源的单一中心说,而排除在一定时间期限内的多中心起源论。随着考古发现的增多,单一中心是完全可能被突破的。现今中国栽培稻起源地的几种不同说法是否有可能并存?这并非是不值得考虑的一种假说。

附记:本文乃1991年"首届农业考古研讨会"(南昌)会议论文,未正式发表。

---

[1] 张光直:《中国相互作用圈与文明的形成》,载《庆祝苏秉琦考古55年论文集》,北京:文物出版社,1989年。
[2] 孔令平前揭文。原文刊于科林·伦弗鲁主编:《文化变迁的解释:史前史诸模式》,英文版,伦敦,1972年。又见《世界上古史纲》,下册,第五章第一节"新石器时代农业文化由西亚向欧洲之扩展",北京:人民出版社,1981年。

长江西陵峡远古文化初探

湍急的长江水，闯入三峡西目的夔门后，首先涌入雄伟险峻的瞿塘峡，瞿塘峡东口与火爆溪的汇合处，即是著名的大溪遗址所在地。长江由此进入大宁河宽谷，而后是幽深壮丽的巫峡和香溪宽谷，从秭归的香溪口往东至宜昌市西郊南津关，即是连绵不绝的西陵峡。西陵峡又可分为东、西两段，中间被长约31公里的庙南宽谷（庙河至南沱）所分割（图一）。葛洲坝工程所涉及的文物考古工作大致从宜昌市至香溪宽谷一带，本文所说的西陵峡区也指这个范围。

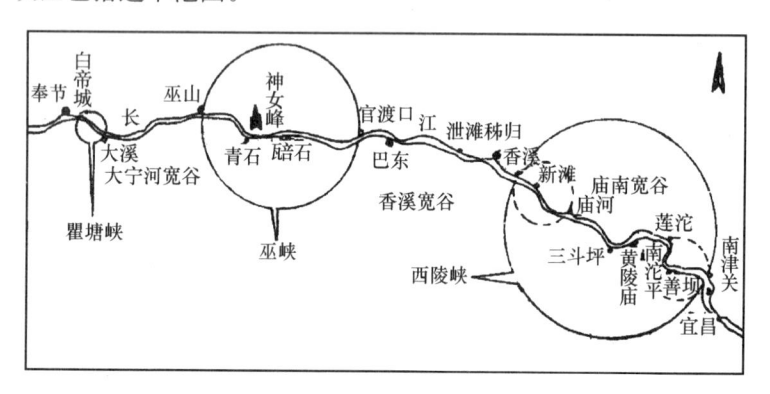

图一 长江三峡地理位置示意图（原图刊于《三峡大观》）

峡江两岸地形复杂，有山、峦、坳、坡、嘴（或"沱"、"坪"）等。在整个峡江地区中，后两种地形在香溪宽谷和庙南宽谷中尤为典型，目前所发现的古文化遗址也多集中在这些"嘴"、"沱"、"坪"上。

长江闯出三峡之后，进入从黄陵背斜山地到江汉平原之间的丘陵过渡地带，直到江陵县才流入江汉平原。这一带与西陵峡区一样，气候温暖，雨量充沛，地理环境、气候条件近似。两地古文化遗址的海拔高程亦多在50—60米之间，共属鄂西历史文化区。由于自然环境的差别等原因，以宜昌南津关为界，还可以分为峡区和峡口区两小区。

由于三峡工程和葛洲坝工程的推动，鄂西地区考古工作比湖北省内其他地区有更多的机会。这使我们对该区域的考古学文化有较为深入的了解，丰硕的文物考古成果向人们展现了7000年以来这一历史文化区形成和发展的粗略轮廓。本文拟对该文化区形成和发展中的三个重要时期的某些问题进行初步探讨，这些问题是：

（1）柳林溪、杨家湾遗存的年代和文化谱系。
（2）鄂西地区是否存在"屈家岭文化"？
（3）西陵峡区二里头文化时期——西周时期考古学文化序列。

以下试分述之。

一、柳林溪、杨家湾遗存的年代和文化谱系

早期新石器时代文化遗存的发现和研究是中国考古学自20世纪70年代末以来的重大成就之一，20世纪80年代发现的鄂西地区城背溪文化填补了长江中游的考古空白[1]。城背溪文化目前仅发现于宜都、枝江、长阳和宜昌县。城背溪遗址T6第3层的碳14绝对年代为7420±110。西陵峡区内早于或者与城背溪

---

[1] 《新石器时代考古》，载《中国考古学年鉴》，北京：文物出版社，1984年。

遗址87H1③年代相当的遗存目前还仅见于宜昌县路家河遗址下层①。

城背溪文化陶器以夹砂夹炭红褐陶为主，纹饰主要为绳纹，器类有釜（罐）、钵、壶、盘、支座等。器形以圜底器为主。以釜和支座为核心的组合，已成为该文化区别于其他地区同期文化的主要特征之一，并作为鄂西地区的文化传统一直存在到新石器时代末期。而这一特征又以西陵峡区更为突出。

值得注意的是：鄂西地区城背溪文化诸遗址的范围不大，分布密集，这可能与当时聚居点的社会组织层次低、聚居人数少等缘故有关。此外，鄂西地区所有包涵该时期的遗址中都不见大溪文化遗存，而往往被夏商时期遗存所迭压。

城背溪文化是怎样发展到大溪文化的？这个质变的内在动力和外部背景如何？有必要分析两者之间遗存的文化因素及演变轨迹。

鄂西地区晚于城背溪遗址87H1，而早于目前公认的大溪文化关庙山一期文化之间的遗址有：宜都市孙家河②、宜昌县杨家湾③、三斗坪④、秭归县朝天嘴⑤、柳林溪⑥、龚家大沟⑦等6处。除孙家河外，其余的5处和属于城背溪文化的路家河下层都分布在西陵峡区内34公里长的长江两岸。朝天嘴遗址的层位关系，证明6处遗址的年代还有早、晚之别：

早：孙家河、柳林溪、朝天嘴一期文化。

---

① 长江水利委员会文物考古队发掘资料。
② 林春、黎泽高：《城背溪遗址复查记》，载《江汉考古》，1988年第4期。
③ 《宜昌县杨家湾新石器时代遗址》，载《江汉考古》，1984年第4期。
④ 长江水利委员会文物考古队调查资料。
⑤ 《湖北朝天嘴遗址发掘简报》，载《文物》，1989年第2期。
⑥ 《新石器时代考古》，载《中国考古学年鉴》，北京：文物出版社，1984年。
⑦ 《秭归龚家大沟遗址的调查试掘》，载《江汉考古》，1984年第1期。

晚：杨家湾、龚家大沟、朝天嘴二期文化、三斗坪。

以柳林溪、孙家河为代表的早段遗存至少包括有两种文化因素：甲，具有城背溪文化因素的绳纹釜（罐）、支座等；乙，湖南澧水流域丁家岗、汤家岗下层因素[1]的、肩部装饰刻划纹的釜和装饰有戳印、篦点、锯齿纹的黑胎褐皮盘、碗等。甲组因素在数量上显然多于乙组因素，它源于城背溪文化，又开大溪文化的先河。乙组因素系受澧水流域同期文化的影响，究其源头可追溯到皂市下层文化[2]，它的去向不明，但其纹饰特征却融为后世大溪文化的文化特征之一。

与城背溪文化相比，该段文化的生产力水平有长足的提高，制陶术虽然仍主要采用泥片贴筑法，但由于烧制工艺的提高等原因，陶器的质地、火候明显优于城背溪时期。所以不仅是乙组因素给人以新的面貌，即使是甲组器物也与其先行文化在陶质和形态上有明显的区别。

以杨家湾为代表的晚段文化因素似乎更加复杂，主要有三：甲，源于城背溪文化的侈沿釜、支座等；乙，大溪文化因素的簋、子母口盂等大量圈足器；丙，特征明确、数量不少的彩陶器和数十种刻划符号（图二）[3]。丙组中有澧水流域同期文化因素的大口高颈深腹彩陶罐，更多的彩陶和刻划符号则发现在乙组陶器上。

甲组与乙组的结合形成了大溪文化的主要器物群，丙组因素在西陵峡区内只发现于杨家湾、朝天嘴两个遗址中，澧水流域也

---

[1] 《澧县东田丁家岗新石器时代遗址》，载《湖南考古辑刊》第 1 辑。《湖南安乡汤家岗新石器时代遗址》，载《考古》，1982 年第 4 期。

[2] 《湖南石门皂市下层新石器遗存》，载《考古》，1986 年第 1 期。《湖南临澧县早期新石器文化遗存调查报告》，载《考古》，1986 年第 5 期。

[3] 《宜昌杨家湾遗址的彩陶和陶文介绍》，载《史前研究》，1986 年第 3—4 期，《宜昌杨家湾在新石器时代陶器上发现刻划符号》，载《考古》，1987 年第 8 期。

仅见划城岗的 H8、H12 等层位单位中[①]（图二）。变幻多端、神秘莫测的彩陶器和 70 多种刻划符号所代表的力量，显然是当时当地文化的统治力量。但由于目前材料的限制，我们还搞不清该组因素的来龙去脉，无法了解它对大溪文化的形成和发展所起的

图二　杨家湾、朝天嘴遗址出土彩陶及刻划符号

[①]《安乡划城岗新石器时代遗址》，载《考古学报》，1983 年第 4 期。

作用，无法评价这些彩陶和刻划符号背后所隐藏的社会组织、宗教信仰、意识形态等背景。

杨家湾遗址的许多重要发现暗示，它可能是西陵峡区该时期的中心遗址。

这一时期的生产力水平比上一时期又有显著提高，制陶术较多采用泥条盘筑法。乙组器物的出现和迅速发展的根本原因在于新的制陶术。传统文化因素的侈沿釜器表由绳纹逐渐演变为素面，也与制陶术的提高有关。在这之前，绳纹固然具有装饰作用，但更重要的是用以加固泥片之间的结合力。

以往的研究者都认为，该段遗存的年代晚于关庙山一期[①]，而笔者认为事实恰恰相反，它的年代早于关庙山一期。虽然此说还没有直接的层位迭压证据。依赖鄂西地区众多遗址以地层学原理为依据的考古学成果，证据有三：

1. 该段石斧的横断面都呈扁椭圆形。根据笔者的观察，鄂西地区关庙山一期及以前的石斧横断面都呈椭圆形。石斧横断面呈长方形的现象发生在关庙山二期，而这种现象是石器凿点裁断法工艺技术的结果，这种制作工艺在全国各地的出现是大致同步的。

2. 该段绳纹釜的形态与柳林溪等的同类器十分近似。与关庙山一期及以后的素面釜有明显区别，绳纹侈沿釜是城背溪文化和柳林溪遗存等的主要典型器之一，而在关庙山一期及以后的所有大溪文化遗存中，均不见绳纹釜而只有素面釜。

3. 该段的支座形态处于柳林溪与关庙山一期两者的形态之间。柳林溪时期的支座形态都为贴面朝天的实心座蘑菇状，伍相庙[②]、

---

① 《湖北枝江关庙山新石器时代遗址发掘简报》，载《考古》，1981年第4期。
② 《宜昌伍相庙新石器时代遗址发掘》，载《江汉考古》，1988年第1期。

长阳覃家坪①和杨家湾的年代，相当于关庙山一期的支座形态，为大型的贴面侧向空心座猪嘴状，器表遍饰圆窝纹、划纹等（图二）。这种形态的支座为大溪文化的典型器之一，演化趋势为器形由大到小，由写实到比较抽象（图三）。应该提及的是，偌大的关庙山遗址中仅出土数件残支座。

下面继续讨论两段遗存的文化性质问题。

关于柳林溪等遗存的年代和文化性质问题目前有不同的看法，有人认为其属于早期新石器时代遗存②；有人认为它早于关庙山一期，是大溪文化的最早遗存，同时亦认为可能处于皂市下层文化向大溪文化的过渡阶段③；还有人认为它的年代相当于关庙山二期，属于大溪文化第二期④。

澧县丁家岗遗址的地层迭压关系提供了该段遗存早于关庙山一期的证据，器物类型学研究也表明它处于城背溪 87H1 与关庙山一期文化之间，它与二者都具有一定的联系而又有所区别。

上文谈及，柳林溪遗存与城背溪 87H1 和关庙山一期之间的联系，主要表现在处于三者共有的甲组因素的中间环节上。它与二者的区别在于文化谱系结构的差异，它的乙组因素来源于皂市下层文化，而不见于当地的城背溪、大溪遗存。考虑到这时的制陶术处于泥片贴筑法阶段等因素，笔者以为，柳林溪遗存的社会发展阶段和物质文化与城背溪遗存的联系大于与关庙山一期的联系。据此原因，把其划入早期新石器遗存或者视其为早期新石器文化向大溪文化的过渡性遗存，都具有一定的道理。

杨家湾等遗存中甲、乙两组的结合构成大溪文化的主体。从

---

① 《1976 年清江下游沿岸考古调查》，载《江汉考古》，1985 年第 4 期。
② 何介钧：《洞庭湖区新石器时代文化》，载《考古学报》，1986 年第 4 期。
③ 《大溪文化的类型与分期》，载《考古学报》，1986 年第 2 期。
④ 《汉江东部地区新石器时代文化初论》，载《考古与文物》，1987 年第 1 期。

这个角度考虑，杨家湾遗存可视为大溪文化的最早阶段，可我们又将如何解释在质量上处于统治地位的丙组因素？若把该段遗存划入大溪文化范畴，我们就必须对大溪文化给予新的概括和总结。

由于鄂西地区柳林溪、杨家湾两段遗存的具体材料还发现不多，各阶段的发展细节和它们之间以及它们与其他遗存之间的联系还不够明朗，笔者只好暂时把它们视为城背溪文化到大溪文化之间的过渡遗存。

除了钟祥县边畈①类型文化外，湖北省内其他地方还未发现早于关庙山一期的文化遗存，而在与鄂西地区毗邻的湖南省澧水流域发现甚多。澧水流域中下游的地理环境、自然条件与鄂西区，尤其与峡口区大致相似，古文化遗址也多分布在海拔50米高程的河岸低冈上，两地早于关庙山一期文化遗存的对应关系为：

鄂西地区与澧水流域新石器时代年代对应表

鄂西地区	澧水流域
	彭头山文化
城背溪文化	皂市下层文化
柳林溪	丁家岗③层，汤家岗早期
杨家湾部分遗存	划城岗 H8、H12，T3⑤、⑥

彭头山文化②是我国目前可明确的最早的新石器时代文化，两件碳14标本的年代分别为距今 9100±120 年和 8200±120 年，陶器以夹炭陶为主，器形都为圈底器，器类有罐、钵两大类，纹饰以绳纹为主。皂市下层文化以双耳亚腰釜、多种形式的高颈

---

① 《汉江东部地区新石器时代文化初论》，载《考古与文物》，1987年第1期。
② 《澧县彭头山发现新石器时代早期遗址》，载《中国文物报》，1988年第20期。

罐、富于变化的刻划压印纹和燧石小型石器为特色。与城背溪文化相比，后者与彭头山文化的联系似乎更多一些，而前者的刻划压印纹等特征，暗示出它与华南地区以印纹陶为特征的早期遗存存在着一定的共性。澧水流域刻划压印纹的鼎盛时期在丁家岗③层，在汤家岗下层时期，代表作品是那些质地精良的白陶盘，陶盘上由戳印、刻划、拍印、模印等纹饰组成令人目不暇接的浅浮塑图案，这类白陶的下限在关庙山一期。作为澧水流域该时期重要文化特征之一的白陶及其艺术，在鄂西地区的众多遗址中还未有发现。

从总体上看两地城背溪、柳林溪甚至更晚阶段的文化遗存，澧水流域的制陶技术一直高于鄂西地区，前者对后者的影响大于后者对前者的影响。

二、鄂西地区是否存在"屈家岭文化"

鄂西地区是否存在"屈家岭文化"？也就是说，大溪文化和屈家岭文化的关系是时间上的继承关系，抑或是地域上的平行关系？这是江汉地区新石器时代文化研究持续了10年之久的讨论热点。主要看法有二：以李文杰、何介钧等为代表的继承关系论[1]和以王劲、王杰等为代表的平行关系论[2]。

笔者认为，两种看法都有其合理成分，继承关系论强调两种

---

[1] 李文杰：《试论大溪文化与屈家岭文化、仰韶文化的关系》，载《考古》，1979年第2期。何介钧：《长江中游原始文化初论》，载《湖南考古辑刊》第一辑，岳麓书社，1982年。

[2] 王劲：《江汉地区新石器时代文化综述》，载《江汉考古》，1980年第1期。王杰：《屈家岭文化与大溪文化关系中的问题探讨》，载《江汉考古》，1985年第3期。

文化的共性，平行关系论强调两种文化的个性。目前的学术界，以持第一种看法的居多。其主要论据之一是，鄂西地区诸多遗址中都发现有"屈家岭文化层"迭压在大溪文化层之上的现象。关键的问题在于这"屈家岭文化层"是否能够成立。

要弄清这一问题，只有首先把握什么是贯穿大溪文化始终的固有的文化特征，才能识别外来文化的影响，才能掌握文化遗存本身的量变和质变。

鄂西地区重要的大溪文化遗址有：宜昌县中堡岛[①]、清水滩[②]，宜都县红花套[③]，长阳覃家坪，以及位于鄂西边缘地带的枝江县关庙山、江陵县毛家山[④]等。这些遗址面积大、地层堆积厚、出土文物丰富、延续时间长。其有别于其他块块的文化特征是：

（1）石器和石制品数量多，特别是有一定数量的较大型石器。

（2）陶器器形以圈足器为主，鲜有三足器，釜是主要的炊具。

（3）陶器组合以圈足簋、盂、盘豆类、釜、猪嘴状支座为核心。

（4）陶器纹饰中以红衣黑色彩绘陶和戳印纹自成序列。

目前多认为关庙山遗存大溪文化第一至第四期遗存代表了大溪文化的全部历程，由于目前确切无疑的相当于关庙山一期遗存的材料发表不多，下面着重介绍笔者所熟悉的红花套遗址的大致情况。

---

① 《宜昌中堡岛新石器时代遗址》，载《考古学报》，1987年第1期。
② 《宜昌县清水滩新石器时代遗址的发掘》，载《考古与文物》，1983年第2期。
③ 长江水利委员会文物考古队红花套遗址发掘资料。
④ 《毛家山遗址发掘记》，载《考古》，1976年第2期。

红花套遗址新石器时代文化遗存分四期。第一期大致与关庙山第二期遗存年代相当并依此类推，第四期遗存与关庙山遗址的"屈家岭文化期"相当。第一期陶系以羼草末红陶为主，占50％以上；第二期以泥质红陶占绝大多数，占60％以上；第三期以细泥陶为主，早段多红陶，占30％以上，晚段多黑陶，亦占30％以上；第四期早段细泥黑陶独占鳌头，最高比例可达70％，晚段多泥质灰陶，占60％—70％。陶器以素面为主，多饰红陶衣，纹饰有戳印、镂孔、压印、刻划、绳纹、篮纹等，彩陶有彩绘陶和彩陶两种，以前者占绝大多数，多见红衣地黑彩。遗址中最常见并富于变化的纹饰有戳印纹和彩绘波浪纹。制陶法以低级轮旋法（即泥条盘筑法、轮修口沿）为主。第四期早段的某些小型陶器底部，可见明显的偏心涡纹。器形以圈足器为主，圜底器和平底器次之，三足器再次之，另有少数尖底器。

陶器中最常见、时间跨度长、特征突出且有发展轨迹可循的典型器类有：圈足簋、敛口盂、子母口盂、折沿盘豆类、曲腹杯、器盖、釜、支座等（图三）。

纵观四期发展过程，整个遗存还可分为前、后两大段，其转折点在第二、第三期之间。前段遗存经历长期的社会发展，对江汉地区其他文化给予了强有力的影响。与鄂西地区所有同期遗存一样，后段遗存遗址面积小、地层堆积薄、出土物不多，折射了短时间内社会处于急速发展的承上启下时期。生产力的迅猛发展始于第三期，表现在石器上是切割技术的出现，采用这一工艺的结果是小型石器形式上的多样和数量上的猛增。陶器方面的变化有：(1) 细泥陶的数量在50％以上；(2) 传统器物数量锐减，稳固的组合关系开始瓦解，出现许多新器类，却又很快地被更新的所取代。第四期变化更为明显。传统器物不是消失、就是走了样，圈足簋器盖等蜕变为失效体，仰折壁凹沿器成了这一时期的象征，因此被认为是"屈家岭文化"。

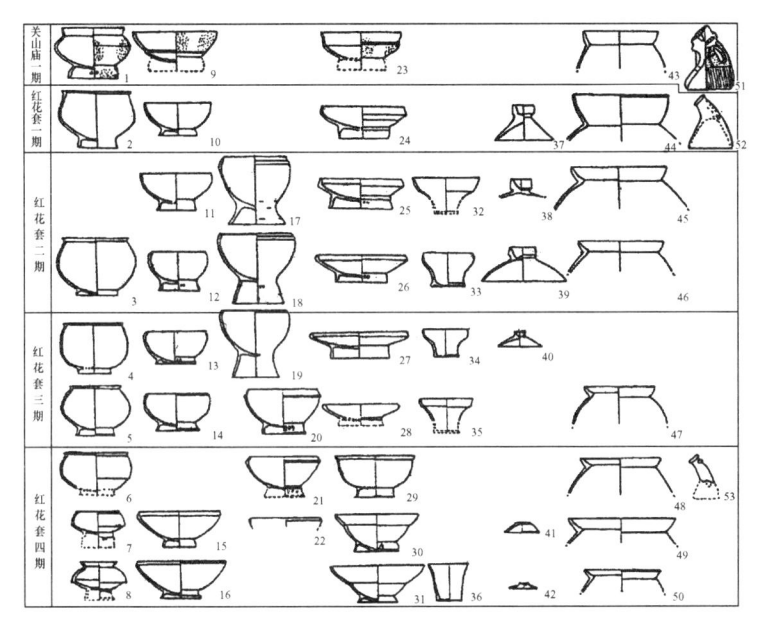

图三 鄂西地区大溪文化典型器物组合图
出土单位：1、9、23、43. 覃家坪 51. 杨家湾采集
52. 中堡岛 其余为红花套

以上各个时期都与邻近文化有交往。第一期时受仰韶文化影响较多，以庙底沟类型因素的彩陶和小口尖底瓶最为突出，还有屈家岭文化因素的橙黄底褐彩碗；第二期时鄂西大溪文化的对外影响似乎大于其他文化对它的影响；第三期时鄂西区与汉水下游区、澧水流域区因生产力同步提高，文化遗存上出现一些时代的共性，但依然可见各地的文化交流，如鄂西区诸遗址都有发现的澧水因素的小口壶等，澧水流域对鄂西区的影响大于汉水下游区对鄂西区的影响。

红花套第四期可再分为早、中、晚三段，其中晚段遗存与京山屈家岭遗址[①]晚期遗存的年代相当。它囊括了仰折壁凹沿器从产生到即将消失的全过程，也就是从细泥黑陶占绝大多数到泥质灰陶占绝大多数的全过程，即一些学者认定的"屈家岭文化"的全过程。该遗存中除了表达某种制陶工艺的时代共性——仰折壁凹沿器、外翻折沿器等以外，各阶段主要文化因素如下：

早段：甲，大溪因素的圈足簋、盂、釜、支座、彩绘陶等；乙，屈家岭因素的簋形鼎、大口直壁圜底缸等；丙，澧水因素的小口壶等。三种因素在红花套该段的比重依次为：甲、丙、乙。

中段：甲，釜、彩绘陶等；乙，高柄杯、壶形器等；不见典型澧水因素。甲、乙因素力量旗鼓相当。

晚段：甲，釜、彩绘陶；乙，高柄杯、壶形器和少量的蛋壳彩陶及彩陶纺轮等。两种因素以乙组占上风。这时历史正处于当地龙山时代文化的入口处。

由此可见，（1）红花套第四期时的大溪文化因素已在新技术引起的革命和外来影响的冲击下溃不成军，但即便如此，大溪文化炊器以釜为主的传统依然存在，从未被屈家岭文化以鼎为主要炊器的作风所取代。（2）鄂西区不见屈家岭文化最具特色的鼎文化和大量的彩陶器，因此，乙组因素只体现屈家岭文化对鄂西区某个历史阶段的巨大影响。（3）显而易见，乙组因素不可能源于甲组，它有自己的源泉和动力，此理同于丙组因素。小口壶等器体现了澧水流域与鄂西区某个阶段的文化交流，而不存在文化渊源问题。

众所周知，仰折壁凹沿器（即双腹鼎、碗、豆等）是目前公认的屈家岭文化的典型器物。但在以上的文化因素分析中，笔者排除了在红花套第四期中、晚段陶器中占相当比例的这类器，把其视为某个阶段江汉地区的时代共性物，理由是：

[①]《京山屈家岭》，北京：科学出版社，1965年。

上文已谈及，第三期生产力发生了重大变革，第四期早段某些小型器底部发现有明显的偏心涡纹，这显然是采用高级轮旋法（即快轮法）的结果。但这时的高级轮旋法还不普及，总体水平还处在由低级轮旋法到高级轮旋法的过渡阶段，在江汉地区这种工艺的过渡突出地表现在仰折壁凹沿器上（即双腹碗、双腹豆等器上），一旦完成了过渡，仰折壁凹沿器也就消失了。因此，不能把仰折壁凹沿器这个制陶工艺过渡阶段的"标准化石"，简单地理解为某个考古学文化区别于其他文化的典型器物。换言之，仰折壁凹沿器在鄂西地区的出现，主要意味着制陶工艺的某种过渡。

　　一个考古学文化的确立，必须具备有一定的时间和空间及一群贯穿始终的、区别于其他文化的典型器物群。而我们在红花套第四期文化中看到的只是一个急剧转折的历史时期，它缺乏一定的时间跨度，没有自成序列的典型器物群和独特的文化特征，缺乏质的相对稳定性，不具备一个考古学文化应有的三要素。因此，把它视为一个考古学文化是欠妥当的。

　　那么，红花套第四期遗存的文化性质是什么呢？笔者认为，苏秉琦先生对庙底沟第二期文化的分析也同样适用于红花套第四期文化，"它承袭原文化的因素只是一小部分，新出现的文化内涵占一大部分，但又不能构成后面另一个文化的开始。我们可以清楚地分辨出它是一个承前启后的转折阶段，但又看不出它是一个独立的文化。它包含了前、后两者的若干特征，不是一个独立的质态，或者说它本身的特征尚显示不出来，不构成一个新的时期。"[①] 红花套第四期遗存是两个文化之间的过渡性遗存，"它处于前一文化转变为后一文化的临界域，缺乏代表一个时代的质的

---

① 苏秉琦：《关于编写田野考古发掘报告问题》，载《辽海文物学刊》，1987年第1期。

安定因素，无自己特有的文化内涵及特征，性质上具中和的特点。"① 红花套第四期遗存是大溪文化与当地龙山时代文化之间的年代上的过渡性文化。由于目前红花套考古工作的规模和出土器物大于或多于鄂西区其他遗址，鄂西地区的该段遗存可命名为"红花套第四期文化"，或者按吴汝祚先生的提议为"后大溪文化"②。总之，至少从笔者目前所见材料分析，鄂西区不存在"屈家岭文化"。

澧水流域也存在着一支与鄂西大溪文化同步发展的考古学文化，也具有与红花套第四期文化同时且同样属于当地大溪时代文化与龙山时代文化之间的过渡性文化。这种文化以三元宫晚期墓葬③为代表，或可称之为"三元宫晚期文化"。

在探讨红花套第四期文化时，我们无法回避这样的问题，即如何理解屈家岭遗址晚期遗存、如何认识屈家岭文化等问题。这实际上是目前江汉地区新石器时代考古研究中的一个关键问题。

在此有必要反思30多年来屈家岭文化、大溪文化的发现研究史。屈家岭遗址发现于1954年，1955年和1956年先后进行过两次发掘，这是江汉地区的第一次大规模发掘。田野发掘的重大收获和令人耳目一新的文化特征引起了考古界的重视，被无可争议地定名为"屈家岭文化"。遗憾的是，该区域的田野发掘工作从此中断了二三十年，直到近几年才得以重新开展。所以，目前学术界关于这一文化的年代、分期、典型器物群和文化特征的认识多停留在二三十年前的水平上。对川东巫山大溪遗址的发掘始于1958年，1962年石兴邦先生根据发掘简报率先提出以"大

---

① 张忠培：《研究考古学文化需要探索的几个问题》，载《文物与考古论集》，北京：文物出版社，1986年。
② 吴汝祚：《宜昌中堡岛遗址第四层文化性质及其有关问题的探讨》，载《江汉考古》，1989年第1期。
③ 《澧县梦溪三元宫新石器时代遗址》，载《考古学报》，1979年第4期。

溪文化"命名①。20世纪70年代初以来，鄂西区红花套、关庙山、中堡岛等遗址的大规模发掘使学术界对大溪文化有了比较系统的认识，而当人们屡次发现包含着屈家岭遗址"典型器物"的文化层位于大溪文化层之上以后，两个文化的关系很自然地被认为是文化间的继承关系。笔者以为，如果汉水下游区二三十年来能有不间断的田野发掘的机遇和条件，目前考古界对两个文化关系的认识一定是另一种局面，江汉地区新石器时代考古研究一定可以少走许多弯路。

何谓屈家岭文化？据传统的观点，屈家岭文化以屈家岭遗址为代表，该文化的早期以屈家岭遗址 H22 等灰坑为代表，晚期以遗址的晚一、晚二为代表。早期陶质以泥质黑陶为主，晚期以泥质灰陶为主；早期的典型器物有篦形鼎、曲腹杯、彩绘黑陶碗等，晚期有蛋壳彩陶器、仰折壁凹沿器等。由于早期遗存发现不多，而晚期的极丰富，所以蛋壳彩陶和仰折壁凹沿器成为"屈家岭文化"的最典型器。对该文化的研究和与其他文化的联系都建立在这个认识的基点上。

人们对事物的认识是通过已知求未知。从器物类型学的原理出发，蛋壳彩陶器和仰折壁凹沿器等不可能渊源于大溪文化，"找不到大溪文化向屈家岭文化的发展序列"②，这是两个文化平行发展论的主要论据之一。依据汉水下游近年来的考古收获，参考鄂西区、澧水区的研究成果，继续把握器物类型学等理论，对屈家岭文化的认识和概括将有一个新的突破。

汉水下游区近年来的重要考古成果有对钟祥县六合③、边

---

① 石兴邦：《有关马家窑文化的一些问题》，载《考古》，1962年第6期。
② 王劲：《江汉地区新石器时代文化综述》，载《江汉考古》，1980年第1期。
③ 《钟祥六合遗址》，载《江汉考古》，1987年第2期。

畈①、京山县油子岭②等遗址的发掘，初步揭示了该区域从距今6000多年到4500年间历史链条的几个环节。该区域与鄂西区有关遗存的年代对应关系大致如下：

鄂西地区与汉水下游区新石器时代文化年代对应表

红花套遗址	关庙山遗址	汉水下游区
		边畈遗址一、二期
	一期	边畈遗址三期
一期	二期	油子岭遗址一期
二期	三期	六合遗址下层
三期	四期	六合遗址"屈家岭文化早期"、屈家岭遗址 H22
四期早段	H75	六合遗址 H2
四期中段	T66②	六合遗址 H4
四期晚段		六合遗址 H22、屈家岭遗址晚一、晚二

由于受资料的局限，建立系统的汉水下游区考古学文化序列的条件还不成熟，但我们依然可以辨认出其中某些贯穿始终的典型器物，其中最突出的是鼎和薄胎彩陶器。

与鄂西区以釜为主要炊器的事实相左，汉水下游区新石器时代一直保留以鼎为主要炊器的传统。我们知道，在全部陶器中，炊器最能反映出考古学文化的本质特征，炊器的差异最能表达文化间的本质区别。

薄胎彩陶器的特征更是仅此一家别无分店。这种彩陶都为橙黄色泥质陶胎，质地坚硬，掷地有声。彩色多褐色、黑色，也有红色的，早期还有白衣底褐红间彩；甚至有在红彩上再着褐彩的。这种彩色的附着力很强，早期彩陶常见有彩色线条凸出于器

---

① 《汉江东部地区新石器时代文化初论》，载《考古与文物》，1987年第1期。
② 《汉江东部地区新石器时代文化初论》，载《考古与文物》，1987年第1期。

表或者周围陶胎受侵蚀剥落而彩色线条依旧的现象；晚期彩陶胎薄如蛋壳，器表打磨发亮。彩陶器类很少，器形也小，早期仅有碗、杯两种，晚期还见于彩陶纺轮上。这类彩陶往往在器内外甚至圈足底部装饰图案，讲究通体效果。早期的彩陶图案常见回形纹、方块网纹、圆点纹、脉络纹、晕纹等，晚期多点纹、宽带纹等。很显然，这类彩陶的陶土选择、上色、作画、烧制等都有自己独特的制作方法。

目前所发现这类彩陶器的最早年代在油子岭一期，即相当于鄂西红花套第一期，最晚的出土于六合遗址石家河文化早期文化层。"蛋壳彩陶是油子岭遗存中的重要特点之一"[1]，屈家岭遗址晚期地层更是出土了数以千计的此类彩陶残片，数量之多和年代之长都以汉水下游区为冠。由此可见，薄胎彩陶器是汉水下游区区别于其他文化类型的典型器物之一。

此外，还有必要探讨仰折壁凹沿器的渊源和意义。在红花套第四期时的江汉大地上到处可见仰折壁凹沿器的踪影。此类器在三个地区陶器中的比重依次为：汉水下游区、鄂西区和澧水区。三个地区陶质不一，汉水下游多灰白陶，鄂西区多黑灰陶，澧水区则多黑皮陶。各地此类器器形也不一样，汉水下游区多鼎，还有碗、豆；鄂西区多碗、豆，不见鼎；澧水区多高柄豆，不见碗、鼎。

仰折壁凹沿器的演进趋势是：凹沿由小到大，器腹由深到浅（图三：29—31）。目前在三个地区都找到了凹沿远小于下腹的该类器的较早形态（图三：29），表明它可能脱胎于大口簋形器。三个地区的大溪时代都存在着簋形器（簋形鼎、圈足簋、高圈足簋），因此，一旦发生制陶工艺由低级轮旋法向高级轮旋法过渡的技术条件，各地居民就会有选择地采用汉水下游区人们创造的

---

[1]《汉江东部地区新石器时代文化初论》，载《考古与文物》，1987年第1期。

凹沿器模式。所以我们说，仰折壁凹沿器的出现意味着此种工艺的出现，而它也反映了该时期汉水下游区对别的地区，特别是对鄂西区的影响。

在六合遗址的"屈家岭文化"遗存中，还发现有不见或少见于江汉地区其他地区的红陶黑彩网纹和小方块纹等细密、繁缛的花纹图案。这似乎表明汉水下游区在距今500年后又进入了一个"彩陶时期"。

除了仰折壁凹沿器以外，鼎和彩陶器是传统观念上"屈家岭文化"的核心典型器，现在人们在"屈家岭文化"中心区而不是别的地区找到它们源远流长的文化传统和发展脉络。随着新材料的不断发现，考古界需要更新对屈家岭文化的时间、空间和文化特征等方面的认识。旧有的理论不能解释新的事实，这绝不是考古学的危机，而是它走向更加成熟的标志。

通过以上的分析，笔者认为：

（1）屈家岭文化是分布在汉水下游的，与鄂西大溪文化始终平行发展的，以鼎、彩陶器、壶形器等为典型器物群的考古学文化。

（2）与红花套第四期文化、三元宫晚期文化相一致，屈家岭遗址晚期遗存是屈家岭文化向石家河文化过渡的文化。这一过渡性文化或可称为"后屈家岭文化"。

（3）在江汉地区三个过渡性文化中，以后屈家岭文化遗址面积最大，文化堆积层最厚，出土文物最丰富，文化特征最鲜明。它以以往任何文化都不能比拟的势头和传播速度对红花套第四期文化、三元宫晚期文化，甚至汉水中游区同期文化产生了巨大的影响，促进了这些地区社会分工、社会关系分化的历史进程，而且还与黄河中、下游等地区的同期文化有着广泛的文化交流。这种种现象意味着汉水下游区是江汉地区该时期的中心区域。寻找与其文化发展水平相适应的、江汉地区最高形态聚落遗址，探索这些现象的原动力和源泉，追踪其对后继的石家河文化甚至后世的盘龙城商代文化以及楚文化的影响和作用，无疑是江汉地区新石器时代考古工作的重点。

综上所述，在距今 7000 多年到 4000 多年前的江汉大地上，平行发展着三个考古学文化；它们之间的地域过渡地带大致在江陵一带。与中华大地距今 5000 年至 4500 年前这一阶段的社会发展阶段相一致，它们都处于当地大溪时代文化向龙山时代文化的过渡时期。各地古文化之间相互影响、相互促进，并向更高的社会形态发展。

由此可见，如果我们依然把这类过渡性文化理解为考古学文化的话，必将继续混淆当地大溪时代文化和龙山时代文化的概念及界线，影响我们对"后屈家岭文化"这一江汉地区中心地区文化的探讨，限制我们对江汉地区诸文化在不同时期的分布范围、形成原因及其与邻近文化的相互影响的认识和研究，不利于江汉地区新石器时代考古工作的进一步深入和提高。

在我们重点讨论三个地区考古学文化各自的个别属性的同时，也应该强调，由于地域上连成一片和地理环境、自然条件的近似等原因，三个地区的考古学文化也存在一定的、区别于黄河中下游、长江下游等历史文化区域的共同属性。例如，距今 6800—5800 年前的陶质都以羼草末陶为主，都有相当数量的圈足器，都有簋形器、曲腹杯、大口内卷沿盆、篦点纹陶球等。三者的共性还特别表现在具有共同的文化分期上。因此可以说，三个地区共同构成了江汉历史文化区，换言之，鄂西区、澧水区和汉水下游区是江汉历史文化区的三个亚区。

几十年来，我们已经积累了相当丰富的江汉地区新石器时代考古资料，面对祖先的文化遗产，我们迫切需要理论的总结和进一步提高。笔者献上这块引玉之砖，旨在与考古界同仁一道，为复原江汉地区的原始社会史而努力。

三、西陵峡区二里头文化时期
——西周时期考古学文化序列

夏、商、周三代是中国国家和民族形成的重要时期，由于有关文献史料的匮乏，商周考古遂成中国考古学经久不衰的研究重点之一。近年来，商周考古的成就突出地表现在，对中原以外边远地区的工作有了长足进步。

西陵峡区夏、商、周三代的历史原貌如何？它有什么自身的发展规律？它对长江中上游乃至中国青铜文明的形成和发展起了什么作用？这些都是考古界颇为关心的问题。

西陵峡区三代考古研究始于20世纪80年代，几年来获得了许多重要的研究成果。虽然目前的发现还存在一定的时间缺环和某些研究领域的空白，但这是长江流域目前唯一已具备建立粗略轮廓的三代时期考古学文化序列的区域。本文拟就该区内夏、商、西周时期诸考古学文化的编年、谱系结构、文化渊源和文化关系等方面问题提出自己的粗浅看法。这些考古学文化是：二里头文化时期的朝天嘴类型文化、殷商时期的路家河文化以及西周时期的小溪口类型文化。

（一）朝天嘴类型文化

朝天嘴类型文化的分布范围目前仅知道在西陵峡区至鄂西区的长江沿岸。大致时代在二里头文化时期。目前已发现包含该类遗存的主要有：峡区内的中堡岛上层[①]、朝天嘴B区[②]、路家

---

① 《宜昌中堡岛新石器时代遗址》，载《考古学报》，1987年第1期。
② 《湖北朝天嘴遗址发掘简报》，载《文物》，1989年第2期。

河[1]和白庙[2]的部分遗存、峡口区宜都县毛溪套灰坑、红花套和城背溪上层的部分遗存[3]。这些发现中以朝天嘴B区的发现最为丰富。

陶器以夹砂灰陶为主。器形以平底器为主，袋足器、圜底器次之，少见圈足器。主要文化因素有四群：甲群，夹砂褐陶类侈沿平底罐、釜；乙群，夹砂灰陶突肩罐、灯座形器、鸟把勺；丙群，黑皮陶盉、瓠、大口尊、鋬耳盆；丁群，鬻、夹砂红陶大口缸等。甲群因素来源不明，乙群因素来自三星堆文化[4]，丙群因素滥觞于二里头文化，丁群因素为江汉地区该时期的共同文化属性。

该类型文化可分为三期，第一期以毛溪套灰坑为代表，第二期以朝天嘴T6⑥B为代表，第三期以白庙遗存为代表，大致时代分别为二里头文化第二、第三、第四期。

全部陶器中乙群位居主导地位。第三期时，乙群因素数量锐减，甲群因素数量迅速增加，丙群始终是该类型稳定的文化因素，丁群的情况还不明朗。

炊器以罐为主。第一、第二期多见乙群因素的夹砂灰陶突肩罐，此类罐到第三期已多演化为做盛食用途的小型泥质罐，该期炊器多见甲群因素的夹砂褐陶侈沿罐、釜。

邻近地区与朝天嘴类型年代相当的遗存，目前仅见江陵县荆南寺遗址H17[5]，大致时代为二里头文化第四期。炊器多见鬲、鼎，这两种器不见于朝天嘴类型，说明与朝天嘴类型不属于同一

---

[1] 长江水利委员会文物考古队调查资料。
[2] 《湖北宜昌白庙遗址试掘简报》，载《考古》，1983年第5期。
[3] 林春：《宜昌地区长江沿岸夏商时期的一支新文化类型》，载《江汉考古》，1984年第2期。
[4] 《广汉三星堆遗址》，载《考古学报》，1987年第2期。
[5] 《荆南寺商代陶器试析》，载《湖北省考古学会论文选集》第1辑。

考古学文化。但是，其中侈沿罐形鼎的器身部分与朝天嘴类型侈沿罐的形态近似，米粒状绳纹的纹饰特征也是一致的，说明二者之间又存在着一定的内在联系。

朝天嘴类型不是渊源于当地龙山时代遗存。虽然峡区内该时代遗存仅见白庙一处，出土物又少，但其所反映的文化面貌同峡口区宜都县石板巷子[①]等同期遗存一致。陶器的陶质以泥质黑灰陶为主，主要器类有釜、鼎、罐、甑、盘、豆、碗、瓮等，石板巷子龙山晚期碳14年代为B.C.2165±105，已接近二里头文化，与毛溪套灰坑的年代没有很大的时间缺环。这种短时间内的全面文化突变应暗示着部族的大迁徙。

上文谈及朝天嘴类型一期、二期中占绝对统治地位的乙群因素来自三星堆文化，这是因为二者的同期陶器不论在器物组合和陶器质地、颜色、纹饰，以及器型大小和演化趋势等方面都十分相似。三星堆遗存的规模和气势表明，三星堆遗址是三星堆文化的中心遗址，成都平原是三星堆文化的中心地区，朝天嘴一期遗存的渊源在成都平原一带。三星堆遗存与朝天嘴类型的关系不是传播与影响的关系，而是同属三星堆文化。朝天嘴类型是三星堆人们共同体向东扩张的结果。

朝天嘴类型的去向在该类型第三期遗存中已初露端倪，与第一、第二期遗存相比，第三期遗存的文化结构起了变化，乙群因素地位下降，甲群因素比重上升。甲群因素的增加意味着土著文化因素的成长壮大，朝天嘴类型人们共同体正在创造一个新型的考古学文化。

---

① 宜都考古发掘队：《湖北宜都石板巷子新石器时代遗址》，载《考古》，1985年第11期。

（二）路家河文化

路家河文化以西陵峡区为中心，分布范围目前还不确切，殷墟早期时可能沿长江干流到达江陵、岳阳一带。在西陵峡区的活动年代大致在商代。峡区内包含该遗存的遗址有：路家河[①]、杨家嘴[②]、三斗坪[③]、杀人沟[④]、鲢鱼山[⑤]等。该文化遗存以路家河遗址的面积最大，文化堆积层最厚，出土文物最为丰富。

路家河遗址商代遗存可分为四期，第一至第四期的年代依次相当于中原地区的二里冈下层、二里冈上层、殷墟早期和殷墟晚期。

遗址中出土有小型青铜器、卜甲。此外，还发现许多大型网坠，文化层中可见大量动物骨骼和成层的鱼骨，经济生活当以渔猎活动为主。

陶器以夹砂褐黑陶为主，器形大多为圜底器，还有少量的袋足器、圈足器和平底器。纹饰以绳纹为主，还有弦纹、方格纹、圆圈纹、附加堆纹、S纹、贝纹、云雷纹等。路家河文化第四期时，方格纹釜的数量约占全部陶釜的30%左右。

陶器中可见的文化因素有四群：甲群，夹砂褐陶类侈沿釜；乙群，灰陶类长颈突肩罐、灯座形器；丙群，鬲、簋、假腹豆；丁群，鬶、夹砂红陶大口缸。

---

① 长江水利委员会文物考古队调查资料。
② 《宜昌县杨家嘴遗址简况》，载《江汉考古》，1985年第4期。
③ 中国科学院考古研究所长江三峡工作组：《长江西陵峡考古调查与发掘》，载《考古》，1961年第5期。
④ 中国科学院考古研究所长江三峡工作组：《长江西陵峡考古调查与发掘》，载《考古》，1961年第5期。
⑤ 中国科学院考古研究所长江三峡工作组：《长江西陵峡考古调查与发掘》，《考古》，1961年第5期。

甲群因素和乙群因素分别是朝天嘴类型甲、乙两群文化因素的继承和发展，丙群因素滥觞于商文化，丁群因素为江汉地区同期文化的时代共性器物。

各种文化因素在路家河文化类型中的比重依次为：甲群、乙群、丁群、丙群。虽然各因素在各个时期的具体情况有所变化，但甲群因素始终在该文化中占据绝对优势地位，乙群因素与甲群因素共始终，丙群因素在二里冈上层时特别活跃。

炊器几乎都是釜，在数以千计的陶釜个体中不见陶鼎，仅见数件陶鬲残片。

与路家河文化有密切关系的荆南寺遗址中，也发现有路家河类型文化因素，尤其是共有路家河文化最具特色的甲、乙两群因素。荆南寺遗存与路家河遗存的不同之处主要表现在：（1）商文化一直是荆南寺遗存的重要文化因素，而路家河文化中商文化的比重很小；（2）路家河文化始终以甲群因素为主，而荆南寺遗存中各文化因素的比重多变，如二里冈下层时鬲、鼎较多，二里冈上层时釜、鬲并重，殷墟一期时则以釜为主[①]。

笔者认为，荆南寺遗存是典型的区域过渡性遗存。我们注意到，江陵一带正处于鄂西山地与汉水下游、澧水流域三者之间的过渡地带，正位于今天的洛阳——襄樊——荆州——华南这一中国古代重要的交通要冲上。因此，它所接受的二里头文化影响要大于鄂西区朝天嘴遗存，在商文化对江汉地区的文化冲击中，又是它首当其冲，一旦商文化从长江中游退缩，路家河文化便成了荆南寺遗址的主人。而在荆南寺四期以后不久，又一支全新的考古学文化在当地确立，周梁玉桥类型[②]由此展开向鄂西地区的文化进军。因此可见，荆南寺等江陵一带的文化遗存是江汉地区诸

---

① 《荆南寺商代陶器试析》，载《湖北省考古学会论文选集》第1辑。
② 《湖北沙市周梁玉桥遗址试掘简报》，载《文物资料丛刊》第10期。

考古学文化的文化关系、文化分布的晴雨表。

江汉地区与路家河文化平行发展的考古学文化类型有黄陂盘龙城遗存和湖南石门皂市文化遗存。盘龙城遗存是与商王朝关系十分密切的文化遗存[①]，皂市文化是分布在澧水流域的以鼎、罐、盘、豆为典型器物群的考古学文化[②]。

邻近地区与路家河文化有密切关系的还有四川东部忠县甘井沟遗存[③]。与路家河文化一样，甘井沟遗存以釜为主要特征，也共有夹砂红陶大口缸、卜甲、小型青铜器等。由于后者的发展序列还未确立，二者之间的关系有待进一步研究。

殷墟一期是路家河文化的鼎盛期，它的势力范围从鄂西区沿长江干流到岳阳一带，就在这以后不久，可能来自东南的周梁玉桥类型文化插入江汉地区，改变了这一地区考古学文化的原来风貌。周梁玉桥类型以方格纹釜形鼎为主要器类，锥形鼎足上端外侧拍印纹饰是主要特征之一。它到达江陵的时代在殷墟二期，但其对西陵区原有文化的明显影响大约在西周初期。

（三）小溪口类型文化

小溪口类型的分布可能在鄂西地区一带，年代大致在西周时期。目前已发现的该类型遗存有：三斗坪[④]、覃家沱、黄土包[⑤]、小溪口[⑥]和路家河 H4、T9[⑥]、T7④[⑦]，以及官庄坪下层[⑧]等。

[①] 陈贤一：《江汉地区的商文化》，载《中国考古学会第二次年会论文集》。
[②] 王文建：《商时期澧水流域青铜文化的序列和文化因素分析》，载《考古类型学的理论与实践》，北京：文物出版社，1989年。
[③] 《四川忠县甘井沟遗址的试掘》，载《考古》，1962年第8期。
[④] 《长江西陵峡考古调查与试掘》，载《考古》，1961年第5期。
[⑤] 《宜昌覃家沱两处周代遗址》，载《江汉考古》，1985年第1期。
[⑥] 长江水利委员会文物考古队调查资料。
[⑦] 长江水利委员会文物考古队发掘资料。
[⑧] 《秭归官庄坪遗址试掘简报》，载《江汉考古》，1984年第3期。

目前已认识到的该类型较早遗存有路家河 H4、T9⑥等。这一时期遗存的文化面貌单纯，主要器类为夹砂红褐陶绳纹鼎（图四：1），器身有呈竖长方体的釜形和盆形两种，而以前者为多数，鼎足为锥足状。值得注意的是，鼎足外侧上端大多拍印纹饰。这种鼎的釜身、口沿和整体特征与路家河文化晚期绳纹釜有着一脉相承的因袭关系，但前者以鼎为主和鼎足外侧上端拍印纹饰的特征似乎又来源于周梁玉桥类型文化。小溪口类型可能是既继承路家河文化，又吸收周梁玉桥类型文化某些文化因素而产生的新文化类型。

路家河 H4 等的年代大致在西周早期，它直接迭压在路家河文化层之上，釜形鼎的口沿和鼎足特征处于路家河文化晚期釜和小溪口遗址下层釜形鼎之间，由于文化面貌的单纯，没有或者少有诸如陶鬲之类可供断代的共生物，所以长期影响了人们对它的认识。

小溪口类型较晚遗存目前发现的较多，它往往与西周晚期陶鬲共出。主要文化因素有三：甲群以夹砂红褐陶绳纹鼎为代表，乙群以红陶大口鬲为代表，丙群以红陶大型瓮、盂等为代表。绳纹鼎器身釜形，鼎足锥柱状，外侧上端亦多拍印绳纹，显然来源于路家河 H4 的同类器。丙群因素渊源不明。乙群因素是东来文化，有学者认为，这是鄂东地区古三苗族在西周中晚期对汉西诸部族的文化冲击①。

鄂东文化对西陵峡区土著文化的文化冲击始于何时？二者的共存关系如何？1983 年我们试掘了小溪口遗址，面积约 1/4 平方米②。五层文化层可合并为三个发展时期：④、⑤层为西周中

---

① 王光镐：《楚文化源流新证》，中篇第一章，武汉：武汉大学出版社，1988 年。
② 1983 年夏笔者复查小溪口时，发现遗址被洪水破坏，有一保留着原文化堆积层的"土柱"脱离江岸，冲刷到河漫滩，遂发掘之。

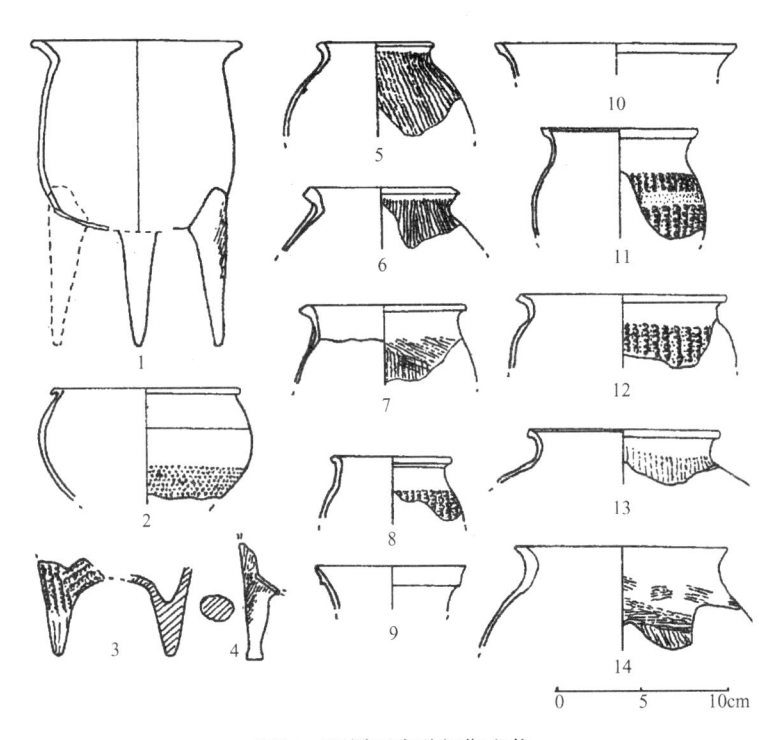

图四 西周至春秋初期文物

1. 路家河 H4：1；6、12、13. 小溪口①层；3、7、14. 小溪口②层
2、9、11. 小溪口③层；4、5、8. 小溪口④层

期偏晚，③层在西周晚期，②、①层为春秋早期（图四），三个时期的鼎、鬲数量比例如下表。

小溪口遗址出土鼎、鬲数量比例表

层位 \ 器类	鼎、鬲数量	大致时代
①、②层	01：07	春秋早期
③层	07：05	西周晚期
④、⑤层	04：01	西周中期偏晚

应该说明的是,由于试掘面积太小,必然受到一些偶然因素的影响,但这些材料告诉我们:(1)西周时期的西陵峡区内曾存在过一个以鼎为主导的考古学文化。(2)鬲文化对西陵峡区的冲击大致始于西周中晚期,但终西周一世,鬲文化也未能取代鼎文化的地位成为峡区的主导文化。

与小溪口类型时代相当的遗存有:以黄陂鲁台山为代表的汉水下游遗存[①],以澧县斑竹、文家山、周家湾、周家坟山为代表的澧水流域遗存[②]和以当阳磨盘山为代表的沮漳河流域遗存[③]。汉水下游区和澧水流域区都建立了各自的从商到西周晚期的文化序列,表明它们各自沿着自身轨迹发展而与小溪口类型有不同渊源和发展道路。沮漳河流域目前只发现了西周晚期以大口鬲为特征的遗存,正是这种大口鬲给西陵峡区以深远的影响,但沮漳河流域至今还未见明确的西周中期以前遗存,如何评价该遗存还是个有待解决的问题。

根据小溪口等遗址的情况看,小溪口类型鼎文化的主导地位在进入春秋以后便不复存在,它的完全消失当在春秋中期以后,为鬲文化所融合。

综观西陵峡区从二里头文化时期到春秋前段1800年的历史,我们亦感受到该区域内一次又一次的文化冲击。第一次冲击发生在二里头初期,三星堆类型的罐文化席卷了这一地区;第二次冲击在早商时期,上一时期位于从属地位的釜文化跃居主导地位的文化;第三次冲击始于西周初期,本地釜文化让位于可能来自江陵东南地区的鼎文化;第四次冲击始于西周中晚期,鬲文化以强

---

① 《湖北黄陂鲁台山西周遗址与墓葬》,载《江汉考古》,1982年第2期。
② 《湖南澧县商周时期古遗址调查与探掘》,载《湖南考古辑刊》第4辑,岳麓书社,1986年。
③ 《当阳磨盘山遗址试掘简报》,载《江汉考古》,1984年第2期。

大的攻势，抑制、瓦解鼎文化，终于在西陵峡区安营扎寨，成为该区春秋时期的统治文化。

通过对西陵峡区及峡口区公元前5000年至公元前770年几个重要发展阶段文化遗存的初步分析，可以揭示该区古文化变迁的一些特点。

西陵峡区复杂的地势条件成为新石器时代较早阶段人们生存发展的理想环境，该区可能是中国新石器时代革命的发源地之一，大溪文化时期是该区稳定的繁荣发展阶段。自此之后，也由于交通不发达等地理原因，该区的社会文化总体水平略低于周围地区。

由于西陵峡区相对封闭的地理环境，该区古文化保持了稳固的文化传统，其受外来文化的影响少于周围其他地区，使该区文化形成相对单纯的区域性文化，有自己独立的发展道路。

世界上不存在一元文化，西陵峡区古文化也是在与其他文化的交往中发展起来的，它与其他文化之间相互渗透、借鉴、融合的现象比比皆是。大致情况归纳如下：

柳林溪杨家湾时期，峡区古文化除了继承城背溪文化的传统文化外，主要受到澧水流域同期文化的影响。

大溪文化时代是鄂西地区古文化的繁荣发达时期。大溪文化与仰韶文化之间有着长时间的文化接触，在这种接触中大溪文化常处于从属地位，而其对江汉地区其他文化的影响多于所受的影响。

红花套第四期是江汉地区历史文化的重要转折时期，各古文化间进行了空前广泛、频繁的文化交流。汉水下游区迅速崛起壮大。鄂西区相对落后于其他地区，受影响于其他地区，主要接受汉水下游区的文化传播，本地传统文化受到很大冲击。

二里头文化时期，四川三星堆文化人们共同体向东扩张，使鄂西地区发生了民族大迁徙。本地新石器时代的传统文化从此中断。

商代以后，西陵峡区土著的路家河文化迅速发展，在二里冈上层时受到商文化的较大影响，但土著文化的主导地位从未被动摇过。

商末西周以后，土著文化传统先后受到东来鼎文化、汉东鬲文化等的频繁冲击，峡区传统文化在选择接受中逐渐被削弱、取代，最终于春秋中期以后被瓦解。

原载长江水利委员会库区规划设计处编：《葛洲坝工程文物考古成果汇编》，武汉：武汉大学出版社，1990年。

鄂西地区三代时期文化谱系分析

本文所指的鄂西地区，主要指西起长江三峡西陵峡、巫峡一带，东至鄂西江陵的长江沿岸及一些较小的支流地带。以枝江、宜都为界，本区还可分为西部的三峡区和东部的峡口区两个亚区。本区境内有两条重要的古代交通要道，一是四川盆地通往华东、华南的长江三峡；二是黄河流域通过丹江、汉水，经襄阳和荆州地区至湘西北澧水流域，再通向华南的古大道。从全国的棋盘上看，本区是自古以来南北文化、东西文化的交汇处。在三代时期列强攻伐兼并、动荡分化的岁月里，以鬲为典型器物的华夏集团、以釜为代表器物的巴蜀集团和以鼎为主要炊器的百越集团都曾在这里为各自的利益交汇、争战过，都曾为这一地区的历史作出自己的贡献。对于三代时期历史文化的研究，对于华夏、巴蜀、氐羌、百越诸部族历史文化的研究，鄂西地区三代时期的历史文化都是一个必须正视的问题。

本文试图在已有成果的基础上，剖析先后在本区该时期起过重要作用的六种考古学文化类型，探究源头、追溯去向，以揭示这些文化所代表的部族集团、这些部族集团在本区的历史地位和所起的作用，以及本区该时期的文化演进模式。

一

从总体格局而言，在新石器时代数千年的历史长河中，本区属于江汉历史文化区。

在 7000 多年前的城背溪文化晚期，本区与汉水上游的李家村文化、属于华南文化系统的澧水流域皂市下层文化、丁家岗一期类型等发生过频繁的文化接触与交流。就总体的社会经济发展水平而言，皂市下层文化、丁家岗一期类型文化明显高于本区同期文化，本区文化常处于被动接受影响的地位[1]。大溪文化前段是本区最稳定、繁荣的历史时期。本区文化与相邻文化保持一种和平的共同发展态势。随着汉水下游屈家岭文化的对外扩张[2]，后段大溪文化在竞争中走向衰落，但本区自城背溪文化以来就形成的、以釜为主要炊器的文化传统却从未改变过。

与其他地区相比，本区龙山时代遗存发现不多，许多问题尚待解决。本区这一时期的主要遗址有：宜都县石板巷子[3]、鸡嘴河遗址[4]和宜昌县白庙遗址[5]。主要文化因素有（图一）：A. 以泥质灰黑陶为主要陶系的、以釜、釜形鼎、高领广肩罐、盘、豆为代表的常见的湖北地区龙山时代文化器物群；B. 以夹砂陶为主要陶系的、以釜、高领深腹罐、豆为典型器物的遗存；C. 以

---

[1] 林春：《长江西陵峡远古文化初探》，载《葛洲坝工程文物考古成果汇编》，武汉：武汉大学出版社，1990 年。

[2] 对江汉地区新石器时代中大溪文化和屈家岭文化的文化关系，目前存在着两种不同的看法：一为二者之间的关系为文化间的继承关系；另一为平行关系。笔者认为：两种看法都有各自的道理。但如果从复原江汉地区当时的历史原貌，揭示江汉地区是如何从原始社会迈向阶级社会的历史进程的角度，平行关系论可以给人们留下更多的思维空间。本文中"大溪文化后段"指的是鄂西地区相当于红花套遗址第三期、亦即关庙山遗址第四期文化，至当地龙山时代以前的文化遗存，也就是一些"继承关系论"持有者所认为的，鄂西"屈家岭文化"的遗存。具体意见可见注释 1。

[3] 《湖北宜都石板巷子新石器时代遗址》，载《考古》，1985 年第 11 期。

[4] 《1976 年清江下游考古调查》，载《江汉考古》，1985 年第 4 期；裴安平：《鄂西"季石遗存"的序列及其与诸邻同期遗存的关系》，载《考古类型学的理论与实践》，文物出版社，1989 年。

[5] 《湖北宜昌白庙遗址试掘简报》，载《考古》，1983 年第 5 期。

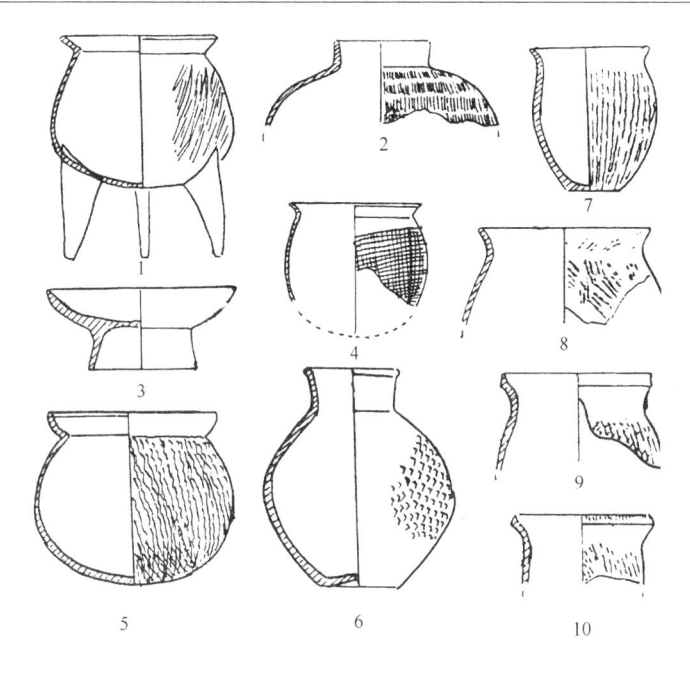

图一　龙山时代遗存
1—4，A组；5、6，B组；7—10，C组
(1. 石板巷子；2—4、7—10 白庙；5、6 鸡嘴河)

夹砂红褐陶方唇绳纹深腹罐为代表的遗存。A 类遗存在本区广泛分布，但所占比重愈往西愈小；B 类遗存仅见于鸡嘴河遗址；C 类遗存见于三峡区，川东地区也有所发现，它是本区二里头文化时期花边绳纹罐遗存的源头。

三种因素代表了三个不同源的文化在本地的存在，同时也表明该时期并立着若干个具有很强个性的文化类型。此时的经济生活亦开始出现明显的差异性，石板巷子共同体的生计方式以农业为主，白庙出土了大型网坠和大量鱼骨等渔猎经济的遗物，清江流域则发现这一时期的细石器①。经济活动的差异决定了文化的差异。可以断言，本区此时已出现若干个小国（部族），由于地理环境等因素，这种现象尤以西部的峡区更为突出。就是在这种小国并立的局面中，鄂西地区迎来了更加动荡的三代时期。

二

根据已有的研究成果，三代时期在本区起过重要作用的有以下六支考古学文化：

甲，三星堆文化②鄂西类型：二里头文化至二里冈下层时期本区的主导文化。

主要遗址有：西区的宜都县毛溪套、向家沱、红花套③，秭归县朝天嘴④，宜昌县中堡岛⑤；东区的江陵县荆南寺⑥等。该文化在本区的活动时间大致在二里头文化早期至二里冈下层时期。分布范围主要在西区，二里头文化末期前后它的疆域才最终到达本区的东界。甲类三星堆文化在陶器方面的基本特点是：以夹砂灰陶器为主，罐是主要的炊器，典型器物的组合有夹砂鼓肩罐、

---

① 清江隔河岩考古队资料。

② 四川省文物管理委员会、四川省博物馆、广汉县文化馆：《广汉三星堆遗址》，载《考古学报》，1987年第2期。据研究，三星堆遗址可分四期：第一期属新石器时代，但典型器物群不详；第二、第三期被认为属同一文化，即三星堆文化；第四期的典型器为尖底钵等，属另一种文化。本文中的"三星堆文化"主要指该遗址的第二、第三期遗存。

③ 林春：《宜昌地区长江沿岸夏商时期的一支新文化类型》，载《江汉考古》，1984年第2期。

④ 《湖北秭归朝天嘴遗址发掘简报》，载《文物》，1989年第2期。

⑤ 《宜昌中堡岛新石器时代遗址》，载《考古学报》，1987年第1期。

⑥ 《湖北江陵荆南寺第一、二次发掘简报》，载《考古》，1989年第8期。

灯座形器、鸟头把勺等（图二：1、5、6，；图三：1、9）。

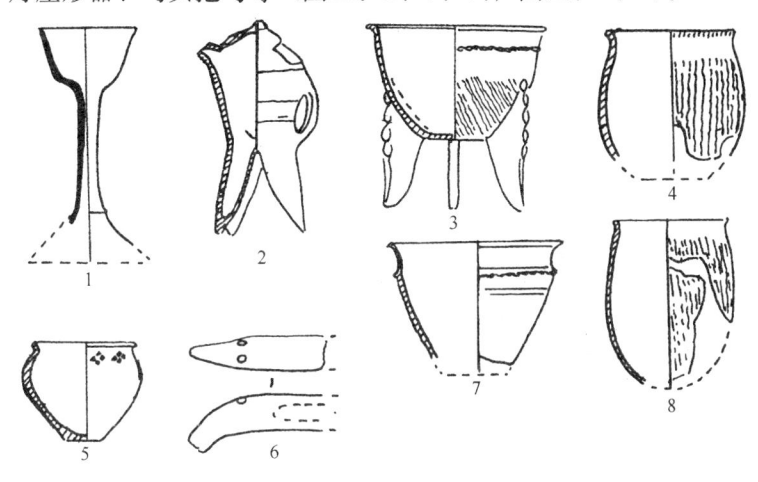

图二 二里头文化时期遗存
1、5、6. 甲类遗存；2—4、7、8. 乙类遗存
(1、5. 毛溪套；2、6. 中堡岛；3、4、7、8. 荆南寺)

乙，二里头文化。

本区东部峡口区已发现了几个地点，其中已发表资料的有江陵荆南寺遗址，表明二里头文化的势力范围已达长江中游。荆南寺遗址中发现了分别属于二里头文化第二期和第四期的遗存，出土器物有盆形侧装三角形足鼎、花边罐、大口尊（图二：1—4、7、8）等。该组文化对西部的三峡区也有一定的影响，在那儿常见盉、大口尊、觚等二里头文化的典型器物。二里头文化的消失大概在荆南寺第二期（相当于二里头文化第四期）之后不久，三星堆文化鄂西区终于全力推进了本区东部。

丙，朝天嘴类型文化：本区商时期的土著文化。

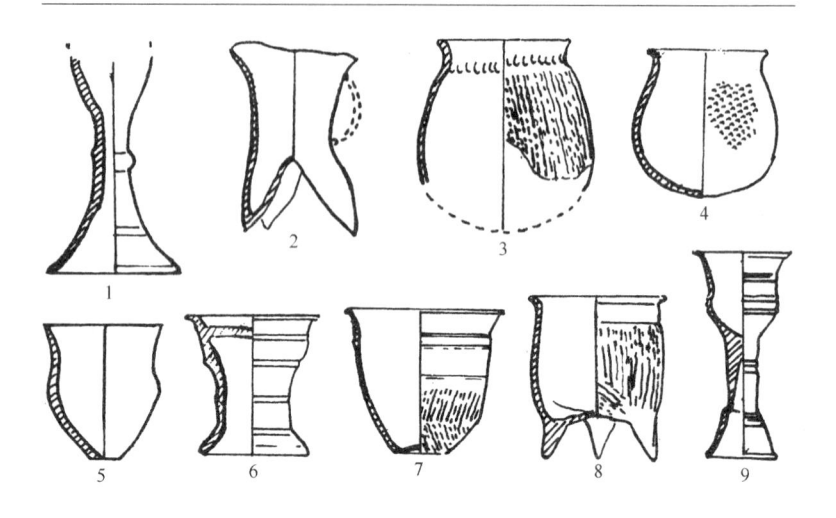

图三　殷商时期遗存

1、9. 甲类遗存；3—5. 乙类遗存；6—8. 丁类遗存

(1. 红花套；2、5—8. 荆南寺；4. 鲻鱼山；9. 中堡岛)

主要遗址有西区的秭归县鲻鱼山①、宜昌县路家河②、杨家嘴③、乔麦岭④，东区的江陵县荆南寺等。分布范围达本区全境，该文化的中心区域在西陵峡。鼎盛时期在殷墟早期商文化北撤之后。渔猎经济是该文化的一种主要生计方式。陶器的基本特点是：陶质以夹砂红褐陶为主，釜是主要的炊器和盛食器，典型器物群的组合为：绳纹釜、鼓腹杯、高领罐（图三，3—5）等。

丁，商文化。

传播路线大致是沿由南阳盆地进入襄阳，再南下荆州、华南的古老大路。二里头文化在本区消失以后不久，商文化挺进到了

---

① 文必贵：《秭归鲻鱼山与楚都丹阳》，载《江汉考古》，1982年第3期。
② 长江水利委员会文物考古队发掘资料。
③ 《宜昌杨家嘴遗址简报》，载《江汉考古》，1985年第4期。
④ 《宜昌乔麦岭新石器时代及商时期遗址》，载《中国考古学年鉴》，1986年。

长江中游。不过商文化在本区似乎是一种起炫耀作用的典范文化，在本区西部的路家河等遗址中，商文化和类商文化的比例都在5%以下，即使在高比例的荆南寺遗址中，商文化和类商文化的总数量仍然少于路家河文化（图三：6—8；图四：1）。

戊，梅槐桥——小溪口类型文化：殷墟时期至西周前后本区的土著文化。

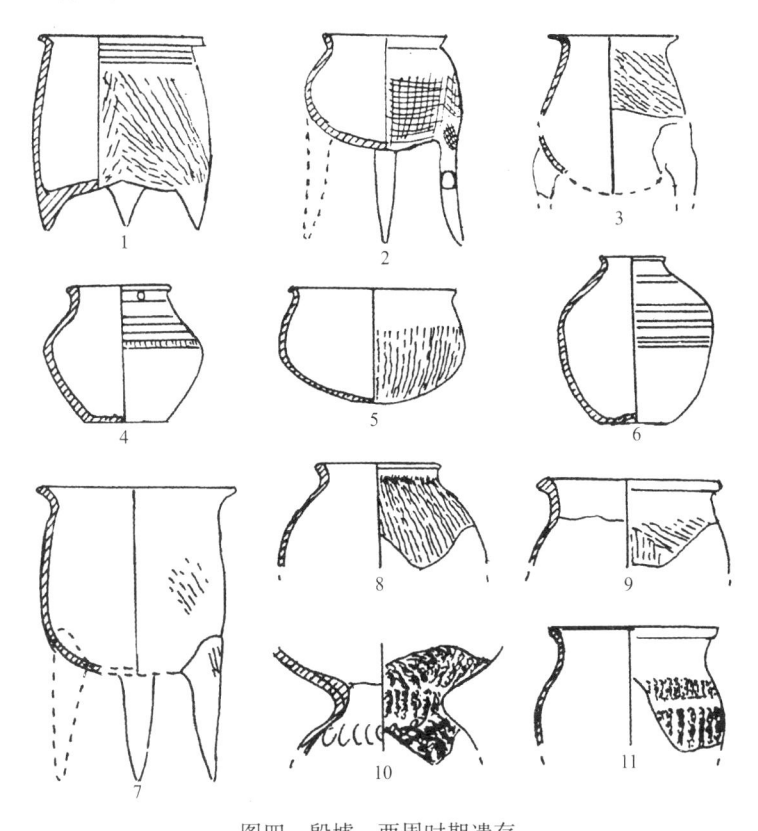

图四　殷墟—西周时期遗存
1. 丁类遗存；2—9. 戊类遗存；10、11. 己类遗存
（1、2、4—6. 周梁玉桥；3. 梅槐桥；7. 路家河；8、9、11. 小溪口；10. 覃家沱）

主要遗址有：东区的江陵县梅槐桥（殷墟一期、三期）[①]、沙市市周梁玉桥（殷墟二期）[②]，西区的宜昌县小溪口[③]、覃家沱[④]、秭归县官庄坪[⑤]等。该文化在陶器上的主要特点是：夹砂陶为主要的陶系，器物组合为鼎、釜、瓮、罐、鬶（图四：2—9），是较为典型的鼎文化。梅槐桥——小溪口类型是一支自东而来的外来文化，在殷墟早期进入东区，并与属于路家河类型的荆南寺第七期（殷墟一期）相持了一段时间，它到达西陵峡的时间当在殷墟末期。在西进的进程中，该类型融合了愈来愈多的路家河文化因素。该文化在西周中期以大口鬲为代表的源于汉水流域的三苗文化进入本区后，从东区消失，而在西区两者长期共存。直到春秋以后，梅槐桥——小溪口类型文化因素才逐渐消失在楚文化之中。

己，以大口鬲为代表的三苗文化[⑥]：西周中期至春秋初本区的统治文化。

主要遗址有：位于本区北部的当阳县磨盘山遗址[⑦]，东区的江陵县张家山遗址[⑧]，西区与戊类文化共存的小溪口、覃家沱、官庄坪等遗址（图四：10、11）。该文化的源头亦是一支外来文化，大概是从东北部进入本区的。在本区东部它似乎很快就取代了小溪口类型，而在三峡区则与后者长期共存，直到进入春秋时

---

① 《湖北江陵梅槐桥遗址发掘简报》，载《考古》，1990年第2期。
② 《湖北沙市周梁玉桥遗址试掘简报》，载《文物资料丛刊》，第10辑。
③ 长办考古队三峡调查资料。
④ 《宜昌覃家沱两处周代遗址》，载《江汉考古》，1985年第1期。
⑤ 《秭归官庄坪遗址试掘简报》，载《江汉考古》，1984年第3期。
⑥ 王光镐：《楚文化源流新证》，中篇，武汉：武汉大学出版社，1988年。目前多数学者都认为这种鬲是"楚式鬲"，以这种大口鬲为代表的文化为典型的楚文化。笔者采用王说。
⑦ 《当阳磨盘山西周遗址试掘简报》，载《江汉考古》，1984年第2期。
⑧ 《江陵张家山遗址的试掘与探索》，载《江汉考古》，1980年第2期。

期以后。

三

上述六支文化类型中，乙类二里头文化、丁类商文化和己类三苗文化都不是本文的研究对象。这里着重讨论甲、丙、戊三类文化，在本区历史进程中所起的作用和它们各自的部族属性。

1. 讨论甲类三里堆文化鄂西类型时必须考察三星堆文化。笔者认为：三星堆文化的年代在二里头前段——二里冈时期。是一支以川西平原为中心的、拥有广袤疆土的，社会文化系统总水平已达到拥有都城、高大祭祀台[1]的高度发达的神权帝国程度；是当时唯一的一支社会文化发展总水平与二里头文化相当的、在军事上有能力与二里头文化相抗衡的考古学文化。这支文化的鼎盛期在二里头文化时期，到商前期的成都十二桥遗址时[2]，该文化咄咄逼人的势头已经收缩，原有的疆土已被若干个邦国所分割。大约在殷墟时期以后，一支以尖底钵为突出特征的、以三星堆遗址一、二号祭祀坑[3]和成都指挥街[4]部分遗存为代表的新类型文化替代了三星堆文化。可以断言，商末周初卜辞和文献上的"蜀"当与以尖底陶钵为突出特征的文化遗存有关，而与三星堆文化无关。换言之，三星堆文化与后世的蜀族统治者文化应当没有直接的亲缘关系。

我们至今还不明白三星堆文化这支高度成熟发达文化的源头

---

[1] 《成都羊子山土台遗址清理简报》，载《考古学报》，1957年第4期。
[2] 《成都十二桥商代建筑遗址第一期发掘简报》，载《文物》，1987年第12期。
[3] 《广汉三星堆遗址一号祭祀坑发掘简报》，载《文物》，1987年第10期；《广汉三星堆遗址二号祭祀坑发掘简报》，载《文物》，1987年第5期。
[4] 《成都指挥街周代遗址发掘报告》，载《南方民族考古》，第1辑，1987年。

何在。它与比它稍早并与它平行发展过一段时间的，在川北[①]、川东和鄂西都有分布的，以夹砂红褐色绳纹花边罐为特色的文化遗存分属两个完全不同系统的文化。这类遗存在陕南也有发现，并与氐羌系统的双耳罐同出[②]。

三星堆文化的消亡与自身的分裂和衰落有关。从成都地区该文化的文化特质最纯正、出土器物最多、延续时间最长，并且被新文化逐渐取代的现象，可以推断，三星堆文化最终"和平"地消失在成都平原，而这里正是后世巴蜀文化系统的腹地、巴蜀集团的中心区域。由此推理，三星堆文化人们共同体的族属应属于蜀部族集团。

三星堆文化鄂西类型是三星堆文化向东扩张的结果。从扩张的时间、距离和程度看，这是一次强大的军事的行动，继而是大规模的部族迁移。鄂西地区由此成为三星堆文化所代表的巴蜀部族集团与华东、华南诸部族交往接触的桥头堡。由于三星堆文化鄂西类型和后续的路家河文化的长期、卓有成效的经营，改变了长江中游以往的传统文化格局，鄂西地区特别是西陵峡区不再属于江汉历史文化区，而成为巴蜀历史文化区的组成部分。

2. 丙类路家河类型文化是商代鄂西地区占绝对优势地位的土著文化。在三峡区的路家河遗址中，路家河类型器物的数量占80%以上；在东区的遗址中，它的数量亦居第一。在它的兴盛期，人们还可以在本区外的岳阳[③]、长阳[④]、甚至在成都十二桥遗址中看到它开放、活跃的影子。在路家河类型文化的生计方式

---

① 《四川绵阳边堆山新石器时代遗址调查简报》，载《考古》，1990年第4期。《广元市鲁家坟新石器时代遗址调查记》，载《四川文物》，1992年第3期。

② 《宝鸡石嘴头东区发掘报告》，载《考古学报》，1987年第2期。

③ 《岳阳市郊铜鼓山商代遗址与东周墓发掘报告》，载《湖南考古集刊》第5辑，岳麓书社，1989年。

④ 清江隔河岩考古队资料。

中，渔猎经济占据着重要的位置[①]，但它的制陶业水平低，更谈不上发达的青铜业，社会文化系统程度远低于同期的商文化和其他同期文化。可是路家河文化共同体却拥有长期控制本区的实际能力，它使商文化扮演了一个尊贵的客人的角色而始终未能扎根本区。

由于还有许多细节尚未解决，路家河文化的来源依然是个谜。考虑到釜是本区特别是三峡区新石器时代文化的传统炊器，路家河釜文化可能就源于三峡区。它可能是在三星堆文化衰落后，对三峡地区传统文化的恢复和发展。路家河类型的流向可能有三：（1）与戊组梅槐桥——小溪口类型融合，终于成为文献中记载的"巴濮"；（2）退往远离长江干流的清江中上游地区[②]，保持以釜为特色的文化传统直到战国时期，甚至更晚；（3）以上两种可能性兼而有之。无论是从文献、地域还是考古学的研究成果看，都应属巴部族集团的范畴。

虽然路家河文化类型与三星堆文化在许多文化特质上存在着明显的差异，但是二者在一定的时间、空间内是重合的。这种重合表现为路家河类型亦拥有三星堆文化的礼器，即祭祀用的法器——灯座形器等。这反映了二者之间的实质关系：路家河文化共同体供奉的是三星堆文化的神祇。在三代时期神权政治时代，这意味着：（1）在宗教信仰上，路家河类型是三星堆文化神灵的子民；（2）在政治权力上，路家河类型是三星堆帝国的邦国。

除了路家河类型之外，邻近地区以釜为主要陶器的文化类型还有四川东部以忠县甘井沟遗址[③]为代表的遗存。与路家河文化

[①] 林春：《鄂西地区路家河文化的渔猎经济及有关的几个问题》，首届农业考古国际学术讨论会论文，1991年。

[②] 《清江流域隔河岩工程库区二十五座古墓葬》，载《中国考古学年鉴》，1989年。

[③] 《四川忠县甘井沟遗址的试掘》，载《考古》，1962年第8期。

一样，甘井沟遗存的陶釜不仅是炊器，也是盛食器等他器。后者的陶质都为高火候的夹砂红陶，口沿装饰花边。两者的地域相近，文化遗存相似，当属一个共同的文化圈、共同的族属。与路家河文化的发展道路不一样，忠县甘井沟遗存的釜文化一直沿袭到战国时期，成为东周时期典型巴文化的一部分。由此可进一步推断，路家河文化当与后世的巴文化有一定的亲缘关系。

3. 殷墟初期商文化退出本区以后，戌类文化梅槐桥——小溪口类型插入本区。而后步步西进，在殷墟晚期到达三峡地区。在与路家河类型的长期交往、争斗中，梅槐桥——小溪口类型吸取了路家河类型的部分文化因素，终于成为本区特别是三峡区西周时期的一支土著文化。与路家河文化一样，渔猎经济亦是梅槐桥——小溪口类型人们共同体的重要的生计方式[1]，陶器制造水平也不高。与路家河类型相比，梅槐桥——小溪口类型所控制的范围更小、社会系统文化水平更低，文化因素单一，缺乏一种向上的活力。

在梅槐桥——小溪口类型进入本区前后，本区东邻和南邻活跃着一些其他青铜文化：湘西北澧水流域以石门皂市[2]、宝塔[3]等遗址为代表的澧水流域商代青铜文化[4]；以岳阳铜鼓山[5]遗址（二里冈下层——二里冈上层偏晚）为代表的文化遗址；以岳阳费家河[6]遗址（殷墟时期）为代表的文化遗存。澧水流域青铜文

---

[1]《沙市周梁玉桥商代遗址动物骨骼的鉴定与研究》，载《农业考古》，1988年第2期。

[2]《湖南石门皂市商代遗存》，载《考古学报》，1992年第2期。

[3]《宝塔遗址与桅市墓葬——石门县商时期遗存调查》，载《湖南考古集刊》，第4辑，1987年。

[4] 王文建：《商时期澧水流域青铜文化的序列和文化因素分析》，载《考古类型学的理论与实践》，北京：文物出版社，1989年。

[5]《湖南石门皂市商代遗存》，载《考古学报》，1992年第2期。

[6]《湖南岳阳费家河商代遗址和窑址发掘》，载《考古》，1985年第1期。

化的炊器是鼎、釜并重，殷墟以后鼎的比例增加。洞庭湖西北的岳阳市二里冈时期铜鼓山遗存中鼎、釜数量相当；殷墟时期的费家河遗存中则是鼎为主要炊器，硬陶器亦占有相当的比例，这与其东部的越部族集团文化显然有更多的共性。从以上的比较中我们可以看出，在鄂西地区以釜为主的遗存与以鼎为特色的百越文化之间，有一个鼎、釜并重的过渡区域，这个格局在殷墟时期随着鼎文化的西进而有所改变：在澧水流域表现为鼎的数量的增加；在湘北的岳阳市，殷墟时期费家河的鼎文化遗存替代了二里冈时期鼎、釜相当的铜鼓山遗存；在鄂西地区则是鼎文化的梅槐桥——小溪口类型取代了釜文化的路家河类型。

基于以上的认识，笔者认为：梅槐桥——小溪口类型的前身当属百越集团。在该类型往西发展的过程中，逐渐吸收、融合了巴蜀部族集团中路家河文化类型的某些因素而形成新的类型。这种两个部族集团间成功融合的结合体，可能就是后世所谓的"巴濮"。

四

在分析以上时间、空间各有交错的六组文化之后，我们试图按照时间顺序和一定的空间平面，勾画出三代时期本区历史画面的大致轮廓。

(一) 二里头文化时期

雄心勃勃的三星堆文化是当时唯一的一支与二里头文化社会发展水平相当、能与二里头文化抗衡的文化共同体。在该文化向东扩张的过程中，在本区的东部江陵一带遇到了南下的二里头文化的抵抗。两支势均力敌的集团在本区交汇和对峙，是本区该时期历史脉络的主线。

在这条主线之外,该时期的本区西部还活跃着以红褐陶绳纹花边罐为代表的、可能与氐羌部族集团有关的文化遗存和其他的一些文化遗存。

(二)早商——殷墟前段

路家河类型文化是本区商时期的主导文化。该文化在宗教上信奉三星堆文化集团的神灵,其政治地位为三星堆帝国的一个邦国,部族属性为巴蜀部族集团,是该集团与其东部其他部族集团接触、交流的窗口,亦是守卫该部族集团的东方桥头堡。虽然路家河文化只是巴蜀部族集团的一只马前卒,可它的定位却决定了以商文化为代表的华夏集团、以釜为主要炊器的巴蜀集团和以鼎及硬陶器为特征的百越集团在中国中部的地理格局。

商文化对本区东部产生过强烈的影响,但从未改变该地居民的部族属性。它对本区西部三峡区的影响甚微。

殷墟早期时,来自本区东部的梅槐桥——小溪口类型鼎文化插入本区东部,并继续西征。这一时期特别在殷墟前段,本区的经济生活中渔猎经济的成分占有很重的比例。这可能与长时间的天气异常有关。而长期的天气异常可能是部族迁移、文化变异的一个重要原因。

(三)殷墟后段——春秋

梅槐桥——小溪口类型是一支以鼎为主要炊器的、与百越部族有关的文化遗存。在西进过程中,该类型吸收、融合了路家河类型的部分因素,成为本区周代的主要部族之一。

大约在西周中期,原来居住于汉水流域的、以大口瓮为代表的己类三苗文化进入本区。该文化进入本区以后,本区东部峡口区目前所见到的仅有气势非凡的三苗族文化遗存,而三峡区则主要是"巴濮"文化遗存。这似乎意味着三苗部族把原来的土著居民赶走以后，即以本区东部为其大本营，而任由绝非其对手的梅槐桥——小溪口类型在其西侧苟延残喘。从而可以看出，该集团的核心力量主要在峡口区，它的谋略对象亦主要在其东方；该文化对西部三峡区的经营策略与峡口区的不同，似乎更多的是一种文化上的统治。因此，当地土著梅槐桥——小溪口类型文化得以长期与三苗文化共存，直到春秋时期。

五

鄂西地区三代时期的文化变迁史，反映了一种有别于中原和其他地区的文化演进模式。

严文明先生指出："总的看来，在龙山时代，每个考古学文化大概都已进入文明社会的门槛。"[1] 鄂西地区也不例外。但是，如果没有外来暴力的干涉，鄂西地区可能一直维持一种小国寡民的社会组织结构，如新中国成立前的凉山彝族一样，在这种小国之上的是一个由种族等级关系和婚姻关系维系着的阶层，或者是一个松散的联邦。

即使遇到了外来暴力的干涉，鄂西地区的社会结构也处处显示出其社会运作轨迹的惯性。在三星堆文化西缩后，路家河文化的社会组织形态也不能算是真正意义上的国家，它的社会生产力水平太低、而它的分布范围却很广，它似乎更像是一个由血缘、共同的区域和共同的传说（信仰）所组成的共同体。它的后继者梅槐桥——小溪口类型文化的社会形态可能与路家河类型文化大致相当。

---

[1] 严文明：《略论中国文明的起源》，载《文物》，1992年第1期。

鄂西地区步入真正意义上的文明社会大致始于春秋时期，高度发达的楚文化臣服了当地的土著民族，而在这之后终被纳入汉王朝所代表的更高级的社会组织形态。

鄂西地区三代时期的文化发展模式，是鄂西地区的地理环境和当时的社会生产力水平所决定的：

1. 本区西部三峡区山高水恶，环境容量不足以产生高度发达的古代文化；东部的峡口区位于古代交通线上，自古就是兵家必争之地，也是各种文化交汇、撞击、争夺的地方，新石器时代以来一直是各相关古文化的文化过渡地带，这种过渡性质也决定了其不可能成为高级文化的文化中心。

2. 长江三峡区地势险峻、生存条件恶劣，决定了社会文化的相对封闭性。三峡的交通状况决不像李白所描绘的那么美好："朝辞白帝彩云间，千里江陵一日还。"有研究者认为，先秦时期三峡不通航运[①]。明代宋应星《天工开物》记载：三峡"中夏至中秋川水封峡，则断绝行舟数月。过此消退，方通行来。其新滩等数极险处，人与货尽盘岸，行半里许，只余空舟上下"。直到葛洲坝蓄水前，三峡每年洪水季节都得封航10天左右。这种交通状况，亦决定了三峡文化的封闭性。路家河文化和梅槐桥——小溪口类型文化的文化因素单一、器物组合鲜有变化、器物形态变化不大，这些正是封闭的社会环境的体现。而在封闭的社会中，是很难产生出更高一级的社会组织的。

鄂西地区三代时期文化演进模式所反映的历史进程，在中国南方具有一定的代表性。在中国南方曾有过许多辉煌的三代时期古文化而没能继续发展下去，究其原因，就在于社会环境的封闭、社会组织意识形态的落后。

在龙山时代，各古文化位于文明门槛（良渚文化可能已进入

---

① 吴郁芳：《先秦三峡航运质疑》，载《江汉考古》，1991年第4期。

文明时代）这同一起跑线上，中原地区的先民们脱颖而出，率先步入真正的国家，并逐渐升华为专制帝国。这正是由于中原地区的先民们在世俗权力的夸张、领土观念的产生和国家意识的创制等方面表现出独特的政治智慧的结果[①]，而这正是中原地区的先民们为中华民族所作出的伟大贡献。

原载《南方文物》，1994年第2期。

[①] 谢维扬：《酋邦：过渡性与非过渡性》，载《学术月刊》，1992年第2期。

鄂西渝东地区二里头时期
文化遗存试析

与同时期其他地区的考古学文化相比，鄂西渝东一带三代时期的古文化遗存有着明显的区域特点。造成这些区域特色的，是本区域独特的地理环境、历史文化所决定的独特的文化形态，以及不同于中原地区的文明发展进程。如何认识本区域这一时期古文化遗存，并逐步揭示这些遗存所隐含的丰富的历史信息，是长江三峡考古工作者所应重视的重要课题。

由于三代时期的鄂西渝东地区经历着频繁的部族迁徙，加上本区多属峡谷、丘陵地理环境的限制，决定了本区三代时期古遗址的数量虽多，但普遍存在遗址面积小、出土物不丰富的客观现象，长期影响人们对三代时期本区文化的深入认识。

在本区三代时期文化研究中，对商时期路家河文化的认识已经达成一定共识。但在对本区二里头时期文化的认识上仍基本上处于一种朦胧状态，许多考古发掘报告（包括路家河遗址发掘报告）都未能把二里头文化时期的文化遗存——路家河文化比较准确地剥离出来，而通常笼统地称之为"夏商周时期文化"。

因此，虽然本文的写作条件还不成熟，但为了促进本区三代时期文化的进一步研究，笔者仍然诚惶诚恐地献上这一引玉之砖。

一、文化遗存的基本情况

20多年来，考古工作者陆续在鄂西渝东地区发现了若干在年代上相当于中原地区龙山时代末段至二里头文化时期的文化遗存。

这一时段的鄂西与渝东虽然在文化面貌和文化发展进程上具有许多的共性。但把它们放在一起讨论却有相当大的困难。长江三峡是一条以东西为主、兼有南北向文化交流、碰撞、整合的地带，这些文化在这一地带的进退、消长并不均衡。总的来说，东西向的长江干流可以以狭义的长江三峡（从宜昌县南津关至奉节县白帝城）分界，分为东、中、西三个亚区。而这区域内长江的较大支流，如巫山大宁河、鄂西清江的文化面貌和发展进程在某些时段上可能与长江干流的情况有所不同。

虽然目前本区该时期文化遗存的发现并不很丰富，但其反映的文化因素成分却颇为复杂，这也是我们深入认识本区该时期文化的主要阻碍之一。因此，梳理这些文化因素，弄清楚它们的来龙与去脉，是正确认识本区该时期文化的重要环节。

本区该时期文化遗存中陶器所反映的文化因素至少有以下五群：

甲，以夹砂褐红陶（绳纹、米粒纹）釜为代表的土著文化因素。

乙，以夹砂灰陶鼓肩罐、灯座形器和鸟头勺把为代表的三星堆文化因素[1]。

---

[1] 四川省文物管理委员会、四川省博物馆、广汉县文化馆：《广汉三星堆遗址》，载《考古学报》，1987年第2期。笔者以为：三星堆遗址可分四期：第一期属宝墩文化；第二、第三期属同一文化，即三星堆文化；第四期的典型器为尖底钵等，属另一种文化。本文中的"三星堆文化"主要指该遗址第二、第三期和成都十二桥遗存（四川省文物管理委员会、四川省文物考古研究所、成都市博物馆：《成都十二桥商代建筑遗址第一期发掘简报》，载《文物》，1987年第12期）所代表的考古学文化，该文化的时代在二里头早期至二里冈上层时期，鼎盛期在二里头文化，特别在二里头文化晚段。

丙，以封口盉、斝、觚和大口尊为代表的二里头文化因素。

丁，以夹砂红褐陶（侈口圆唇、花边）罐为典型器的泛哨棚嘴文化因素。

戊，以篮纹或方格纹鼎釜、篮纹高领罐、泥质灰陶豆钵和大口篮纹瓮为典型器物组合的白庙类型因素。

另有一些遗物目前还无法明确地划归某一文化（族群），其中的多数是由于笔者的认识有限而无法把握，有的则由于是该时代的共性物而无法归于某一文化，如这一时期在全国许多地方都可以见到的夹砂红陶大口缸等器物。

据笔者目力所及，鄂西地区在年代上相当于中原地区龙山时代末段至二里头文化时期的古遗址主要有：三峡东口区的江陵荆南寺[①]、沙市市李家台[②]；宜都市石板巷子[③]、毛溪套、红花套上层、向家沱下层、城背溪北区[④]，长阳县香炉石[⑦]层[⑤]；三峡西陵峡区的白庙[⑥]、中堡岛上层、朝天嘴B区[⑦]、路家河T8[⑤][⑧]、

---

① 荆州地区博物馆、北京大学考古系：《湖北江陵荆南寺第一、二次发掘简报》，载《考古》，1989年第8期。

② 沙市市博物馆：《湖北沙市李家台遗址发掘简报》，载《考古》，1995年第3期。

③ 湖北省文物考古研究所：《宜都城背溪》，北京：文物出版社，2001年。

④ 湖北省文物考古研究所：《宜都城背溪》，北京：文物出版社，2001年。本文图四中的部分器物图，源于长江水利委员会文物考古队调查资料。

⑤ 湖北省清江隔河岩考古队：《湖北清江香炉石遗址的发掘》，载《文物》，1995年第9期。

⑥ 湖北宜昌地区博物馆、四川大学历史系考古专业：《湖北宜昌白庙遗址试掘简报》，载《考古》，1983年第5期；三峡考古队：《湖北宜昌白庙遗址1993年发掘简报》，载《江汉考古》，1994年第1期。

⑦ 两处均见国家文物局三峡考古队：《朝天嘴与中堡岛》，北京：文物出版社，2001年。

⑧ 长江水利委员会：《宜昌路家河》，北京：科学出版社，2002年。

下尾子[1]、柳林溪[2]等遗址。此外，在西陵峡区的鲢鱼山、小溪口、三斗坪等不少遗址中也发现有该时期的零星遗物。

渝东地区该时期遗存见于报道的有奉：节老关庙[3]，巫山县魏家梁子[4]、锁龙[5]，云阳县李家坝[6]，万州中坝子[7]，忠县哨棚嘴[8]等遗址。

其重要遗址和典型层位单位如下：

1. 江陵县荆南寺遗址：鄂西地区重要的夏商时期遗址。据发掘者的认识，遗址一期的年代与二里头文化第四期相当，出土陶器多灰陶，文化因素有甲群因素釜鼎，乙群因素鼓腹罐、灯座形器，丙群因素鬲、大口尊（图一）。

2. 沙市市李家台遗址：该时期遗存主要是被发现的两座灰

---

[1] 宜昌博物馆、秭归屈原纪念馆：《秭归下尾子遗址发掘简报》，载《江汉考古》，1994年第1期。

[2] 湖北省文物考古研究所：《湖北秭归柳林溪遗址1998年发掘简报》，载《考古》，2000年第8期。

[3] 吉林大学考古学系：《四川奉节老关庙遗址第一、二次发掘》，载《江汉考古》，1999年第3期；吉林大学考古学系、四川省文物考古研究所：《奉节县老关庙遗址第三次发掘》，载《四川考古报告集》，文物出版社，1998年。

[4] 中国社会科学院考古研究所长江三峡考古工作队：《四川巫山县魏家梁子遗址的发掘》，载《考古》，1996年第8期；吴耀利、丛德新：《试论魏家梁子文化》，载《考古》，1996年第8期。

[5] 成都市文物考古工作队、巫山县文物管理所：《巫山锁龙遗址发掘简报》，载《重庆库区考古报告集》，北京：科学出版社，2001年。

[6] 四川大学历史文化学院考古系、云阳县文物管理所：《云阳李家坝遗址发掘报告》，载《重庆库区考古报告集》，北京：科学出版社，2001年。

[7] 西北大学考古队、万州区文物管理所：《万州中坝子遗址发掘报告》，载《重庆库区考古报告集》，北京：科学出版社，2001年；西北大学文博学院：《重庆市万州区中坝子遗址第三次发掘简报》，载《考古与文物》，2002年第3期。

[8] 北京大学考古文博学院三峡考古队、重庆市三峡库区田野考古培训班、忠县文物管理所：《忠县甘井沟遗址哨棚嘴遗址发掘简报》，载《重庆库区考古报告集》1997卷，北京：科学出版社，2001年。

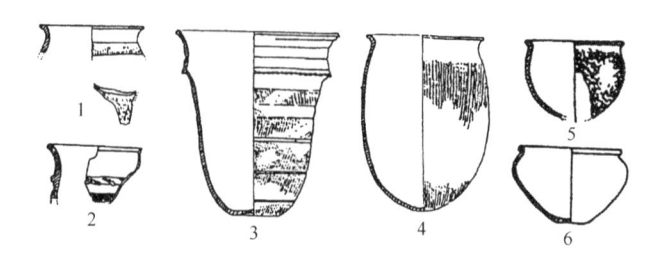

图一　江陵荆南寺遗址第一期遗存
1—4. 丙群因素　5. 甲群因素　6. 乙群因素

坑。出土陶器以夹砂褐陶为主，文化因素有甲群因素釜，乙群因素鼓腹罐、灯座形器，丙群因素大口尊、鬲等（图二）。两座灰坑的器物组合基本一致。根据 H2 鼓腹罐的形态，时代大约在二里头文化第四期。

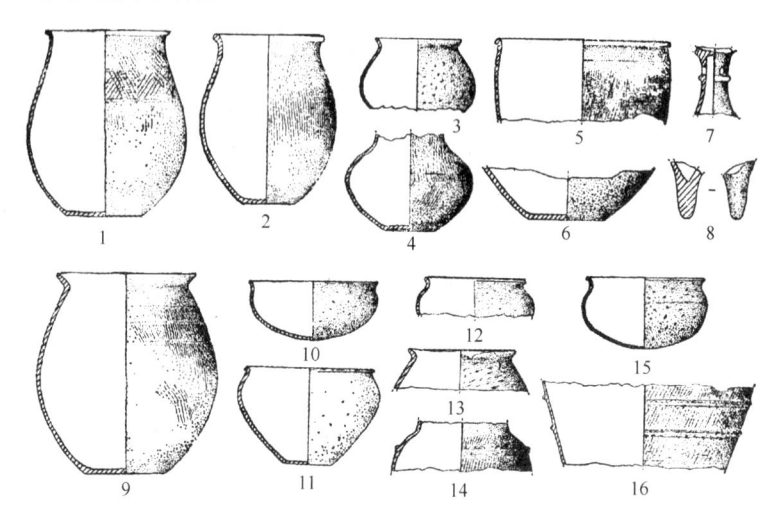

图二　沙市市李家台遗址出土物
1—8. 为 H1 出土；9—16. 为 H2 出土
3、13. 甲群因素；7、11、12. 乙群因素；8、16. 丙群因素

3. 宜都县石板巷子（及茶店子、蒋家桥和王家渡）遗址：鄂西地区重要的龙山时代末段至二里头文化早段遗存。以篮纹或方格纹鼎釜、篮纹高领罐、泥质灰陶豆钵和大口篮纹瓮为典型陶器组合（图三）。该遗址 T11③的 C^{14} 数据为公元前 1820 ± 85（未经年轮校正）。

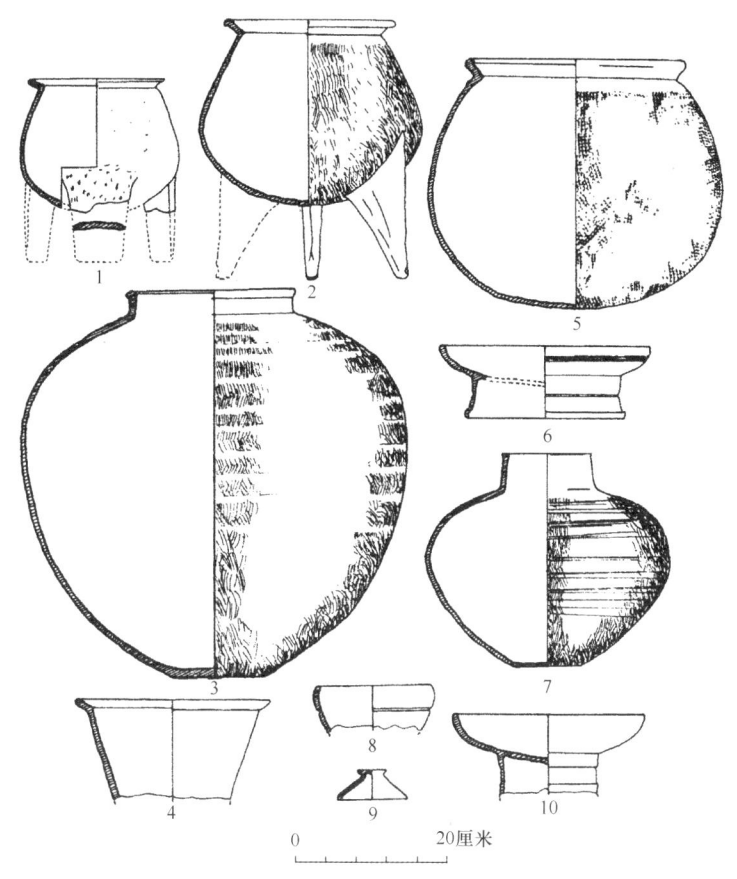

图三　宜都石板巷子遗址典型陶器

（引自《宜都城背溪》，文物出版社，2001 年，第 289 页）

4. 宜都城背溪遗址：遗址的南区为城背溪文化命名地，本期遗存位于遗址北部。出土物和采集物有：乙群因素鼓腹罐、灯座形器，丙群因素瓠等（图四）。

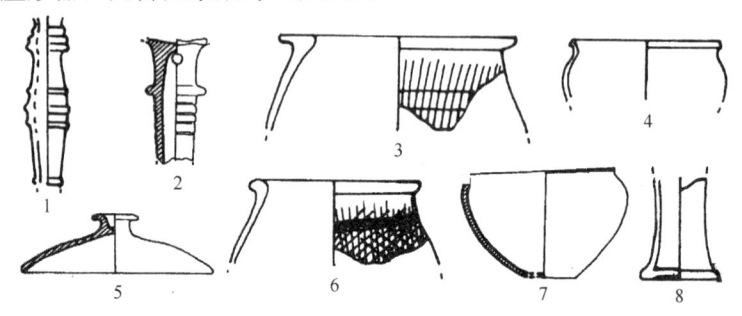

图四　城背溪遗址出土物
1、2、4、5、7. 乙组因素　8. 丙组因素

5. 宜都市毛溪套遗址：位于宜都市红花套镇南1公里，目前遗址已被洪水冲刷殆尽。历年的采集物有龙山时代、东周、宋代，以及二里头文化时期遗物。其中以1975年采集的灰坑最为重要。该时期出土器物以夹砂灰陶为主，文化因素有乙群因素鼓腹罐、灯座形器，丙群因素盉、瓠，丁群因素夹砂褐陶绳纹罐等（图五）。从毛溪套灰坑出土的封口盉推断，其年代当在二里头文化二期。

6. 宜都市红花套遗址：本期遗存位于遗址文化层的最上层。典型地层单位有H218、T71③、T74③等。文化因素有：甲群因素夹砂褐釜，乙群因素鼓腹罐、灯座形器、杯状纽器盖，丙群因素盉、簋、瓠、大口尊，丁群因素夹砂褐陶绳纹罐等（图六）。多数遗存的年代大致在二里头文化晚段。

7. 长阳县香炉石遗址：该时期遗存发现于⑦层，⑥层中也有这一期遗物。文化因素有：丁群因素夹砂褐陶（平底）绳纹罐，戊群因素泥质灰陶大口盘、豆、钵和泥质灰黑陶高领断绳纹罐、大口绳纹瓮等（图七）。文化遗存所反映的经济形态有较强

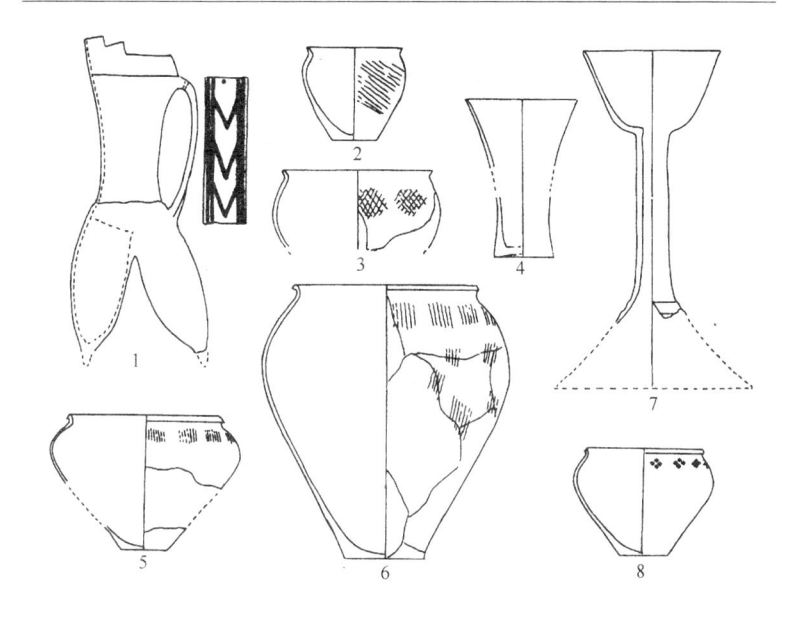

图五　宜都毛溪套遗址遗存
1、4. 丙群因素　5—8. 乙群遗存　2. 丁群遗存

的渔猎经济成分。香炉石⑦层的 C14 数据为：B.P. 4090±100（B.C. 1878—1639），相对年代大致在龙山时代晚期至二里头文化一期。

8. 宜昌县白庙遗址：本区这一时期文化的重要遗址。主要年代在龙山时代晚期至二里头文化一期。陶器的器物组合为：丁群因素夹砂褐陶绳纹深腹平底罐，戊群因素篮纹釜鼎、泥质灰陶盘钵豆、高领罐和篮纹大口瓮（图八）。石器器类中新出现锚（碇）和矛，笔者还曾采集有黑燧石质石核[①]。渔猎经济的比重

---

① 在这类遗址中发现细石器是可能的，在成都平原属宝墩文化的双河遗址中发现了细石器。见成都市文物考古工作队：《四川崇州市双河史前城址试掘简报》，载《考古》，2002 年第 11 期。

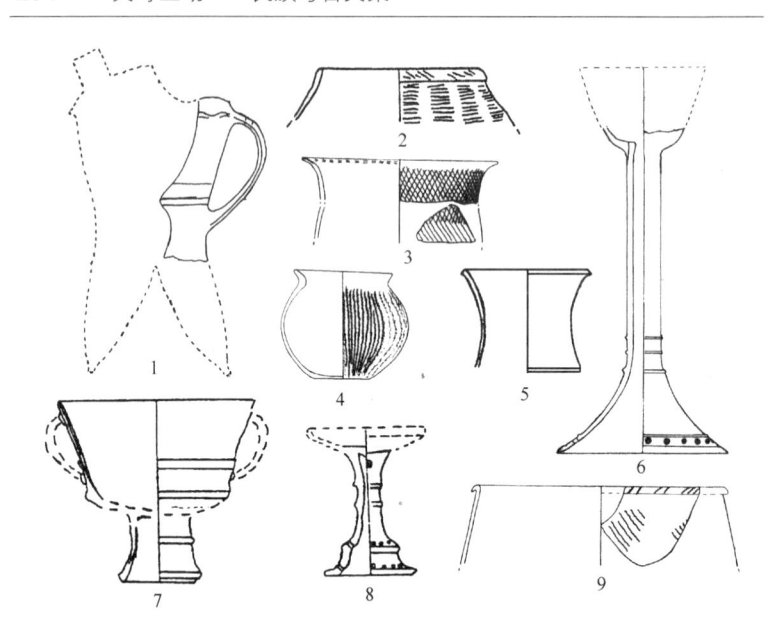

图六 宜都红花套遗址遗存
1. 丙群因素 3、4. 丁群因素 6. 乙群因素

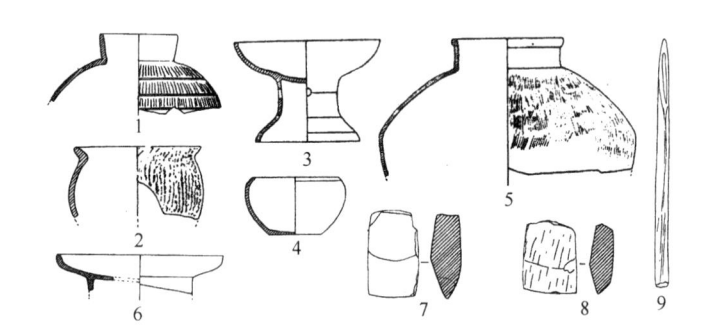

图七 长阳香炉石遗址遗存
1、3—6. 戊群因素 2. 丁群因素

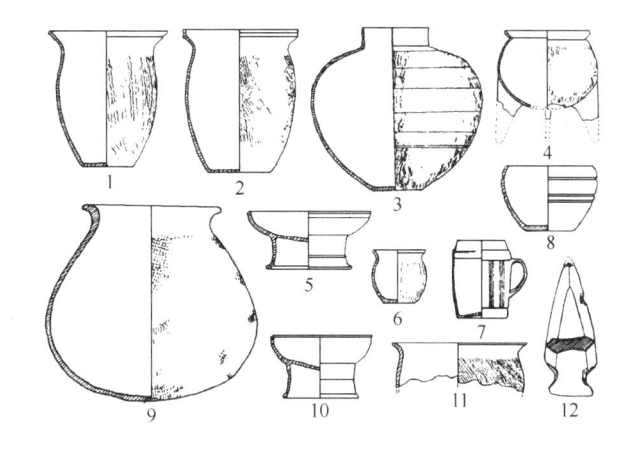

图八 宜昌白庙遗址遗存
1、2、6. 丁群因素 3、4、5、8、10. 戊群因素 11. 甲群因素

与其先行文化相比有所加强。

9. 中堡岛遗址：本区该时期文化的重要遗址之一。本期遗存位于文化层的最上层。出土器物有：甲群因素绳纹釜，乙群因素泥质灰陶大口盘豆钵，丙群因素鼓腹罐、灯座形器、鸟嘴状勺把，丁群因素夹砂褐陶绳纹深腹平底罐，戊群因素泥质灰陶盘豆和绳纹或篮纹大口瓮（图九）等。根据所发表的资料，以龙山时代末段至二里头文化一期遗存居多，还有二里头二、三期至商时期的遗存。

10. 朝天嘴遗址 B 区：文化堆积层厚、出土器物丰富，为本区该时期的重要遗址。陶器以夹砂灰陶为主。文化因素有：乙群因素盉、鬶、觚、大口尊，乙群因素鼓腹罐、灯座形器、杯状纽器盖，还存在一定数量的丁群夹砂褐陶平底罐等（图九）。该遗存的主要年代在二里头文化晚段。

11. 路家河遗址：是西陵峡区重要的商时期遗址，路家河文化的命名地。属于本期文化的地层单位有 T8⑤、T7⑤B、T9⑦

206　文野互动——民族考古文集

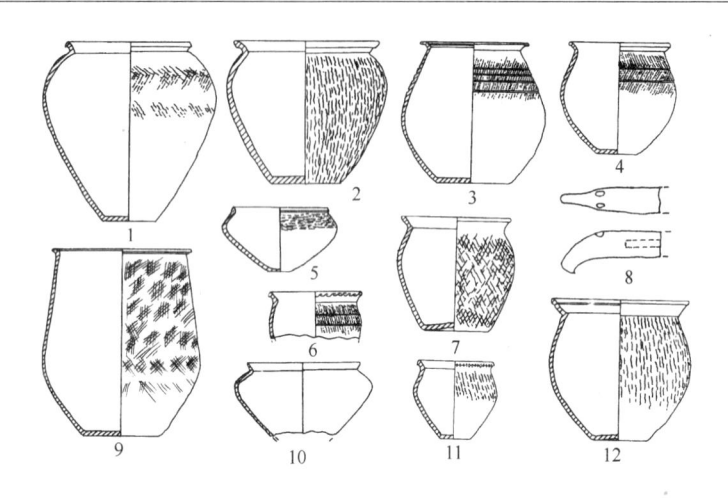

图九　宜昌中堡岛遗址遗存
1、5、9、10. 乙群因素　2、7、11、12. 丁群因素

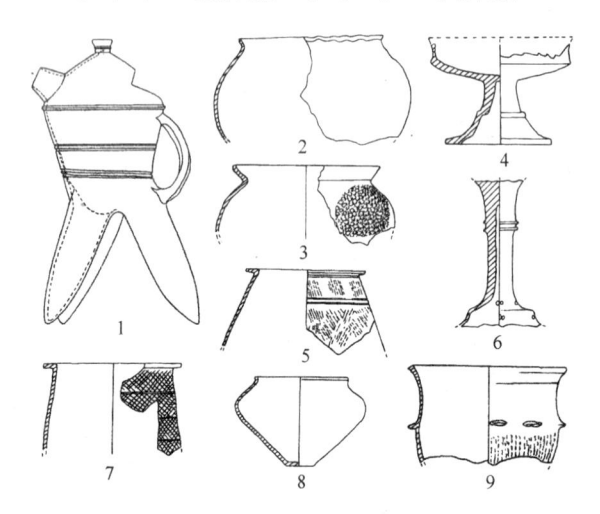

图一〇　秭归朝天嘴遗址遗存
1、9. 丙群因素　2、3. 甲群因素　6、8. 乙群因素

等，但文化堆积薄、出土器物少。文化因素有：丁群夹砂褐陶（花边）绳纹罐、泥质红陶（花边）盘豆，甲群夹砂褐陶绳纹米粒纹釜，戊群盉、簋、大口尊，乙群鼓腹罐、灯座形器、鸟首把勺等（图一一）。多数遗物的时代在二里头文化二、三期。T7⑤ BC^{14}数据为公元前1878—1639年（经树轮校正）。

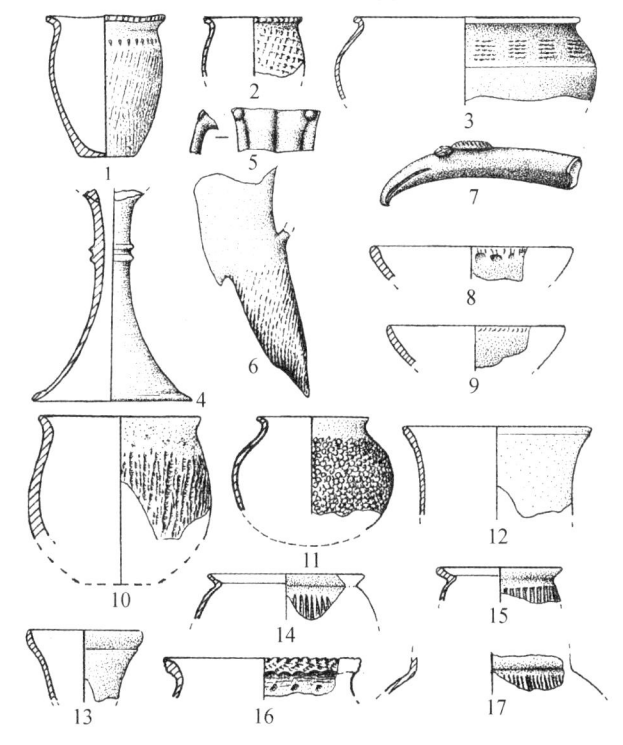

图一一　宜昌路家河遗址遗存
11. 甲群因素　3、4、7. 乙群因素　5、6. 丙群因素
1、2—8. 丁群因素　14、15、17. 戊群因素

12. 巫山县魏家梁子遗址、锁龙遗址：把两个遗址遗存放在一起，是由于它们同在巫山县、属于同一年代，其相似性不仅反

映在陶器上，同样也体现在石器上。而这种相似性在鄂西渝东同期遗存中并不常见。陶器上以装饰着花边和附加堆纹的深腹罐最具特色；本区传统的石器制造仍具一定的规模，两个遗址中都出土有用石片或石核加工的刮削器（图一二）。而且，发掘者们在发掘报告中分别把两个遗址的年代定为公元前2700—2000年（魏家梁子）和公元前2600—2000年（锁龙）。

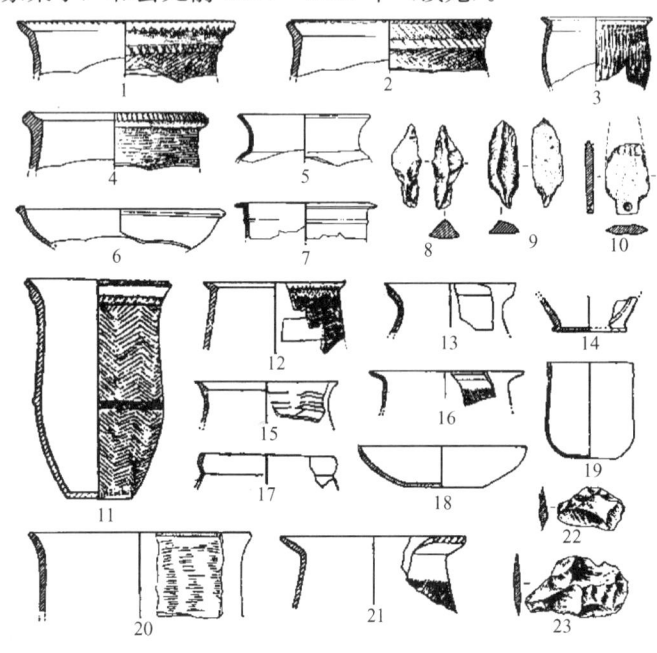

图一二　巫山锁龙、魏家梁子遗址遗存
1—10. 为锁龙遗址出土；11—23. 为魏家梁子遗址出土

13. 奉节老关庙遗址：文化层分为上、下二层，上层遗存的文化属性为商时期路家河文化，下层遗存似可列入哨棚嘴文化范畴。另有一墓葬（M1），开口于上、下两文化层之间，墓中随葬长条形石钺和泥质灰陶高把豆各一件（图一三），属戊群文化因素，年代与石板巷子遗址相当，可能进入二里头文化时期。

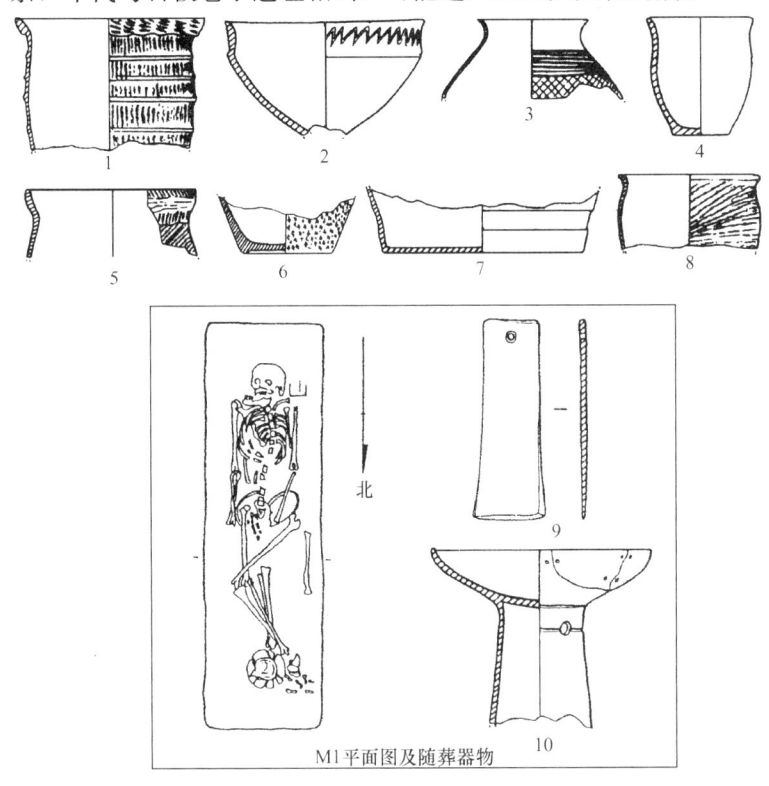

图一三　奉节老关庙遗址下层、M1 遗存
1、4、5、6. 丁群因素　10. 戊群因素

14. 云阳县李家坝遗址：本区重要的东周遗址。目前发表的资料中可确定为二里头文化时期的仅有 M12，墓中随葬石器（斧、凿、锛）7 件，还有鼓腹罐和高把豆各 1 件（图一四），陶器属典型的乙群三星堆文化因素。根据两件陶器的形态，M12 的年代可能与毛溪套灰坑相近，为二里头文化二期遗存。

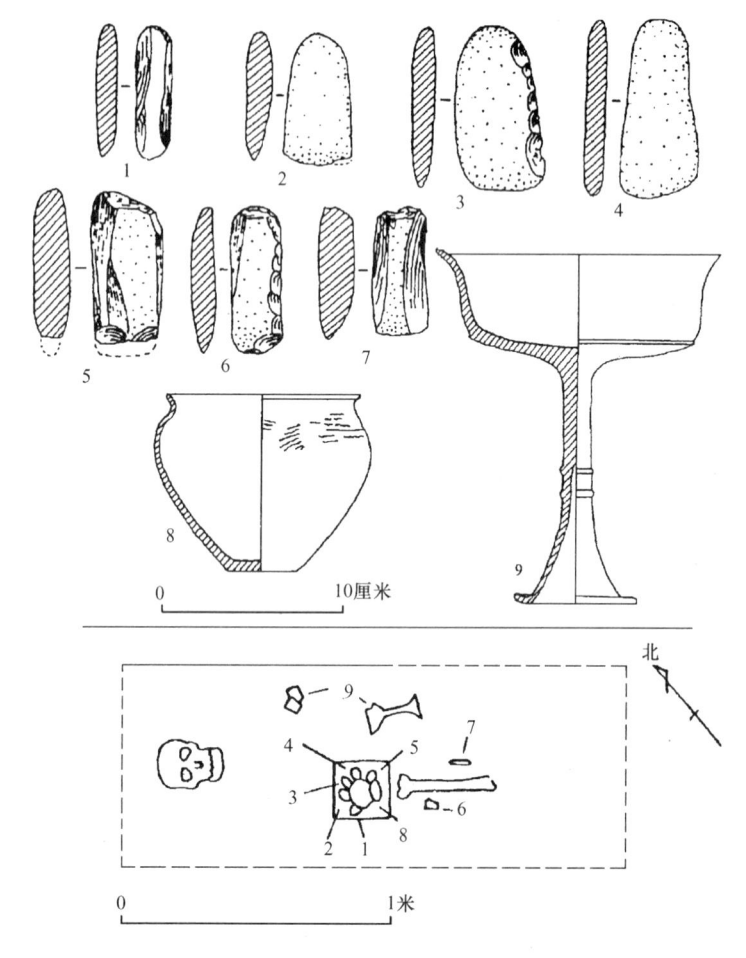

图一四　云阳李家坝 M12 平面图及随葬器物

15. 万州市中坝子遗址：本区重要的三星堆文化类型中心遗址之一。发掘清理出了该时期的水田遗迹，证明稻作农业的存在。遗址中出土了大量石器，其中数量不少的打制石片证明该遗址也是一处石器制作点。出土遗物主要有乙群因素和丁群因素

(图一五)，而层位叠压关系说明，文化遗存中以乙群因素为主的年代要晚于以丁群因素为主的年代。根据层位叠压关系和相应的出土物，本期遗存的年代为从龙山时代到二里头文化四期。详细分析见下文。

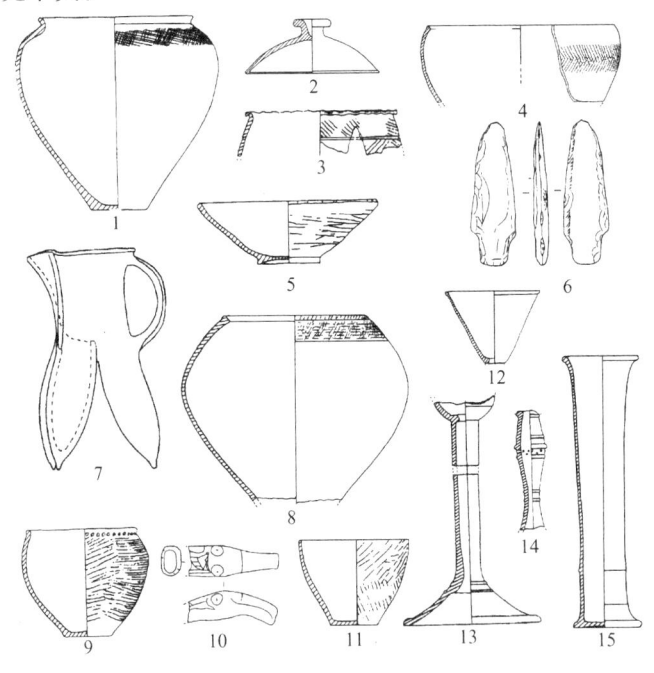

图一五　万州中坝子遗址遗存
1、2、8、10、12—14. 乙群因素　9、11. 丁群因素

16. 忠县哨棚嘴遗址：本期遗存存在于第三期遗存中。主要文化因素为乙群因素的鼓腹罐、灯座形器；另有丙群因素盉（图一六）。据分析该遗存还可以分为早、晚两段[①]。这些遗存的年

---

① 孙华：《四川盆地的青铜时代》，北京：科学出版社，2000年。

代大致在二里头文化二、三期。

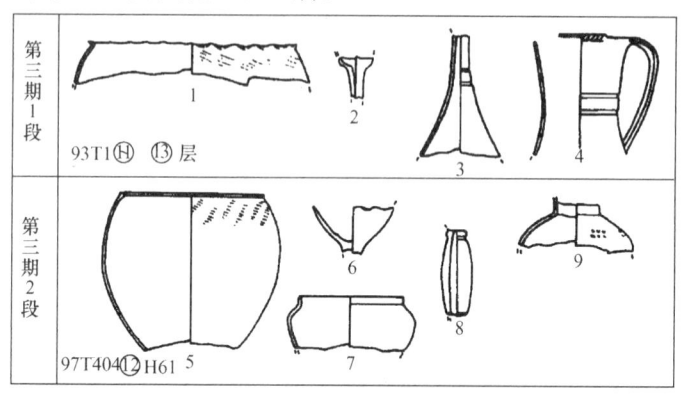

图一六　忠县哨棚嘴遗址遗存

3、5—8. 乙群因素　4. 丙群因素

（本图引自孙华《四川盆地的青铜时代》，科学出版社，2000年）

二、年代与分期

在20世纪八九十年代确立本区该时期文化的年代时，我们曾更多地依靠鄂西地区为数不多的层位关系和若干典型单位的出土物[①]。现在，有关鄂西和渝东地区的新发现和研究成果为我们提供了新的视野。

（一）白庙类型的年代

杨权喜把宜都市境内五处龙山时代遗址的年代分为五期，他

[①] 林春：《宜昌地区长江沿岸夏商时期的一支新文化类型》，载《江汉考古》，1984年第2期；何驽：《荆南寺遗址夏商时期遗存分析》，载《考古学研究·二》，北京：北京大学出版社，1994年；林春：《鄂西地区三代时期文化谱系分析》，载《南方文物》，1994年第2期。

以为，以鸡脑河遗址为代表的第一、第二期文化，与以茶店子、蒋家桥、王家渡和石板巷子为代表的第三——第五期文化之间，有一个质的变化。他进一步提出把后者这第三——第五期文化命名为"石板巷子文化"①。

孟华平和杨权喜都认为白庙类型遗存已进入二里头文化时期，杨权喜进一步认为"石板巷子文化是长江中游的夏代文化"②。这一认识以一组用木炭测定的碳14年代数据为基础。

白庙类型目前有5个碳14数据：

A、宜都茶店子H21F：　　　　公元前2010±140
B、宜都茶店子T1⑤：　　　　公元前1910±85
C、宜都茶店子H18：　　　　公元前1880±130
D、宜都石板巷子T11③：　　公元前1820±85
E、长阳香炉石⑦：　　　　　公元前1878—1639

根据杨权喜对宜都石板巷子诸遗址的分期，A和C属于第三期；B属于第四期；D属于第五期，但都属于"石板巷子文化的范围"。这些数据还未经年轮校正，但都在龙山时代末期至二里头文化早段的时间范围内。

（二）万州中坝子遗址的年代分期

与本区该时期少数中心遗址一样，中坝子遗址本期遗存的年代延续了相当长的一段时间。发掘者已对遗址的年代进行了分期研究③。在上述工作的基础上，笔者企图寻找该遗址在不同时期文化因素变迁的线索。再以T0804探方为例：

---

① 杨权喜：《关于鄂西六处新石器时代晚期遗存的探讨》，载《考古》，2001年第5期。
② 孟华平：《长江中游史前文化结构》，武汉：长江文艺出版社，1997年。
③ 王建新、王涛：《试论重庆中坝子遗址夏商时期文化遗存》，载《江汉考古》，2002年第3期。

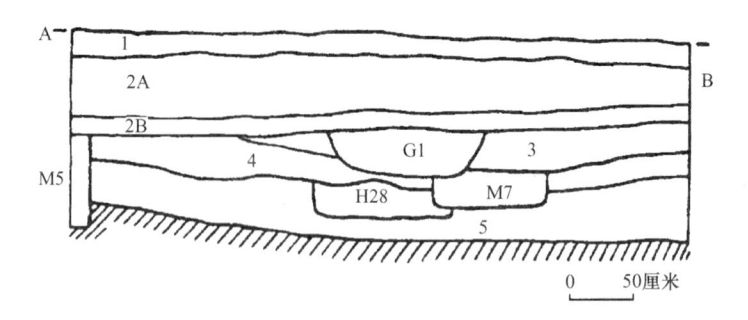

图一七 万州中坝子遗址 T0804 剖面图

据图一七 T0804 剖面图所提示的打破叠压关系，T0804 属龙山时代至二里头文化时期的 4 组层位单位，以及它们之间相对年代的关系为：

M7→④→H28→⑤

4 组层位单位中都出土了不少器物，已报道的陶器见图一八。

⑤层出土一件较完整的泥质灰陶圈足杯（图一八：19），属于湖北龙山时代较早时期石家河文化因素的器物，年代当早于白庙类型遗存。其他器物由于多是残件而情况不明。

H28 中所公布的 4 件陶器中有 2 件应属于丁群因素器物（图一八：9、10），尖底杯也应归于丁群，很显然丁群因素在该灰坑中数量最多。值得注意的还有图一八：8 的那件肩上饰短绳纹的平底罐，如果它属于乙群三星堆文化因素的话，那么对于三星堆文化的年代、三星堆文化与丁群因素的共时性关系都有重要价值。

④层所公布的器物只有铜鱼钩一件，但相邻探方中所发表的同一期材料不少，图一五中的多数器物属于这一层，乙群因素是这一时期的主导文化。

M7 出土 6 件器物：3 件石器、3 件属于乙群因素的鼓腹罐。

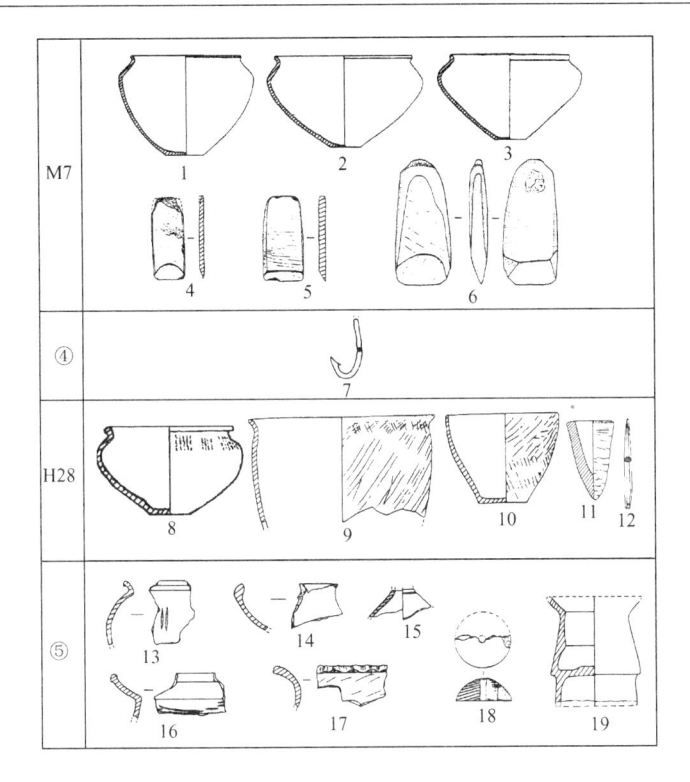

图一八 万州中坝子遗址 T0804 出土遗物图
1—3、8. 乙群因素 9、10、17. 丁群因素 19. 戊群因素

从鼓腹罐的形态考察，年代大致与荆南寺第一期、沙市李家台H2、红花套H218的年代相当，大约在二里头文化四期。

T0804中四组地层的年代大致可认为：

层　位	年　代
M7	二里头文化四期
④	二里头文化二、三期
H28	二里头文化一至二期
⑤	龙山时代

在 2000 年的发掘中[①]，本遗址还出土有典型哨棚嘴文化和相当于宝墩文化第三期晚段[②]的器物。

（三）年代与文化因素的组合

综上所述，鄂西渝东地区上述主要遗存的大致年代和各时间段的主要文化因素可归纳如下：

1. 龙山末期——二里头一期遗存

属于这一时期遗存的有：鄂西区的石板巷子、香炉石⑦层、柳林溪、白庙，1979 年发掘的中堡岛上层的部分遗存；渝东区的老关庙 M1、中坝子 H28 等。

文化因素主要有二：一为戊群因素；另一为丁群因素。

两群文化因素在各遗址中的多寡并不一致，同样在鄂西区，石板巷子遗址中不见丁群因素，白庙遗址中则似乎两者旗鼓相当。这是由于地域上的原因抑或者是年代差异的原因尚不清楚。不管是区域上还是年代上的差异，这一现象都是我们进一步探讨本区这一时期文化关系的重要线索。

渝东地区同期遗存的情况还不明朗。

2. 二里头文化二期遗存

属于这一时期遗存的，似乎只有鄂西区的毛溪套灰坑和李家坝 M12。

可以看到的文化因素主要有二：乙群三星堆文化；丙群二里头文化。

3. 二里头文化二、三期遗存

---

① 西北大学文博学院：《重庆市万州区中坝子遗址第三次发掘简报》，载《考古与文物》，2002 年第 3 期。

② 成都市文物考古研究所、四川大学历史系考古教研室、早稻田大学长江流域文化研究所：《宝墩遗址》，2000 年；王毅、孙华：《宝墩文化的初步认识》，载《考古》，1999 年第 8 期。

本区属这一时期的遗存最多，主要有鄂西区红花套上层、城背溪北区、中堡岛上层、朝天嘴B区、路家河T8⑤，渝东区的中坝子T0803④、哨棚嘴第三期等。

从鄂西到渝东，遗存中的文化因素均以乙群三星堆文化占据绝对的主导优势。除此以外，还有丙群二里头文化和甲群土著文化因素。

在鄂西渝东地区所发现的这一时期遗址最多，遗物最丰富，出土物的器物组合最稳固，反映了这一区域百年间的文化繁荣。此外，在万州中坝子遗址还发现了这一时期的石器制造场地，以及水田遗迹。

4. 二里头文化四期遗存

可确定为这一时期遗存的有三例：鄂西区荆南寺一期和李家台H2、渝东区中坝子M7。

文化因素主要有三：乙群三星堆文化因素、丙群二里头文化因素、甲群土著文化因素。

在鄂西区东缘的荆南寺，丙群二里头文化因素在数量上多于乙群因素；但同在附近的李家台遗址，丙群数量很少，这可能与两个遗址的聚落形态和功能不同有关①。

三、若干问题的讨论

虽然我们在上文中已对本区该时期文化进行了大体概述和大致的年代分期，但仍有许多问题有待深化。以下拟对三个问题展开讨论。

---

① 何驽把荆南寺遗址的聚落形态定为"政治性杂居聚落形态"。见《中国文明起源考古研究思考点滴》，引自"中国先秦网"。

(一) 戊群因素白庙类型的文化内涵

裴安平、孟华平、杨权喜先后撰文对该类型文化进行分析。裴安平称之为"季石文化第三、四期"[①];孟华平称之为"白庙文化"、"后石家河时代";杨权喜则称之为"石板巷子文化"。他们均认为:(1)石板巷子遗址与白庙遗址的文化内涵近似;(2)两处遗址的年代相当,都属于当地新石器时代的最晚段或进入二里头文化时期;(3)当地龙山时代文化在进入这一期后与其前身的石家河文化之间产生了一条文化上而非年代上的"断裂",中原龙山文化,尤其是王湾三期类型对本地文化的强力影响是造成断裂的主要原因。

虽然该类型文化存在着一定的共性,我们仍发现很难用准确的概念来表述这一类型的文化内涵。根据目前的资料,在鄂西渝东地区与宜都市石板巷子诸遗址(即杨权喜所称相当于石家河文化第8期的"石板巷子文化")同一年代的代表性遗址还有3处:长阳县香炉石、宜昌县白庙和万州区中坝子遗址。宜都石板巷子诸遗址中不见丁群因素而主要是戊群因素;而位于最西边的中坝子遗址则主要为丁群因素而似乎不见戊群因素。同样位于鄂西地区,白庙遗址中丁群因素的数量似乎与戊群平分秋色,而且少见宜都诸遗址中最常见的鼎,香炉石遗址的情况比白庙遗址更甚,戊群的数量也不多,而且不见鼎。这种差异无论是由于年代上的抑或是区域上的原因,都应引起我们的重视。

因此,要用一个命名或概念来概括鄂西渝东地区或者仅仅从宜都至宜昌或长阳50公里直径范围内该时期的文化内涵,的确不是件容易的事。这大概是由于该时期外来文化(北来的中原龙

---

① 裴安平:《鄂西"季石遗存"的序列及其与诸邻同期遗存的关系》,载《考古类型学的理论与实践》,北京:文物出版社,1989年。

山文化和西来的丁群因素）正对本区发动强有力的文化冲击，在激烈的文化动荡中，各遗址（族群）由于地理环境、生计方式、自身文化等方面的差异导致了对外来文化接受程度的差异。

文化差异的存在，在客观上使各遗址（族群）的独立性得以加强，从而削弱了鄂西渝东地区该时期文化的一统性。从这一时期起到东周、汉代甚至更长的时间内，鄂西渝东地区文化遗存经常处于一种各种文化因素（部族）错综复杂、狼牙交错的局面。

随着毛溪套灰坑（相当于二里头文化二期）为代表的三星堆文化的入侵，从渝东至鄂西，白庙类型文化退出了历史舞台。

（二）"泛哨棚嘴文化因素"的困惑

本文之所以把丁群因素称为"泛哨棚嘴文化因素"，原因在于笔者对于这一文化因素虽然有一定的认识，但却存在更多的困惑。试析如下：

1. 哨棚嘴文化的分布区域大致在今天重庆市一带，其对鄂西同期文化应视为一种文化影响，这种文化影响在西陵峡以东地区愈加微弱。

2. 现在看来，哨棚嘴文化对鄂西的影响可能始于"后大溪文化"[①]（即一些学人认为的屈家岭文化时期），它在中堡岛遗址H248等地层单位中出现过（图一九），在红花套遗址中也有其身影的踪迹。

3. 与后大溪文化同一年代的哨棚嘴文化因素，与龙山晚段至二里头文化早段那些同白庙类型共存的丁群遗存之间是否有文化上的承袭关系？

---

① 吴汝祚：《宜昌中堡岛遗址第四层文化性质及其有关问题的探讨》，载《江汉考古》，1989年第1期；林春：《西陵峡区远古文化初探》，载《葛洲坝工程文物考古成果汇编》，武汉：武汉大学出版社，1990年。

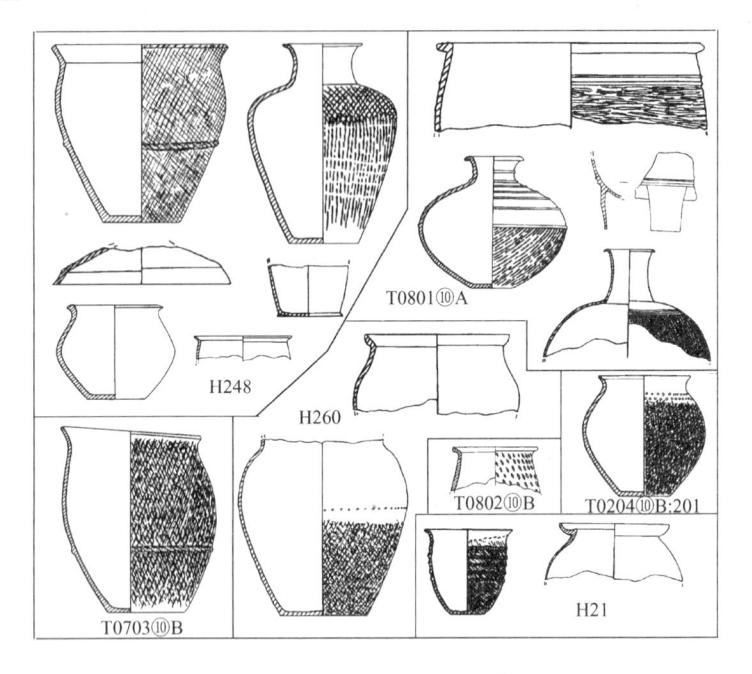

图一九　宜昌中堡岛遗址 H248 等出土物

4. 夹砂红褐陶深腹（侈口圆唇、花边）罐不仅是哨棚嘴文化的典型器物之一，也是长江上游乃至黄河中上游地区许多同期文化的典型器物之一，以罐为炊具是这一大片土地上该时期人们共同体的共同习俗。这一共同习俗也包括了与这一区域毗邻的二里头文化本身。

当笔者埋头于丁群因素而理不清、道不明的时候，顺手拿起一本来自陕西宝鸡的《扶风案板遗址发掘报告》[①]，让我眼睛一亮，对于我们这些看惯了长江中游同期遗存的人来说，案板三期与哨棚嘴文化某个时代的一些器物显然有一定的联系（见图二

---

① 西北大学文博学院考古专业：《扶风案板遗址发掘报告》，北京：科学出版社，2000 年。

○)。笔者没有对陕西西南部、南部文化进行过研究，没有发言权。但是陕西西南部、南部与长江三峡直至三峡东口鄂西一带，从李家村文化开始就有过不断的文化接触。《禹贡》、《史记·五帝本纪》、《山海经》等古文献对这一区域部族的迁徙和传播都有过记载。

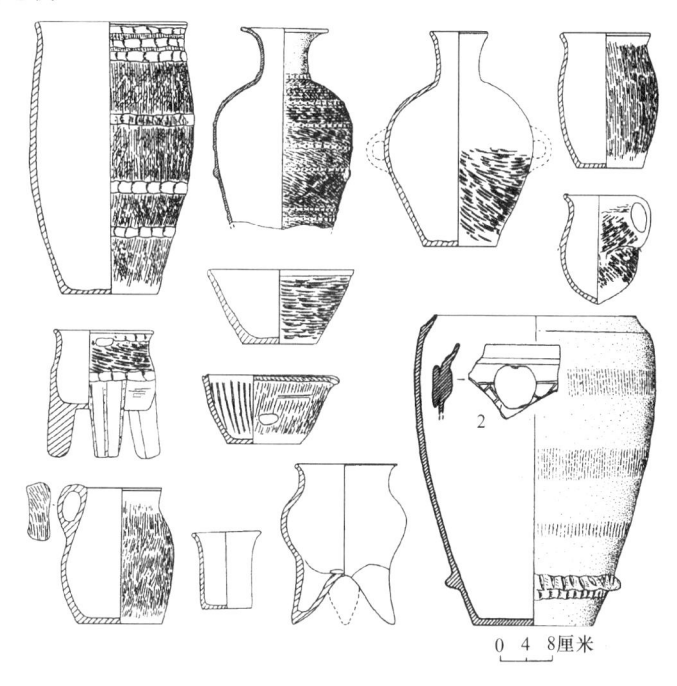

图二○　陕西扶风案板遗址第三期 GBH20 出土物

可以说，长江上游文化与黄河上游的同期文化有天然的、必然的密切联系[①]，这一时期在这一区域范围普遍存在的夹砂红褐

---

① 这方面的研究成果已有不少，最新的成果可见成都市文物考古研究所、阿坝藏族自治州文管所、茂县博物馆：《四川茂县营盘山遗址试掘报告》，载《成都考古发现（2000）》，北京：科学出版社，2002 年。

陶深腹（侈口圆唇、花边）罐是该文化区的文化共性。由此可见，要正确认识哨棚嘴文化和与白庙类型共存的丁群因素应有更加广阔的视野。

（三）鄂西渝东区三代时期的经济生活

鄂西渝东区三代时期人们的经济生活可用"因地制宜"来概括。二里头文化时期的万州中坝子大概以农业为主，鄂西区的白庙有丰富的渔猎经济色彩，到路家河文化商时期，从荆州到西陵峡，渔猎经济成分都已达到很高的程度[1]。

一般聚落的经济生活不等同于该区域的重要资源经济。各种迹象表明，这一时期鄂西渝东区经济上的重要资源可能是盐。这一区域，尤其在渝东区许多遗址中大量出现的尖底杯和部分厚胎釜可能是熬盐的器皿。

从古到今，食盐是一种重要的战略资源，历代统治者都把食盐当作第一位的战略资源予以垄断经营。明清时期富可敌国的晋商也是靠为国家贩盐而起家的。因此，重新认识鄂西渝东区盐业生产史，以及盐业生产所产生的经济生活和社会组织是一项重要课题。

本区不多的古文献记载也说明了盐业在本区经济生活中的重要地位[2]。

《后汉书·南蛮传》有关于廪君的记载："从夷水至盐阳……盐水有神女止廪君曰：此地广大，鱼盐所出，愿留共居。廪君不许。盐神暮辄来取宿，旦即化为虫，与诸虫群飞，掩蔽日光，天

---

[1] 林春：《鄂西地区路家河文化的渔猎经济及有关的几个问题》，载《江汉考古》，1995年第2期。

[2] 钟长永、黄键川：《川东盐业与三峡库区的盐业遗址》，载《四川文物》，1997年第2期。

地晦冥。积十余日，廪君思其便，因射杀之，天乃开朗。"巴人首领廪君与其他部族之间为争夺盐池发生了战争。

渝东的云阳、巫溪（即大宁盐场）曾是川东的主要盐产地。据记载，汉代时云阳便开始采用凿井采卤来生产食盐。唐代，大宁盐场属大昌县管辖，开始置监征税。北宋开宝六年（973）继续置监征税，"以收课利"。宋代初年，云阳、大宁盐业在四川名列前茅，大宁监岁额盐1050000斤，云安监岁额盐814000斤，占当时四川额定盐产量的17％。明洪武二十年（387），设云安、大宁井盐课司管理盐业，云安5井占四川岁盐10127444斤的21％。是四川的主要产盐地之一。洪武二十五年，大宁盐场有"灶丁960人，岁办10623引"，按每引200斤计算，岁办盐200余万斤。当地居民则以盐为业，"不织不耕，持盐以易衣食"[①]。

清咸丰二年（1852），太平军攻陷武昌后，清政府关于鄂、湘等地必须食用淮盐的严格规定已无法执行，于是"川盐出峡，东湖为始境"，每年由宜昌转口出川的川盐在50万—150万担，价值一两千万银元；帆船数量也由1852年的6273艘增至光绪三十年（1904）的23126艘。从此，川盐生产及其所带动的川江航运成为长江三峡经济的主动脉。

（四）鄂西渝东地区与陕南地区同期文化的关系

陕南与鄂西地区，甚至湘西地区的历史联系源远流长。陕南位于秦岭以南，属典型区域文化过渡地带，黄河、长江两条大河的古文化在这里留下自己的痕迹。文化过渡地带在学术上具有其他地区无法替代的作用——它是相邻文化之间文化关系、文化变迁的晴雨表。此外，如果在这种过渡地区解决一个问题就可能揭开相邻地区的若干谜底。

---

① ［明］曹学佺：《蜀中广记》卷66，《方物记》。

在仰韶时代，龙岗寺遗址[①]属于仰韶文化，遗址中出土的模印白陶说明了其与长江中游的文化联系，属于黄河上游文化区。可一进三代时期，情况就变了。

根据王炜林、孙秉君等人的研究[②]，陕南汉水上游青铜文化的发展进程可分三大期：（1）以紫阳县白马石遗址第③层为代表的"白马石类型"（或称"巴蜀文化的早期阶段"），陶器以带黑皮的素面陶为主，以"小平底器、高领罐、瘦长袋足三足器最富特征"，典型器有尖底钵、尖底罐、高柄豆、觚形杯、圈顶捉手器盖、觚形器座等（图二一），相对年代与三星堆文化相当；（2）"中期巴蜀文化"，以城固铜器群[③]和紫阳县马家营石棺墓为代表，典型器有深腹圜底釜、侈口鼓腹罐、敞口平底钵等。其相对年代与四川新凡水观音晚期墓葬[④]和彭县竹瓦街窖藏[⑤]相当；（3）"晚期巴蜀文化"，以白马石战国墓[⑥]等为代表，陶器以浅圜底绳纹釜最为典型。

大概自二里头文化起至商周时期，陕南地区与鄂西地区有着相似的文化面貌和共同的文化发展进程。陕南文化从这一时期起归属于长江中上游历史文化区。或者更进一步说，长江上游及西

---

① 陕西省考古研究所：《龙岗寺——新石器时代遗址发掘报告》，北京：文物出版社，1990年。

② 王炜林、孙秉君：《汉水上游巴蜀文化的踪迹》，载《中国考古学会第七次年会论文集（1989）》，北京：文物出版社，北京：1992年。

③ 唐金裕、王寿芝、郭长江：《陕西城固县出土殷商铜器整理简报》，载《考古》，1980年第3期；李伯谦：《城固铜器群与早期蜀文化》，载《考古与文物》，1983年第2期；赵丛苍：《城固洋县铜器群综合研究》，载《文博》，1996年第4期。

④ 王家祐：《四川新繁水观音遗址试掘简报》，载《考古通讯》，1958年第9期。

⑤ 王家祐：《记四川彭县竹瓦街出土的铜器》，载《文物》，1961年第11期；《四川彭县西周窖藏铜器》，载《考古》，1981年第6期。

⑥ 陕西省安康水电站库区考古队：《陕西白马巴蜀墓发掘简报》，载《考古与文物》，1987年第5期。

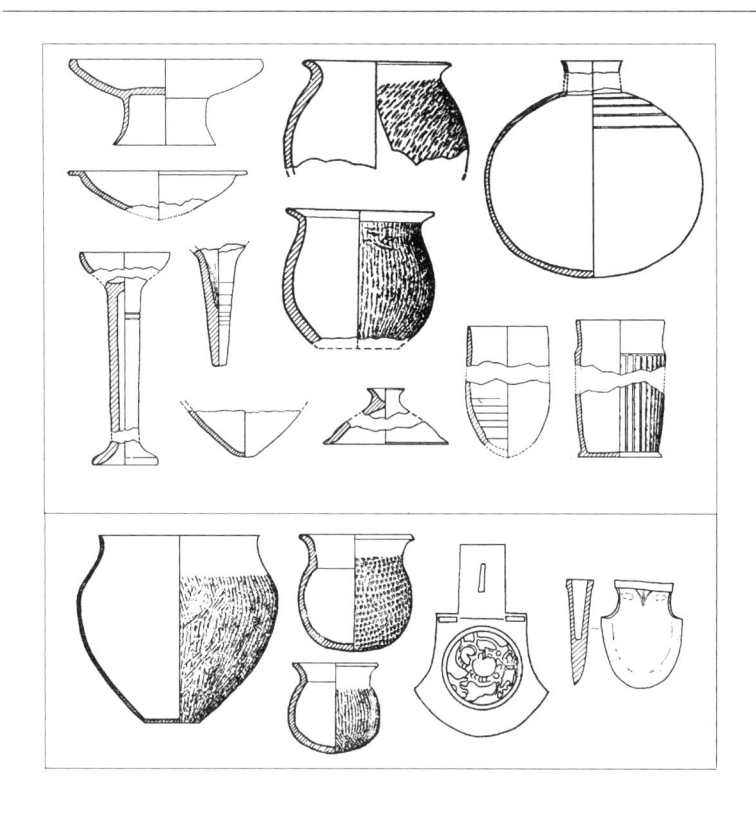

图二一　陕南龙山晚段至商时期遗存
（资料来源：王炜林、孙秉君《汉水上游巴蜀文化的踪迹》）
上图：白马石类型遗存　下图：商时期遗存

部文化的扩张，使原本不属于长江上游文化区的鄂西和陕南地区从此被划入长江上游历史文化区的范畴。正如鄂西地区在同一时间内改变原先的、属于长江中游文化区的传统而成为长江上游文化区的一部分。鄂西、陕南所属文化区范畴的改变，意味着当时整个中华文化格局的变化。西部文化的东进，对于当时东部华夏诸文化的压力，以及由此引起的各文化之间的动荡应该引起我们足够的重视。

先秦时期陕南地区属于长江上游文化区，在文献中也留下记录。

一是认为其在东周时属于巴或蜀的领地。据常璩《华阳国志》，巴的疆域已是"东至鱼复，西至僰道，北接汉中，南极黔涪"；蜀的地域"东接于巴，南接于越，北与秦分……"。《蜀志》说："周显王之世，蜀王有褒、汉之地。"

二是一些学者认为，《牧誓》中参加武王伐纣的 8 个部族中的"蜀"，是汉水流域的蜀而不是岷江流域的蜀[①]，董作宾也有同样的见解[②]。

三是巴的起源。巴的起源有两种说法。一是西汉刘向所著《世本》所云的廪君源于鄂西长阳说。另一说为巴人发源于西北，据《山海经·海内经》："西南有巴国；大皞生咸鸟，咸鸟生乘厘，乘厘生后照，后照是始为巴人。"宋罗泌《路史》说："伏羲生咸鸟，咸鸟生乘厘，是司水土，后生炪，后炪生顾相，逢（降）处于巴。"照此传说，太昊伏羲氏生于成纪，即今甘肃省的天水秦安一带，是后来才从西北发展到了西南。郭璞注《山海经》说，巴国今三巴，指的就是鄂西渝东地区。按照后一说，巴人必然是经过陕南一带到达鄂西渝东地区。

由于先秦时期的长江三峡无法通航，鄂西渝东与外界的联系、文化交流的通道更多地依赖旱路、峡谷和这一段长江上的一些较大支流。例如，据近年的巫山考古成果和地方文献：古巫山县城在今大宁河上的大昌镇，直至晋初时才迁移到长江干流上来[③]。用这一角度审视巫山县的出土物，我们才能理解双

---

① 顾颉刚：《史林杂识·牧誓八国》，中华书局，1963 年。
② 董作宾：《殷代的羌与蜀》，载《说文月刊》三卷七期，1942 年。
③ 雷兴军、罗兴斌：《巫山东周两汉墓分期及分区》，"三峡历史文化遗产讨论会"论文，重庆，2001 年。

堰塘遗址中比鄂西渝东其他同期遗址中有更多北方文化因素的原因，也才能明白大宁河岸边古栈道的兴建和废弃的文化背景，以及明代初年不在长江边而在大昌镇修城的缘故。

原载《三峡文物保护与考古学研究学术研讨会论文集》，科学出版社，2003年。

巴蜀的青铜器与巴蜀史

近几年来，巴蜀文化研究翻开了新的一页，除了核心区四川一带的重要发现以外，相邻的陕西南、鄂西、湘西等地的考古发现和研究扩大了巴蜀文化研究的范围和课题，巴蜀史正面临新的突破。本文拟从考古发现的青铜器的型制演变入手，探讨巴蜀史的发展阶段以及其中的动态族群关系。

一

首先，本文以为巴蜀史与巴蜀文化一样，并不具备严格的科学概念。这其中主要因为：历史文献记载支离破碎；目前的考古资料还未能建立起科学、完整的巴蜀文化的体系与序列；这一区域中除了巴、蜀两个部族外还同时生存着其他许多部族。而且，蜀史的界定存在着究竟是指蜀族史还是蜀国史的问题，而巴史就更加复杂，似乎还没有任何一支巴人统一过本部族而建立一个完整的国家。

但是，还是有许多共同的东西，尤其是共同的物质文化使我们划出了一个历史文化区。本文所谈的就是从青铜器这一侧面所反映的这一文化共同体的形成、发展与消亡的历史；从时空上看，则大致相当于中原的二里头文化时期至西汉初期，以四川境内成都平原为中心，有时还包括川东、鄂西、陕南，鼎盛时甚至到达甘南和宝鸡。

二

这一历史文化区常见的青铜器有罍、戈、戣、纳銎钺和直内钺。这些器类的形态演化序列如下：

罍 深腹，圈足，双耳。分两式。

Ⅰ式：圆肩，圆腹。在器身、器盖和双耳上饰饕餮纹、夔龙纹、圆涡纹等（图：1）。

Ⅱ式：耸肩，鼓腹。器身上饰简化蝉纹、圆涡纹等（图：2）。

戈 直援或有胡，分三式。

Ⅰ式：长援，无胡，有阑，内上无穿或一穿，援本处无穿（图：3）。

Ⅱ式：长援，无胡或短胡，有阑，内上一穿，援本下侧一穿（图：4）。

Ⅲ式：直援，长胡，援本三穿（图：5）。

戣 三角形援，援本与内上有穿，分三式。

Ⅰ式：援部较宽，前锋呈尖突状。器表无花纹（图：6）。

Ⅱ式：援部多半较窄，前锋呈圆弧形（图：7）。

Ⅲ式：援部窄，前锋呈三角状，援上常见蝉纹、饕餮纹（图：8）。

纳銎钺 也称"荷包形"，分三式。

Ⅰ式：纳銎大，凹肩，器身平面呈半圆形，器高小于或等于器宽（图：9）。

Ⅱ式：纳銎较大，耸肩，器身平面略呈舌形，器高大于器宽（图：10、11）。

Ⅲ式：纳銎较小，折肩，器身平面呈长条形，器高远大于器宽（图：12）。

直内钺 援部和内部都呈长方形，援本处两穿，内上无穿或有穿，援中部有缕孔纹。分两式。

Ⅰ式：援高大于援宽，援中部一圆形缕孔（图：13）。

Ⅱ式：援高小于援宽，援中部圆形缕孔内透雕虎纹（图：14）。

1、2.Ⅰ、Ⅱ式罍　3—5.Ⅰ—Ⅲ式戈　6—8.Ⅰ—Ⅲ式戣　9—21.Ⅰ—Ⅲ式纳銎钺　13、14.Ⅰ、Ⅱ式直内钺　1、4、7、11.竹瓦街窖藏　2、5、8、12.新都墓葬　3.木观音墓葬　6、10、14.城固窖藏　9、13.富林墓葬

在成都及附近地区考古发现中，出土器物多且共生关系明确的典型遗存有以下五组：新繁水观音 M1、M2[①]；汉源县富林古

---

① 《四川新繁水观音遗址简报》，载《考古》，1959年第8期。

墓①；彭县竹瓦街的两批窖藏②；新都木椁墓③；成都百花潭十号墓④。六组单位的年代分别属于商——西周早期、西周后段到春秋以及战国早期三大段。以下分段阐述之。

(一) 商——西周早期

属于这一时期的三组遗存有新繁水观音 M1、M2，汉源县富林古墓，彭县竹瓦街的两批窖藏；还可分为五个典型地层单位，其出土器物的形式及其组合关系见下表：

表一 成都平原商代至西周前段遗存出土青铜器简表

出土器物 出土单位	罍	戈	戚	纳銎钺	直内钺	其他青铜器
水观音 M1		Ⅰ 3		Ⅰ 1		矛1、斧1、削1
水观音 M2		Ⅰ 3		Ⅰ 1		矛1、削1、明器13
富林墓葬		Ⅰ 2		Ⅰ 2	Ⅰ 1	矛1、凿1
竹瓦街窖藏（1959年）	Ⅰ 5	Ⅱ 2	Ⅱ 6	Ⅱ 1		尊1、觯1、戟1、锛1
竹瓦街窖藏（1979年）	Ⅰ 4	Ⅱ 2	Ⅱ 7	Ⅱ 2		戟1

水观音 M1 和 M2 的年代为商代前期⑤，杜迺松进一步认为 M2 的年代早于 M1⑥。富林墓葬的 Ⅰ 式直内钺（图：13）与湖北

---

① 岳润烈：《四川汉源出土商周青铜器》，载《文物》，1983年第11期。
② 王家佑：《记四川彭县竹瓦街出土的铜器》，载《文物》，1961年第11期；四川省博物馆：《四川彭县西周窖藏铜器》，载《考古》，1981年第6期。
③ 四川省博物馆、新都县文管所：《四川新都战国木椁墓出土器物》，载《文物》，1981年第6期。
④ 四川省博物馆：《成都百花潭中学十号墓发掘记》，载《文物》，1976年第3期。
⑤ 林春：《宜昌地区长江沿岸夏商时期的一支新文化类型》，载《江汉考古》，1984年第2期。
⑥ 杜迺松：《论巴蜀青铜器》，载《江汉考古》1985年第3期。

黄陂盘龙城[1]的同类器近似，早于陕南城固[2]出土的Ⅱ式直内钺，当早于殷墟出土的援宽大于援高的同类器，应属商代前期。竹瓦街窖藏的年代已成定论，即相当于殷墟至西周初期或者还更晚一些。

这五批青铜器已拥有自己的文化特征：（1）兵器数量多，占全部青铜器数量的一半以上；（2）形成了以罍、尊、戈、钺、纳銎戈、矛等为核心的器物群；（3）双耳深腹圈足罍可能是该区上层贵族的重要礼器之一，其地位当与中原地区殷周贵族的鼎相当。

李伯谦对汉水上游的城固青铜器群进行了详尽考察[3]，认为其文化特征显然异于商周文化而属于巴蜀文化范畴。但与同时期的成都地区青铜文化相比，仍然具有鲜明个性。似乎是巴蜀文化中两支平行发展的亚文化。

这时的川东和鄂西地区也属于广义的巴蜀文化[4]，但考古出土的仅有少量的铜镞、刀等小型器[5]。采集发现的青铜容器有宜都县商代前期中原式青铜尊、恩施地区西周前期的提梁卣和巫山县大昌坝遗址殷墟晚期青铜尊[6]。

宝鸡地区有一支与成都青铜文化有一定关系的弓鱼氏文化[7]。该文化受到了寺洼文化、周文化等的影响，但其器物群中也以钺、双耳深腹圈足罍及陶尖底罐最为醒目，或可以归于广义

---

[1] 湖北省博物馆、北京大学考古专业盘龙城发掘队：《盘龙城一九七四年度田野考古纪要》，载《文物》，1976年第2期。
[2] 《陕西省城固县出土殷商青铜器整理简报》，载《考古》，1980年第3期。
[3] 李伯谦：《城固青铜器群与早期巴蜀文化》，载《考古与文物》，1983年第2期。
[4] 林春：《宜昌地区长江沿岸夏商时期的一支新文化类型》，载《江汉考古》，1984年第2期。
[5] 《四川忠县甘井沟遗址的发掘》，载《考古》，1962年第8期；长江水利委员会文物考古队发掘资料。
[6] 宜都县文化馆、鄂西自治州博物馆、巫山县文化馆藏品。
[7] 卢连成等：《宝鸡茹家庄、竹园沟墓地有关问题的探讨》，载《文物》，1983年第2期。

巴蜀文化之列。弓鱼氏文化的形成始于殷墟晚期，发达于西周初期，西周中期衰落，而后退出这一地区。

综上所述，这些遗存的年代归纳如表二。

表二　成都平原及周边地区商周时期遗存年代表

区域 典型单位 分期	成都平原	川东鄂西	汉水上游	宝鸡地区
商代前期	水观音M1、M2；富林墓葬			
商代后期		甘井沟遗址 路家河遗址	城固青铜器群	
商末西周初	竹瓦街窖藏			纸坊头弓鱼伯墓
西周中期		大昌坝遗址		茹家庄弓鱼伯墓

（二）西周后段到春秋

此时的中原和长江中下游等地区正经历了一个重要发展期，新型器物层出不穷地替代旧的器物，改变了前一时期的文化面貌。而在巴蜀一带地区则相反，这一时期的出土物少，鲜有新器物出现，更多的是保留了商末周初形成的青铜文化面貌并一直沿袭到战国，呈现出文化滞后现象。

（三）战国时期

新都木椁墓和成都百花潭十号墓是成都地区战国前期的典型单位，虽然两座墓葬的墓主身份不同，而且新都木椁墓被盗严重，但仍然反映了此时巴蜀青铜器的某些文化特质：（1）礼器组合为罍、壶、瓿、缶、鍪、釜、甑等，有别于同时中原地区的鼎、盒、壶组合和楚文化的鼎、敦、壶组合；（2）以戈、纳銎钺、柳叶形剑为主要兵器，大多数兵器上装饰着繁缛的花纹；

（3）在陵等地早已销声匿迹的双耳深腹圈足罍、戣、柳叶形剑等器和蝉纹、圆涡纹等纹饰仍然在当地流行；（4）与中原同步发展的器物在壶（并且有不少错金精品者）和缶等，李学勤则认为，鍪、釜、甑可能为该地发明而后由秦传到全国各地[1]；（5）肖形印章、手心纹、虎纹等纹饰为本地所独有。

杜迺松指出竹瓦窖藏青铜器是有别于中原式而自成列[2]的，新都木椁墓进一步证明了这个看法，墓中出土的5件罍与竹瓦街的同类器存在着显而易见的承袭关系。有证据表明，这些罍是在当地特地为墓主人铸造的，墓中还出土一枚有族别意义的肖形印章，印章的下部正中用于祭祀的器皿就是一只双耳深腹圈足罍（见右图），形象地说明罍是当地的重要青铜礼器。但在同期的百花潭十号墓中却仅出土铜壶而不见铜罍，这一现象有两种可能性：（1）罍是当地最上层贵族的专用礼器；（2）中原地区大约在春秋战国之际以壶代罍（中原式）的风气已传入成都地区。无论如何，鼎从来不是当地的重要礼器，一般的巴蜀墓葬不出铜鼎，而新都木椁墓出土的5件鼎也都是楚器而非本地生产，这是巴蜀文化与中原青铜文化礼仪制度存在很大差异的反映。

除成都地区以外，属于战国时期广义巴蜀文化墓葬的还有昭化宝轮院和巴县的船棺葬[3]、涪陵小田溪土坑墓[4]、湘西溆浦马田坪[5]和古丈白鹤湾墓葬群[6]等。它们的文化面貌有许多共同之处，比如陶器多为圜底器，器类有釜、罐，都有肖形印章和特征鲜明的

---

[1] 李学勤：《论新都出土的蜀国青铜器》，载《文物》，1982年第1期。
[2] 杜迺松：《论巴蜀青铜器》，载《江汉考古》，1985年3期。
[3] 四川省博物馆：《四川船棺葬发掘报告》，北京：文物出版社，1960年。
[4] 重庆市博物馆、涪陵县文化馆：《四川涪陵地区小田溪战国土坑墓清理简报》，载《文物》，1974年第5期。
[5] 《湖南溆浦马田坪战国西汉墓发掘报告》，载《湖南考古辑刊》，第2期。
[6] 《古丈白鹤湾楚墓》，载《考古学报》，1986年第3期。

新都木椁墓出土的肖形印

青铜器群。它们与成都平原的差异也是明显的，反映在青铜器上的主要有：成都地区多见戣，川东、川北和鄂西地区则常出柳叶形剑，湘西和鄂西地区还屡见乐器錞于。川东、湘西等地也出土戈，但大多数为楚式戈，故早有"蜀戈"（戣）与"巴剑"之称。

三

通过对物质文化的考察，可以大致勾画出巴蜀史相应的几个发展阶段。

1. 二里头时期是该文化共同体的形成期，以成都平原为中心，西及岷山山脉，东达鄂西宜都县白水港以东，南部可能到湘西山区。这是该文化共同体最富生命力的时期。主要表现为：地理空间广，分布范围比二里头文化还大；遗址分布密集，无论在成都平原或者鄂西地区都是如此；吸收了二里头文化因素，却又以自己新的文化面貌，在很短的时间内完全改造鄂西本土龙山时期的物质文化。

2. 商代前期至殷墟为发展时期。大体疆域同前期。由于地理环境、经济生活等原因，共同体内存在着若干个相对独立的亚共同体。青铜制造业已经开始，并迅速发展。

3. 商末至西周前段为繁荣期。其活动区域的北疆到达汉水、嘉陵江上游以至宝鸡一带。这个拥有成熟青铜文化的共同体，已形成了自成体序的礼仪制度。

出土的青铜器反映了该共同体的个性，也反映了与其他共同体的关系。竹瓦街的尊和觯来自中原的商文化，也可能是巴蜀共同体在当时的主要礼器。但相比之下，巴蜀与周文化有着更多的共性，例如都有双耳深腹罍和觳，柳叶形剑最早发生于周文化。可见巴蜀青铜器主要是在与陕西各族，特别是周族的相互交流中形成的。

4. 西周后段至春秋为衰退期。整个四川地区缺乏这一时期的实物史料，历史文献中有巴与楚的征伐、通婚等记载。我们推测：自从同族稳定其统治地位和力量东迁之后，对其伐商同盟军的关系逐渐冷淡，巴蜀共同体失去了与先进文化的交流途径，关起大门，偏安一隅，抱残守缺。而与此同时，方兴未艾的楚文化却开始了对巴蜀共同体的扩张和渗透。

5. 战国时期为中兴期。也许是由于楚文化的影响（传说中的杜宇是东来的），古老的巴蜀共同体又出现生机。青铜器的器类和数量以这时为最多，也最富特色，并同时影响川南、云南、贵州等地的青铜文化。但由于抵挡不了东来和北来的文化入侵，该共同体的活动区域开始逐渐收缩。

6. 秦至西汉初为消亡期。先进文化的压力和秦国的移民政策给传统文化造成了巨大的断层，绵延千余年的巴蜀文化共同体在土崩瓦解，上层贵族礼仪制度中原化，下层部族各行其是，而最终归流于文化之中。

原载李绍明等主编：《巴蜀历史·民族·考古·文化》，成都：巴蜀书社，1991年。

《宜昌路家河》结语

路家河遗址是长江三峡地区第一个经过系统发掘的、以商时期遗存为主的古文化遗址。由于一些主观的和客观的原因，路家河遗址的发掘和整理都存在一些不尽如人意之处。加上遗址中的主要文化内涵在西陵峡乃至整个长江三峡专区尚属首次发掘，至今还没有足够的可供比较的资料，因此，本报告的文化分期和分析都是初步的，有待于新材料的验证和补充。

根据对文化层堆积和出土物的反复比较，可将路家河遗址的文化遗存分为七期八段：（1）城背溪文化；（2）夏商时期文化，本期文化还可分为前后二段：二里头文化时期的前段遗存和后段商时期路家河文化；（3）殷墟末至春秋早期的周梁玉桥类型文化；（4）战国时期遗存；（5）西汉初期遗存；（6）东汉时期文化遗存；（7）六朝至宋明时期文化遗存。

一、第一期遗存——城背溪文化

路家河第一期文化遗存的陶器以釜、罐、钵、支座为基本组合。陶质有夹炭陶、夹砂陶和夹砂夹炭陶。器物皆为圜底器。陶器纹饰以绳纹为主。文化属性为城背溪文化。

路家河遗址第一期文化遗存时间跨度较长，较早阶段的陶质以夹炭陶和夹砂夹炭陶为主，釜罐类的颈肩部没有明显的界线（图一：1）。较晚阶段的陶质以夹砂陶为多数，釜罐类的颈肩部泾渭分明（图一：3、6），绳纹多较粗，出现敛口深腹钵和敛口钵（图一：10、12），猪嘴状支座的贴面为椭圆形（图二：1）。T1⑤：3 和 T1⑤：7（图二：3、4）的年代可能更晚，支座贴面呈圆形且座身素面。根据近年来对枝城市城背溪遗址的调查和发掘①，城背溪遗址该时期遗存可分为三期：

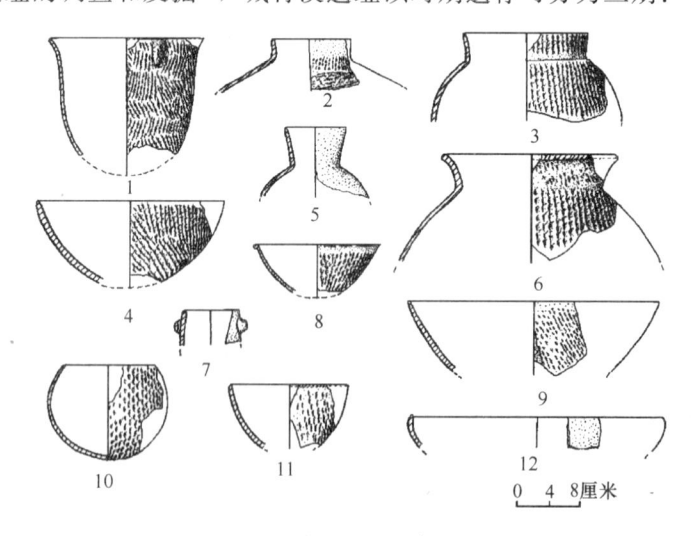

图一　城背溪文化陶器图

第一期的陶器质地松散，绳纹多粗乱，釜罐颈肩分界不明显，拍印绳纹装饰至口沿。

第二期以89D1为代表，釜罐颈肩界线弧缓，拍印绳纹装饰到口沿下面，大口钵敞口坦腹，支座贴面为椭圆形，座身饰绳纹。

第三期以87H1为代表，釜罐颈肩急折，滚压绳纹细密规整，出现敛口、深腹钵，支座贴面为圆形，座身饰绳纹。

城背溪遗址的两个用夹炭陶片测试的碳14数据：89D1为6324

---

① 长办库区处红花套考古工作站、枝城市博物馆：《城背溪遗址复查记》，载《江汉考古》，1988年第4期；长江水利委员会文物考古队：《湖北省枝城市城背溪遗址复查简报》，待刊稿。枝城市今为宜都市。

±234B.C.（ZK－2644），87H1为6270±250B.C.（ZK－2643），均未经树轮校正，年代可能偏早。另一个用骨头做的碳14数据T6③为7420±110B.P.（经年轮校正），年代则可能偏晚。

路家河T6⑧：1，陶罐的颈肩无分界和绳纹施于口沿的特征表明，它的年代较早；T1⑤：1陶支座（图二：1）贴面椭圆形的形态早于支座贴面为圆形的城背溪87H1；但T2⑤：1敛口球形腹钵（图一：10）和T1⑤：3、7（图二：3、4）支座座身素面、贴面呈圆形的形态则表明，它们的年代可能晚于城背溪87H1的同类器。用路家河T6⑧和T1⑤的夹炭陶片做的碳14测定：5740—5540B.C.（ZK－2645，经树轮校正）。这一数据应接近路家河遗址第一期遗存的平均年代。

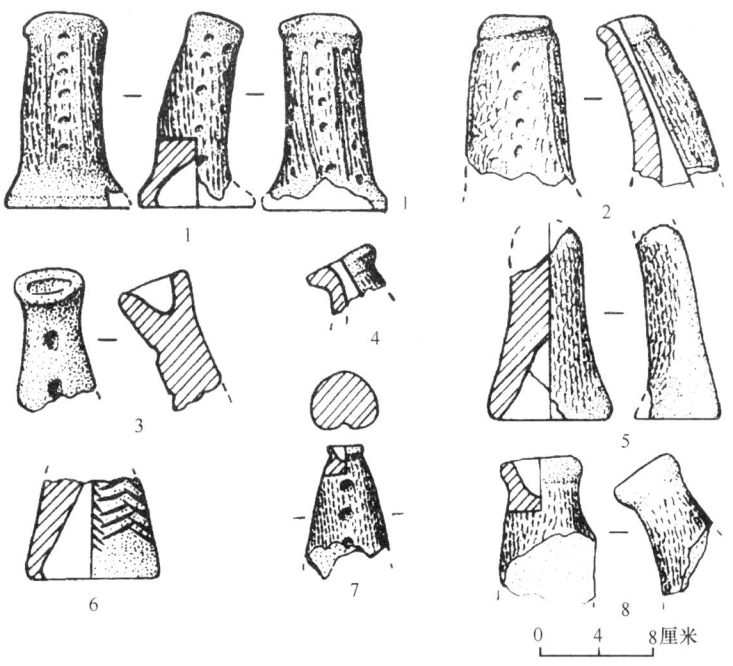

图二　城背溪文化陶支座

西陵峡区域与本期遗存年代相当和稍后的遗存还有窝棚墩下层①、朝天嘴Ａ区一期②、柳林溪下层③和三斗坪④。这些遗存的大致年代可参见表一相关部分。

二、第二期前段遗存——朝天嘴类型文化

路家河第二期文化遗存可分为前、后两个发展阶段。

第二期前段遗存的年代在二里头文化时期，文化属性暂名朝天嘴类型文化⑤。

由于发掘时对路家河遗址第二期前段遗存的复杂性认识不足和出土器物太少等一些原因，我们至今还未能形成对本段遗存的完整认识。之所以把它划出一个相对独立的阶段，是因为该遗存：（1）在年代上早于路家河文化；（2）它的文化面貌与后继的路家河文化有很大的差别；（3）其所蕴含的文化内涵是其他任何文化无法替代的。

陶器的陶质有泥质红陶、灰黑陶、夹砂红陶、灰陶和褐陶，

---

① 湖北省文物考古研究所：《宜昌窝棚墩遗址的调查与发掘》，载《江汉考古》，1994年第1期。

② 国家文物局三峡考古队：《湖北秭归朝天嘴遗址发掘简报》，载《文物》，1989年第2期。

③ 湖北省文物考古研究所：《1982年秭归柳林溪发掘的新石器早期文化遗存》，载《江汉考古》，1994年第1期。

④ 湖北省文物考古研究所：《1985—1986年三峡坝区三斗坪遗址发掘简报》，载《江汉考古》，1999年第2期。

⑤ 朝天嘴类型文化，是指以朝天嘴遗址B区遗存为代表的、分布在长江三峡和鄂西地区二里头文化时期的文化遗存。见林春《长江西陵峡区古代文化初探》，载《葛洲坝工程文物考古成果汇编》，武汉：武汉大学出版社，1990年。现在看来，由于本区该时期文化因素的复杂性，"朝天嘴类型文化"的命名需要重新定义。

它们在 T8⑤中的比例分别为：25%、22.73%、22.73%、20.45%和9.09%。

陶器器形以平底器为主，圈足器次之，还有圜底器和袋足器。纹饰有绳纹压印纹、方格纹、米粒纹、篮纹等，素面陶和施陶衣者也有一定的比例。器类有罐、釜、豆、灯座形器、大口尊、瓮、盉、斝等（见图三）。

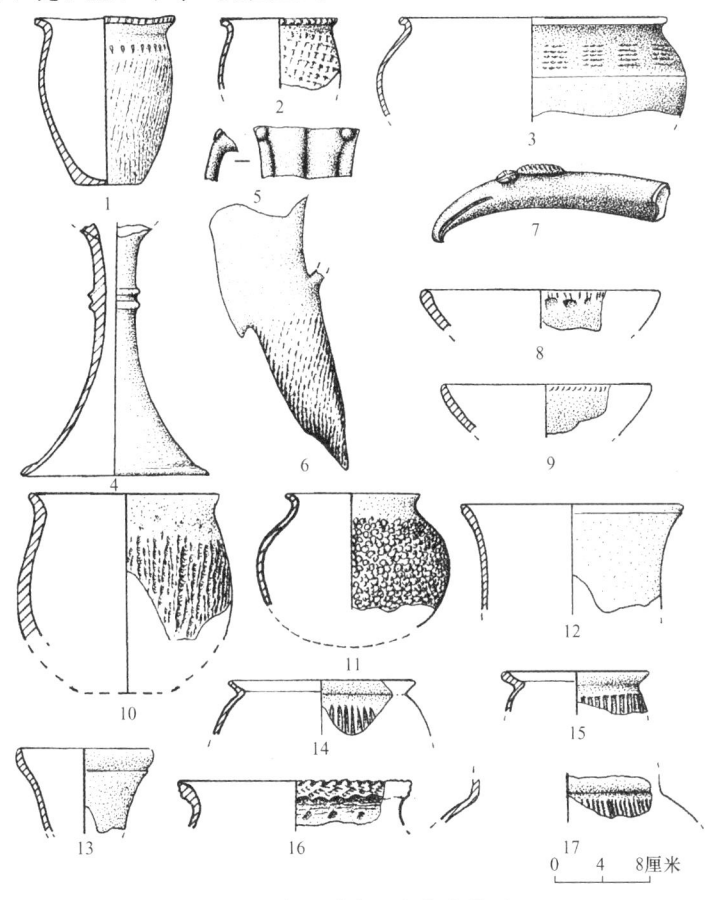

图三 朝天嘴类型文化陶器图

本段遗存出土物虽不多，但成分颇为复杂。陶器中反映的文化因素主要有五组：

甲，以夹砂褐红陶釜为代表（图三：11）。

乙，以夹砂灰陶方唇鼓肩罐、灯座形器和鸟头勺把为代表（图三：3、4、7）。

丙，以封口盉、斝和大口尊为代表（图三：5、6）。

丁，以夹砂红褐陶花边罐、泥质红陶花边盘为典型器，夹砂褐陶侈沿罐也暂归该组（图三：1、2、8—10、16）。

戊，以夹砂褐陶绳纹罐、方格纹篮纹凹沿罐釜、泥质灰陶豆钵和大口篮纹瓮为代表（图三：14、15、17），该组因素常与丁组因素侈沿绳纹罐（图三：1、2、10）共出，而鲜见与其他因素共生。

甲组因素夹砂褐红陶绳纹釜在本遗址中拥有一定的数量，它是本期后段路家河文化同类器物的源头。但是其自身的源头目前还不清楚，或者源于当地数千年以釜为炊器的文化传统。

乙组因素属于四川广汉三星堆文化[①]。与鄂西地区其他同时期遗址普遍以乙组因素占主导地位的现象相比，乙组因素在本遗址中的数量不多。

根据对鄂西地区夏商时期文化的研究[②]，乙组夹砂灰陶鼓腹

[①] 四川省文物管理委员会、四川省博物馆、广汉县文化馆：《广汉三星堆遗址》，载《考古学报》，1987年第2期。笔者以为：三星堆遗址可分四期：第一期属新石器时代，典型器物以夹砂褐陶花边绳纹罐为代表；第二、第三期属同一文化，即三星堆文化；第四期的典型器为尖底钵等，属另一种文化。本文中的"三星堆文化"主要指该遗址第二、第三期和成都十二桥遗存（四川省文物管理委员会、四川省文物考古研究所、成都市博物馆：《成都十二桥商代建筑遗址第一期发掘简报》，载《文物》，1987年第12期）所代表的考古学文化，该文化的时代在二里头早期至二里冈上层时期，鼎盛期在二里头文化，特别在二里头文化晚段时期。

[②] 林春：《宜昌地区长江沿岸夏商时期的一支新文化类型》，载《江汉考古》，1984年第2期；林春：《鄂西地区三代时期文化谱系分析》，载《南方文物》，1994年第2期。

罐的年代在二里头文化时期,其中肩上饰方块绳纹鼓腹罐的年代约当二里头文化三期。这类器在之后的路家河文化中继续存在,但是彼时的陶器已变成泥质陶,器形也有很大变化。

丙组因素为二里头文化,与鄂西地区其他同期遗址一样,所占比例很小。

在路家河遗址的本段遗存中,丁组因素的数量最多。其中以花边罐最具特色。有许多证据表明,此类夹砂陶方唇花边平底罐在龙山时代至二里头文化时期的中国中西部地区有着广泛的分布范围。

戊组因素继承了白庙遗存。在白庙遗址[①]的若干层位单位中,夹砂褐陶侈沿罐与方格纹折沿釜罐、泥质灰陶大圈足豆、钵、单耳杯等煤山类型的典型器物共出。

T7⑤B层出土木炭所测碳14的年代为:1878—1639B.C.(ZK-2648,经树轮校正,下同)。鄂西地区已发现的二里头时期文化遗存的遗址有:西陵峡区的白庙、中堡岛上层[②]、朝天嘴上层[③]、下尾子[④]、三斗坪[⑤];三峡东口枝城市红花套上层、毛溪

---

① 湖北宜昌地区博物馆、四川大学历史系:《湖北宜昌白庙遗址试掘简报》,载《考古》,1983年第5期;湖北省文物考古研究所:《1985—1986年宜昌白庙遗址发掘简报》,载《江汉考古》,1996年第3期。

② 湖北省宜昌地区博物馆、四川大学历史系考古专业:《宜昌中堡岛新石器时代遗址》,载《考古学报》,1987年第1期;国家文物局三峡考古队:《湖北宜昌中堡岛遗址发掘简报》,载《文物》,1989年第2期。

③ 国家文物局三峡考古队:《湖北秭归朝天嘴遗址发掘简报》,载《文物》,1989年第2期。

④ 宜昌博物馆、秭归屈原纪念馆:《秭归下尾子遗址发掘简报》,载《江汉考古》,1994年第1期。

⑤ 湖北省文物考古研究所:《1985—1986年三峡坝区三斗坪遗址发掘简报》,载《江汉考古》,1999年第2期。

套、城背溪①；清江流域长阳县香炉石第⑦层②（碳 14 数据为 4090±100B.P.）；江陵县荆南寺第一期③、沙市市李家台④等。上述五组文化因素在各遗址中的大致情况见下表。

表一 鄂西地区龙山晚期至二里头时期各遗址文化因素对照表

遗址	年代	文化因素					数量		主导因素
		甲	乙	丙	丁	戊	少	多	
香炉石	龙山——二里头文化前段	√	?		√	√		戊	?
白庙	龙山——二里头文化前段	√	√		√	√	乙	丁戊	丁戊
下尾子	二里头文化前段?	√	√		√				丁?
毛溪套灰坑	二里头文化二期	√	√	?	√	?	丁	乙	乙
中堡岛	二里头文化各期	√	√	?	√	√	?	乙丁	乙丁
路家河	二里头文化二、三期	√				丙戊	丁乙	丁?
朝天嘴	二里头文化后段	?	√		√	×	丙戊	乙	乙
红花套	二里头文化三、四期	√	√		√		丙戊	乙	乙
荆南寺	二里头文化四期	√	√			×	丙	乙甲	乙
李家台	二里头文化末段——早商	√	√			×	?	乙甲	丙

以上所述各遗址的年代不尽一致，各遗址资料整理程度也不尽相同。但我们仍然可从中了解到，鄂西地区和西陵峡区二里头文化时期诸考古学文化因素进退、消长的某些线索：

---

① 长江水利委员会文物考古队调查、发掘资料。
② 湖北省清江隔河岩考古队：《湖北清江香炉石遗址的发掘》，载《文物》，1995年第9期．
③ 荆州地区博物馆、北京大学考古系：《湖北江陵荆南寺遗址第一、二次发掘简报》，载《考古》，1989年第8期。
④ 沙市市博物馆：《湖北沙市李家台遗址发掘简报》，载《考古》，1995年第3期。

1. 在二里头文化前段时期，本区文化主要见丁、戊文化因素。

2. 丁组因素的出现始于龙山时代的白庙遗存。丁组因素显然是西来文化，它与成都平原的宝墩文化[①]，三峡库区的魏家梁子[②]、老关庙[③]、哨棚嘴遗存[④]，陕南宝山遗存[⑤]等有着千丝万缕的联系。

3. 乙组因素始见于二里头二期，并很快地成为本区的主导文化因素；丙组和甲组因素的数量都较少，但与其他三组文化因素共存。

4. 路家河和鄂西地区许多遗址中本时期诸多文化因素共存的现象说明，鄂西地区特别是西陵峡区在二里头文化时期，是诸多文化共同体频繁接触、碰撞、整合的历史时期。从路家河遗址本段遗存中丁组因素占多数，而不像其他遗址以乙组占多数的现象表明，二里头文化时期的西陵峡区存在着多种文化共同体共存的局面。

5. 自龙山时代晚期始，西来文化对西陵峡和鄂西地区的影响频繁并不断加强，最终改变了自新石器时代文化以来形成的、本区属于江汉地区文化的文化格局，成为西部文化向东部扩张的桥头堡。

---

① 王毅、孙华：《宝墩文化的初步认识》，载《考古》，1999年第8期。

② 中国社会科学院考古研究所长江三峡考古工作队：《四川巫山县魏家梁子遗址的发掘》，载《考古》，1996年第8期；吴耀利、丛德新：《试论魏家梁子文化》，载《考古》，1996年第8期．

③ 吉林大学考古学系：《四川奉节老关庙遗址第一、二次发掘》，载《江汉考古》，1999年第3期；吉林大学考古学系、四川省文物考古研究所：《奉节县老关庙遗址第三次发掘》，载《四川考古报告集》，北京：文物出版社，1998年。我们以为，该遗址墓葬的年代当在龙山时代，下层的年代约为二里头文化早段。

④ 孙华：《四川盆地的青铜文化》，北京：科学出版社，2000年。

⑤ 赵丛苍：《宝山遗址发掘取得重大收获》，载《中国文物报》，2000年1月23日。

路家河本段遗存中方唇鼓腹罐的年代当在二里头文化三期，丁级因素花边罐的形态晚于白庙，年代可能在二里头文化二、三期。因此，路家河遗址第二期前段主要遗存的年代大致在二里头文化二、三期时期。

邻近地区与路家河第二期前段遗存有关的重要遗址有：三峡库区巫山县魏家梁子遗址、奉节县老关庙遗址、丰都县哨棚嘴遗址，成都平原上广汉三星堆、成都十二桥和新津宝墩、都江堰芒城等遗址[1]，川北绵阳边堆山[2]遗址，陕南城固县宝山遗址等。

三、第二期后段遗存——路家河文化遗存

路家河第二期后段遗存为商时期的路家河文化。

表二　第二期后段遗存地层年代对应表

组　别	典型地层单位	时　代
第一年代组	T8④、T7⑤、T9⑦	二里冈下层时期
第二年代组	T3③、T4⑧—⑩	二里冈上层时期
第三年代组	T1④③、T2③④、T5②—⑤	殷墟时间早段

根据地层叠压关系和器物组合的变化，本文化遗存还可以分三个不同的年代组，三个年代组的典型地层单位见表二。

陶器以圜底器为主，釜的数量占全部器物的54%以上。陶

---

[1]　中日联合考古调查队：《四川新津宝墩遗址1996年发掘简报》，载《考古》，1998年第1期；成都市文物考古工作队、都江堰文物局：《四川都江堰市芒城遗址调查与试掘》，载《考古》，1999年第7期。

[2]　中国社会科学院考古研究所四川工作队：《四川绵阳边堆山新石器时代遗址调查简报》，载《考古》，1990年第4期。

器中数量多而又具稳定组合关系的有釜、束颈罐、鼓腹杯、灯座形器和大口缸等。

釜的总体演化趋势，体形：剖面多近方形——a：竖长方形，b：梯形；口沿：高沿外侈→翻沿外卷；器腹：弧腹→鼓腹→涨腹；纹饰：滚压细绳纹→拍印较粗绳纹→方格纹。

束颈罐的演化趋势，颈部：短颈→高颈；肩部：耸肩→弧肩；器腹：上腹鼓→中腹外鼓；器底：平底→尖底。

鼓腹杯的演化趋势，器腹：浅腹→深腹；颈部：短颈→长颈；器底：平底→圜底→尖底。

尊形器的演进趋势与鼓腹杯相同。

灯座形器的演化趋势，上斗：碗形→杯形→圆锥形；下盘：喇叭形→罩形→柱形。

大口缸的演化趋势，口沿：直口或直口外敞→大口外侈；器底：平底→蘑菇底→杯状底→漏斗状底。

主要文化因素有两组：甲组组合以夹砂褐红陶釜和鼓腹杯，D、E型灯座形器为核心；乙组有A、B、C型灯座形器、鼓腹罐等器。两组因素都是因袭第一段遗存中的甲、乙组文化因素而来的。

第一年代组遗存中出土有：釜AⅠ、BⅠ、BⅡ、CⅠ；束颈罐Ⅰ；尊形器Ⅰ；鼓腹杯AⅠ、BⅠ、BⅡ；灯座形器AⅠ、B、C；大口缸Ⅰ—Ⅲ。仅见于本年代组的器物还有夹砂灰陶鼓腹罐、夹砂红陶斝、大口尊等。根据陶釜等器表上规整的滚压细绳纹、大口缸形态与郑州二里冈下层遗存相似及鼓腹罐与本遗址第二期前段遗存同类器形态相近等特点，第一年代组的年代当在二里冈下层时期。甲组因素约占本年代组遗存的半数。

第二年代组遗存中出土有：釜A、BⅢ、CⅡ；束颈罐Ⅱ；尊形器Ⅱ；鼓腹杯AⅡ、AⅢ、BⅡ、BⅢ；灯座形器AⅡ、B、

C；大口缸Ⅰ—Ⅲ。仅见于本年代组的还有分裆鬲、假腹豆、云雷纹瓿、泥质灰陶子母口碗Ⅰ等器。根据分裆鬲、假腹豆、蘑菇状底大口缸、子母口碗分别与二里冈上层和皂市上层遗存同类器相似的现象，第二年代组遗存的年代在二里冈上层时期。本年代组遗存中甲组因素的数量约占65%。

第三年代组遗存中出土有：釜AⅡ—AⅣ、BⅢ—BⅥ、CⅢ、CⅣ；束颈罐Ⅲ；尊形器Ⅲ；鼓腹杯AⅢ—AⅥ、BⅢ—BⅤ；灯座形器D、E；大口缸Ⅳ、Ⅴ。仅见于本年代组的有硬陶折肩罐、方唇大口缶、夹砂褐红陶深腹簋、泥质陶折腹簋等器。本组遗存中极少见到灯座形器A、B和C。根据簋、折肩罍的形态和大口缸为杯状底、漏斗状底现象，本年代组遗存的主要年代在殷墟前期。在本年代组遗存中，甲组因素器物高达80%。用H1出土木炭所测的碳14数据为：1428—1114B.C.（ZK－2646，经树轮校正）。

在第三年代组的最晚遗存T5②中，一些器物形态发生突变。釜EⅥ火候较高、器型规范、陶胎厚薄均匀、颈肩部的急折作风，与在这之前低火候、颈肩无明显界限的陶釜有很大的差异；鼓腹杯BⅤ，器形变小，器身细长锐变为失效体。陶器纹饰也有大的变动，这以前的陶器上很少见到的方格纹，在T5③中已占全部陶器的5.5%，而在T5②中则为20%。T5②的出土物少且没有可以确定时代的器物，从它的器物组合与T5③没有根本的区别等原因估计，两者之间的年代相衔接。

除了甲、乙两组因素外，本段遗存中具有确切外来文化因素的器物有商文化鬲、皂市上层文化子母口碗豆、长江下游吴城文化的硬陶小口折肩罐等。但具有外来因素的器物在本遗址中的数量极少。

甲、乙两组文化因素的数量和性质，随着时间的推移也在发生变化。甲组因素由第一年代组的约半数，发展到第三组的

80%，这是一个乙组因素融合于甲组因素的历史过程。在路家河文化早期，乙组因素的数量虽不多，但灯座形器 A、B、C 所代表的鲜明文化个性一直保持在第一、第二年代组中，到第三年代组时，灯座形器 A、B 消失，取而代之的是已不能视为"正宗"乙组因素的灯座形器 D 和 E，并且数量锐减；源于第二期前段遗存中的乙组鼓腹罐在第一年代组时发生锐变，数量减少，陶质由夹砂陶渐变为泥质陶，由炊具转变为盛食器，器形由鼓腹转为折腹，器底由平底而圜底而尖底。到本文化遗存的末期，乙组文化因素终于基本融合于甲组因素中。然而，这种文化因素单一的现象所折射的社会生活的一元化，使第三年代组遗存显得单调乏味，缺少一种向上的活力。

表三　路家河文化典型器物组合表

组合年代	釜 A	釜 B	釜 C	高领罐	尊形器	鼓腹杯 Aa	鼓腹杯 Ab	灯座形器	大口缸	其他
第一年代组	Ⅰ、Ⅱ	Ⅰ、Ⅱ	Ⅰ	Ⅰ	Ⅰ	Ⅰ	Ⅰ	AⅠ、B、C	Ⅰ—Ⅲ	Ca 型鼓腹罐、斝、大口尊
第二年代组	Ⅱ、Ⅲ	Ⅱ、Ⅲ	Ⅱ	Ⅱ	Ⅱ	Ⅱ、Ⅲ	Ⅱ、Ⅲ	AⅡ、B、C	Ⅰ—Ⅲ	分裆鬲，Ⅰ、Ⅱ式假腹豆，Ⅰ式子母口碗
第三年代组	Ⅱ—Ⅳ	Ⅲ、Ⅳ	Ⅲ	Ⅲ	Ⅲ	Ⅲ—Ⅵ	Ⅲ—Ⅴ	D、E	Ⅳ、Ⅴ	折肩罍、深腹簋、缶、Ⅲ式假腹豆、Ⅱ式假腹豆

出土石器 50 件，其中斧 17 件、镢 8 件、锄 4 件、锛 4 件、凿 3 件、刀 4 件、镞 2 件、拍 2 件和石锚 6 件。最具本地特色的是带箍镢、球形石锚和长方形或半月形穿孔石刀。

出土铜器 6 件，且都为长度在 6 厘米以内的凿、镞、刀、锥、笄之类的小型器。

出土骨器的品种和数量不多，这种现象应与遗址的酸性土壤对骨质品的严重腐蚀有关。

本文化遗存具有强烈的渔猎经济色彩。与当地新石器时代文化石器数量特多、文化层中常见红烧土块而很少见动物遗骸的现象相反，本文化遗存出土石器少，文化层中仅能偶尔见到零星的红烧土碎块，遗址中出土了大量的叠压成层动物遗骸，特别在属于第三年代组遗存的 H1、H2 中，厚度达 10 厘米。据鉴定，出土动物遗骸的种类有：鱼（鲤鱼、青鱼、草鱼）、螺、蚌、水鹿、麂（大角鹿、黄麂、黑麂）、猴、水牛、龟、鼋、家犬、貉、獾、竹鼠、猪（家猪、野猪、豪猪）等。

本文化遗存也具有一定的农业经济成分，家猪的饲养表明了这一点。不过，家猪的数量太少，比起遗址中出土的麂鹿类和重量达几十斤到上百斤的鱼类相比，家猪所能产生的经济效益实在是微乎其微。遗址中也出土了一些石斧、镢、锄、刀之类的生产工具，这些工具也可以用来从事采集、畜养等经济活动。

本文化遗存的经济成分并不是一成不变的。在本文化遗存的早期，渔猎经济成分比重较低，酒具陶盉的存在说明其农业发达。而到了第三年代组，即殷墟时期，三峡地区的渔猎经济活动才达到高峰。

渔猎经济强化的现象也发生在同一时期鄂西江陵地区和清江流域一带，现有迹象表明，湘西地区的同期文化中也存在着同样现象。在江陵县梅槐桥遗址（殷墟一期、三期），文化层中出土了"大量草木灰、兽骨、鱼骨和陶片"[①]；在沙市市周梁玉桥遗址（殷墟晚段），"不少探沟所出骨骸碎块的数量多于陶片的数量"，"鹿骨标本在野生兽骨标本中占 80% 以上，可以肯定鹿是

---

① 湖北荆州地区博物馆、北京大学考古系：《湖北江陵梅槐桥遗址发掘简报》，载《考古》，1990 年第 9 期。

主要的狩猎对象，推测这一带应该生活着鹿群"[1]。长阳土家族自治县香炉石遗址的人们，"基本过着以捕鱼和狩猎为主、农业种植和采集为辅的经济生活"[2]。

本遗址中发现有14个刻划符号和1个模印符号，模印符号当属文字。

本文化遗存还发现有宗教活动的遗物。出土卜甲3片，由于本遗址土壤属酸性土，一些卜甲卜骨已被腐蚀。在清江流域的长阳香炉石同期遗存中出土卜甲卜骨数十件[3]，并在一座墓葬中出土一42厘米长、100多个钻孔的卜骨[4]。卜甲卜骨的宗教意义已不言而喻，随葬卜骨的墓主人可能是一名巫师。此外，在H1中出土经火烧的钻孔头骨，也与宗教活动有关。

在出土陶器中，灯座形器是特别引人注目而又不具备实际用途的器物，它的陶质和制作在本文化遗存中属上乘，这种空把上下相通的器物应与某种还不为我们所知的神秘活动有关。灯座形器并不是路家河二期后段遗存所特有的，在二里头文化早期至二里冈上层时期，三星堆文化所信奉的就是与灯座形器相关连的宗教，换言之，灯座形器是三星堆文化宗教活动的法器。本文化遗存不属于三星堆文化，但是巫师们使用三星堆文化的法器，居民们信奉三星堆文化的神祇。在神权政治的当时，这可能意味着，三星堆文化对本文化遗存人们共同体具有的宗主地位。

---

[1] 彭锦华：《沙市周梁玉桥商代遗址动物骨骸的鉴定与研究》，载《农业考古》，1988年第2期。

[2] 王善才、张典维：《湖北清江流域考古获重大成果》，载《中国文物报》，1994年11月27日。

[3] 长阳土家族自治县属清江流域，是喀斯特地形发达区，位于清江江畔的香炉石遗址土壤应属碱性土壤，遗址中出土的大量骨质遗物得以保存。

[4] 王善才、张典维：《长阳香炉石遗址又有新发现》，载《中国文物报》，1996年3月24日。

综上所述，本文化遗存的基本文化特征现概括如下：

1. 本文化遗存的基本器物组合为：生活用具为陶质釜、束颈罐、鼓腹杯和灯座形器；生产工具有石钁、石锚和穿孔石刀。

2. 与其他地区的同期文化遗存相比，本文化生产力水平较低。陶器制作以手制的泥片拼接法为主，器物组合稳固，器物演进缓慢。特别在进入殷墟时期以后，原有的外来文化因素几乎全被融入土著文化，文化面貌单调划一。

3. 本文化遗存，特别在殷墟早期，渔猎经济是居民的重要生计方式。

三峡西陵峡区商时期的主要遗址还有鲢鱼山[①]、杨家嘴[②]、三斗坪、白狮湾[③]、朝天嘴、中堡岛、长父沱[④]、下岸[⑤]、上磨垴[⑥]等。这些遗址的同期文化面貌与本文化遗存相同，属于同一考古学文化。

长阳土家族自治县香炉石遗址商时期（⑤、⑥层）夹砂褐红陶釜占全部陶容器的71.7%，其他文化特征也与本期遗存相近，亦可视为同一考古学文化。

对江陵荆南寺同期遗存的研究结果表明：该遗址的土著居民

---

① 杨权喜、陈振裕：《秭归鲢鱼山与楚都丹阳》，载《江汉考古》，1987年第3期。

② 三峡考古队第三组：《湖北宜昌杨家嘴遗址发掘简报》，载《江汉考古》，1994年第1期。

③ 湖北省文物考古研究所：《长江三峡工程坝区白狮湾遗址发掘简报》，载《江汉考古》，1999年第1期。

④ 宜昌市博物馆：《三峡库区长府沱遗址试掘简报》，载《江汉考古》，1995年第4期。

⑤ 国家文物局三峡考古队：《湖北宜昌县下岸遗址发掘简报》，载《考古》，1999年第1期。

⑥ 湖北省文物考古研究所：《湖北宜昌县上磨垴周代遗址的发掘》，载《考古》，2000年第8期。

以釜为炊器，与路家河文化的土著居民应属于同一文化共同体[①]。但荆南寺遗存中商文化的比重高于路家河遗址，这显然与该遗址位于路家河文化的东部，与其他文化有更多的交流之故。

路家河文化在四川东部的分布甚至到奉节县，奉节新浦遗址下层遗存[②]当属路家河文化。

但以甘井沟遗址[③]为代表的商周时期遗存，是以陶釜为主要器皿。由于目前的相关报道不多，其文化属性还有待进一步考证。

在同一时期的长江中游地区，还存在着以鬲为典型器物的汉水下游黄陂盘龙城遗存[④]，以及以釜鼎、罐、碗豆为典型组合的湘西北"澧水遗存"[⑤]。这些遗存与路家河文化的典型器物群有着质的差异，甚至在经济形态和社会组织方面都有很大的区别，它们显然分属于不同的考古学文化。

综上所述，我们认为，以路家河遗址第二期后段遗存为代表的考古学文化，是一个时间上从商代二里冈下层至殷墟早中期，空间上分布于鄂西川东地区，尤以长江三峡为中心地区，以釜、束颈罐、鼓腹杯、灯座形器、石饔、石锚为典型器物，以渔猎经济为重要生计方式的考古学文化。

路家河遗址是目前西陵峡乃至整个长江三峡地区遗址中面积最大、延续时间最长、发展序列最完整、出土物最多，且发掘

[①] 何驽：《荆南寺遗址夏商时期遗存分析》，载《考古学研究》（二），北京大学出版社，1994年。

[②] 吉林大学考古学系：《四川奉节县新清浦遗址发掘报告》，载《考古》，1999年第1期。新浦下层遗存部分属于西周时期遗存。

[③] 四川省长江流域文物保护委员会文物考古队：《四川忠县甘井沟遗址的试掘》，载《考古》，1962年第8期。

[④] 湖北省博物馆、北京大学考古专业盘龙城发掘队：《盘龙城一九七四年度田野考古纪要》，载《文物》，1976年第2期。

[⑤] 王文建：《商时期澧水流域青铜文化的序列和文化因素分析》，载《考古类型学的理论与实践》，北京：文物出版社，1989年。

图四　路家河文化典型陶器组合图

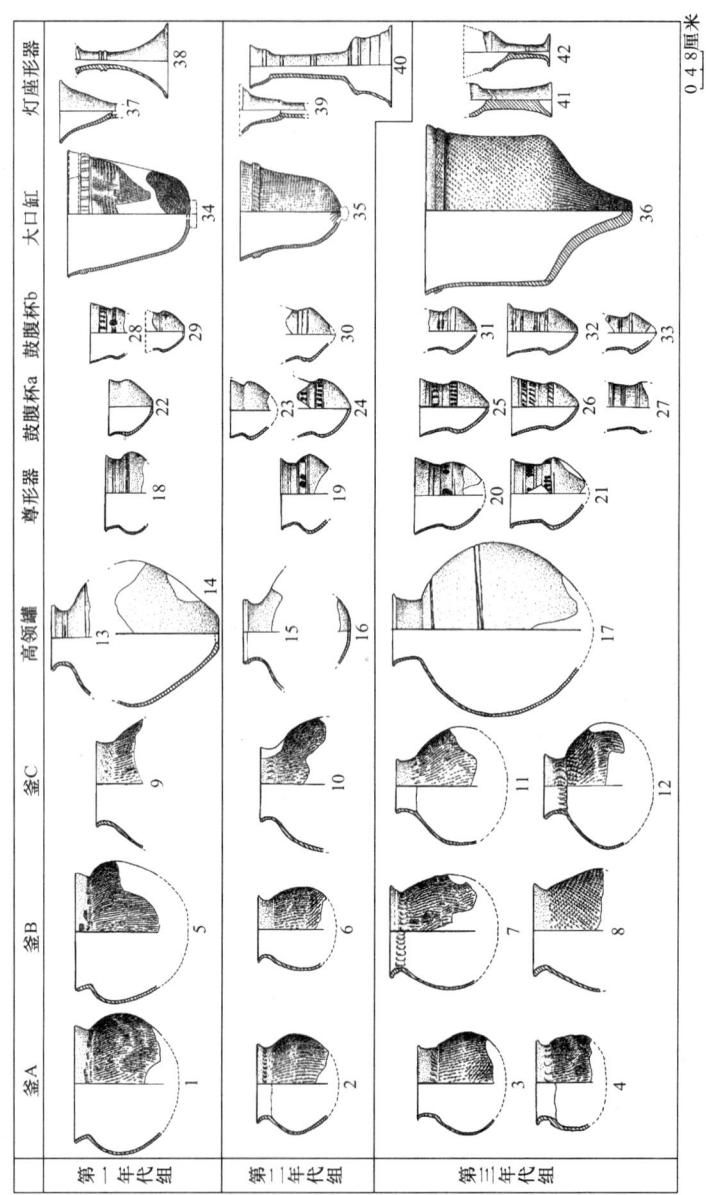

资料率先整理发表的商时期文化遗址。根据中国考古学界以第一发现地点命名考古学文化的惯例，以及同一考古学文化中遗址年代最长、遗存最丰富，且最能反映该考古学文化典型特征的遗址作为命名地的原则，我们把路家河遗址第二期后段遗存所代表的考古学文化命名为路家河文化。

邻近地区与路家河文化年代大致相当的重要遗址还有：江陵地区的梅槐桥、周梁玉桥[①]；澧水流域皂市[②]、宝塔、斑竹等[③]；岳阳市铜鼓山[④]、费家河[⑤]等。

四、第三期遗存——周梁玉桥类型文化

路家河第三期文化遗存发现于遗址南部和西部，文化堆积层薄，出土器物亦少。文化属性为周梁玉桥类型文化。

本期遗存有两组地层关系：T9⑥叠压在H4之上，H4又打破属路家河文化的T9⑦；T4⑤叠压在T4⑥之上。

根据各层位出土器物的组合和形态，本期遗存可以分为前、后两个阶段（详见表四和图五）。

---

① 沙市市博物馆：《湖北沙市周梁玉桥遗址试掘简报》，载《文物资料丛刊》第10辑，北京：文物出版社，1987年；荆州地区博物馆、北京大学考古系：《湖北江陵梅槐桥遗址发掘简报》，载《考古》，1990年第2期。

② 湖南省文物考古研究所：《湖南石门皂市商代遗存》，载《考古学报》，1992年第2期。

③ 王文建、龙西斌：《石门县商时期遗存调查——宝塔遗址与桅岗墓葬》，载《湖南考古辑刊》，第4集，岳麓书社，1987年。

④ 湖南省文物考古研究所、岳阳市文物工作队：《岳阳市郊铜鼓山商代遗址与东周墓发掘报告》，载《湖南考古辑刊》，第5集，岳麓书社，1989年。

⑤ 湖南省博物馆、岳阳地区文物工作队、岳阳市文管所：《湖南岳阳费家河商代遗址和窑址的探掘》，载《考古》，1985年第1期。

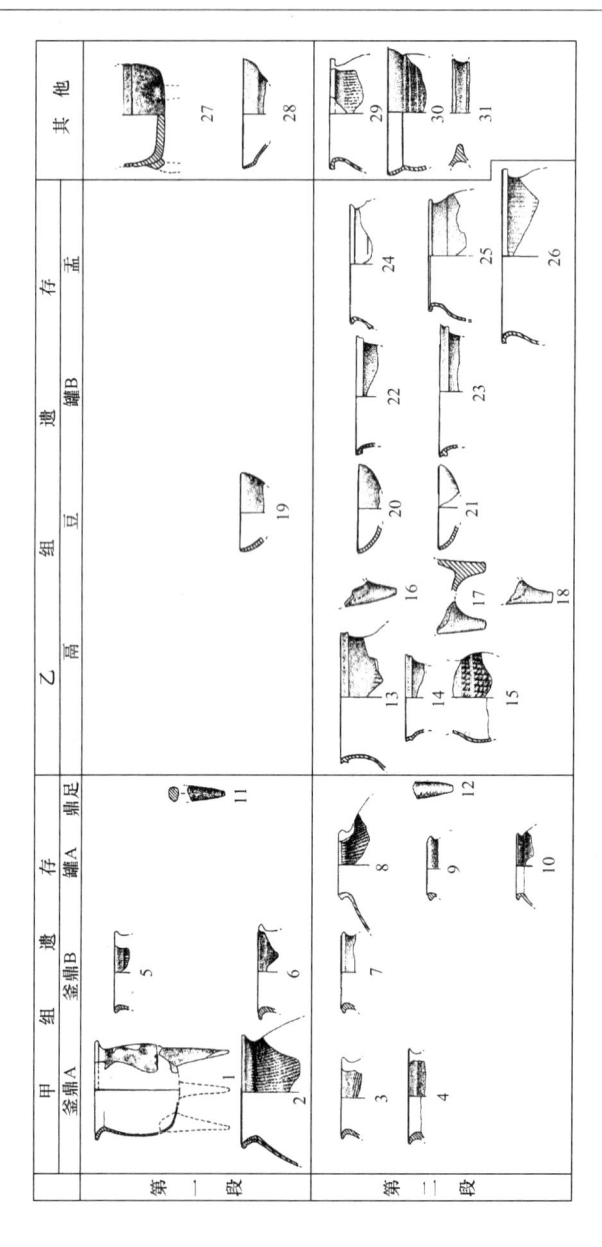

图五　周梁玉桥类型文化典型陶器组合图

第一段的地层单位有：H4、T9⑥。出土器物为釜鼎AⅠ、AⅡ、BⅠ、BⅡ和高柄豆Ⅰ。

本段遗存可再分为早、晚两个阶段，分别以 H4、T9⑥为代表，陶器分别以釜鼎AⅠ、AⅡ和BⅠ、BⅡ为标志。

第二段的地层单位有：T4⑥、T10④、T8③、T7④、T3②B 和 T4⑤。出土物的情况较复杂。常见夹砂红褐陶质的 AⅢ、AⅣ、BⅢ、CⅠ—CⅢ、DⅠ、DⅡ式釜鼎，夹细砂红陶质Ⅰ—Ⅲ式鬲足，Ⅱ、Ⅲ式高柄豆，Ⅰ—Ⅲ式盂等。

从器物形态分析，并参考对其他同期遗存的研究成果，第二段遗存有一个较大的时间跨度，还可以再分为早、中、晚3个阶段，分别以 T4⑥、T3②B 和 T4⑤为代表。陶器分别以釜鼎CⅠ—DⅢ、鬲足Ⅰ—鬲足Ⅲ和盂Ⅰ—盂Ⅲ为标志。

表四　路家河第三期文化典型器物组合表

年代	组合	层位单位	釜鼎 A	釜鼎 B	厚沿罐	高柄豆	鬲足	折肩盂	文化因素之比例 甲组	文化因素之比例 乙组
第一段	早	H4	Ⅰ	Ⅰ					6	0
第一段	晚	T9⑥	Ⅱ	Ⅱ		Ⅰ			5	1
第二段	早	T4⑥、T10④、T8③	Ⅲ	Ⅲ	Ⅰ	Ⅱ	Ⅰ	Ⅰ	5	3
第二段	中	T3②B	Ⅳ		Ⅱ	Ⅲ	Ⅱ		5	7
第二段	晚	T4⑤			Ⅲ		Ⅲ	Ⅲ	1	3

本期第一段遗存，在目前的鄂西地区，还没有可明确为同一时期、可供比较的资料报道。本遗址的层位关系和类型学研究证明它的相对年代晚于路家河文化遗存。小溪口、官庄坪等遗址的发掘资料中，西周晚期以后的釜鼎口沿肥厚、鼎足为圆锥体或圆柱体，其形态显然晚于本段遗存。因此，本期第一段遗存的年代当在殷墟晚段到西周前段。

本期第二段遗存陶鬲，高颈、口沿下挤出一条泥条为方唇；

鬲足全为素面，从截体尖锥状到圆锥状、再到圆柱状。最晚形态的Ⅲ式鬲足与官庄坪 A 型 I 式的同类器近似，年代也大致在两周之际。由此，本期第二段遗存的年代当在西周中晚期至春秋初期。

本期陶器存在着两组不同的组合，代表着两种不同的文化因素：甲组因素的陶质为质地松散、火候低的夹砂红褐陶，器物组合为鼎、釜、厚沿罐；乙组因素的陶质为夹细砂红陶和少量泥质黑灰陶，器物组合为鬲、罐、盂、豆等。

本期陶器的演变趋势为，釜鼎口沿：侈沿→卷沿、由厚实→肥厚，鼎足从尖锥足→圆锥足→圆柱足；鬲足：锥体截足→圆锥体→圆柱状；高柄豆：深盘→浅盘。详细情况参见图五。

甲、乙两组文化因素在本期遗存中所占的比例有一个长时期的渐变过程。表四的统计数据和小溪口遗址的试掘结果表明：在本期第一段时，甲组因素占有绝对的优势，直到第二段中期即约在西周中偏晚时，两者之间的比例才大致相当；到了第二段晚期，即约春秋早期时，乙组因素才在数量上成为多数。

甲、乙两组文化因素的消长现象也存在于邻近的小溪口①、官庄坪②等遗址。

由此可见，（1）相对甲组遗存而言，乙组遗存显然是后来文化；（2）两组文化在西陵峡区有过一个长期共存的局面；（3）甲组因素釜鼎遗存是本期文化的核心和基础，乙组遗存对本区的作用，似乎主要是一种文化上的渗透和影响。

本期甲组因素与商时期路家河文化之间，有着质的区别又有着千丝万缕的联系，路家河文化的炊器以夹砂褐色陶釜为主而从不见鼎，本期遗存则以夹砂红褐陶釜、鼎为主。炊器是陶器中最

---

① 长江水利委员会文物考古队发掘资料。
② 湖北省博物馆：《秭归官庄坪遗址试掘简报》，载《江汉考古》，1984 年第 3 期；王红星、胡雅丽：《秭归官庄坪周代遗址初析》，载《江汉考古》，1984 年第 3 期。

能反映史前考古学文化生活习性的器皿，炊器的不同折射出路家河文化与小溪口类型文化之间的根本性的变迁。

但是本期釜鼎的陶质、制法、火候与路家河文化基本相似，而且敛口侈沿釜形器身与路家河文化陶釜形态一脉相承，又说明路家河文化是路家河第三期文化遗存甲组因素的主要源头之一。

本期遗存的另一个主要源头是鄂西地区东部沙市周梁玉桥—江陵梅槐桥类型文化，该类型文化以足外侧拍印绳纹的陶釜鼎为主要特色。周梁玉桥类型文化原本不是江陵地区的土著文化，其进入江陵地区的年代当在殷墟一期，在江陵一带与路家河文化相持了一段时间，而后逐渐西进到西陵峡区直至川东地区。从目前的资料看，该类型文化的最西分布在奉节县的新浦遗址。根据路家河文化的最晚遗存在殷墟早段推测，周梁玉桥类型文化进入西陵峡区的年代应与这一时期相当或者稍后。

应该特别说明的是，路家河第三期文化遗存与三峡地区同期文化在物质文化面貌上，与周梁玉桥遗址本身存在一定程度的差异，这可能是该遗存在西进过程中不断吸取当地文化，即不断本土化的缘故。

乙组因素也有其源远流长的文化传统，其根源当是汉水流域下游以黄陂鲁台山为代表的西周时期文化[1]。

西陵峡区中与路家河第三期文化遗存年代相近的主要遗址还有柳林溪[2]、覃家沱[3]、三斗坪等，这些遗址的主要内涵与本期

---

[1] 黄陂县文化馆、孝感专区博物馆、湖北省博物馆：《湖北黄陂鲁台山两周遗址与墓葬》，载《江汉考古》，1982年第2期。王光镐：《楚文化源流新证》，武汉：武汉大学出版社，1988年。

[2] 湖北省博物馆江陵考古工作站：《一九八一年湖北省秭归县柳林溪遗址的发掘》，载《考古与文物》，1986年第6期。

[3] 湖北省博物馆：《宜昌覃家沱两处周代遗址的发掘》，载《江汉考古》，1985年第1期。

第二段，特别是第二段的晚段遗存的年代相近。

清江流域长阳县香炉石遗址③、④层被分别认为是东周和西周时期遗存①，主要文化因素有二：以夹砂褐陶釜、圜底罐为代表的土著文化；以鬲、罐、盂、豆为组合的楚文化。值得注意的是，该遗址中的土著因素只有釜、罐而不见鼎，这一现象是清江流域与长江三峡干流同期遗存在物质文化上的重要差异的标志，意味着同在路家河文化发展起来的两地文化开始分道扬镳。换言之，炊具以鼎为主的周梁玉桥文化经三峡扩展到了川东地区，但清江流域继承路家河文化的传统，依然以釜为主要炊具。

本期文化层中出土了一些鱼骨和兽骨，说明渔猎经济仍是本期居民的一种生计方式。但根据本遗址和西距本遗址 0.5 公里的小溪口同期遗址的发掘，说明本期遗存（特别在第二段遗存时）渔猎经济成分的比重下降。

五、第四期遗存——楚文化

路家河第四期遗存与第三期遗存一样，零星地分布在遗址的南部和西部。

地层单位有：H3、T8③和 T10③。

陶器以泥质灰陶为主，制法主要为轮制。从形态和组合上看属于楚文化的范畴。但是，从炊器为夹砂褐灰陶缶和注出鬲足的现象说明，本地战国时期文化遗存与以江陵一带为代表的典型楚文化之间存在一定的差别。

---

① 湖北省清江隔河岩考古队：《湖北清江香炉石遗址的发掘》，载《文物》，1995 年第 9 期。

六、第五期遗存——西汉前期遗存

属于西汉前期的地层单位仅有 T9⑤一例,出土器物为铁斧和"半两"钱币。

七、第六期遗存——东汉时期遗存

路家河第六期遗存为东汉时期文化遗存。

出土遗物不多。根据本区同期遗存的研究成果[①],本期遗存还有早、晚之别:

T7③:1 方唇束颈折肩罐,与宜昌前坪包金头东汉早期墓葬 M18 的同类器形态一致,属于东汉早期遗存。

T3②A:4、11 广肩直壁圜底缸,与包金头东汉晚期 M3 的同类器形态一致,属东汉晚期遗存。

T7③出土的四出五铢和剪轮五铢,为东汉末期遗存。

八、第七期遗存——六朝至宋明遗存

路家河第七期文化遗存分布于遗址西部,尤以 T7②的堆积为最。在发掘过程中,曾把 T7②分为②A、②B、②C 三亚层,但在整理过程中却把出土物合为一层。

---

① 长办库区处红花套考古工作站:《湖北宜昌包金头东汉、三国墓》,载《考古》,1990 年第 9 期。

第七期文化遗存的出土器物不算多，但时间跨度很长。上至六朝、下至宋明，其中绝大多数遗存的年代为六朝至北宋时期。

根据对出土物的研究分析，各不同时期的器物分述如下。

（一）六朝时期

属于这一时期的器物有：钵 A，盘口壶，砚。

本期的钵为平底、敛口，器内底有支钉，或在外壁处饰网状纹。釉色有黄灰色和绿色釉。

盘口壶为矮盘口，颈短且细，肩部一般置 4 至 6 个桥形横纽。釉色多绿色。

辟雍砚砚面微弧，水槽不深，足多为水滴状，制作简单。

（二）隋朝

属于这一时期的有：盏 A、B，碗 Ba；钵 B 和器盖。

盏的特点是敛口、假圈足较大且矮，器腹略浅。

碗的特点是敛口、假圈足较小且高；一般在碗的外口沿处饰圆形图案；釉多绿色，开片。

器盖为弧面，顶部下凹，子口内斜，多施釉，绿釉较常见。

（三）唐朝

属于这一时期的器物较多，计有：碗 A、B，罐 A、B、C，瓶 B，盆 A，灯，盂等。

该时期碗的特点为：敞口，璧形足或假圈足，釉色以青釉、青泛黄釉为主。

罐有无耳、双耳、四耳之分，大口、小口之别，圆鼓腹，最大腹径靠近肩部，多数为平底。釉色多为绿釉、黄釉。

盆的造型多为圆唇、敞口、大平底。多数无釉，个别有彩绘。

灯，在南方唐代灯的造型有两种，早期一般为莲花座上置一折腹盘；晚期则为一小碗，碗内壁有一桥形把手。釉色多为青、黄两色，也有三彩器。本遗址出土的灯当属早期。

盂为敛口、假圈足，最大径在肩部。釉色多为绿色，也有黄釉和褐釉。

（四）五代至宋朝

这一时期的器物造型较为接近，尤其是对北宋初年与五代时期的更难区别，加上没有纪年器物作分期标志，因此，将五代至北宋遗存合为一个时间段来叙述。这一时期的器物有：碗A，瓶A、B，盆B。

碗的造型基本为圈足、敞口，也有平沿或荷叶形花边碗。五代时期多素面，釉色有豆青、灰绿、青绿和白釉等多种。宋代碗内多有印纹，图案为牡丹、卷草、鱼类等，制作工艺与造型更加精美。

瓶的造型一般为小口、短颈、瘦长腹、平底内凹，最大径都在肩部，釉色灰白。

盆的造型较一致，圆唇、卷沿或平沿、大平底，有的底部微内凹，陶胎多土红色，釉色多绿色或灰青色。有些器内尚有刻划纹，图案多见牡丹和缠枝花草。

（五）明朝

属于这一时期的只有1件瓶C。小口，短颈，最大径在肩部，肩上有两组划纹，呈不规划几何图形。陶质无釉，胎黄白色。

The Lujiahe Archaeological Site in Yichang
(Abstract)

The Lujiahe Archaeological Site is located in the northwestern corner of the works area of the Dam of the Three Gorges. The excavation of the site was carried out by the Archaeological Team of the Water Conservancy Commission of the Yangzi River in the summer and autumn of 1984. The excavated area is 519.4 m^2.

The Lujiahe Site is the first archaeological site of the Shang period (ca. 16th—12th century B. C.) in the Three Gorges that has been excavated with careful planning and through a well controlled procedure. This report is also the first monograph of archaeological fieldwork in the Three Gorges.

The unearthed archaeological remains from multiple layers of the Lujiahe Site are dated to seven phases. Phase I is represented by the Chengbeixi Archaeological Culture of the neolithic period. Phase II is composed of two sub-phases, of which, the early one is characterized by the Chaotianzui Archaeological Culture of the Erlitou period (ca. 21st—16th century B. C.), and the late one by the Lujiahe Archaeological Culture of the Shang period. Phase III is dated to the period from the end of the Yin Ruins to Western Zhou (ca. 12th to 8th century B. C.) and identified with the Zhouliangyuqiao Type. Phase IV refers to the Chu Culture remains of the Warring States period (ca. 5th—3rd century B. C.) . Phase V and Phase VI are dated to the early Western Han (206 B. C.—A. D. 24) and Eastern Han (A. D. 25—

220), respectively. Phase VII includes archaeological remains from a series of historical periods from the Six Dynasties (late 3rd—late 6th century) to the Ming period (1368—1644). Of all the discoveries from the above seven phases, those from the first three phases are the most significant archaeologically and hence discussed in the following.

1. Phase I: Remains of the Chengbeixi Culture

The remains of Phase I at the Lujiahe Site can be identified with the Chengbeixi Archaeological Culture. Phase I remains are distributed in the southern part of the site, with a thin layer of deposit and a small amount of artifacts unearthed. The representative types of pottery wares include fu-cooking pot, guan-jar, bo-bowl, and zhizuo-support. The paste of the pottery is usually mixed with unplastic material like carbon residue, or sand, or a combination of the two. All the pottery wares are round-bottomed and primarily cord-marked. Ring-footed and flat-bottomed wares are absent in Phase I.

Pottery typology of Phase I suggests a relatively long duration of time, which is reflected in the morphological differences between the early assemblage represented by the pottery from Layer 8 of T6 and the late assemblage from Layer 5 of T1. The C14 date from Layer 5 of T1 is 5740—5540 B.C., the early assemblage, therefore, should be earlier, and likely to be dated to around 6000 B.C.

Although the amount of Phase I remains is small, the discovery is significant because it has made the Lujiahe Site one of the only two Neolithic sites so far identified in the Three Gorges that are dated to more than 7500 years ago.

2. The Early Sub-phase of Phase II: Remains of the Chaotianzui Type

The remains of the Early Sub-phase of Phase II can be dated to the period chronologically equivalent to the Erlitou Archaeological Culture in the Central Plains, based on the C14 date (1878—1639 B.C.) and pottery cross-dating. The remains of this sub-phase, mostly unearthed from Layer 5 of T8 in the southern part of the site, can be identified only temporally with the archaeological culture of the Chaotianzui Type, because the composition of cultural traits at Lujiahe is more complex than that at Chaotianzui.

Although the amount of pottery wares from this sub-phase is limited, there are as many as five groups of cultural traits can be identified, each represented by certain type (s) of pottery wares.

Group A: Cultural traits mainly represented by the red, sandy and cord-marked fu-cooking pot, which continues to appear in the succeeding Lujiahe Archaeological Culture as a component of the local cultural traits.

Group B: Cultural traits that can be linked to the Sanxingdui Archaeological Culture distributed in the Chengdu Plain of Sichuan as its center, including pottery types of gray sandy guan-jar, I-shaped pedestal, and spoon-handle with a bird-head tip.

Group C: Cultural traits that can be connected to the Erlitou Culture in the Central Plains, represented by he-vessel with a closed spout and three hollow legs and zun-urn with a big mouth and rounded bottom.

Group D: Cultural traits represented by guan-jar and panplate both with petal-shaped rims, which can also be found at the Shaopengzui site and the Weijialiangzi site in the Three Gorges, in the Baodun Archaeological Culture in the Chengdu Plain of Sichuan, and also in the Baoshan Culture in Chenggu of southern Shanxi.

Group E: Cultural traits that can be traced back to the local neolithic culture of the Longshan period (ca. 3000—2000 B. C.), represented by brown, sandy and cord-marked guan-jar, gray dou-plate, and other checker-marked or basket-marked gray wares.

Indicated by the result of a comparative analysis of the remains of the Early Sub-phase of Phase II at Lujiahe and other contemporaneous archaeological remains in the Three Gorges and western Hubei, Group A cultural traits developed locally, and Group D began to appear at archaeological sites in the Three Gorges during the late Longshan period. During Phase II of the Erlitou Culture, Group B cultural traits, originated from the Sanxingdui Culture, entered the Three Gorges and soon became prominent in this area. It can be inferred, therefore, that the influences of archaeological cultures from the west to the Xiling Gorge of the Three Gorges and western Hubei had become frequent and steadily increased since the late Longshan period. Such influences eventually changed the patterning of archaeological cultures formed during the Neolithic period, during which the Xiling Gorge and western Hubei were part of the Jianghan Cultural Region that was expanded in the middle Yangzi River and lower Han River areas.

As at the Lujiahe Site, it can be identified in many locations in western Hubei dating to the Erlitou period that archaeological traits with different origins co-appeared at the same site. This suggests that during the Erlitou period, frequent cultural communication, interaction, and integration took place in the Three Gorges, which might further imply that many communities or social groups that previously lived separately started to live together in the Three Gorges.

3. The Late Sub-phase of Phase II: Remains of the Lujiahe Culture

The remains of the Late Sub-phase of Phase II are dated to the Shang period and should be named as the Lujiahe Archaeological Culture.

Of all the remains of the seven phases, the deposit of the Lujiahe Culture is the thickest in accumulation, yielding the largest share of unearthed artifacts. The discovery and study of the Lujiahe Culture are the most important academic achievement of the excavation at the Lujiahe Site.

The pottery wares from this sub-phase are primarily round-bottomed, of which more than 54% are the fu-pot, used as a cooking utensil and food container. Among all the pottery wares, there are five types that are rich in quantity and consistently associated with each other in all the stratigraphic contexts. These types include the fu-pot, the tied-necked guan-jar, the swoon-bellied bei-cup, the I-shaped pedestal, and the red, big-mouthed gang-urn with a round or pointed bottom.

The remains of the Late Sub-phase of Phase II can be further grouped into three pottery assemblages in chronological order. The early assemblage is dated to the period of the Lower

Layer of Erligang, the middle assemblage to the period of the Upper Layer of Erligang, and the late assemblage to the early phase of the Yin Ruins period. The C14 date associated with the late assemblage is 1428—1114 B.C..

There are two major groups of cultural traits that can be distinguished in the remains of the Late Sub-phase of Phase II. Group A represents the development of a local tradition since the earlier sub-phase, and Group B reflects the continuous influence from the Sanxingdui Culture also since the earlier sub-phase. Besides, there are some cultural traits that can be linked to the Shang Culture in the Central Plains and some to the Li River Culture in northwestern Hunan.

The proportion of Group A wares in the total pottery assemblage gradually increased through time in this sub-phase, from 50% in the early assemblage to 80% in the late assemblage. Group B wares decreased correspondingly, but the status of Group B traits in the Lujiahe Culture should not be underestimated. All the Group A wares are daily utensils, but some ware types in Group B like the I-shaped pedestal are likely used as ritual paraphernalia, reflecting the strong and constant influence of the Sanxingdui Culture on local ritual ceremony.

The production of the Lujiahe Culture is characterized by a prominent fishing and hunting economy. There is no direct evidence of agriculture from the remains of this sub-phase, and the number of domestic pig bones is too insignificant to be considered as a stable source of food supply. On the contrary, the quantity of muntjac and deer bones is great, and the weight of fish bones from a single test pit may reach from a dozen of kilograms to over a hundred kilograms. It should also be noted that the proportion of fishing and hunting in local economy in the Three Gorges seems to increase gradually during this sub-phase, and only reaches its peak in the late stage of this sub-phase. During the same period of time, the intensification of fishing and hunting activities is also evident at other archaeological sites in western Hubei.

There is a quite large number of archaeological sites in the Three Gorges contemporaneous with the Lujiahe Culture, but the size of all these sites is small. This indicates a limited size of population in each settlement and probably also an underdeveloped regional social organization.

The discoveries from the Late Sub-phase of Phase II also include remains that are related to ritual or religious activities. Besides the I-shaped pedestals mentioned above, oracle bones in the form of tortoise shells have also been found.

The pottery from the Late Sub-phase of Phase II is hand made, and slab-pinching is the primary technique in pottery molding. The association of certain pottery types is consistent, and the rate of change in pottery morphology is low during this period of time. In the last stage of this sub-phase, the style of the pottery assemblage becomes unified and monotonic, and the influence of archaeological cultures from other areas almost indistinguishable.

To sum up, the archaeological remains of the Late Sub-phase of Phase II at the Lujiahe site represent an archaeological culture that is dated to the Shang period from the Lower Layer of Erligang to the early phase of Yin Ruins, and is distributed from eastern Sichuan to western Hubei, with the Xiling Gorge of the

Three Gorges as the center. The representative types of artifacts in this culture include fu-pot, tied-necked guan-jar, swoon-bellied bei-cup, I-shaped pedestal, stone sinker, and stone pick. Fishing and hunting are the major means of subsistence in local communities.

Among all the archaeological sites in the Three Gorges that share the same cultural characteristics, the Lujiahe Site is the one with the largest size of occupation, longest duration of time, most complete sequence of cultural development, and richest discovery of artifacts and features. Following the tradition and principle of naming an archaeological culture in Chinese archaeology, the archaeological culture represented by remains of the Late Sub-phase of Phase II shall be named as "the Lujiahe Culture".

4. Phase III: Remains of the Zhouliangyuqiao Type

The remains of Phase III is found in the southern and western parts of the Lujiahe Site. The deposit of this phase is thin in accumulation, and the amount of artifacts unearthed is small.

The remains of Phase III can be grouped into two assemblages in chronological order. The early assemblage is dated to the late phase of the Yin Ruins and the early Western Zhou, and the late assemblage to the middle-late Western Zhou and the early Spring-and-Autumn period.

Fishing and hunting continued to one way of subsistence, judging from the discovery of a certain amount of fish and animal bones from the deposit of this phase. But, the proportion of food supply by fishing and hunting dropped obviously in the late assemblage of this phase.

There are two distinguished groups of cultural traits in the remains of Phase III. Group A is represented by the reddish brown sandy ding-tripod hand-molded using the slab-pinching technique. Group B is represented by the wheel-made, reddish brown and fine-sandy li-tripod. Group A represents cultural traits of the local tradition, and Group B represents that of the Chu Culture. The follow table shows the changing proportion of Group A and Group B wares in the total pottery assemblage through Phase Ⅲ.

Chronological Order	Proportion (A : B)	Representative Context
Early Assemblage-early stage	6 : 0	H4
Early Assemblage-late stage	5 : 1	Layer 6 of T9
Late Assemblage-early stage	5 : 3	Layer 6 of T4, Layer 4 of T10
Late Assemblage-late stage	6 : 7	Lower Layer 2 of T3

Several points can be made from the table above. First, compared with Group A, Group B appeared in the Three Gorges obviously later. Second, the two groups of cultural traits co-appeared in the Xiling Gorge for a long period of time. Third, Group A represented the core component of Phase III remains, consistent through time, and Group B reflected a continually increased influence from an outside culture with more advanced production techniques.

There are two morphological prototypes for Group A wares of Phase III: one is the Lujiahe Culture of the previous phase, and the other is archaeological culture represented by the Zhouliangyuqiao Site to the east of the Three Gorges in Shashi City of western Hubei. It is worth noting that the former is a "fu

Culture", with round-bottomed fu-pot as the cooking utensil, whereas the latter is a "ding Culture", with the ding-tripod as the cooking utensil. The two types of cooking wares represented two distinguished cultural traditions, but they were successfully integrated at the Lujiahe Site in Phase III.

Group B remains can also be traced back to a long tradition originated from the Chu Culture. The Chu Culture, in a broad sense, integrated the traits of the Western Zhou Culture in North China and that of local cultures in the Yangzi-and-Han-River area in the Western Zhou period, and was represented by the Lutaishan Site in Huangpi of central Hubei in the lower riches of the Han River.

Historians have classified numerous ethnic groups in the land of today's China during sandai period, that is, the period of the Xia, Shang, and Zhou dynasties, into three large ethnic blocs, namely, the Huaxia, the Hundred-Yue and the Ba-Shu. According to the distribution of archaeological finds, the li-tripod was the cooking utensil of the Huaxia in the Central Plains, the ding-tripod was that of the Hundred-Yue in Southeast China, and fu-pot was that of the Ba-Shu in the Southwest China. Therefore, the Lujiahe Culture with the fu-pot as its cooking utensil should belong to the Ba-Shu, the Zhouliangyuqiao Type with the ding-tripod should be part of the Hundred-Yue, and the Chu Culture with li-tripod should belong to the Huaxia.

The archaeological discoveries at the Lujiahe Site indicate that the Three Gorges during the Xia-Shang-Zhou period is a place of cultural confrontation, interaction, and integration among the three large ethnic blocs represented archaeologically by the fu, ding, and li cooking utensils, respectively. The pattern of cultural interaction and integration reflected by the archaeological remains of the Lujiahe Site is an excellent case for us to understand the historical trajectory of the formation of a unified Chinese nation with multiple origins.

The historical trajectory of archaeological changes at the Lujiahe Site during the sandai period also reflects a mode of cultural evolution, which is different from that in the Central Plains and other regions.

The social development of archaeological cultures in various regions of ancient China during the previous Neolithic period share many characteristics. Prof. YAN Wenming of Peking University has pointed out that, "in general, all the archaeological cultures have entered the threshold of civilization during the Longshan Period". The Western Hubei region is not an exception. During the sandai period, however, if there were not interventions of external forces, the society in Western Hubei might have continued to be a kind of "sparsely populated small-state" characterized by Lao Zi, as the society of the Yi ethnic group in Southwest China before the 1950s. These small states are probably organized loosely into a federation and ruled by a group whose members are on the top of social hierarchy and whose bounding is maintained by lineal and marital relationships.

Even with the interventions of external forces, the social development in Western Hubei during the sandai period still reveals the impact of regional tradition in many aspects. After the retreat of the Sanxingdui Culture to the west in the late sub-phase of Phase II, the Lujiahe Culture can no longer be characterized as a state-like society, because of the low level of technical and economic forces in each of the settlements scattered in a vast region. The Lujiahe society seems more like a cultural community with shared ancestry, space, and myth or belief. The social structure of the succeeding archaeological culture of the Zhouliangyuqiao Type probably remains the same.

Generally, the state-like political organizations in Western Hubei only emerge during the Spring-and-Autumn period, when this region is conquered by the highly powerful Chu Culture. Afterwards, this region is brought into a higher level of social organization represented by the Han dynasty.

The historical trajectory reflected by the mode of cultural evolution in Western Hubei during the sandai period is representative in South China to a certain degree. There are many glorious ancient cultures of the sandai period in South China which are unable to develop forwards with regard to their socio-political structure, and the reasons probably can be found in their isolated social environment, loosely organized and controlled society, and function of ideology.

(Translated by ZHOU Yan and HU Hongbao, revised by WANG Wenjian)

附记：长江水利委员会主编的考古发掘报告《宜昌路家河》于2002年由北京科学出版社出版，此乃该书的结语部分，由林春执笔撰写，英文翻译由周燕和胡鸿保承担，王文建校订。

路家河文化泥片拼接制陶法考察报告

本文的研究资料，是路家河遗址第二期文化后段遗存中的陶器群。

本文中的"路家河文化"，特指以路家河遗址第二期文化后段遗存为代表的考古学文化。该文化的分布地域为鄂西川东地区，其中心区域在长江三峡沿江一带；该文化的主要年代为商代二里冈下层时期至殷墟早段。

根据分析，路家河文化可分为早、中、晚三期（即《宜昌路家河》第九章中的三个年代组）：

1. 早期：时代约在二里冈下层时期，以 T8④、T7⑤A 出土遗存为代表。

2. 中期：时代约在二里冈上层时期，以 T3③、T4⑧ 出土遗存为代表。

3. 晚期：时代约在殷墟早段，以 T5⑤—② 出土遗存为代表。

一、陶器的基本概况

陶器的陶质有夹砂褐红陶、泥质黑灰陶、夹砂红陶、夹砂灰陶、泥质红陶和极少数硬陶。它们在全部陶器中所占的比例分别为 65.6%、24.82%、7.02%、1.23%、0.98% 和 0.34%。

夹砂褐红陶的火候不高，质地松软，器表颜色斑驳不一，器类主要有炊器釜和罐、簋、豆等盛食器。泥质黑灰陶陶器的主要器类有罐、簋、杯、盂、豆等盛食器和灯座形器。夹砂红陶类器主要见大口缸。夹砂灰陶有鼓腹罐、盉等袋足器。泥质红陶的陶器有罐、豆等盛食器。硬陶器仅见数件罐、盂、豆残片。

绝大多数陶器器表都有纹饰，其中以绳纹为大宗，还有方格纹、米粒纹，以及各种拍印纹、鸟兽纹、附加堆纹、刻划纹、戳印纹、弦纹、镂孔等。几乎所有的夹砂褐色陶釜、陶罐上都拍印有绳纹，或者方格纹、米粒纹；泥质陶系的罐、壶、杯等的器腹上拍印各种几何拍印纹（云雷纹、S纹、圆圈纹、菱形纹、回字纹、三角纹、戳点纹、旋涡纹、水波纹等）和形态各异的鸟首奔兽图案；附加堆纹常见于大口缸的箍带上；贝纹见于釜、杯等器的器腹上；镂孔罕见，装饰在圈足上。

陶器器形以圜底器为主，约占 70% 左右；尖底器约占 15%；圈足器约占 7%；另有少量平底器和数量极少的袋足器。

陶器器类有釜、罐、壶、罍、瓿、尊、簋、碗、盂、豆、盘、碟、钵、勺、瓠、杯、灯座形器、斝、盉、鬲、甑、瓮、盆、缶、缸、器盖、锤形器和纺轮等 28 类。典型器物群为釜、鼓腹杯、束颈罐和灯座形器。

路家河文化陶器的主要文化因素有二：甲组以夹砂褐红质的陶釜，泥质黑灰陶鼓腹杯，D、E 型灯座形器为核心；乙组有 A、B、C 型灯座形器，夹砂灰陶鼓腹罐等。前者为三峡地区的土著文化因素，在路家河文化晚期甲组因素的陶器数量占全部陶器的 80% 以上；后者是源于以成都平原为中心的三星堆文化的文化因素。此外，在路家河文化遗址中还发现了极少量商文化、湘西北"澧水遗存"和江西吴城文化等的文化因素。

路家河文化早期陶器制作较为规整，器胎均匀，口沿平整，有的器内还经过了打磨，器表细绳纹排列整齐，陶釜的口沿和肩部没有明显的转折。晚期陶器制作显得潦草粗放，器胎厚薄不均，口沿起伏不平，器内布满指窝纹，器表绳纹拍打不匀，陶釜的口沿与肩部的分界清楚，泥片拼接制陶法在这一时期的陶器上表现得尤为明显。

路家河文化的陶器制作方法有泥片拼接法、轮制法、捏制法、泥条盘筑法和模制法等。泥条盘筑制法可见 T5③：35，极少量深腹小底器也偶见类似的制法，如 T5 扩：139。而绝大多数甲组陶器的制作都采用泥片拼接制陶法。泥片拼接法是路家河甲组陶器的主要制作方法。

二、陶器的制作方法

泥片拼接法的主要制作原理是泥片之间的平行拼接和整个器物的分段拼接。采用这类制法的陶器，主要是夹砂褐陶质的釜、壶、簋、豆、钵和粗泥陶质的陶罐等。

用泥片拼接法制作的陶器有以下几个特点：（1）口沿都呈不规则圆形而且起伏不平，口沿上常见有破坏美感的泥条；（2）口沿下的颈、肩接合处常有为加固拉力而施的按窝纹；（3）器表凹凸不平，陶胎厚薄不一，整体器形不对称；（4）器内壁遗留有许多手指压出的指窝；（5）常见口沿与器身、器底与器身断茬处脱节的现象，如 T5④：1；时而可见口沿或器身处横向拼接的痕迹。

下面按器类介绍若干具体案例：

釜 根据对上百件陶釜断茬接口反复观察，泥片拼接法施用于陶釜、釜形小罐，有三段、两段和一段成型 3 种（或许还有四段成型）。其中以三段即分别按口沿（有的还包括肩部）、腹部、器底制作为多数。下面介绍三段制法的基本步骤：

1. 用若干泥片平行拼接出口沿。T5③：39（图一：1），起伏不平的口沿上有 4 个凸出的泥条，是为加固泥片之间的位力而

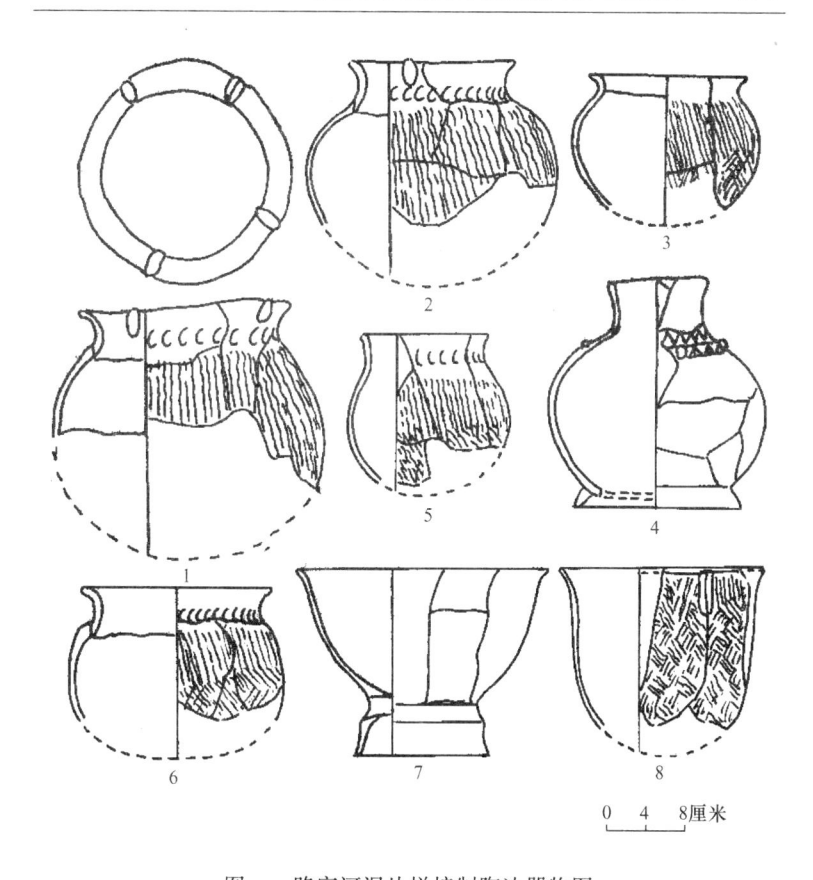

图一 路家河泥片拼接制陶法器物图

1.(T5③:39) 2.(T5④:1) 3.(T5③:13) 4.T5③B:8) 5.(T5⑤:34)
6.(T8④:6) 7.(T5③B:6) 8.(T6⑧:1)(第8件器件为城背溪文化陶器)

加的。据观察该器口沿上有5个距离不等的接茬，意味着是用6块泥片对接拼出口沿的；从剖面观察，该器的口沿与肩部有一道接茬，这表明本器的口沿是单独制作的。典型的例子还有T5④:1（图一:2），口沿和器身之间有明显的断茬，出土时该器的整圈口沿与器身之间已整齐断开，器身出土于T5④层，而口沿却是采集品。类似的例子还有H1∶3、T5扩∶11等器。

2. 把器口沿朝下，在口沿以下再直接拼接若干块平行的泥片为器腹，而后在口沿和器腹交接处的颈部内侧敷上一周泥条，并在颈部内外两侧用手指按压，用以加固口沿与器腹及各泥片间的拉力。T5③∶13（图一∶3），除了口沿与器身有断茬外，从照片上亦可见器腹上横向泥片之间的接茬。

3. 接上一大块泥片为器底。T8④∶92，器身与器底间的断茬使器底容易整个脱落。

4. 一手托在陶釜内壁，另一手修整器物，修整的主要方法是在器表拍印绳纹或方格纹；若感觉哪个地方泥片太薄，贴上一片泥片再行拍打。T5⑤∶31，器表上有2小块剥落的泥片下，仍可见拍印绳纹的痕迹，可见是在原器物已拍印好绳纹的基础上，又贴上泥片，再拍印绳纹的。

陶釜的二段制作法常见于中型釜和釜形小罐上，基本步骤为：

1. 取若干块泥片平行拼接，直接捏出口沿、颈、肩和上腹。采用这种方法的有T82③∶1、T5③∶1、T5③∶31和采∶159等器。

2. 接上一块泥片为器底。

3. 拍打纹饰，如同三段法的第4个步骤。

下面举一个例子说明二段制作的主要过程：T82③∶3，口沿和器腹由4块泥片平行拼接，因此口沿呈不规则的马鞍形；而后接上可能由两块泥片拼成的器底。

一段成型主要用于制作釜形小罐、盂、钵等小型器。如T5③B∶4，是两块泥片对拼而直接用手捏出全器的口腹底。T10④B∶24，全器是用4块泥片一次对拼而成。H2∶2，由4块泥片对拼而成，如T4⑧∶89。

一般说来，要判断一件陶釜的制作是采用三段法、二段法抑或一段法并不容易，比如对 T8④∶6（图一∶6）、T5⑤∶34（图一∶5）等器，我们只能推断它们是泥片拼接二段法或者三段法的产物。

罐 路家河文化中数量不多的粗泥罐制作也采用泥片拼接法。T5④∶1，口沿部分由两块或 4 块泥片对接而成，颈部与器腹的接合在肩部，肩上有拉长的指窝纹，该器的下腹及器底的制法不明。

夹砂簋和夹砂豆 多采用两段制作。簋的口沿、腹部和豆盘部分都采用泥片拼接法，而后与圈足和豆把连接。T5③B∶6，就是典型的一例。

夹砂圈足壶 T5③B∶8（图一∶4），亦采用泥片拼接制作法，但由于是圈足器，制作程序比圜底陶釜的 3 段工序复杂点，而分为口沿、器腹、圈足和器底 4 段。而且，该器的圈足是直接与器底拼接而不见采用其他加固措施（该器整齐剥落的圈足也是在采集品中找出的）。T5 扩∶2，口沿部由 2 块泥片相对拼接。

根据以上的观察推断：

1. 路家河文化泥片拼接制陶法的上、下段之间的拼接虽偶见平行粘接，但更常见泥片间犬牙交错的迭压现象，特别是器下腹与器底的粘接。因此，笔者采用"泥片拼接法"，而没用"泥圈套接法"，来概括路家河文化这一独具特色的陶器制作方法。笔者以为，这种提法对于路家河文化的实际情况来说可能更为妥帖一点。

2. 用泥片拼接法制作陶器时，陶土理应比较湿润。唯有如此，泥片之间的拼接迭压才可能足够牢固，器物的颈上和器内壁才会留下许多明显的指窝。

3. 由于路家河文化陶器中一些圈足器、平底器的圈足器底，都采用这种直接拼接的办法，致使器底和圈足很容易脱落，如 T7⑤∶17。这应是路家河文化陶器群中缺乏圈足器、平底器现象在陶器制作工艺上的原因。

三、小　　结

路家河文化的泥片拼接法可能源于鄂西地区数千年传统文化的陶器制作方法。在路家河遗址第一期城背溪文化层中出土的陶罐上，也可见同样的泥片拼接制陶法，如T6⑧：1（图一：8），从口沿下至上腹部有一压住器表绳纹的泥条，是该器泥片拼接法的确切证明。陶罐分两段制作，上部泥片高约14厘米，残缺的下部应为圜底。

在路家河文化之后相当长的时间内，泥片拼接法仍然在鄂西地区一些偏远山区继续存在，长阳县战国时期属于楚文化范畴的灰陶绳纹盆的口沿上，有时还可见泥片拼接制陶法所产生的泥条。

路家河文化的陶器也有采用快轮制作方法的，但泥片拼接法产生的陶器数量在路家河文化中占据着绝对的多数。在全国范围内已知的商时期考古学文化的陶器制作都进入高级轮旋法的大环境下，路家河文化的泥片拼接法与由这种制作方法而产生的陶器群一起，构成了路家河文化独特的文化特征。

深圳史前遗存所见之文化交流

随着经济起飞和对外开放，深圳和香港地区的田野考古工作也有了长足进展。近年来，中山大学人类学系多次与深圳和香港的有关单位组成联合考古队，对环珠江口以及沿海的史前沙丘遗址进行了卓有成效的田野工作[①]。但相对来说，室内研究，尤其是宏观的跨文化比较研究尚嫌不足。笔者披阅已经发表的有关报告之后认为，深圳咸头岭[②]等遗址所出器物与长江中游的皂市[③]下层文化晚期同类器物具有相似的文化因素，并进而推断，在距今大约 7000 年前，岭南和长江中游（主要是湘西北、川东和鄂西地区）必然存在文化交流。现在根据此思路排比岭南与华中有关考古材料，并略加评说，抛砖引玉，希冀能够推动跨地区的史前文化比较研究的深入开展。

一、惊人相似的彩陶、文化交流的明证

在深圳发掘的新石器时代遗址大多为海湾沙丘遗址[④]，与华

---

① 中山大学近年来参与的此类发掘有以下几项：（1）1988 年夏和 1989 年夏，深圳宝安县葵涌镇大黄沙遗址；（2）1989 年春，香港大屿山的东湾遗址；（3）1989 年秋，深圳宝安县大鹏镇咸头岭遗址；（4）1990 年冬，香港南丫岛的大湾遗址。可以参阅《文物天地》1990 年第 3 期、1991 年第 4 期以及《文物》1990 年第 11 期的有关文章。

② 彭全民等：《深圳市大鹏咸头岭沙丘遗址发掘简报》，载《文物》，1990 年第 11 期。

③ 湖南省博物馆：《湖南石门县皂市下层新石器遗存》，载《考古》，1986 年第 1 期。

④ 黄崇岳：《深圳文物考古工作十年》，载《文物》，1990 年第 11 期；莫稚：《深圳市考古重要发现》，载《文物》，1982 年第 7 期。

中(长江中游)的同期遗址在自然地貌和生态环境方面有很大差异。正因为如此,出于环珠江口沙丘史前遗址中的彩陶片和彩陶大圈足盘便格外引人注目,它与大溪文化早期的同类器物竟有惊人的相似(图一:1—12、19)。这不能不促使人们去思考史前文化的传播和交流等有关问题。

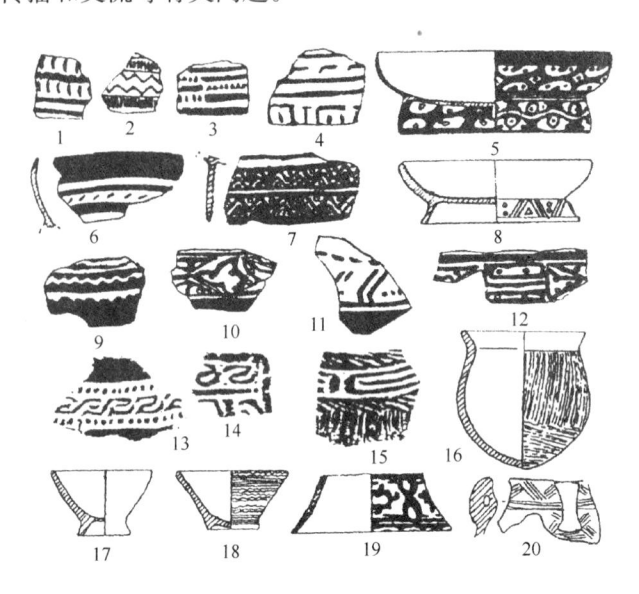

图一 深圳咸头岭大黄沙遗址等出土陶器
1-4、6-12.大黄沙遗址出土白陶和彩陶;13-20.咸头岭遗址陶器;
5.盐川出土彩陶圈足盘;8.海丰出土彩陶圈足盘

通过对比图一和图二所列的彩陶片,我们认为上述两地文化在此方面的共同特征是:以几何图案为主要母题,多为红赭彩绘,讲究通体效果,并有一定比例的阴彩图案。这种相似应该属于考古学上所谓的"类同",因为工艺的进步、纹饰的复杂化等情况倾向于否定由独立发展而导致的"趋同"①。

二、从咸头岭遗址看长江中游皂市下层文化中的非本土因素

　　20世纪80年代以来，考古学界对于前大溪文化和大溪文化早期的研究已经有了实质性的突破。在湖南、湖北先后发现了皂市下层文化、城背溪文化②、彭头山文化③等属于新石器时代早期的考古学文化。对长江中游历史文化区（大致范围为东经110°—114°、北纬29°—32°之间）的文化序列及年代已基本达成共识④。最早的城背溪－彭头山文化年代大约在距今9000—8000年之间；而大溪文化的年代则在距今大约6800年以远，当汉水下游以及澧水流域已经进入屈家岭文化之时，鄂西、川东地区的大溪文化仍旧延续下来，直到距今约4500年时为季家湖文化所取代。至于对大溪文化往前到皂市下层文化之间的一段过渡时期，则有不同的认识：或将之归入大溪早期而把大溪文化的起点由6800年前再往上推溯，或称之为皂市文化晚期，或干脆划分出一个相对独立的小阶段而暂时不归入任何一种已知文化⑤。总之，在距今7000年左右的时段，长江

---

　　① 陈淳：《谈谈考古研究中的"类同"和"趋同"》，载《中国文物报》，1990年2月22日，3版。
　　② 长江水利委员会文物考古队、宜都市博物馆：《城背溪遗址复查记》，载《江汉考古》，1988年第4期。
　　③ 湖南省博物馆：《湖南彭头山新石器时代早期遗址发掘简报》，载《文物》，1990年第8期。
　　④ 何介钧：《洞庭湖区新石器时代文化》，载《考古学报》，1986年第4期。
　　⑤ 林春、胡鸿保：《城背溪·彭头山文化和中国早期稻作农业》，载《农业考古》，1993年第1期。

中游的考古学文化处于一种过渡状态,代表此一时期的考古材料有湖南汤家岗下层、丁家岗、湖北朝天嘴一期、杨家湾、孙家河等。不论分期表有何不同,所指的材料都是一致的,认识上的差异来自各位研究者对于某些材料的相对熟悉程度以及现代的地方中心主义意识。这也是在所难免、顺理成章的。笔者以为,在这些细腻的微观材料排比基础上,宏观的跨文化比较研究应当引起我们的重视。

长江中游考古学文化尽管在年代上未见缺环,然而在皂市下层文化晚期却有一种文化因素并非承袭本地传统而来。这种文化因素的特色表现为一种双耳亚腰釜(图二:22)和一种大镂孔圈足盘,以及各种刻划、剔压、戳印纹饰。而本地先起的彭头山文化则是以绳纹深腹罐(釜)为特征的,我们无法从中找出皂市下层文化的直接源头。可是,倘若我们"舍近求远",把目光移向岭南,却能在深圳咸头岭和大黄沙①等遗址的出土物中发现相似的文化因素。

这种相似主要反映在陶器上。不光两地的彩陶风格近似,而且两地还共同拥有以数组压印、篦点、模印图案装饰的白陶盘,夹砂绳纹、贝划纹釜等。史前人的生活中,陶器已经被考古学家公认具有鲜明的时代特征和族体(民族)风格。咸头岭等与皂市下层文化一般说来是不可能属于同一文化圈的,因此,反映在陶器上的相似似乎能够说明,当时(新石器时代早期)岭南文化圈对于长江中游地区具有一种文化辐射作用,两地的物质文化交往当是不喻自明的。

---

① 文本亨、谌世龙:《广东深圳大黄沙遗址发掘简报》,载《文物》,1990 第 11 期。

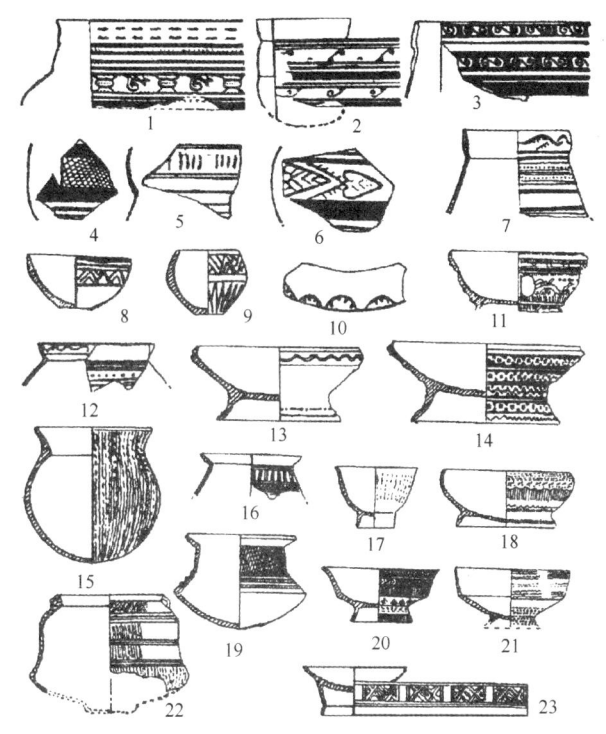

深圳史前遗存所见之文化交流　　**287**

图二　湘鄂西部新石器时代早期陶器（1—10/12 为彩陶）
1—6、11. 划城岗出土；7—10、12. 杨家湾出土；13、14、18. 汤家岗出土；
15—17、20. 朝天嘴出土；丁家岗出土；21. 孙家河出土；22、23. 皂市出土

三、讨论与探索

咸头岭简报的结语中有两处引起了我们的兴趣。其一是，在咸头岭和大黄沙"两处遗址中均未发现贝壳遗存"；其二是，根据大黄沙遗址炭化粮食所测的碳 14 年代数据而将咸头岭遗址的年代推定为距今约 6000 年。

这两点涉及的问题实质是咸头岭等一类环珠江口新石器时代沙丘遗址的年代及生活方式。有研究者推定，"环珠江口史前沙丘遗址的形成年代约为 6000 年以内"，并认为"这种史前沙丘遗址的聚落表现为一种非长期定居的季节性聚落形态，这在当代渔猎民族里仍是主要的聚落形态"①。对此，我持有不同的看法。

诚然，生态环境对于早期人类的文化适应具有巨大的制约作用。然而，对具体的个案仍需要做具体的分析，而不宜以一般性的理论套话来替代这种分析。咸头岭和大黄沙等遗址尽管地处海滨，贝类动物俯拾皆是，考古中却又不见贝壳出土；相反，大黄沙还出有炭化粮食。基于如此实物证据而作的人类学推论只能够说，咸头岭等沙丘遗址的主人，他们的生计方式并非仅仅是渔猎，植物栽培可能已经占有相当的比重。我们认为，尽管在华南早期新石器时代遗存现在已经发现不少，但因对考古学文化序列研究不力，以至目前学界仍旧多以遗址自然地貌类型来归纳田野发掘材料，这样就影响了对遗址社会面貌进行合理构拟的科学性，同时也影响了华南与当时大陆其他地区之间的文化比较。鉴于长江中游新石器时代考古学文化序列已然明朗，而咸头岭等的陶器文化因素又显露出它与皂市下层晚期文化（或大溪文化最初阶段）的密切联系，因此，理应推定咸头岭新石器时代沙丘遗址的年代与皂市下层文化晚期年代相当，亦即在距今 7000 年左右。从工具的组合分析，也说明咸头岭等沙丘遗址的居民并非依赖渔猎为生。尽管岭南许多亚文化区的文化序列"所代表的文化内涵的阶段性变化是不很明显的"②，不过，依据现有的考古发掘资

---

① 商志䫁等：《环珠江口史前沙丘遗址的特点及有关问题》，载《文物》，1990 年第 11 期。
② 《岭南地区碳十四测定年代和史前文化发展序列》，载《考古与文物》，1991 年第 3 期。

料可以推断，深圳咸头岭及邻近遗址的先民们已经有了原始的农业经济，突破了渔猎——采集的攫取性时代而迈过了"新石器革命"的门槛。这一推断的重要依据是，该区域的先期遗存桂林甑皮岩、南宁豹子头[①]等贝丘遗址所代表的岭南早期新石器时代的生计方式乃是原始农业已占据一定比例的混合型经济[②]。

裴安平同志在讨论中国新石器时代早、中期分野和中国稻作农业起源等问题时指出："距今1万年至7500年左右，华南地区的新石器文化已基本具有与长江中游相似的发展阶段。"[③] 笔者原则上同意这一假说，并进一步推测：这种跨文化的地区交往中，岭南地区的新石器时代文化（尤其在其早、中期时），在作为"输入者"的同时，也处于相对的文化"输出者"地位。

四、小　结

综上所述，笔者基于两地考古资料所作的推测可以概括为如下三点：

其一，长江中游新石器时代考古学文化序列及其反映的史前社会生计方式已为考古界所认识。然而，对于皂市下层文化中存在着的非本地传统的文化因素，目前尚未有较为完满的解释。我们注意到了深圳咸头岭、大黄沙、盐田小梅沙和香港地区一些遗址的出土物与长江中游同期出土物所共有的文化因素。通过类比

---

① 广西博物馆：《广西桂林甑皮岩洞穴遗址的试掘》，载《考古》，1976年第3期；《广西南宁新石器时代贝丘遗址》，载《考古》，1975年第5期。
② 李泳集：《华南地区原始农业起源试探》，载《农业考古》，1990年第2期。
③ 裴安平：《距今七千年前的我国新石器时代遗存研究》，载《湖南考古辑刊》，第5辑；裴安平：《彭头山文化的稻作遗存与中国史前稻作农业》，载《农业考古》，1989年第2期。

分析后认为，其较为合理的文化人类学构拟应当是：这是该时期岭南沿海文化对外辐射、并影响长江中游文化区的结果，皂市下层文化的外来文化因素的源头应在岭南沿海。

其二，深圳咸头岭新石器时代早期文化的年代，当与长江中游以丁家岗、汤家岗下层为代表的皂市下层文化晚期的年代相当，大致年代为距今 7000 年。

其三，大黄沙遗址出土炭化粮食标本，以及其与咸头岭等同类同时海滨沙丘遗址均不见贝壳堆积的现象告诉我们，应当注意这类沙丘遗址生计方式的多样性，尤其要注意这类遗址中可能存在着的农业经济的因素，而不应削足适履地使用人类学中的文化生态理论，作出有悖田野考古事实的推论。华南、岭南地区愈来愈丰富的考古资料说明，环珠江口史前沙丘遗址的生态适应中，既存在渔猎和采集经济，也存在着农业经济。先民们对于生态的"文化适应"，是人类所特有的主观能动性和进取精神的具体体现。

原载《南方文物》，1992 年第 3 期。

文物保护

城市建设与文物保护

中国是一个文物大国，现代化的都市建设速度又非常之快，文物保护与城市建设是当前中国现代化进程中十分显眼的一个问题。两者之间无疑有一些矛盾，如何协调这两者，是令政府和文物考古专家费神的事。

今天，我们在有关的专业刊物和普通报纸上，一方面能够看到有关历史文化名城保护的成功个案[1]；另一方面却也经常能够读到关于古遗址在建设施工中受破坏，以及古建筑未得妥善保护或文物遭受所谓"建设性破坏"的报道[2]。

---

[1] 例如，北京的天安门广场、菊儿胡同、北海大桥，苏州的37号街坊等。有关实例和理论探讨可以参考王景慧：《历史文化名城的保护内容和方法》，载《城市规划》，1996年第1期，第15—17页；王景慧：《历史地段保护的概念和做法》，载《城市规划》，1998年第3期，第34—36页；耿宏兵：《90年代中国大城市旧城更新若干特征浅析》，载《城市规划》，1999年第7期，第13—17页；刘筱：《历史文化名城的保护和发展》，载《城市问题》，1999年第4期，第8—11页；汪光涛：《保护历史精华，发展现代城市》，载《城乡建设》，1998年第7期，第11—13页；史建华：《合理保护与有机更新——苏州古城37号街坊改造的实践与思考》，载《城乡建设》，1998年第6期，第33—36页。

颇具历史讽刺意味的是，近年天安门广场的成功改造是以当年否定梁思成保护方案的既成事实为前提的。此事留给文化人更多的是遗憾而不是自豪。

[2] 这方面的例子甚多。例如，湖北襄樊市1999年11月汉江大道改造工程，将火星观码头地段残存的千年古城墙推平。湖南岳阳楼前建造高层宾馆（岳阳宾馆），破坏了文物的整体景观。参见李其荣：《对立与统一——城市发展逻辑新论》，南京：东南大学出版社，2000年，第292—293页。又参见田远新：《北京被占古建保护现状堪忧》，载《中国文物报》，2000年4月23日，1版；郭桂香：《恭王府邸何时开放》，载《中国文物报》，2000年5月14日，2版。

笔者以为，导致建设与保护（尤其是建筑物的保护）的矛盾固然有多方面的原因，不过有三点变化是比较突出的，即古今城市规划理念的差异、对保护对象的重新思考、经济体制转变带来的影响。本文拟就此作一番探讨。

一、古今城市规划理念的差异

古代城市规划的理念与今天的有很大的不同。古代城市功能单一，而且重政治、轻经济，帝国都城更是注重封建等级观念而有违经济规律并有较强的迷信的风水观[1]；而现代城市则更多地考虑到交通的便捷、土地利用率的提高、居民日常家居条件的舒适等[2]。比如有一种意见认为，城市现代化要有以下6个方面的标志：(1) 城市规划科学合理化；(2) 基础设施现代化；(3) 生态环境园林化；(4) 人民生活高度社会化；(5) 各种资源利用高度信息化；(6) 城市科学技术高层次化[3]。因此，具体到我们的议题来讲，各种现代化改造难免要导致对古代建筑（文物）乃至传统风格的民居的拆迁和保护的矛盾。完全另择新址固然可以避免这个矛盾，但实际上往往因时间急迫而无法兑现。所以近代无论是国民政府在南京的首都建设规划，还是人民共和国在北京的建设

---

[1] 我们并不否认风水在一定程度上所具有的人文意蕴和科学合理成分，但在此不拟展开讨论。

[2] 吴良镛、赵万民：《三峡工程与人居环境建设》，载《城市规划》，1995年第4期，第5—10页。李东：《北京旧城保护矛盾分析及对策建议》，载《城市规划》，1999年第2期，第23—28页。

[3] 姚士谋、汤茂林：《中国城市现代化概念及指标体系》，载《城市规划》，1999年第1期，第60—61页。

方案，对于旧城的改造的实践都留有不少遗憾[1]。例如，梁思成这位第二次世界大战结束时日本古都的保护神、恩人，却未能保住天安门前的千步廊、中华门、城墙、牌楼等相关建筑物[2]。又如，对于北京城传统的四合院式民居与城市道路系统的认识在20世纪50年代就比较片面，没有想到"将传统城市的机理与近代城市要求结为一体是可以做到的，也应该积极以求的"[3]。清华大学建筑学家吴良镛教授在20世纪90年代的文章中反思："我国50年代以后的北京规划，毋庸讳言，当时是受莫斯科的影响……多少年来，特别在50年代，对北京旧城似乎总是过分强调它的不适应的一面，需要改造的一面，总是在改善交通的前提下，千方百计展宽大街，展宽胡同，而不是对具体情况作具体分析并加以改造，这是非常可惜的。"[4] 由此看来，观念层面的变化对于器物层面的影响是不容低估的。

二、对保护对象的重新思考

人们对于"文物保护到底要保什么"的理解同样经历了一个观念的变化。早先多强调保护个体的、孤立的建筑物或者宫殿、园林等大型建筑群，尤其是所谓高级别文物的保护，后来才认识

---

[1] 参见罗玲：《近代南京城市建设研究》，南京：南京大学出版社，1999年，第1—15页。

[2] 杨东平：《城市季风——北京和上海的文化精神》，北京：东方出版社，1995年，第196页；朱祖希：《北京城——营国之最》，北京：中国城市出版社，1997年，第79页。

[3] 吴良镛语，见左川、郑光中编：《北京城市规划研究论文集》，北京：中国建筑工业出版社，1996年，第176页。

[4] 吴良镛：《北京旧城居住区的整治途径（之三）——菊儿胡同试验的几个理论性问题》，载《建筑学报》，1991年第12期，转引自左川、郑光中编：《北京城市规划研究论文集》，北京：中国建筑工业出版社，1996年，第182页。

到整体保护的重要性,开始关注人文生态环境、传统城市的机理(urban fabric)以及低级别的建筑物(如民居等)的保护①。从1961年国务院公布首批"全国重点文物保护单位"起到1982年开始陆续公布"历史文化名城"名单②,这种实践过程反映了人们有关观念的演进。20世纪80年代以来,随着经济建设步伐的加快,一些文化人对于文物保护的焦虑也有增无减;他们通过各种渠道进谏后使得政府出台了不少文件、法规。如1981年底国家基本建设委员会等部门向国务院递交的《关于保护我国历史文化名城的请示》中说到:"搞现代化,并不等于所有的城市都要建设很多工厂、大马路和高层建筑。特别是对集中反映历史文化的老城区、古城遗址、文物古迹、名人故居、古建筑风景名胜、古树名木等,更要采取有效措施,严加保护,绝不能因进行新的建设使其受到损失或任意迁动位置。要在这些历史遗迹周围划出一定的保护地带。对这个范围内的新建、扩建、改建工程应采取必要的限制措施。"1983年初城乡建设环境保护部的有关文件

---

① 李林利、任建华:《历史文化名城中保护级别低的古建价值——兼谈承德市清代王府、衙署、民间寺庙保护》,载《城乡建设》,1998年第8期,第25—26页。吴良镛:《北京旧城居住区的整治途径(之一)——城市细胞的有机更新与"新四合院"的探索》、《北京旧城居住区的整治途径(之二)——从"有机更新"走向新的"有机秩序"》、《北京旧城居住区的整治途径(之三)——菊儿胡同试验的几个理论性问题》,分别原载于《建筑学报》1989年第2期、1991年第2期、1991年第12期,转载于左川、郑光中编:《北京城市规划研究论文集》,北京:中国建筑工业出版社,1996年,第165—190页。

② 《国务院关于公布第一批全国重点文物保护单位名单的通知(1961年3月4日)》、《国务院批转国家建委等部门〈关于保护我国历史文化名城的请示〉的通知(1982年2月8日)》,以及"第一批全国重点文物保护单位名单"和"第一批中国历史文化名城名单"等。见国家文物事业管理局编:《新中国文物法规选编》,北京:文物出版社,1987年。并参考《中国大百科全书·文物·博物馆》(北京:中国大百科全书出版社,1996年)内有关条目;李晓东:《文物法学:理论与实践》,北京:紫禁城出版社,1996年。

(《关于加强历史文化名城规划工作的几点意见》)又提到:"历史文化名城保护规划就是以保护城市地区文物古迹、风景名胜及其环境为重点的专项规划……编制保护规划时,一般应根据保护对象的历史价值、艺术价值,确定保护项目的等级及其重点,对单独的文物古迹、古建筑和建筑群连片地段和街区、古城遗址、古墓葬区、山川水系等,按重要程度不同,以点、线、面的形式划定保护区和一定范围的建设控制地带,制定保护和控制的具体要求和措施。"[1]总之,"成片保护"的思想十分明显地表露出来,似乎不成片便不足以切实有效地重现历史文化景观。

与此同时,人们不仅想到圆明园遗址和虎门炮台以及上海和平饭店等让人忆起百年沧桑的、不无民族主义情调的标志性建筑物,而且关注四合院、(上海)石库门、(广州)骑楼等反映平民百姓日常生活韵味的房舍和街巷。由于要保护的文物范围的扩大,使得建设与保护的矛盾越发尖锐。

在这里还有一种论调也值得商榷,那就是所谓的"文物不可再生"。以往强调文物的巨大历史、艺术和科学价值时总会提及"文物不可再生",破坏后将留下无尽的遗憾,可是现在观念发生了一些变化。有人指出,作为某件具体的文物个体确实是"不可再生"的,然而从人类社会的整体发展来看,文物(文化产物)却是不断再生的[2]。从功能的角度讲,只有当那些文化产品退出日常生活使用领域而进入象征符号领域时才成为"文物"。故宫、颐和园等是在皇帝不再居住其中之后才成为文物的[3]。传统民居在今天之所以被认为是文物,是因为有一种新的居住文化形

---

[1] 国家文物事业管理局编:《新中国文物法规选编》,北京:文物出版社,1987年,第195、第225页。
[2] 苏东海:《文物消失论》,载《中国文物报》,1999年4月28日,2版。
[3] 邹跃进:《他者的眼光——当代艺术中的西方主义》,北京:作家出版社,1996年,第170—171页。

式——和它有差异的洋房、单元楼、塔楼的出现。尽管与前者相比它还没有完全退出应用领域、变成纯粹的象征符号，可是在它今天所具有的双重功能中，被一般人更看重的无疑是它的符号功能。为保留民居四合院而积极奔走之人，大多看重这类建筑在城市整体布局中的"社会底层"地位：作为古都风貌的标志，它们就像左拉笔下的"陪衬人"一样，以其平淡的灰色烘托着帝王将相的金黄色。然而四合院的日常生活功能之差，使得许多身居其中的百姓为保持它给公众带来的符号意义付出了不小的代价。这里有一个颇为有趣的例子。王其明女士早在20世纪50年代就参加过北京四合院住宅的测绘调查，近年在自己的著作《北京四合院》里引用了友人英若聪先生对她诉说的感受："王姐，你别把四合院说得那么好了，我可受够罪了，再也不愿住我那四合院了。它哪里有院啦?! 比走道还窄，死了人都抬不出去，还院哪。"接下来王女士又告诉我们："后来，他彻底放弃了那个四合院，住进了水暖电卫加天然气、热水俱全的单元式楼房。一说起四合院，他仿佛仍然心有余悸，毫无眷恋之意。"①

这就是说，既然文物并非不可再生，生活中的文化产品更是时时刻刻在变，那么今天我们可能保护的应该只是文化遗物中的某一部分，而不是全部。

三、经济体制转变带来的影响

计划经济向市场经济体制的转变对文物保护产生了深刻的影

---

① 王其明：《北京四合院》，北京：中国书店，1999年，第132页。有关北京四合院民居的讨论还可以参考何洪：《四合院拆不拆？绍兴会馆保不保？》，载《中国文物报·月末鉴赏》，2000年3月31日，1版。

响[1]。我国现行的文物保护制度越来越不能适应社会发展的需要，文物保护与经济建设的矛盾、与人民群众切身利益的矛盾，以及文物管理体制与社会主义市场经济体制的矛盾经常发生[2]。首当其冲的就是责、权、利的分配和保护经费问题。今天的市场经济运行规律已经不可能让工程建设部门不考虑经济效益而在各种文物面前止步不前；工程建设中的文物保护经费的支付也决不会像计划经济时期那样，"只不过是钱从国家的一个口袋转到另外一个口袋里而已"[3]，简单易行。事实上，随着改革的深入，基本建设投资主体已经呈现多元化，国家鼓励外资、企业和个人投资水利、公路等公共基础设施建设，而投资方必然严密计算投资成本，以实现投入产出的经济效益和回报率。要求所有的投资方都把文物保护经费列入投资计划和劳动计划，实际上很难做到。那么，文物保护是否只有由国家全部包揽一种办法呢？在这方面，国外的制度和做法是值得我们借鉴的。

现在世界各国（或地区）的文物保护体制大致可以分为三类：国家全包的体制，以国家管制为主的体制，以私人保护为主的体制[4]。而不是如民族学家庄孔韶博士所言："像文物保护这样重要的事情只能由国家来承担，无论是在那些行市场经济抑或实行计划经济的国家。"[5] 实际上恰恰是英、美、德、法等发达国家，在

---

[1] 胡鸿保：《关于三峡工程文物保护的思考》，载《中国三峡建设》，1997年第7期，第3—5页。

[2] 李铁映：《有效保护、合理保护、加强管理》，载《中国文物报》，1995年10月8日，1版。

[3] 课题组：《三峡文物保护规范化、标准化问题研究报告》，打印本，2000年，第27页。

[4] 课题组：《三峡文物保护规范化、标准化问题研究报告》，打印本，"世界各国文物保护的三种体制"，2000年，第12—18页。

[5] 庄孔韶：《民族民俗文物和文化遗产保护的观念与实践》，载《中国都市人类学通讯》，2000年第3期，第49页。

文物保护方面实行的是"以私人保护为主的体制"。这些国家之所以实行以私人保护为主的体制的主要背景大致有如下几方面：（1）私人财产不可侵犯是这些国家法律的核心，从而也保证了私人文物不受侵犯，即使是地下文物在法律上亦属土地所有者所有；（2）拥有一批富可敌国的高收入者和众多的中产阶级；（3）完善的公益事业捐赠法律和相应的税收制度，促使有眼光的个人、企业和社会成员把投入文物保护这类公益事业视为自己的荣耀。

长期来我国实行的是国家全包的体制。世界上实行这种体制的国家并不多，这些国家同时也都是实行高度计划经济的。因为只有高度的计划经济体制才可能确保文物资源为国家所占有，并实行文物保护国家全包。按照我们的分析，当前形势下，我国文物保护的体制正在由国家全包型向国家管制型转变。国家管制型体制与前者的区别主要在于：（1）国家主要不是自己出钱，而是通过法律和税收等杠杆来引导社会保护文物，使文物保护者能够得到精神补偿和物质回报；（2）行政部门（如文化局）与科研部门（如博物馆）两者之间的职权范围有严格的区分，行政主管部门的职责是根据法律制定行业规范、监督有关各方依法行事，而文物保护、考古发掘则是文物科研机构的职责；（3）在承认文物保护者有保护义务的同时，也承认他对文物所拥有的相应权利。

立足当今中国社会现实，笔者以为，文物的社会保护可能是一种值得考虑的有效途径。在各地的实践中也不乏成功的例证，比如安徽省西递村就是一则。坐落在皖南黟县的西递村是省级文物保护单位。经清华大学有关学者全面规划，民居的房主与城建、旅游、文物等部门和村政府共同开发，整个村落已经初步形成一个开发的旅游单元。国家进行宏观管理，民居被开发参观，年底按比例分成。群众有了保护文物的积极性，文物保护和经济收入出现了良性循环的局面,被誉为"文物保护的新模式"[1]。1997年3月,国务院发出《关于加强和改善文物工作的通知》,《通知》指出:"要努力建立适应社会主义市场经济体制要求、遵循文物工作自身规律、国家保护为主并动员全社会参与的文物保护体制……同时要制定相应的政策鼓励、引导并广泛吸收有关部门和企事业单位及个人参与文物保护事业。"这种思路可以被认为是对社会保护的一种经验总结和认可,是具有深刻意义的。文物保护的社会实践必将有助于促进国家全包型体制的转变。

总之,合理的方案应该在文物得到妥善保护的前提下,使百姓、地方行政部门和文物部门各方的利益都能兼顾[2]。而且,制定于计划经济时代的、现行的《文物保护法》,是通过集权来配置文物资源的。这种资源配置方式决定了该部法律的规定更多地停留在实体规划阶段而不是程序规划阶段。在新的市场经济形势下,它已经不能适应社会的实际需要,正有待于进一步修改、完善[3]。

以上我们就城市现代化建设中的文物保护的某些方面问题进行了探讨。尽管我们在这里主要是谈文物——特别是建筑物——的保护问题,但是我们依然不会忘记,这些建筑物的存留与废弃背后折射出的是一种人际关系,一种民族文化气质、

---

[1] 《民办公助维修、建新换旧保护:西递——皖南民居保护的一种模式》,载《中国文物报》,1995年12月24日,2版。

[2] 正如国家文物局的曹兵武所说,文物保护与经济建设有比较突出的矛盾,但不是不可以调和的,"应以社会发展予以协调……经济发展能够为文物保护提供更大的资金和技术上的支持,而文物保护可以使经济发展成为可持续发展"。见曹兵武:《文物保护与社会的可持续协调发展》,载《中国都市人类学通讯》,2000年第3期,第59—60页。

[3] 《〈文物保护法〉修订工作进入倒计时》,载《中国文物报》,2000年4月9日,1版。

民族文化变迁①。而这样一种"透物见人"的观点或分析视角，正是都市人类学的研究者应该时刻牢记的。

附记：这是提交"国际人类学与民族学联合会 2000 年中期会议"（北京·2000 年 7 月 24—28 日）的论文，论文提要发表于《人民日报》（海外版），2000 年 8 月 8 日，第 4 版。

---

① 陈长平在他的博士论文中研究了他自己生活其中数十年的四合院，除了描述房屋建筑外，更重视对于居民邻里人际关系的分析。有些结论是非常有启发意义的。比如"单位管理制度决定了这类四合院最终都要演变成为大杂院"，"妇女走出家门参加社会工作，是单位宿舍院职业复杂化的重要一步"，"随着人员的异质化，随着第二代的成长，特别是随着社会的现代化发展以及单位在生活管理方面的弱化，宿舍院的小传统早晚会溶入外面的大传统"，等等。见陈长平：《逝去的四合院——某单位宿舍院社会文化变迁的空间分析》，第 9 章"结论"，中央民族大学博士学位论文，打印本，2000 年 5 月。

不同的角色，共同的责任

我们已经渐渐远离计划经济一元社会的时代，进入多元利益格局共存的多元社会。社会存在决定了任何工程建设（包括基本建设、文化建设等）都必须是利益的多方共同参与、平等协商的结果。朱镕基总理曾谈过他是如何艰难地一个省一个省地去谈判分税的。一国总理尚且如此艰难地与下属们分享权利，还有什么部门或集团有理由能够独享利益，而其他部门只能尽义务？

南水北调文物保护工作同样不是某个部门或单位所能独立承担的，虽然在这一工作中，文物业务单位是文物保护的主力军——技术承担单位（或称文物业务方），但这仅仅是南水北调工程文物保护工作中的一方，其他不可或缺的两方是：为文物保护买单——掏钱的一方——建设项目法人（或称建设投资方）；与文物保护经费多寡无关的，只负责审核工程量、经费测算工程进度、工作质量等内容，立场位于掏钱方（建设投资方）和收钱方（文物业务方）之间的中介机构（或称中介方）。独立而权威的中介机构是市场经济制度的产物，并随着市场经济体制的日益完善而壮大，中介机构在包括文物保护各领域将发挥越来越大的作用。

与三峡工程投资全由国家承担的情况不同，南水北调工程的投资体系有了重大变化：中央投资比例占 30%，基金比例为 25%，建设项目法人筹资 45%。这意味着文物保护的任何开支实际上都要由各投资股东来出血。这种投资格局意味着利益的各方都会瞪大眼睛看着从自己或其他投资人的口袋里掏出多少钱，出去的钱又是如何运作的。而这种关注的结果是中介方的不可或缺——投资方必须通过中介机构来控制投资，提高资金投入效率。

建设投资方、文物业务方和中介方在南水北调文物保护工作中的作用为：投资方用投入资金来承担《文物保护法》所规定的文物保护责任；文物方受建设方之委托，为投资方承担具体业务；而中介方则保证投资方所投入的资金能够高效率地使用于文物保护工作上。三方的角色迥异，但至少在法律上的地位是平等的，文物保护的目标是共同的，而任何一方的缺位或错位都可能会出现灾难性的后果。

文物保护工作的这种利益与责任共享制度设计并不是南水北调工程的独创，它实际上源于自然法——谁掏钱、谁就有权监督受委托方的工作。虽然我们所看到的经常是许多工程的投资方利用各种方法逃避自己所应承担的文物保护责任，但是事情不能倒过来，建设投资方必须为文物业务方的账单无条件买单！

在南水北调、东线工程文物保护前期工作中，长江设计院和中水淮河有限责任公司作为南水北调中、东线工程设计的设计总承单位，是作为咨询性质的中介机构身份出现的，它们的责任是代表国家和各投资股东对文物业务方提出的文物数量、保护方案、工程量和经费测算等进行审核。人们可以对中介机构的专业水平评头品足，对存在的专业偏见给予批评，但不应怀疑他们参与这一工作的诚意，不能抹杀他们的地位和作用。他们与建设投资方和文物业务方一道，共同承担起南水北调工程文物保护工作的重担。

可以断言，将有更多的中介机构介入南水北调工程文物保护工作的全过程，一些文物业务单位和个人将与笔者一样，从事独立于利益双方的监理、咨询、评估业务。而唯有如此，才能从制度上保证南水北调文物保护工作的公平与效率，才能减少利益诸方背后行政权力的不当干预，才能回归文物保护这一公益事业全社会利益共享的本质。

原载《中国国家地理》2005年第3期,发表时做了修订,此次是作者的原稿。

丹江口、葛洲坝、三峡三大水利工程文物保护简介

丰硕的考古成果证明，长江流域与黄河流域一样，历史悠久，文明深厚，也是中华民族文明的摇篮。在长江流域进行现代化建设，尤其是建设大中型水利水电工程时，必然会涉及文物保护问题。随着国家经济发展和人民生活水平的提高，环境保护及文物保护意识愈来愈深入人心，而做好大中型水利水电工程中的文物保护工作，也越来越成为水利建设工程的重要组成部分。

长江流域大规模的水利水电建设为文物考古工作提供了千年不遇的历史机遇和宽广的平台，文物考古工作也为长江流域的物质文明、精神文明建设提供了不竭的历史文化资源。新中国成立以来，长江流域的许多重大发现、考古和突破性研究就是在配合水利水电建设过程中产生的。例如，自 20 世纪 50—70 年代在长江中上游地区开展的，以重庆涪陵白鹤梁研究成就为代表的水文考古；20 世纪六七十年代在丹江口水库建设中发现的河南淅川下寺楚墓，七八十年代在三峡地区的一系列考古发现，21 世纪初在湖南龙山县碗米坡水库建设中发现的里耶战国秦代古城及竹简等。

以下简要介绍丹江口水库、葛洲坝工程和三峡工程中的文物保护。

一、丹江口水库文物保护

丹江口水库位于秦岭、伏牛山和武当山之间，由汉水及其

支流丹江由西向东、由北到南交汇而成。由于寒冷气流受秦岭阻挡，使该区气候温湿多雨，部分区域的植被呈现出与其纬度不相适应的亚热带景观。这种大环境中小气候的交错存在，使本区成为地质时期和历史时期动物和人类文化南北交往的过渡地带，成为华北旱作物圈与华南及长江流域水稻作物圈两大文化板块的过渡地带。这种具备过渡地带性质，作为长江、黄河两大史前文化区文化交流、碰撞、融合孔道作用的区域，在科学研究中具有十分重要的意义。在这片古老的土地上，留下了许多恢宏的历史史实和"国殇"之类的千古绝唱，也留下了诸如郧县古猿人、淅川丹阳古城和下寺楚国贵族古墓群一类的特级国宝。

公元前20世纪至公元10世纪上千年的历史里，中华文明的政治文化中心一直位于西安、洛阳一带，这一政治文化中心与华中、华南的联系在一定程度上依赖汉水和丹江的水路通道。这种联系加上与之伴生的商贸活动促进了丹江口库区一带经济的繁荣，从而使其具有重要的战略地位。在现代陆路交通工具出现以前的岁月中，水路交通最经济便利，汉水、丹江成了重要的交通要道，华东与华南的盐、米、丝绸由长江进汉水溯丹江，到陕东南的商洛县后辗转百里旱路即抵西安或洛阳。便利的交通和活跃的商贸活动，刺激了这一区域经济的发展。明清时期，资本主义经济萌芽也在库区出现，众多的行会、商会和钱庄是本区经济发展水平的标志。在相当长的历史时期内，汉水、丹江上百舸争游，一片繁华景象。

由于建设阶段的不同，丹江口水库文物保护工作在时间上，可分为初期工程阶段和大坝加高工程阶段。

（一）丹江口水库初期工程文物保护

为配合丹江口水库和三峡工程建设，1958年12月，中央文化部、中国科学院和长江流域规划办公室（即今天的长江水利委员会）联合组建"长江流域规划办公室文物考古队"，并在长江流域沿江各省成立分队，负责协调、组织和实施丹江库区文物保护工作。

丹江口水库初期工程文物保护的组织分工为：长江流域规划办公室文物考古队直属队（人员主要由中国科学院考古研究所组成）负责湖北省境内地下文物的发掘工作；湖北省文化局负责湖北境内地上文物、特别是原均县县城内净乐宫的搬迁和重建工作；河南省的文物考古工作由河南省文化局负责；而拆迁下来的数百吨石质文物的搬迁工作则主要由丹江口工程指挥部承担。

丹江口水库初期工程文物保护工作从1958年开始，主要工作于20世纪70年代完成，90年代初期对库区消落区的重要发现进行了发掘，一些遗留问题的处理工作至今仍在进行。

文物保护工作主要包括地面文物拆迁和考古发掘两部分：地面文物的拆迁项目主要在20世纪60年代进行，共拆迁地面文物12项；考古发掘工作主要在1958年至1992年进行，共发掘古文化遗址23处、发掘面积约8800平方米，发掘古墓群15处、共约200座古墓葬。

1. 地面文物

丹江口水库初期工程中共拆迁地上文物12项，12项文物的原址都位于当时的净乐宫内（见表一），其中除了原掩埋于宫内的烈士墓是为纪念1947年攻打均县而牺牲的中国人民解放军烈士以外，其余11项建筑都建于明朝初年，为武当山古建筑群八宫之一净乐宫的组成部分。此外，还收集了398件石刻和铜、铁、木造像等零星文物。

武当山在历史上一直是道教圣地，历代都有建设。明朝皇族崇尚道教，永乐皇帝在修建北京故宫之后，从1408年到1419

年，对武当山进行大规模修建，仅调遣的军民就多达 30 余万人，修建了俗称"八宫、二观、三十六庵堂、七十二岩庙"的庞大皇家建筑群。净乐宫就是明初修建的三宫之一（另两宫为迎恩宫、遇真宫）。

净乐宫，武当山古建筑群的八宫之一，原址位于汉水之滨古均州（即今天的丹江口市）城内西北部，面积占当时均县县城的三分之一强。元明清时人们朝拜武当山，须由汉江乘船到均州城，然后沿古道步行 70 公里到武当山主峰天柱峰金顶，是武当山古建筑群的门户，其建筑模式仿北京紫禁城，曾有宫殿、廊庑、亭阁、道房等大小房屋 520 间。

1959 年到 1964 年，在建设方和文物方的共同努力下，对库区文物进行了大拆迁。由于当时的搬迁条件十分简陋，许多文物拆迁时用不上汽车，也没有吊车，全靠人拉肩扛。那对重达 184 吨的赑屃（俗称"乌龟碑"），硬是用滚木人拉的办法运了 25 公里之遥。

表一　拆迁净乐宫古建筑11座与迁建烈士陵园1处

名称	时代	数量	备注
琉璃化纸炉	明代	2座	计构件6836件
琉璃过门	明代	4座	
琉璃八字门	明代	1座	
赑屃	明代	一对	重184吨
大石碑	明代	1座	拆迁构件462件
小石碑	明代	1座	拆迁构件375件
石刻、铜、铁铸像、木雕像等零星文物			398件
烈士陵园	1947年		重建

2. 地下文物

丹江口水库初期工程共发掘古文化遗址23处、发掘面积约8800平方米，发掘古墓群15处、共约200座古墓葬（详见表二）。

23处古遗址中最重要的地点有湖北省郧县青龙泉、大寺，河南省淅川县下王岗、黄楝树等遗址，丰富的文化内涵反映了长江、黄河两大流域史前时期频繁的文化交流。

15处古墓群中最重要的发现为淅川县下寺、和尚岭东周时期楚国贵族墓地和郧县唐朝李泰家族墓地。下寺、和尚岭发现的楚国令尹（楚国官职，相当于后世的丞相）子庚墓、贵族克黄墓中出土的大量精美绝伦的青铜器，说明丹江口库区曾经是楚国早期历史的一块圣地；郧县唐太宗李世民之嫡子李泰家族墓地的发掘揭示了唐朝皇族内的一场宫廷斗争。

表二　丹江口水库一期工程地下文物发掘工作一览表

县市名	遗址或墓群	发掘量	文化内涵	发掘单位	成果出处
郧县	青龙泉遗址	1144平方米 古墓葬41座	新石器时代 东周40座、宋1座	长办考古队直属队 长办考古队直属队	《青龙泉与大寺》 《考古学集刊》第6辑
	大寺遗址	345平方米 古墓葬4座	新石器时代 东周3座、西汉1座	长办考古队直属队 长办考古队直属队	《青龙泉与大寺》 《考古学集刊》第6辑
	刘家湾遗址	10平方米	周	长办考古队直属队	《考古学集刊》第4辑
	庹家洲遗址	24平方米 古墓葬2座	仰韶、龙山、周 汉	长办考古队直属队 长办考古队直属队	《考古学集刊》第4辑 《考古学集刊》第4辑
	徐家坪墓地	古墓葬28座	东周15座、西汉12座、宋1座	长江考古训练班	《考古学集刊》第6辑
	郧县中学菜园	古墓葬9座	西汉	长办考古队直属队	《考古学集刊》第6辑
	李泰家族墓地	古墓葬4座	唐代	湖北省博物馆	《江汉考古》1986年第3期
丹江口市	朱家台遗址	1678平方米	新石器时代	长办考古队直属队	《考古学报》1989年第1期
	乱石滩遗址	146平方米 古墓葬1座	新石器时代 晋	长办考古队直属队 长办考古队直属队	《考古学》1986年第7期 《考古》1990年第8期
	观音坪遗址	72平方米	屈家岭、周	长办考古队直属队	《考古学集刊》第6辑
	石板滩遗址	24平方米	龙山、周	长办考古队直属队	《考古学集刊》第6辑
	林家店遗址	24平方米	仰韶、屈家岭	长办考古队直属队	《考古学集刊》第6辑
	姚沟遗址	44平方米	龙山	长办考古队直属队	《考古学集刊》第6辑
	马家湾遗址	8平方米	仰韶、周	长办考古队直属队	《考古学集刊》第6辑
	关帝庙遗址		周、汉	长办考古队直属队	《考古学集刊》第6辑
	花果园遗址	32平方米	龙山、汉	长办考古队直属队	《考古学集刊》第6辑
	器川遗址		周代	长办考古队直属队	《考古学集刊》第6辑
	器川墓地	古墓葬29座	战国两汉	湖北省博物馆等	
淅川县	下集遗址	725平方米	新石器时代	河南省文物工作队	《中原文物》1989年第1期
	李家庄遗址	380平方米	新石器时代	河南省文物工作队	
	双河镇遗址	362平方米	新石器至西周	河南省文物工作队	
	雷嘴遗址	200平方米	新石器至汉	河南省文物工作队	
	黄楝树遗址	980平方米	新石器时代	河南省文物工作队	《华夏考古》1990年第3期
	下王岗遗址	2309平方米	新石器至西周	河南省文物研究所等	《淅川下王岗》
	马岭遗址	175平方米	新石器	淅川县文化馆	
	全岗遗址	25平方米	新石器	淅川县文管会	
	毛坪楚墓	古墓葬27座	春秋战国中小型楚墓	淅川县文管会	《中原文物》1982年第1期
	下寺楚墓	古墓葬28座墓	春秋战国	淅川县文管会等	《淅川下寺春秋楚墓》
	下寺画像砖墓	古墓葬1座	东汉	淅川县博物馆	《中原文物》1982年第4期
	马川楚墓	古墓葬1座	秦墓1座	淅川县文管会	《中原文物》1982年第1期
	和尚岭墓群	古墓葬4座	东周、汉代	河南省文物所等	《华夏考古》1992年第3期
	徐家岭楚墓群	古墓葬10座	东周	河南省文物所等	
	吉岗墓葬	古墓葬5座	东周	河南省文物所等	《华夏考古》1993年第3期
	大石头山墓地	古墓葬15座	东周	河南省文物所等	《华夏考古》1993年第3期

3. 研究成果

初期工程考古工作取得了一系列举世瞩目的成果，发表了一批高质量的成果，已出版的发掘专刊有《青龙泉与大寺》、《淅川下王岗》和《淅川下寺春秋楚墓》三本，另有数百篇发掘报告和研究论文。

4. 存在问题

由于丹江口前期水库的建设过程中经历了我国 1958 年大跃进、三年经济困难时期、"四清"等政治运动频繁期，蓄水时又处于把传统文化视为"四旧"、"横扫一切"的"文化大革命"非常时期；加上学术界对这一地区古文化整体认识上的不足，还有管理体制上的疏漏等诸多原因，丹江口水库初期工程文物保护留下了许多遗憾。被认为可能是楚国早期都城"丹阳"的龙城早已淹没在死水位下，本已计划重建的净乐宫在"山雨欲来"的 1965 年停了下来……虽然自 1977 年起至今，水利部门屡次追加文物保护经费，文物部门多次在库区开展考古发掘，但库区文物保护遗留问题仍未能从根本上得到解决。

（二）丹江口水库大坝加高工程文物保护前期工作

1994 年，在湖北、河南两省文物行政主管部门的支持下，长江水利委员会组织了丹江口水库大坝加高工程文物调查工作。与库区其他实物指标调查范围不同的是，本次文物调查范围除了属于丹江口水库大坝加高工程水库淹没区（海拔高程 157－172 米）以外，还囊括初期工程水库消落区部分（海拔高程 140－157 米）范围，共约 680 平方公里。调查涉及湖北、河南两省 5 县市：河南省淅川县；湖北省丹江口市、郧县、十堰市、郧西县。

调查的具体分工为：中国科学院古脊椎动物与古人类研究所负责全库区古生物与古人类遗存调查；武汉大学历史系负责丹江

口水库区域历史地理沿革调查；中国社会科学院考古研究所负责丹江口市文物调查；河南省文物考古研究所负责淅川县境文物调查；湖北省文物考古研究所负责郧县文物调查；长江水利委员会文物考古队负责湖北省郧西、十堰两县文物调查。

各单位提交调查成果后，经组织专家进行部分地点复核，由长江水利委员会汇总全库成果，编写了《南水北调工程丹江口水库淹没区文物调查报告》。

1997年，《南水北调工程丹江口水库淹没区文物调查报告》经由著名学者贾兰坡、徐苹芳、张忠培等11位专家组成的专家组评审通过，成为丹江口水库大坝加高工程文物保护的基础性文件。

根据调查成果：丹江口水库大坝加高工程全库区和库区消落区范围共有文物点277处，其中古生物与古人类地点60处；地面文物点28处、地下文物点189处（详见三）。

表三　丹江口水库大坝加高工程库区文物调查成果简表　　单位：处

县、市名	古生物与古人类地点	地面文物	地下文物	小计
丹江口市	25	20	32	77
郧县	9	4	47	60
郧西县	1	1	9	11
十堰市	0	0	4	4
淅川县	25	3	97	125
合　计	60	28	189	277

60处古生物与古人类地点的发现是本次调查的亮点，在一次调查中发现如此数量的、旧石器时代文化早中晚阶段俱全的情况是罕见的。许多著名古人类与古生物学家对此给予高度评价："1928年在李官桥盆地发现脊椎动物化石以来，不断有学者来此工作，一些地点在国内外已很出名，研究水平已经相当高。本次

调查成果已超过前人工作，从白垩纪到全新世的地层中找到不同时期的珍贵的古脊椎动物化石和古文化遗物，从而窥视出一亿年来中国中部地质演变、生物交替和进化以及人类早期活动的各个方面"；"南水北调工作队在短时间内取得丰硕成果表明，他们安贫乐道的精神，高水平和高效的工作。"

28处地面文物中最重要的当属世界文化遗产武当山古建筑群之一的遇真宫。遇真宫，海拔高程160米。明永乐十年（1412），明成祖为纪念张三丰而敕建，初建时有房屋97间，到明嘉靖时已扩大到395间。至本世纪初时仍有明代建筑33间，建筑面积1459平方米，占地56780平方米。宫墙周长857米。由前往后，有八字照壁、宫门、龙虎殿、东西配殿、左右廊庑、斋堂、真仙殿等。整个建筑群保存了明初的建筑格局，尤其是真仙殿、龙虎殿等木结构殿堂，基本保留明初的原物，是武当山木结构的典型范例，代表明代初年建筑艺术的杰出成就。对于遇真宫的保护方案，社会各界的一致意见为做防护坝就地保护。

189处地下文物中除了初期工程已经发现的重要地点以外，还有一些重要发现：（1）年代迄今5000年左右的屈家岭时代文化遗存的批量发现引人注目，近年来的研究表明，在整个中华大地，这距今5000年左右的历史时期正处于一个重大的社会转折时期，在长江、黄河两大文化区域的过渡地带上探索历史转折时期的问题，必将成为本区域文化研究的热点问题；（2）一批夏、商、西周三代文化遗址的发现，是本次调查的重要成就之一，三代文化研究一直是中国史学界包括国外汉学界的关注热点，库区该时期文化虽偶有发现，但文化面貌并不明朗；（3）除了在初期工程中发现的位于丹江流域的数批楚国早期贵族墓葬以外，还在汉水流域发现了带有铭文的一批青铜器，这对于探索春秋战国时期本区各文化的进退、消长提供了极有价值的线索；（4）库区内发现的6座古城址以及围绕着这些古城的古墓群，可以让我们从聚落的角度研究本区古文化的发展演进；(5) 本次文物调查把历史地理作为一项专题，加深了我们对库区文物所含"文化"及其文化背景的认识，而且可以使我们"以史为鉴"，为今天的建设提供更深厚的历史经验。

随着南水北调中线工程的上马，丹江口水库文物保护工作正在开展。相信在国务院南水北调建设委员会和库区各级政府的领导下，在有关部门的共同努力下，丹江口水库以及库区周边地区的文物考古工作将获取更大的成就。

二、葛洲坝工程文物保护

葛洲坝水库位于长江三峡峡区东部的西陵峡区，工程所涉及的文物保护也集中在该峡中的庙南宽谷一带。庙南宽谷从秭归县庙河至宜昌县南沱，全长 31 公里，是长江三峡宽谷中最长最开阔的河谷。庙南宽谷内的三斗坪镇是三峡大坝所在地，也是宽谷内最大的集镇之一；宽谷内的重要集镇还有太平溪、茅坪和莲沱等。经过 40 多年来的考古工作，宽谷内共有地下文物点 38 处，是峡区内古文化遗址最集中的地区（见图一）。范围不大的庙南宽谷，集镇如此集中，古遗址如此密集，反映了该宽谷在今天三峡地区社会经济中的重要作用，也折射出其在该区社会历史中的中心地位。

迄今为止在所有葛洲坝坝区和库区中地下文物的考古调查和考古发掘工作，都是为配合三峡工程和葛洲坝工程的建设而进行，许多地面文物的保护也围绕着三峡工程和东南工程建设而开展。因此可以说，三峡工程和葛洲坝工程促进了这一区域文物保护事业的繁荣和发展。

第一次大规模的考古工作是长江流域规划办公室文物考古队

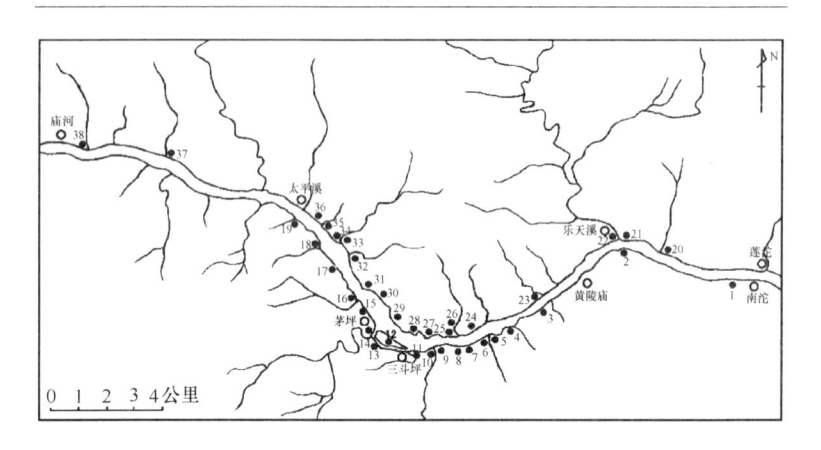

图一 庙南宽谷古文化遗址分布图

1. 四渡河；2. 清水滩；3. 三家沱；4. 杨家湾；5. 鹿角包；6. 窝棚墩；7. 白庙；8. 大坪；9. 乔麦岭；10. 古木湾；11. 三斗坪；12. 中堡岛；13. 曲溪口；14. 下尾子；15. 茅坪；16. 长父沱；17. 朝天嘴；18. 杨泗庙；19. 沙湾；20. 下岸；21. 朱家台；22. 杨家嘴；23. 小浪洪；24. 白狮湾；25. 黄土包；26. 堰坪；27. 覃家沱；28. 周家湾；29. 蓉家坳；30. 朱其沱；31. 杀人沟；32. 路家河；33. 伍家庙；34. 西湾；35. 小溪口；36. 上磨培；37. 黑岩子；38. 柳林溪

（26、28、34 为山冈遗址）

直属队和四川、湖北分队，于20世纪50年代末至60年代初配合三峡工程进行的。根据当时的资料，在西陵峡区共发现文物古迹4处、古文化遗址12处、采集点38处、试掘遗址4处，面积96平方米，这些发现，第一次展示了西陵峡区古代文化的基本面貌。

第二次大规模考古工作是配合葛洲坝工程而进行的，自20世纪70年代初开始到80年代初的10余年间，考古工作者在这一带清理了两处古墓群，共发掘古墓葬106座；发掘古遗址10处，面积共1269平方米。此外，为配合葛洲坝古老背坝址的选址方案，长江水利委员会文物考古队对著名的宜都市红花套遗址进行了长达5年的大规模发掘，发掘面积3000平方米。

葛洲坝工程与丹江口水库初期工程的文物保护工作时期，正是由中央统一配置资源的计划经济时期。在这种经济模式之下，各部门服从中央统一调配，相互之间不存在利益冲突。也正因为如此，在建设工程中的文物保护工作上，建设方与文物方统一目标、相互配合、共享资源，真正达到了建设工程与文物保护"双赢"的局面。20世纪80年代中叶以来，市场经济的运作唤醒了人们的利益意识，加上由于市场经济的不成熟所带来的法制化、程序化的缺陷，全国范围内建设工程与文物保护的矛盾日趋激烈，相信随着法制的健全和程序的完善，我们将迎来新一轮的、建设工程与文物保护的"双赢"局面。

葛洲坝工程中涉及的文物保护工作共有文物点16处。16处文物点分为地面文物和地下文物两大类。此外，由于强调文物保护为社会主义建设服务的宗旨，葛洲坝工程文物保护工作为三峡和葛洲坝工程建设提供了不可或缺的历史资料。

1. 地面文物4处。另对一些石刻类文物进行复查登记。

4处地面文物为屈原祠、黄陵庙、乐天溪革命烈士纪念碑和"通远桥记"碑刻。保护方案为搬迁其中的3处，原地保护加固1处（详见表四）

表四　葛洲坝工程地面文物保护一览表

名　称	保护方案	执行单位
屈原祠	搬　迁	秭归县屈原纪念馆
黄陵庙	原地加固	黄陵庙文物管理所
乐天溪革命烈士纪念碑	搬　迁	宜昌县人民政府
"通远桥记"摩崖石刻	搬　迁	宜昌市文物管理处

屈原祠，原祠位于秭归县归州镇东，始建于唐元和十五年（820），北宋时因屈原被封为清烈公而改额为"清烈公祠"，历代都曾修葺。搬迁前的旧祠系清朝道光年间所建，由山门、配房、

大殿、后殿等组成，占地面积 600 平方米、建筑面积 350 平方米，是当地人民奠祭这位不朽的爱国主义诗人的重要场所。由于该祠位于葛洲坝水库淹没线下，除了工程部门拨出了部分专款外，秭归县政府还先后集资 90 万元，将其搬迁上山，扩建成屈原纪念馆，并于 1982 年 6 月正式开放。

黄陵庙，又名黄牛庙，位于宜昌县三斗坪区黄牛峡脚下。相传始建于汉朝，唐朝复建，现有的主体建筑禹王殿是明代万历四十六年（1618）仿宋式建筑重建的，庙中保存了许多古代碑刻题记，如刻有相传为诸葛亮的《黄牛庙记》及陆游、苏东坡等诗文的碑文。历代名人李白、陈子昂、白居易、刘禹锡、欧阳修、黄庭坚、陆游等都曾游历此地，并均留有名篇佳作。该庙为三峡地区著名的古迹，1956 年被列为第一批湖北省重点文物保护单位。但由于年久失修，黄陵庙早已成为无主之庙，葛洲坝工程兴建之前黄陵庙小学就设在这里，禹王殿被分隔为若干个黑洞洞的教室，整座庙宇杂草丛生，破乱不堪。由于水库淹没线在该庙山门脚下，将对该庙的庙基造成威胁，1979 年宜昌县政府成立了黄陵庙文物管理所，负责对该庙进行全面维修。自此终于让一座金灿灿的黄陵庙矗立在黄牛山下，为青山翠竹所簇拥。

黄陵庙还是长江三峡历史特大洪水的绝对标尺之一。1968 年长江水利委员会组织由考古、水文学专家参加的考察组联合勘察，对该庙的建筑结构、碑刻题记和历史文献记载诸方面进行了综合考察，查明了该庙禹王殿自明朝万历四十六年（1618）重建后 370 多年来所遇特大洪水的大致情况，并确认禹王殿内 36 根大木柱上和殿前檐下"玄功万古"匾额上的水印痕迹是清代同治九年（1870）三峡地区千年一遇特大洪水留下的痕迹，是该次洪水的最高水位。

乐天溪革命烈士纪念碑，原位于宜昌县乐天溪长江江畔。1927 年蒋介石发动"四一二"政变后，中共党员李殿乡和郑炽昌奉中共鄂西特委的指示，赴莲沱、下堡坪、邓村、太平溪等地建立革命根据地，并于1928年秋成立中共莲沱区委员会，积极发展武装力量。继1929年2月年关斗争胜利后，又于当年9月组织北乡的乐天溪等地千余名农民群众和270余名赤卫队员举行了威震峡江的"九·四"武装暴动，打击反动团防，镇压反革命，开仓济贫。同年9月15日，起义失败，区党、团委书记杨继平、杨定友不幸被捕，壮烈牺牲，300余名共产党员和革命群众惨遭杀害，血染长江。20世纪50年代初，当地群众自发修建了纪念亭和纪念石碑，以寄托对革命先烈的哀思。由于纪念亭和石碑都位于库区淹没线下，工程部门拨出专款，1983年由宜昌县人民政府主持，在乐天溪口上修建了这座纪念碑。

"通远桥记"摩崖石刻，原址位于宜昌市下牢溪入长江口处，为宋代摩崖石刻《通远桥记》，由宜昌市文物处进行切割搬迁到淹没线上。

2. 地下文物12处。

12处地下文物有古遗址10处、古墓群2处，10处古遗址共发掘1269平方米，2处古墓群共发掘古墓葬106座。12处古遗址和古墓群中出土了数以千计的珍贵文物，这些文物向人们较为系统地展现了6000多年来新石器时代大溪文化、夏商时期文化和两周时期文化的大致发展脉络，初步提示了三峡地区不同于其他地区的、相对独立的文明发展进程。

3. 科技考古。

有意识地对运用文物考古资料为生产建设服务进行认真探索和尝试，是葛洲坝工程中文物考古工作的特色，并且在实践中取得了一定的成果和经验。1973年春长江水利委员会、国家文物局、中国科学院考古研究所在武汉召开"第四次长江流域文物考古工作座谈会"，会议总结了长江流域文物考古、水文、地震工作者在水文、河道变迁、地震等方面所做的工作，号召长江流域的文物部门和水利建设部门加强协作，紧密配合长江水利水电建设，提供科学的历史资料，更好地为社会主义建设服务，"要求文物考古工作者进一步落实毛主席'古为今用'的伟大方针，使文物考古工作更好地为无产阶级政治和社会主义建设服务"。

"水文考古"，即运用历史文献、碑刻题记、文物建筑和考古资料进行历史洪水、历史枯水的调查和研究工作，是最富成效的探索。从1971年开始，长江水利委员会文物考古队、水文局与各地文物部门积极配合，对宜昌至重庆的长江三峡河段进行了多次地毯式的历史洪水和历史枯水调查工作，共发现从宋朝至清朝800年间的洪水和枯水石刻题记300多段，为长江三峡的城市建设、防洪、航运提供了极为宝贵的第一手资料。

1976年，长江水利委员会文物考古队与上海博物馆、重庆市博物馆一起在北京故宫和全国各地举办了"长江水文考古展览"，向国内外观众介绍了所取得的成绩和经验，得到了广泛的重视和好评。

1978年春，长江三峡水文考古成果获"全国科学大会奖"。

水文考古是三峡工程在文物保护工作上的一个创举。从20世纪50年代初至70年代末长达近30年的时间内，长江水利委员会从未间断三峡历史水文资料的调查、整理和研究工作，其中大规模的地毯式野外调查在时间上就有1956、1959、1966、1972—1975等年份。从1967年开始，工程建设者与文物考古工作者在更大的范围内合作，除了继续水文、石刻、题刻的调查以外，还对沿江古建筑的沿革和碑文记载、古遗址文化层中的洪水泥沙沉积、河床变迁、历史地震等进行调查和研究，并取得了一系列成果。

在历次水文洪枯水调查中，共发现50多个历史洪水年，水文题刻180处、500多段。在1956年长江水利委员会勘察的涪陵白鹤梁上，刻录了枯水记录108段，记载了自唐广德二年（764）始1000多年来长江上游的枯水情况。这些发现为探索长江三峡水文规律和葛洲坝工程、三峡工程的水文设计提供了重要的科学依据，也为三峡地区（包括水库淹没级上）增添了20多处县（市）级文物保护单位和唯一的一处国家级文物保护单位——白鹤梁题刻（1982年由国务院公布）。

20世纪70年代初长江水利委员会组织对白鹤梁石刻进行测量和拓片

其他利用考古资料取得的科研成果还有：

1971年，在葛洲坝河段的三江卵石层中，出土一批埋藏了6700年的古树，又在葛洲坝和西坝上清理了5座战国至六朝的墓葬。这些发现强有力地证明了三江分流的河势早在数千年前就已经形成，证明了2000多年来葛洲坝和西坝的堆积层是稳定的，从而为葛洲坝建设提供了直接的、重要的地层和稳定性方面的资料。

1973－1975年，长江水利委员会荆江河床实验站的科技人员根据宜都县红花套遗址新石器时代和东周时期文化堆积层的绝对高程和保存情况，参照古老背东周遗址情况，以及其他发掘资料，考查了该地自新石器时代以来地质构造、河道变迁以及古气候的一些信息。

葛洲坝工程考古发掘一览表
（1972—1983 年）

类别	县市名	名称	发掘量	发掘单位	发掘时间	成果出处
古遗址	宜昌县	中堡岛遗址	255 平方米	宜昌地区博物馆	1979	《考古学报》1987 年第 1 期
		白庙遗址	75 平方米	宜昌地区博物馆	1979	《考古》1983 年第 4 期
		杨家湾遗址	44 平方米	宜昌地区博物馆	1979	《江汉考古》1984 年第 4 期
		青水滩遗址	323 平方米	宜昌地区博物馆	1979	《考古与文物》1983 年第 2 期
		小溪口遗址	26 平方米	宜昌地区博物馆	1979	
		小　计	723 平方米			
	秭归县	官庄坪遗址	106 平方米	湖北省博物馆	1981	《江汉考古》1984 年第 3 期
		鲢鱼山遗址	16 平方米	湖北省博物馆	1981	
		柳林溪遗址	110 平方米	湖北省博物馆	1981	《考古与文物》1986 年第 6 期
		朝天嘴遗址	280 平方米	湖北省博物馆	1981	
		龚家大沟遗址	34 平方米	湖北省博物馆	1981	《江汉考古》1984 年第 1 期
		小　计	546 平方米			
	合　计		1269 平方米			
古墓群	巴东县	西瀼口古墓群	17 座	恩施地区博物馆	1978—1980	《葛洲坝工程文物考古成果汇编》
	小　计		17 座			
	宜昌市	前坪古墓群	43 座	湖北省博物馆	1971—1972	《考古学报》1976 年第 2 期
			6 座	宜昌市文管会	1981	《江汉考古》1985 年第 2 期
			20 座	宜昌地区博物馆	1978	《江汉考古》1985 年第 5 期
			15 座	长江水利委员会文物考古队	1973	《葛洲坝工程文物考古成果汇编》
	小　计		89 座			
	合　计		106 座			

葛洲坝文物考古工作取得了丰硕的成果，出版了有关三峡地区的第一本考古学专著（长江水利委员会库区规划设计处编：《葛洲坝工程文物考古成果汇编》，武汉大学出版社，1990年），共发表约60篇发掘报告和相关的学术论文。

三、三峡工程文物保护

由于三峡地域生态环境容量不足，三峡地区历史文化与其他地区相比在物质文化层面上显得较为粗糙、落后，加上三峡地区汉晋以前的文明演进模式与其他地区有着明显的差异，长期以来，三峡地区的历史文化面貌难以为学界所认识，因此三峡地区文物考古工作的起步比其他地区要晚。而揭开三峡历史千古之谜的第一推动力就是三峡工程，或者换言之，一部三峡地区文物保护工作的历史，就是配合三峡工程而进行的文化遗产保护史。

40多年的三峡工程文物保护史说明，三峡地区文物保护工作与三峡工程同步，换言之，三峡地区文物保护的历史主线，就是一部配合三峡工程建设进行文物保护和科学研究的历史。

1958—1960年，为配合三峡工程建设，学术界第一次全面清理三峡文化遗产，长江水利委员会多次组织中国科学院考古研究所和湖北、四川两省文物部门对三峡库区进行有史以来大规模的文物考古调查，调查共发现文物点179处。同时对巫山县大溪遗址、忠县甘井沟等遗址进行了发掘，从而初步认识了后来被命名为"大溪文化"的新石器时代遗存和以甘井沟遗存为代表的三峡地区三代时期文化遗存。三峡历史文化云遮雾罩的神秘面纱由此掀开了一角。

1973—1982年，为配合葛洲坝工程建设，其文物考古工作者在西陵峡区进行大规模的文物保护工作。

1979—1983年，长江水利委员会文物考古队再次与两省文物考古部门联合进行全库区文物调查。

1984—1993年，国家文物局组织队伍在三峡坝区一带进行考古发掘，共发掘17处遗址，发掘面积5015平方米，并对一处建于清代末年的民居进行原地保护。

1992年春，全国人大通过修建三峡工程的提案，随着三峡工程的上马，三峡文物保护工作也被提上了议事日程。

三峡工程文物保护工作，按建设项目分为三峡大坝施工区和三峡库区两部分。

（一）三峡大坝施工区文物保护

长江三峡大坝施工区位于三峡东段西陵峡庙南宽谷的中段，是三峡地区（宜昌南津关——奉节白帝城）中地理环境最好、地势最开阔平坦、人口最集中的地段，也是长江三峡地区古文化遗存最为集中的地段。长江三峡工程——现代文明的卓越代表，就诞生在这一片古代文明的沃土之上。

长江三峡坝区的文物考古工作和研究与整个三峡地区的考古工作一样，随着三峡工程的进展而进展。20世纪50年代末，中国科学院考古研究所对西陵峡进行了两次考古调查与试掘工作。20世纪60年代至80年代初，长江水利委员会文物考古队组织湖北、四川两省文物部门，对整个三峡地区进行了数次全面的和专题性的文物考古调查。为配合葛洲坝工程，20世纪70年代至80年代初，湖北省文化厅组织省内的考古力量对葛洲坝工程范围进行了一系列考古工作，三峡坝区的许多遗址正位于葛洲坝库区的范围内。三峡工程立项后，1993—1994年国家文物局组织力量再次发掘坝区范围内的古遗址。

据统计，1958—1994年，文物部门在今三峡坝区18平方公里的范围内，共发现古文化遗址和采集点23处，并发掘其中的

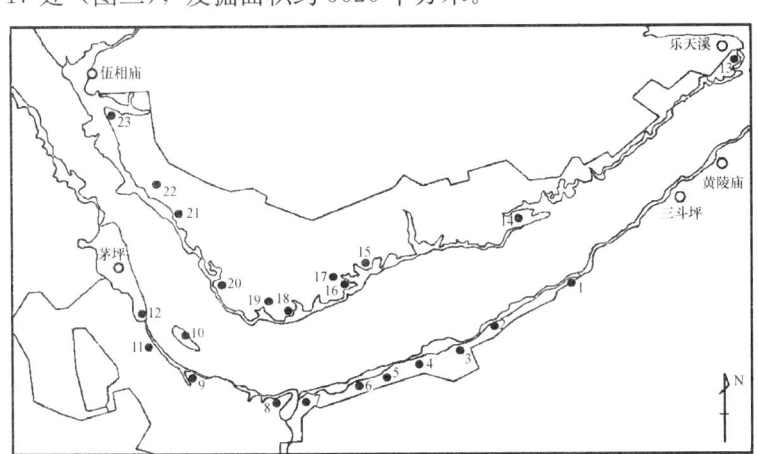

17处（图二），发掘面积约5626平方米。

图二 三峡大坝施工区古文化遗址分布图
1. 三家沱；2. 杨家湾；3. 鹿角包；4. 窝棚；5. 白庙；6. 朱家屋；7. 乔麦岭；8. 古木湾；9. 三斗坪；10. 中堡岛；11. 王家祠堂；12. 下尾子；13. 杨家嘴；14. 小浪洪；15. 白狮湾；16. 黄土包；17. 堰坪；18. 覃家沱；19. 周家湾；20. 苏家坳；21. 朱其沱；22. 杀人沟；23. 路家河

三峡大坝施工区18公里范围内共有文物点24处，其中地面文物1处、地下文物23处。

1. 地面文物1处

1处地面文物，后来被命名为"杨家老屋"，原是建于清末的民居。保护方案采用原地保护，并进行修缮加固。1996年被宣布为湖北省文物保护单位。

2. 地下文物23处

23处地下文物点中有6处属于没有发现古文化堆积层而只有零星古代遗物发现的地点，按考古学的术语为"采集点"，说明该地点曾有过古人活动，但由于自然因素或后世活动而仅留下少量遗物。三峡坝区内这种只留下古人活动痕迹不见文化堆积层的采集点绝不仅仅6处,而应当还有许多。这种现象与峡区特殊的地理生态环境相适应,有学者认为,三峡峡区在生态学上属于"廊道"形态,遵循"文丘里效应"——即所有廊道的能流、物质流、物种流和信息流,都以高密度、高流速和少停留的方式通过,从根本上决定了古代三峡峡区内不可能凝聚和沉淀的文化底蕴;在聚落形态上则表现为数量少、面积小、遗址低等级、文化水平相对平原落后。

23处地下文物点中存在古文化堆积层的古遗址有17处。1984年至1993年,在国家文物局和湖北省文化厅的组织下,17处古遗址共发掘5626平方米。

三峡大坝施工区考古工作的实践,更丰富和加深了人们对这一地区古文化的认识。考古工作者首次在三峡地区发现了比大溪文化更高远的考古学文化——迄今8500—7500年的"城背溪文化";而路家河遗址的发掘、整理和研究更是系统地向人们呈现三代时期三峡峡江地区考古学文化的面貌,并被命名为一支新的考古学文化——"路家河文化"。

三峡大坝施工区考古工作一览表

(1984—1993年)

序号	遗址名称	发掘时间	发掘面积	发掘单位	成果出处
1	路家河遗址	1984年	519平方米	长江水利委员会文物考古队	《宜昌路家河》
2	苏家坳遗址	1984年	259平方米	湖北省考古所	
3	覃家沱遗址	1984年	72平方米	湖北省考古所	《江汉考古》1985年第3期
4	窝棚遗址	1985年	125平方米	湖北省考古所	《江汉考古》1994年第1期
5	白庙遗址	1985年	200平方米	湖北省考古所	《江汉考古》1994年第1期
		1993年	445平方米	湖北省考古所	《江汉考古》1994年第1期

续表

序号	遗址名称	发掘时间	发掘面积	发掘单位	成果出处
6	大坪遗址	1993年	200平方米	湖北省考古所	《江汉考古》1994年第1期
7	杨家嘴遗址	1985年	122平方米	湖北省考古所	《江汉考古》1994年第1期
8	朱其沱遗址	1984年	125平方米	湖北省考古所	《江汉考古》1994年第1期
9	周家湾遗址	1984年	27平方米	湖北省考古所	《江汉考古》1994年第1期
10	堰坪遗址	1984年	25平方米	湖北省考古所	《江汉考古》1994年第1期
11	下尾子遗址	1993年	170平方米	宜昌市博物馆	《江汉考古》1994年第1期
12	三家沱遗址	1993年	36平方米	湖北省考古所	《江汉考古》1994年第1期
13	中堡岛遗址	1985—1993年	1527平方米	国家文物局	《中堡岛与朝天嘴》
				宜昌市博物馆	《考古》1996年第9期
14	三斗坪遗址	1985年	240平方米	湖北省考古所	
		1993年	275平方米	湖北省考古所	《江汉考古》1994年第1期
15	杨家湾遗址	1985年	579平方米	湖北省考古所	
		1993年	550平方米	湖北省考古所	
16	乔麦岭遗址	1985年	100平方米	湖北省考古所	
17	西湾遗址	1985年	30平方米	湖北省考古所	
合计			5626平方米		

(二)三峡库区文物保护

三峡水库淹没面积650平方公里,库区淹没区涉及的行政区域有湖北省和重庆市两省(市)22县(区):湖北省宜昌县、秭归县、兴山县、巴东县四县;重庆市巫山县、巫溪县、奉节县、云阳县、万州区(天城区、龙宝区、五桥区)、涪陵区、开县、忠县、石柱县、丰都县、武隆县、长寿县、重庆市区(渝北区、巴南区)和江津县。

三峡地区山高水险,峡区内滩险水急、山高水恶,可供人类开发利用的环境容量有限,在现代航运发达以前的漫长历史时期,它由于缺乏与外界的联系而长期处于一种半封闭的状态。许多迹象表明,古代的三峡航运绝不像李白的"朝辞白帝彩云间,千里江陵一日还"那样浪漫,至少在先秦时期三峡地区是无法通航的。考古发现证实,三峡地区内一些县比如巫山县,早期的政治经济中心并不在长江沿岸,而是设在通往汉水流域的长江支流大宁河大昌古城一带,直至魏晋南北朝,其政治经济中心才逐渐转移至长江干流上,以后才有了唐朝时期对三峡的进一步开发。直到清代川江航运能力逐步提高,三峡的物资转运集散作用越来越大,峡江人也因此有了更多的领滩、放滩、绞滩和商贸的生计。

而正是由于处于这种半封闭状态,三峡地区由此产生相对独立的古代文化遗存。古代文献和考古资料表明,在新石器时代,石器制造业是峡区的重要产业,由此撑起峡区大溪文化时期(迄今6800—4500年)的繁荣;三峡地区的另一支柱产业是盐业,从古到今,食盐作为一种人类生活的必需品、一种重要的战略资源,在盐业生产水平低下的历史时期,历代各个利益集团都把对食盐资源的争夺放在首位。正因为如此,贫瘠的峡区乃是先秦时期华夏部族、巴蜀部族和百越部族争夺的地盘,由此发生了与其他地区不同的文化面貌和文明演进模式。

数千年以来,由于环境容量不足,人类生存条件险恶,峡区经济长期停滞不前。唐宋时期由于引进了先进的农业耕种方式,峡区得到了开发,但由于开发过度,反而造成峡区内生态环境的严重破坏。三峡地区经济的进一步发展是在近代,1852年(清咸丰二年),太平军攻陷武昌后,清政府关于鄂、湘等地必须食用淮盐的严格规定已无法执行，于是"川盐出峡，东湖为始境"，每年由宜昌转口出川的川盐在 50 万－150 万担，价值一两千万两银元；帆船数量也由 1852 年的 6273 艘增至 1904 年（光绪三十年）的 23126 艘。从此，川盐生产及其所带动的川江航运成为峡区经济的主动脉。虽然这一历史机遇对于三峡地区的经济发展起到了重要的作用，但同时对生态环境也造成了进一步的破坏，由于人口的骤增，三峡地区的生存环境更加恶化。

20 世纪 80 年代初葛洲坝水利枢纽工程的兴建，为三峡地区，尤其是西陵峡区域的经济发展注入了青春的活力，西陵峡区的险滩急流不再是不可逾越的天堑。长江三峡向全世界敞开了胸怀。

今天，三峡地区又迎来一个新的历史发展机遇，世界级的特大型水利枢纽工程——长江三峡工程的建设，将拉开三峡乃至周边地区经济腾飞的序幕。

1. 前期工作。

1979－1983 年，长江水利委员会会同四川、湖北两省文物业务单位对三峡库区淹没区进行文物实物指标调查，提出库区共有文物点 250 多处，其中国家级文物保护单位 1 处（白鹤梁题刻）、省级文物保护单位 5 处（奉节白帝城、云阳县张桓侯庙、忠县石宝寨、丁房阙、无名阙）。

1992 年 6 月，国家文物局推出《三峡工程淹没区文物保护规划大纲》。大纲提出：三峡库区共有文物点 828 处（其中地下文物 445 处、地面文物 383 处），文物保护经费 198080 万元。

1993 年年底，国家文物局组织全国文物考古力量进入三峡进行文物规划工作。1995 年 3 月，国家文物局指定中国历史博物馆、中国文物研究所为三峡文物规划工作的法人单位（下文简称"规划组"）。三峡文物规划组与作为长江三峡移民规划技术总承单位的长江水利委员会设计院和两省（市）移民局签订文物规划合同后展开工作。

1996年3—6月，三峡文物规划组陆续提交《长江三峡工程淹没及迁建区文物古迹保护规划报告》，共31本。其中，提出三峡工程淹没区及迁建区共有文物点1282处（其中地下文物829处、地面文物453处），文物保护经费194207.7万元。

1998年9月，三峡建设委员会办公室召开"《长江三峡工程淹没及迁建区文物古迹保护规划报告》专家论证会"。根据论证专家意见，规划组于10月作出《〈长江三峡工程淹没及迁建区文物古迹保护规划〉有关内容的修订与补充》，提出：(1)三峡库区淹没区和安置区共有文物点1241处（其中地面文物448处、地下文物793处）；(2)文物保护经费79914.82万元（不含张飞庙、石宝寨和白鹤梁3处文物经费）。

1999年4月，经过实地复核、开展价值评估、进行单价测算分析等基础工作，长江水利委员会设计院提交《三峡文物保护经费测算报告》，提出：(1)三峡库区淹没区和安置区共有文物点1053处（其中地面文物360处、地下文物693处）；(2)文物保护经费23875.42万元（1993年5月三峡库区平均价，不含张飞庙、石宝寨和白鹤梁3处文物经费）。

2003年3月21日，经国务院三峡建设委员会批准，纳入三峡库区及迁建区文物保护的文物点共1087处（其中地面文物364处、地下文物723处）；文物保护经费约7亿元（1993年5月三峡库区平均价，含张飞庙、石宝寨和白鹤梁3处文物经费），详见"三峡库区文物保护一览表"。

2. 地面文物364处。

据三峡文物规划组的数据统计，364处地面文物的建筑面积为14374.9平方米，其中采用搬迁保护方案的有133处，搬迁建筑面积47086.2平方米；采用原地保护（含复制）方案的有86处，建筑面积25358.4平方米；采取留取资料方案的145处，建筑面积71290.3平方米。

丹江口、葛洲坝、三峡三大水利工程文物保护简介

三峡库区文物保护一览表

面积单位：平方米

地面文物

项目	搬迁重建 处数	搬迁重建 建筑面积	原地保护 处数	原地保护 建筑面积（含复制）	留取资料 处数	留取资料 建筑面积	小计 处数	小计 建筑面积
民居	60	20324			50	19246.6	110	39570.6
寺庙、祠堂	23	11086.7	4	2942	24	14996	40	24086.7
官署、学堂、楼阁、牌坊、磨坊、塔、亭、石阙、老街	13	2160.6			6	4330.0	20	10812.0
桥梁	14	3327.1	4	4321.1	23	1770.1	58	8927.8
古城门及城墙	11	10103.1	39	5005.9	3	22432	14	32535.1
石刻、造像	9	60.2	75	12285	47	982.7	101	13265.6
革命文物	1	20	1	465			2	485
栈道、井、池塘等	2	4.5	8	13057	18	14051.6	19	14052.1
合计	133	47086.2	86	25358.4	145	71290.3	364	143734.9

地下文物

时代	处数	勘探面积	发掘面积	在总处数中所占比例	在发掘总面积中所占比例	在勘探总面积中所占比例
古人类与古生物地点	60	76500	29850	8.30%	1.65%	0.64%
新石器时代	77	1087600	185900	10.65%	10.29%	9.09%
商周时期	124	2033300	423850	17.15%	23.46%	17.00%
汉代至六朝	405	7449508	1035322	56.02%	57.31%	62.27%
唐、宋	27	1230600	109080	3.73%	6.04%	10.29%
明、清	30	85500	22510	4.15%	1.25%	0.71%
合计	723	11963008	1806512	100.00%	100.00%	100.00%

364处文物点中，古民居110处，其中10处为县（市）级文物保护单位，占文物总数的30.22%、占文物总面积的27.53%；寺庙、祠堂40处，其中2处为省级文物保护单位（秭归县屈原祠、云阳县张桓侯庙），14处为县（市）级文物保护单位，占文物总数的10.99%、占文物总面积的16.76%；官署、学堂、楼阁、牌坊、磨坊、塔、亭、石阙、老街20处，其中4处为省级文物保护单位（奉节县白帝城，忠县石宝寨、丁房阙、无名阙）、14处为县（市）级文物保护单位，占文物总数的5.49%、占文物总面积的7.52%；古桥梁58处，其中14处为县（市）级文物保护单位，占文物总数的15.93%、占文物总面积的6.21%；古城门及城墙14处，其中7处为县（市）级文物保护单位，占文物总数的3.85%、占文物总面积的22.64%；石刻、造像101处，其中1处为国家级文物保护单位（涪陵区白鹤梁题刻）、35处为县（市）级文物保护单位，占文物总数的27.75%、占文物总面积的9.23%；革命文物2处，即巴东县革命烈士陵园和奉节县彭咏梧烈士墓，2处均为县级文物保护单位，占文物总数的0.55%、占文物总面积的0.34%；栈道、水井、盐井、池塘等19处，占文物总数的5.22%，占文物总面积的9.78%。

在三峡库区364处地面文物点中，属于三峡工程立项之年即1994年（含1994年）以前公布的法定文物保护单位共102处，占全部364处地面文物点的28%，其中国家级1处（白鹤梁题刻）、省级6处（秭归县屈原祠，奉节县白帝城，云阳县张桓侯庙，忠县石宝寨、丁房阙、无名阙）、县（市）级96处。其中，记载有历史水文信息的"水文文物"14处（国家级1处，县、市级13处），占13.7%。

3. 地下文物723处。

723处地下文物可分为：古人类与古生物地点、古遗址、采集点、古墓葬、古城址、古窑址6类，其中古人类与古生物地点

三峡库区地面文物保护方案统计表

面积单位：平方米

	项目	搬迁重建 处数	搬迁重建 建筑面积	原地保护（含复制）处数	原地保护（含复制）建筑面积	留取资料 处数	留取资料 建筑面积	小计 处数	小计 建筑面积
湖北省	民居	17	6607.5			20	7641	37	14248.5
	寺庙、祠堂	8	3096	1	2870	3	1842	12	7808
	牌坊、磨坊、亭	3	232.6					3	232.6
	桥梁	6	470.8	2	72.6	12	704.5	20	1247.9
	古城门及城墙	3	316.4			1	1932	4	2248.4
	石刻	3	1.9	2	3.4	27	60.4	32	65.7
	革命文物	1	4	1	465			1	465
	栈道、水井等					8	13057	9	13061
	小计	41	10729.2	6	3411	71	25236.9	118	39377.1
重庆市	项目	搬迁重建 处数	搬迁重建 建筑面积	原地保护（含复制）处数	原地保护（含复制）建筑面积	留取资料 处数	留取资料 建筑面积	小计 处数	小计 建筑面积
	民居	43	13716.5			30	11605.6	73	25322.1
	寺庙	15	7990.7	1	1100	12	7188	28	16278.7
	官署、学堂、楼阁、牌坊、塔、亭、石阙、老街	10	1928	4	4321.4	3	4330	17	10579.4
	桥梁	8	2856.3	27	4301.4	3	522.2	38	7679.9
	古城门及城墙	8	9786.7			2	20500	10	30286.7

续表

	项 目	搬迁重建		原地保护（含复制）		留取资料		小 计	
		处数	建筑面积	处数	建筑面积	处数	建筑面积	处数	建筑面积
重庆市	石刻、造像	6	58.3	48	12224.6	15	917	69	13199.9
	革命文物	1	20					1	20.0
	栈道、盐井、池塘等	1	0.5			9	990.6	10	991.1
	小 计	92	36357.0	80	21947.4	74	46053.4	246	104337.8

	项 目	搬迁重建		原地保护（含复制）		留取资料		小 计	
		处数	建筑面积	处数	建筑面积	处数	建筑面积	处数	建筑面积
全库合计	民居	60	20324			50	19246.6	110	39570.6
	寺庙、祠堂	23	11086.7	4	2942	24	14996	40	24086.7
	官署、学堂、楼阁、牌坊、磨坊、塔、亭、石阙、老街	13	2160.6	4	4321.1	6	4330.0	20	10812.0
	桥梁	14	3327.1	39	5005.9	23	1770.1	58	8927.8
	古城门及城墙	11	10103.1			3	22432	14	32535.1
	石刻、造像	9	60.2	75	12285	47	982.7	101	13265.6
	革命文物	1	20	1	465			2	485
	栈道、井、池塘等	2	4.5	8	13057	18	14051.6	19	14052.1
	合 计	133	47086.2	86	25358.4	145	71290.3	364	143734.9

三峡库区地面文物保护单位统计表

单位：处

类　别		国家级	省级	县级	小计	在库区文保单位中的比例	库区同类项目的数量	在同类项目中所占比例
民　居				10	10	9.80%	110	9.09%
寺庙、祠堂			2	14	16	15.69%	40	40.00%
官署、学堂、楼阁、牌坊、磨坊、塔、亭、石阙、老街			4	10	14	13.73%	20	70.00%
桥　梁				14	14	13.73%	58	24.14%
古城门及城墙				7	7	6.86%	14	50.00%
石刻、造像	其他石刻			22	22	21.57%	101	9.89%
	水文石刻	1		13	14	13.73%		
革命文物				2	2	1.96%	2	100.00%
栈道等				3	3	2.94%	19	15.79%
合　计		1	6	95	102	100..00%	364	28.02%

三峡库区地下文物年代、类别统计表

面积单位：平方米

时代	类别	湖北省 处数	湖北省 发掘面积	湖北省 勘探面积	重庆市 处数	重庆市 发掘面积	重庆市 勘探面积	全库合计 处数	全库合计 发掘面积	全库合计 勘探面积
古人类与古生物地点		19	2900	0	41	26950	76500	60	29850	76500
	小计	19	2900	0	41	26950	76500	60	29850	76500
新石器时代	古遗址	48	111750	429500	23	74150	658100	71	185900	1087600
	采集点	3	0	0	3	0	0	6	0	0
	小计	51	111750	429500	26	74150	658100	77	185900	1087600
商周时期	古遗址	41	43900	202000	74	321450	1366300	115	365350	1568300
	古墓葬				9	58500	465000	9	58500	465000
	小计	41	43900	202000	83	379950	1831300	124	423850	2033300
汉至六朝	古遗址	37	25100	257500	103	249510	2089108	140	274610	2346608
	古墓葬	57	214600	617500	208	546112	4485400	265	760712	5102900
	小计	94	239700	875000	311	795622	6574508	405	1035322	7449508

续表

时代	类别	湖北省 处数	湖北省 发掘面积	湖北省 勘探面积	重庆市 处数	重庆市 发掘面积	重庆市 勘探面积	全年合计 处数	全年合计 发掘面积	全年合计 勘探面积
唐、宋	古遗址	0	0	0	7	12400	203000	7	12400	203000
	古墓葬	4	3600	24000	6	12680	131100	10	16280	155100
	古城址	2	35000	150000	5	45000	722500	7	80000	872500
	古窑址				3	400	0	3	400	0
	小 计	6	38600	174000	21	70480	1056600	27	109080	1230600
明、清	古遗址	1	0	0	4	7700	7500	5	7700	7500
	古墓葬	5	1110	5000	6	400	0	11	1510	5000
	古城址				1	10000	60000	1	10000	60000
	古窑址				13	3300	13000	13	3300	13000
	小 计	6	1110	5000	24	21400	80500	30	22510	85500
合 计		217	437960	1685500	506	1368552	10277508	723	1806512	11963008

60处、古遗址338处、采集点6处、古墓群295、古城址8处、古窑址16处。经三峡建设委员会批准,规划对其中的632处地下文物共发掘面积1806512平方米、勘探面积11963008平方米。

从年代上划分,根据三峡文物规划组的数据,古人类与古生物地点60处,考古发掘面积29850平方米、考古勘探面积76500平方米,占总发掘面积的1.65%、占总勘探面积的0.64%;新石器时代遗址77处,规划考古发掘面积185900平方米、勘探面积1087600平方米,占总发掘面积的10.29%、占总勘探面积的9.09%;商周时期古遗址和古墓群124处,考古发掘面积423850平方米、勘探面积2033300平方米,占总发掘面积的23.46%、占总勘探面积的17.00%;汉代至六朝古遗址和古墓群405处,考古发掘面积1035322平方米、勘探面积7449508平方米,占总发掘面积的57.31%、占总勘探面积的62.27%;唐宋时期古遗址、古墓群、古城址和古窑址27处,考古发掘面积109080平方米、勘探面积1230600平方米,占总发掘面积的6.04%、占总勘探面积的10.29%;明清时期古遗址、古墓群、古城址和古窑址30处,考古发掘面积22510平方米、勘探面积85500平方米,占总发掘面积的4.15%、占总勘探面积的0.71%。

如此大规模的文物保护,无论是在地面文物的搬迁复制面积、地下文物的发掘勘探面积,还是在文物保护经费上,都远远超过了新中国成立以来配合基本建设文物保护的数量、面积和经费总和。

三峡文物保护吸引了全国考古学者的目光,近十年来每年都有来自全国的几十家文物考古单位参与工作,媒体称"三峡库区是世界上最大的考古工地"。

原载长江水利委员会编:《长江志·人文》,北京:中国大百科全书出版社,2007年。

长江三峡工程文物保护十问

一、请介绍三峡地区文物保护简史

三峡地区文物保护的最早时间已不可考，根据现有资料，20世纪30年代就有美国人在三峡地区进行考古调查并发表相关资料。

为配合三峡工程、丹江口水库建设和长江流域大规模的基本建设，1958年中央文化部、中国科学院和长江水利委员会共同组建"长江流域规划办公室文物考古队"（现名长江水利委员会文物考古队），并在沿长江14个省（市）文化局成立分队，以协调、组织和实施三峡工程、丹江口水库和其他大型建设工程的文物保护工作。

近50年来，在三峡地区开展大规模文物考古工作有4次。

第一次大规模考古工作是在20世纪50年代至60年代中期配合三峡工程前期工作而进行。长江水利委员会多次组织中国科学院考古研究所和湖北、四川两省文物部门在三峡地区进行考古工作，共发现文物点179处。同时对巫山县大溪遗址、忠县甘井沟等遗址进行发掘，初步认识了后来被命名为"大溪文化"的新石器时代遗存和以甘井沟遗存为代表的三峡地区夏、商和西周三代时期文化遗存，云遮雾罩的三峡历史文化神秘面纱由此揭开了一角。

第二次大规模文物考古工作是配合葛洲坝工程建设而进行的。20世纪70年代初开始至80年代上半叶10余年间，考古工作者在这一带清理两处古墓群，共发掘古墓葬106座；发掘古遗址 10 处，面积共 1269 平方米；同时搬迁保护 3 处、原地保护 1 处地面文物。初步展现西陵峡地区古代文化的基本面貌。

第三次大规模文物考古工作是配合三峡工程坝区建设进行的。20 世纪 80 年代中期至 90 年代初，国家文物局组织队伍在三峡坝区一带进行考古发掘，共发掘 17 处遗址，发掘面积 5015 平方米；并对 1 处建于清代末年的民居进行原地保护。初步建立起西陵峡区距今 8000 年以来的考古学文化时空框架。

第四次更大规模的三峡库区文物考古工作是从 20 世纪 90 年代开始的。国务院三峡建设委员会批准 1093 处文物为三峡库区文物保护范围，并批准对这些文物的保护方案。10 多年来，近百家文物考古单位、数千名科技人员跋涉在库区的山山水水间，对三峡地区文化遗产的保护作出自己的贡献。

50 年的三峡工程文物保护史说明，三峡地区文物保护工作与三峡工程工作同步。换言之，三峡地区文物保护历史的主线，就是一部配合三峡工程建设而进行的文化遗产保护史。

二、以白鹤梁题刻为代表的三峡水文考古工作的历程、成就，以及三峡水文文物保护过程的启迪

"水文考古"，即运用历史文献、碑刻题记、古建筑和考古资料中有关历史水文遗迹并探寻其规律的调查、整理和研究工作。

水文考古是三峡工程前期工作中文物保护工作的一项创举。从 20 世纪 50 年代初至 80 年代初的 30 余年时间内，长江水利委员会从未间断开展三峡地区历史水文资料的调查、整理和研究工作，其中大规模的地毯式野外调查就有 1956 年、1959 年、1966 年、1972—1975 等年份。从 1971 年开始，长江水利委员会水文

局、长江水利委员会文物考古队还与各地文物部门积极配合，对宜昌至重庆的长江三峡河段进行了多次地毯式的历史洪水和历史枯水调查工作。

历年调查共发现唐广德二年（764）至民国时期1000多年的枯水石刻、宋绍兴二十三年（1153）至清代近800年的洪水石刻计300多段。其中最著名的是涪陵区白鹤梁题刻，该题刻上共有文字题刻160余段、3万余字，其中刻录枯水记录108段，记载了1200年间72个枯水年份的水位资料和当地农业欠丰情况。另外，在云阳张桓侯庙、宜昌黄陵庙等建筑物上也发现有历史上长江大洪水留下的印迹。

这些发现为研究近千年来的长江三峡水文过程、探索三峡水文规律提供了重要的科学资料，从而成为葛洲坝工程、三峡工程水文设计的可靠依据，为沿江城市的建设、防洪、航运提供了极为宝贵的第一手资料。与此同时，这些水文题刻也成为三峡地区工程建设者和文物工作者们的宝贵精神财富，亦为三峡地区增添了20多处县（市）级文物保护单位和第一处国家级文物保护单位——白鹤梁题刻。

1967年以后，工程建设者与文物考古工作者在更大的范围内合作，除了继续水文石刻题刻调查以外，还对沿江古建筑的沿革和碑文记载，以及古遗址文化层中的洪水泥沙沉积、河床变迁、历史地震等进行调查和研究，并取得一系列成果。

1973年春，国家文物局、中国科学院考古研究所和长江水利委员会在武汉召开"第四次长江流域文物考古工作座谈会"。会议总结了长江流域文物考古、水文、地震工作者在水文、河道变迁、地震等方面所做的工作，号召长江流域的文物部门和水利建设部门加强协作，紧密配合长江水利水电建设，提供科学的历史资料，更好地为社会主义建设服务，"要求文物考古工作者进一步落实毛主席'古为今用'的伟大方针，使文物考古工作更好地为无产阶级政治和社会主义建设服务"。

1976年,长江水利委员会文物考古队与上海博物馆、重庆市博物馆在北京故宫和全国各地举办了"长江水文考古展览",向国内外观众介绍了所取得的成绩和经验,得到了广泛的重视和好评。

1978年春,长江三峡水文考古成果获"全国科学大会奖"。

1981年,在《国务院关于进一步加强文物工作的通知》中对水文考古等新生事物予以高度评价:"六十年代以来,文物考古工作者运用考古学手段,考察古代水文、地震、沙漠变迁等,开拓了文物考古学应用的新领域,并在国际上产生了积极的影响。"《通知》号召:"广开思路,勇于探索,继续开辟文物工作直接为社会主义经济建设服务的新途径。"

由于三峡工程水文设计的完成,对三峡地区水文题刻的调查和研究告一段落,自此以后,不少三峡水文文物面临自然破坏和被人们遗忘的危机。根据长江水利委员会水文局1996年对三峡水文文物

的复查结果，三峡库区 174 处洪水题刻中已有 89 段被毁坏，占已发现洪水题刻的半数以上。其中，年代最长的忠县忠州镇选溪沟 1153 年（宋绍兴 23 年）洪水题刻（见上图），因城市建设而被填埋。而白鹤梁上的 163 段题刻中，也有相当一部分被破坏。

三峡水文文物保护的演化过程告诉我们：（1）文物的产生与其他人工事物的产生一样，都是在社会需要的条件下出现，并随着社会的需求而扩大或者萎缩；（2）某类文物的大批量产生，需要新的视野和对某一领域的深入研究，需要发掘"物"中的"文化"含量；（3）具体的文物物件是不可再生的，但为人类社会见证物的文物则是随着人类社会的向前发展而不断产生，并随着自然条件的变化和时代的变迁而必然有所消亡。

三、被列入三峡工程文物保护范围的文物有多少？如何分类？保护工程量有多少？

被列入三峡工程文物保护范围的文物共有 1117 处，其中坝区 24 处、库区 1093 处（三峡建设委员会 2000 年批准 1087 处、2005 年补批巴东平阳坝 6 处）。

1117 处文物分为地下文物和地面文物两类，其中地下文物共 752 处（坝区 23 处、库区 729 处）、地面文物 365 处（坝区 1 处、库区 364 处）。详见表一。

表一　三峡工程文物保护项目统计表　　单位：处

项　目	地下文物	地面文物	小计	备　注
三峡坝区	23	1	24	
三峡库区	723	364	1087	
	6		6	2005 年补批
合　计	752	365	1117	

723处地下文物可分为古人类与古生物地点、古遗址、采集点、古墓葬、古城址、古窑址六类。其中，古人类与古生物地点60处、古遗址338处、采集点6处、古墓群295、古城址8处、古窑址16处。

364处地面文物点中，属于三峡工程立项之年即1994年（含1994年）以前公布的法定文物保护单位共102处，占全部364处地面文物点的28%。其中，国家级1处（白鹤梁题刻）、省级6处（秭归县屈原祠，奉节县白帝城，云阳县张桓侯庙，忠县石宝寨、丁房阙、无名阙）、县（市）级96处；记载有历史水文信息的"水文文物"14处（国家级1处，县、市级13处），占13.7%。

365处文物点可分为古民居，寺庙，官署、学堂、楼阁、牌坊、磨坊、塔、亭、石阙、老街区、古桥梁，古城门及城墙，石刻、造像、题刻，革命文物和其他七类。其中古民居111处，寺庙40处，官署、学堂、楼阁、牌坊、磨坊、塔、亭、石阙、老街区、古桥梁20处，古城门及城墙14处，石刻、造像、题刻101处，革命文物2处，其他19处。

地下文物的保护方案有考古发掘、考古勘探（普通勘探和重点勘探）、登记建档三种。地下文物752处，规划进行考古发掘189.16万平方米（坝区0.50万平方米、库区1.88.66万平方米），在库区进行考古勘探1686.90万平方米。详见表二。

表二　三峡工程地下文物保护工程量表

单位：万平方米

项　目	处　数	考古发掘	考古勘探
三峡坝区	23	0.5	
三峡库区	729	188.66	1686.9
合　计	752	189.16	1686.9

地面文物保护方案有搬迁保护、原地保护（含原地保护异地复制）和留取资料三种。地面文物 365 处，规划搬迁保护 133 处，搬迁建筑面积 50331 平方米；原地保护 63 处，建筑面积 26811 平方米；留取资料 169 处，建筑面积 62419 平方米。详见表三。

表三　三峡工程地面文物保护工程量表

单位：平方米

项　目	保护方案	处　数	建筑面积
三峡坝区	原地保护	1	400
三峡库区	搬　迁	133	50331
	原地保护	62	11122
	留取资料	169	62419
合　计	搬　迁	133	50331
	原地保护	63	11522
	留取资料	169	62419
总　计		365	124272

如此大规模的文物保护工作，无论是地面文物的搬迁复制数量、搬迁复制面积，或者地下文物的考古发掘、考古勘探面积，都远超新中国成立 50 年配合基本建设文物保护工作的工程量之总和。也就是说，三峡工程文物保护工作的力度在中国文物保护史上是空前的。

四、三峡库区文物点的认定、文物保护方案和保护工程量确定的工作过程

1979 年至 1983 年，长江水利委员会文物考古队合同四川、湖北两省文物业务单位对三峡库区淹没区进行文物实物指标调

查，确定库区共有文物点 250 多处。

1992 年 6 月，国家文物局推出《三峡工程淹没区文物保护规划大纲》。大纲提出：三峡库区共有文物点 828 处（地下文物 445 处、地面文物 383 处）。

1993 年年底，国家文物局组织全国文物考古力量进入三峡进行文物保护前期工作。在三峡建设委员会办公室、国家文物局指导下，1995 年 3 月，作为三峡工程规划设计总承单位的长江水利委员会设计院和两省（市）移民局共同与中国历史博物馆、中国文物研究所组成的三峡文物保护规划组，签订三峡库区文物保护规划合同。

1996 年 3—6 月，三峡文物规划组陆续提交我国第一套把工程建设与文物保护技术规范相结合的《长江三峡工程淹没及迁建区文物古迹保护规划报告》共 31 本，提出三峡工程淹没区及迁建区共有文物点 1282 处（地下文物 829 处、地面文物 453 处）。

1996 年 10 月，国务院明确指出，三峡文物保护工作由三峡建设委员会统一领导，湖北省、重庆市人民政府负责组织实施。

1998 年 9 月，三峡建设委员会办公室召开"《长江三峡工程淹没及迁建区文物古迹保护规划报告》专家论证会"。

1999 年 4 月，按三峡建设委员会办公室要求，作为文物规划甲方的长江水利委员会设计院在剔除不属于三峡库区迁建区范围文物点、开展价值评估、进行单价测算分析等工作基础上，提出《三峡文物保护经费测算报告》。

2000 年 6 月，三峡建设委员会正式批准《三峡工程淹没区及迁建区文物保护规划》，将 1087 项文物纳入三峡工程保护范围，同时批准这些文物的保护方案。

2003 年 3 月，三峡建设委员会批准三峡文物保护资金切块包干方案，批准除白鹤梁、石宝寨、张桓侯庙和屈原祠四项以外的 1083 处文物保护经费共 50587.84 万元。此后又陆续批准四项文物经费，1087项文物的总投资为71820.60万元（1993年价格）。

2005年，三峡建设委员会批准巴东县平阳坝6处文物纳入三峡工程文物保护范围，保护经费214万元。

五、文物保护工作的工作进度是否能满足三峡工程156米水位蓄水的要求？

总体来说，三峡工程文物保护工作的总体进度可以满足三峡工程156米水位蓄水的要求。

至2005年年底，三峡库区考古发掘面积已完成规划量的约90％、考古勘探面积已完成规划量的约85％；地面文物搬迁复建量已完成规划量的约50％、原地保护方案计划量的87％、留取资料方案计划量的93％。

经过10多年的努力，三峡工程文物保护工作取得了巨大的成就。但与此同时，主要由于过大的保护工程量，某些工作进度和工作质量并不尽如人意。例如地下文物考古发掘成果发表量和规划出版量、地面文物的搬迁复建量这类技术含量较高的工作完成量都比原计划低了不少。但这些问题均属于有待于完善的工作，因此不影响三峡工程156米水位蓄水的要求。

六、白鹤梁、石宝寨、张桓侯庙的保护方案和进度情况

白鹤梁、石宝寨、张桓侯庙三项工程由于文物保护级别高、保护工程量大而备受世人关注，被称为三峡库区文物保护的"三

大项"。

(一) 白鹤梁题刻

白鹤梁题刻保留了自唐广德二年（764）至民国间的163段题刻，记载了长江三峡干流1200多年间72个年份的108段枯水记录。这些记录为葛洲坝工程、三峡工程的水文设计提供了重要的依据，也为长江中上游地区的城市建设、防洪、气象和航运等提供了宝贵的历史水文资料。

白鹤梁题刻采用中国工程院葛修润院士提出的无压力容量原理水下保护工程，工程主要包括水下保护体、交通及参观廊道、地面陈列馆三部分，总投资12323.24万元（折合1993年静态价9219.15万元）。该工程为一级建筑物，耐久年限为100年。

2001年至2004年完成了留取资料和梁体勘测工作，实施了导墙基础钻孔、保护体的防撞墩施工，以及为拓宽航道进行的洗手梁、坳马石炸礁和上、下游纵向围堰填筑等工程，并通过专家验收。

该工程的难点在于水下保护工程（A标段），工程技术要求高，施工难度大，并且只能在长江枯水期施工。工程于2003年2月开工。2005年12月，经国家文物局批准，调整工程设计和施工组织设计。目前，主体结构工程已按期完成，工程质量良好。

(二) 石宝寨

石宝寨"护坡加钢闸门"方案。2005年4月，国家文物局批复《石宝寨保护工程初步设计报告》；2005年11月，国务院三峡建设委员会批复保护工程投资概算9797.77万元（2005年价格，其中三峡移民经费9292.51万元，折合静态6951.83万元；重庆市自筹505.26万元）。

石宝寨保护工程由五部分组成，即围堤护坡工程、危岩治理工程、交通桥工程、古建筑维修工程和配套建筑及环境绿化工程。

2005年12月28日工程正式开工,原计划于2006年6月30日完成全部156米水位以下工程。但由于部分地段地质条件勘察结果与实际差异较大,导致变更设计方案及施工组织措施,影响了工程进度。目前已完成计划工程量的60%。

(三)张桓侯庙

俗称张飞庙,据地方志载始建年代不晚于宋宣和七年(1125),在清同治九年(1870)的特大洪水中几乎被彻底毁坏。现存建筑主要是在清同治至"文化大革命"间陆续补建。

2001年清华大学建筑设计院完成对张桓侯庙的测绘和搬迁复建设计。2002年12月完成拆迁,2003年2月开工复建,2003年7月18日主体工程完工。云阳张桓侯庙复建工程按预定工期完工,并于完工的次日对外开放、接待游客,发挥了搬迁复建文物的功能并产生经济效益。

该项目规划概算经费4042.89万元(2002年价格,折合静态3103.95万元),实际完成总投资3863.89万元,工程结算总投资低于规划投资179万元。

七、三峡工程文物保护工作取得哪些重要成果?

10多年来,在三峡建设委员会、国家文物局以及库区各级政府的领导下,在全国文物考古队伍的积极努力下,三峡工程文物保护工作获得很大成就,主要体现在:

(一) 文物保护工作程序和管理体制上的创新

三峡工程文物保护工作的 10 多年，正是我国建设工程投资、管理体制深化改革、文化体制改革起步的历史时期，转型时期的结构性矛盾曾给三峡库区文物保护带来困惑，也由此诞生解决问题的新方法，从而引发制度上的创新。

1. 首创在工程建设可行性阶段制定文物保护规划。

无论是现行的《中华人民共和国文物保护法》还是工程建设规范，均未明确规定将文物保护规划工作纳入建设工程的设计阶段。三峡库区首次通过制定文物保护规划将建设工程技术规范与文物保护技术规范结合起来，使三峡库区文物保护工作有章可循，具有可操作性，为后续的量化管理带来便利。

2. 建立健全管理体制，将工程建设管理体制引入文物保护工程。

根据三峡建设委员会要求，湖北省、重庆市人民政府责成省（市）文物部门承担具体组织协调和实施工作。两省（市）文物局根据本省（市）工作实际情况，补充制定了相应的管理制度。重庆市、湖北省政府拟定了文物保护管理制度。

在工作中，两省（市）文物局建立并不断完善项目合同管理制，如地面文物工程的搬迁保护方案尝试招标投标制，部分大型项目实行竣工验收制、图纸会审制、技术交底及设计变更确认制、项目结项审计制等，以保证文物保护的工程质量。

3. 首创文物保护监理制度。

库区地面文物的搬迁保护工程全面实行项目监理制。重庆市首创我国地下文物考古工作项目监理制度，并在合同管理、技术规范等方面保证这一新生事物的有效开展。

三峡建设委员会还委托中介机构对库区文物保护工程进行综合监理，对工程的质量、进度和资金使用进行跟踪，及时反馈信息。

由于三峡工程的示范性，上述工作程序和管理体制已被南水北调等工程文物保护工作所借鉴。

（二）地下文物考古发掘喜获重大成果

由于三峡地域生态环境容量不足，其历史文化与其他地区相比在物质文化层面上显得较为粗糙、落后，加上三峡地区在汉代以前的文明演进模式与其他地区有着明显的差异，长期以来难以为学界所认识，文物考古工作的起步晚于其他地区。除了配合三峡工程前期工作和葛洲坝工程所开展的工作以外，直至三峡工程开工前，学术界对三峡地区考古学文化的认识还停留在半处女地状态。

20世纪50年代末，为配合三峡工程建设的前期工作，学术界开始全面清理三峡文化遗产，历经配合葛洲坝工程、三峡大坝施工区建设的文物保护工作，人们初步建立起西陵峡区8000年以来文化的时空框架。而更大规模的三峡库区文物保护工程则提供了中国文物保护史上前所未有的文化遗产保护力度和文化视野。

三峡库区大规模考古工作带来了一系列重要考古收获：丰都高家镇、奉节横路等遗址的发现将三峡地区早期人类的活动追溯到距今10余万年以前；除了继续完善鄂西地区8500年以来的考古学文化序列以外，在库区西部建立起渝中地区以玉溪遗址、哨棚嘴遗址、万州苏和平等遗址为代表的7000年以来新石器时代文化的年代框架；秭归何光嘴、万州中坝子、涪陵蔺市遗址揭示了夏、商、周三代时期巴蜀、华夏诸部族文化在库区交流、碰撞的史迹；云阳李家坝、巫山双堰塘遗址揭示了春秋战国时期巴、楚诸部族文化势力在库区的进退、消长；丰富的汉代、六朝墓葬说明，此时的库区文化已融入中华民族的文化版图；汉晋云阳县朐忍县城、唐代集镇云阳县明月坝遗址、宋代巴东县城的发掘是城镇考古学上的突破；丰都沿江的庙背后等宋代冶锌遗址当是我国目前所发现的、最早的冶锌遗存，可能由此改写世界人工冶锌史等。

1998年至2005年，库区共有4项考古发掘成果被评为当年的全国十大考古发现：1998年度的忠县中坝遗址；2002年度的巴东县旧县坪遗址；2003年度的云阳县李家坝遗址和2005年度的云阳县旧县坪遗址。

（三）地面文物保护有望成为库区新的经济增长点

133项地面文物的搬迁保护形成了新的人文景观，2003年7月建成的张桓侯庙已经对游客开放；秭归凤凰山上集中了从秭归县库区各地搬迁复建的37处古建筑，不仅是三峡库区重要的古文化展示研究中心，而且已经成为库区旅游业的新景点。通过诸如对云阳县盘石城、龙脊石的开发，以及白鹤梁题刻的地面陈列室和水下"龙宫"展厅的建设等最能体现三峡地域的传统建筑的完建并投入使用，在三峡工程蓄水后陆续新形成一批文化底蕴丰厚的文物景观，既保留了峡江城镇文化发展的历史印记，又延续了峡江地区城市发展的历史文脉。这些文物景观，已经或即将成为三峡库区文化和经济发展的新的增长点，必将促进和带动相关产业的发展。

（四）档案管理及出土文物保管

两省（市）文物管理部门专门设立了三峡文物保护资料档案室，保存了大量的档案资料。规范化的档案管理保证文物资料的永续性保护和利用。

大规模考古发掘出土了包括距今7000多年的新石器时代至明清时期的不同时代与不同文化的陶、玉、石、铜、铁、瓷器等文物。根据两省文物部门的报道，全库区共出土一般文物标本

20.3万余件（其中重庆14.3万余件，湖北6万件），共修复文物1.3万余件（其中重庆8000余件，湖北5000余件）。

八、请评价三峡文物所揭示的三峡地区在中国历史上的作用

如果以挖宝的思想来看待三峡文物可能会有所失望，因为三峡地区山高水险的生态环境决定了三峡地区不可能产生高度发达的古代文明，不可能大量出土高等级的精美文物。我赞成何驽博士用廊道理论解释三峡地区古代文明形成的原因：三峡廊道遵循"文丘里效应"——所有廊道的能流、物质流、物种流和信息流，都以高密度、高流速和少停留的方式通过，这种廊道形态决定了三峡峡区内不可能凝聚和沉淀丰厚的文化底蕴，"在聚落形态上表现为数量少、面积小、遗址低等级，文化水平相对落后"于平原或其他地区。

然而出土文物的数量和现行文物等级标准并不能反映一个地区历史文化的重要性。从科学的考古学角度看问题，每一方土地都有自己的奥秘，都有自己独一无二的文化形态、区别于其他地区的文明进程。从中华民族多元一体发展的视野，三峡文化同样是中华民族文化中不可或缺的瑰宝。三峡地区及周边地区的考古学发现和初步研究证明，只有对三峡地区这类文化过渡区域进行深入探究，才可能完整回答中华大地上"万国林立"的诸部族是如何在不同文明形态、不同文明演进过程中殊途同归，最终融入中华民族大家庭的。

三峡地区文物考古学工作的重大意义在于三峡地区独特的地理位置所决定的独特作用，三峡工程文物保护工作应当解决的问题主要围绕着：（1）三峡地区位于人类起源、农业起源理想环境

的"山前地带"，其在中国人类起源、农业起源中所起的作用如何？（2）数千年来三峡地区是面向海洋的东部族群和面向内陆的西部族群文化交流、冲突和融合的区域，其所起的桥梁作用是用什么方式、有多大作用？（3）不甚发达的三峡原住民，是如何在与不同部族人们的不断碰撞和交流中步入文明社会、融入中华民族大熔炉的？

九、三峡工程文物保护工程在中国文物保护史上的地位和作用

三峡工程文物保护工作是我国有史以来最大规模的民族文化遗产发掘保护工程，也是文物保护时间最长、保护范围最广、保护工程量最大、参与人员最众且投入资金最多的巨型文物保护工程。它是中国文物保护史上的一个里程碑。

三峡工程的建设过程处于我国经济体制从计划经济向社会主义市场经济的转型时期。三峡文物保护工作在纳入三峡工程现代化建设管理体制的过程中，建设并不断完善相应的工作程序、管理体制、中介机构的植入等创新制度，并为其他工程如南水北调工程文物保护工作所借鉴。

三峡工程文物保护过程也处于我国经济腾飞、国力迅速增长的历史时期，政府和国民对自身文化遗产的保护意识有了巨大的飞跃，这使我们在文物保护的理念、方法和手段上有了长足的进展。因此，三峡工程能够提供足够的资金保护文物，同时能够使用更多的方法保护这些不可再生的三峡地区历史记忆。

十、作为从事三峡地区文物考古工作30年的学者，你对三峡工程文物保护工作的最深感受是什么？最大的遗憾是什么？最热切的期盼是什么？

最深的感受是，三峡工程文物保护工作是中国文物考古工作黄金时代的黄金工程。

30多年前我们在三峡开展文物考古工作时，绝大部分行程都是徒步进行的，因洪水、气候等原因而舟旅被困是常有的事，我本人还曾差点儿被大宁河上的山洪所吞没。而在今天的三峡文物考古工作上体现出大气派、大手笔，我们使用最先进的技术保护古老的文明，显示出国家经济实力的强大，也表达了国家对中华民族古代文明高度负责的态度。

最大的遗憾是，三峡工程的文物保护手段仍主要体现在"物"的层面上而缺乏对"文"的挖掘，而且缺乏足够的课题意识、精品意识。

用量化的方式衡量优劣是自然科学界常用的手段，而主要用量化的方式如考古发掘量、出土文物数量和搬迁复建量来衡量一个工程文物保护的力度是危险的。因为物的迁移量不等同于文化信息的转移量，考古发掘、文物搬迁复建只是手段而不是目的，文物保护优劣的标志是文化信息量获得的多寡。

例如，对巫山县大昌古城的搬迁只注重建筑上的特点，而忽略了历史沿革、周边环境、城池布局及演变、居民的生计方式、经济往来、礼仪举止、思想观念等丰富文化内涵。加上搬迁后将原住居民全部迁走，古城的搬迁可以说只是挪动了一个已了无生机的物品、一个引用大昌古城名称而与古城的灵魂没有内在联系的旅游景点而已。

地下文物的保护力度与发掘量不成正比,世界重大考古成就、中国历年十大考古发现从来不是以发掘面积来排座座,三峡工程发掘189.16万平方米这种大开挖的方式,决不能与地下文物的文物保护成就相提并论。因为,"考古学研究的最终目标在于阐明存在于历史发展过程中的规律"(《中国大百科全书·考古学卷》)而绝不是发掘面积,三峡工程的考古工作应围绕解决三峡地区考古学研究的若干重大学术问题而进行,保护的成败并不在于发掘面积,而在于解决学术问题的深度,在于精品意识。

著名考古学家苏秉琦先生指出,"近代考古学已经成为一种'生产'文化资料的专门学术。所以一件考古工作的学术价值,不在于它的发现材料中是否有什么惊人的东西,亦不在于它的发掘报告中是否得出什么动人的结论,更重要的是看它的全部工作程序是否完全符合科学的原则。为了保证它的成果具有高度的学术价值,这就必须要使它的'生产'技术和方法达到一定的水平"。"考古是科学。'课题'是一切科学宫殿的门户。没有课题,当然不得其门而入。所以,'课题'对任何一门学科的研究都是至关重要的。'课题'的选择尤其是至关重要的,它直接关系到我们工作的成效、优劣、快慢……就全国范围看,'配合'[即配合基本建设考古——笔者注]的工作量远而在于'主动'[即主动发掘——笔者注]的工作量。做好这类工作确实关系甚大,做好这类工作,关键的一个环节同样是需要目的性(课题)明确"。从考古学科学本质的高度阐述了配合基本建设中文物考古工作中以课题为纲、而绝不是以发掘面积为标的物的思想。

着重物的迁移量观念,容易产生偏离文物保护初衷的倾向。而这一倾向的加剧更在于观念的阻隔,在于体制的不畅,在于经济利益的驱动。

作为一位从事三峡文物保护30多年的考古工作者,我最热切期盼的是，确立三峡文物保护工作的精品至上意识，继续做好三峡工程文物保护工作，提高三峡文物保护的学术水平，使其无愧于中国文物保护工作黄金时代的黄金工程。

原载季昌化主编：《长江三峡工程——长江焦点关注》，长江出版社，2007年。

书评

民族学与考古学的相互渗透：
读《美洲土著的房屋和家庭生活》

路易斯·亨利·摩尔根和他的《古代社会》曾受到马克思和恩格斯的高度评价。《古代社会》连同马克思的《摩尔根〈古代社会〉一书摘要》和恩格斯的《家庭、私有制和国家的起源》都已为我国读者所熟知。而作为《古代社会》一书补编的《美洲土著的房屋和家庭生活》，现在又由中央民族学院的李培茱同志翻译成汉文出版，这对于我们了解人类社会的史前状况、探讨社会发展的一般规律、领会经典作家的学术思想、推进我国的民族学和考古学研究工作都有很大意义。

摩尔根不仅是一名杰出的民族学家，而且也是一位出色的考古学家。《美洲土著的房屋和家庭生活》（以下简称《生活》）一书，充分反映出摩尔根在民族学与考古学两个领域里的卓越才能。可以说，《生活》的写作直接起因于摩尔根的一次实地调查。1878年夏，年已60的摩尔根在两个侄子的陪同下，访问了科罗拉多州和新墨西哥州的一些印第安部落，并对阿尼马斯河谷的普韦布洛废墟遗址作了极为详细的考察和测量。《生活》的第八章"圣胡安河及其支流上的定居印第安人的房屋遗址（续）"，实际上就是一篇极为精彩的考古调查报告。

摩尔根的科研手段是多样化的。除实地调查之外，他还研究前人的文献材料，并且极注重通过问卷调查和访问谈话取得有关印第安人房屋和日常生活的资料。经过一番归纳整理，他得出这样一个结论："从易洛魁人的长屋到新墨西哥、尤卡坦、恰帕斯和危地马拉用土坯或石头建成的群居大房屋，形成了一整套房屋建筑体系，诸部落进步程度不同，其房屋形式自然也就多种多样。"(《生活》，前言，第1页。以下引此书时不再注书名，仅标页码。)

这样，进化论的原则在住宅建筑方面也获得了反映。这种思想胚芽在后世的社会建筑学和行动考古学中又得到进一步的发展。不过，摩尔根的立足点主要还是在人类的史前状况。在指出房屋建筑的发展是与社会形态的发展相适应的同时，这位原始社会史学奠基人着重指出早期人类生活中的共产主义原则在住房建筑上的反映。他说："无论是易洛魁人的'长屋'，还是新墨西哥的'普韦布洛式房屋'、帕伦克的所谓'宫殿'，和乌斯马尔的'修道尼的房屋'，所有这些房屋建筑，如前所述，都贯穿着一条共同的原则。那就是与在生活中实行共产主义相适应的原则"（第111页），"好客的风尚和共产主义生活，这两个原则是理解这种建筑的关键"（第305页）。

摩尔根从大量具体材料出发，上升到一般理论，从而揭示了事物的本质，对于我国民族学家和考古学家也有很大的启迪。我们不妨把印第安人的材料与我国近年来所获的民族考古材料做些比较，来看看其中的共性。

摩尔根在《生活》中描述了犹地人和达科他人住的皮帐篷——"瓦—卡—约"。这种帐篷酷似我国东北鄂温克等族的"仙人柱"。摩尔根写道："篷架是用十三根长度为十五至十八英尺的木杆搭成的，先将这些木杆的细的一端束缚在一起，将木杆竖立起来，木杆在结扎处的上方互相交叉，木杆的粗端分散开成一圆圈固定在地面上。其直径一般为十英尺。他们把若干张鞣制过或未鞣制过的野牛皮缝在一起，其形状与框架相适应，把它蒙在框架上，捆结起来……帐篷拆除后，木杆挂在马的两侧，一边一半，像辕似的，一端固定在马颈上，另一端拖在地上。皮罩和其他物品放在别的马背上，甚至放在狗背上驮走，帐篷就这样在平原上到处迁移。"（第122—123页）我国东北的鄂伦春族和鄂温克族的仙人柱也是一种适合他们生活方式的住所，所不同的只是使用的材料为桦木杆和桦树皮（冬天覆之以犴皮等），迁移时常以驯鹿或马匹为交通工具。如果从房屋建筑进而深入考察其社会组织，则东、西两半球的不同民族也会处于相同的发展阶段。摩尔根把上述印第安人归为"处于低级野蛮社会的部落"，数十个皮帐篷聚集在一起形成一个群居的部落；而鄂温克人的"乌力楞"（父系家族公社）也是由4至7个仙人柱组成，每个仙人柱都是由一对夫妻或夫妻及其子女组成的小家庭。

摩尔根描述的另一个实例，是当时弗吉尼亚的阿尔贡金人村落。这个名叫波梅奥克的村子有17所群居大房子和一个议会堂，都坐落在中央广场的四周。村子外围有一道栅栏。屋子为半圆顶的长房，长为50—80英尺，顶上覆盖着便于移动的席子。房屋很大，足以容纳好几个家庭（第123—124页）。而我国发掘出土的新石器时代村落遗址的布局也与此相似。如宝鸡北首岭、临潼姜寨和西安半坡等母系氏族公社时期的早期人类居住遗址，其村落的布局往往都是以一个中央广场为核心，村子四周围有栅栏或壕沟。村内房屋的门都朝向中央广场，宽大的方形或长方形房屋可以居住一二十人。有的大房子内无火塘及卧铺，被推测为部落的议事活动场所。凡此，都足以说明人类社会发展经历了共同的道路。社会形态的更迭、房屋建筑结构的变化都与生产力的一定发展水平相联系。所以，纵然有地域和民族的差异、历史年代的间隔，但是用唯物史观加以剖析，仍不难发现其中带有共性。

除了作宏观的研究外，还可以从微观角度类比不同民族、不同年代的文化特质。《生活》中所提到的一种石磨就是有趣的例子。新墨西哥祖尼镇的村居印第安人使用一种独特的石磨加工谷物。石磨是呈长方形的，分成几个格，每块隔板长5至10英尺不等，其中各放一块平整的磨石，石面的光滑程度各不相同。妇女们手握火山熔岩的长石磨棒,跪在磨前,像搓洗衣服似的在磨石上来回搓动。谷物依次经过一道道隔板,由粗变细(第151—152页)。

当人类步入新石器时代后,随着农业的诞生而出现了各种各样的谷物加工工具。尽管诸文化的民族特色不同,但制作加工的原理大抵相仿。我国北方粟作农业社会中的裴李岗文化遗址出土有带足的石磨盘和磨棒。有些考古学家在比较当代有些民族(如独龙族)的例子后认为,石磨盘之所以有足,可能是与防止磨盘滑动和便于堆存较多的加工食物有关[1]。

摩尔根对于原始社会史研究的影响是深远而伟大的。19世纪后半叶,近代科学的田野考古方法尚未产生,摩尔根的考古调查势必有其历史的局限性;但是在方法论上,他始终主张对人类的史前状况作综合的、全面的考察。只有在唯物的进化论观点指导下,融合民族学和考古学两门学科来"以今证古"才有理论根据,而不被视为穿凿附会。20世纪20年代,近代田野发掘方法开始被引入中国考古界,考古学与民族学工作者对中国史前文化与当代原始民族研究各有侧重。20世纪60年代以后,两门学科逐渐呈现相互渗透的趋势。考古学家们开始是从某些文化特质着眼,利用民族志材料为考古研究服务的。比如从佤族的葬俗、永宁纳西族的住俗以及傣族的制陶术等来推断和类比新石器时代的社会生活状况。后来又对古代民族的族源、考古文化的族属等问题做了有益的探讨,除用民族志材料外还参考了丰富的文献史料。近年来,又从村落遗址的布局和墓地的埋葬情况入手来考察原始社会内部"氏族—胞族—部落"这一套有机结构,并取得了许多新成果。然而,对中国新石器时代众多的考古文化与人们共同体的关系这一重大问题,解决得还不太完满。有的考古学界前

---

[1] 宋兆麟等:《中国原始社会史》,北京:文物出版社,1983年,第139页。

辈很注重文化的区系类型分析，认为只有在器物形态学基础上明确搞清各支文化的内涵之后，才有可能再来讨论族属（文化的主人）的问题。这批考古学家们坚信，考古学与民族学在日后的研究中会互相渗透，相辅相成地来解决史前研究中的重大理论课题，而目前对于"族体"与"文化"的挂钩应持慎重态度。至于民族学家运用考古材料进行研究的例子更是比比皆是。

社会科学研究的深入导致了各分支学科的专业化倾向，今天，自然不能像摩尔根时代那样去要求一个学者同时精通民族学与考古学。但这也正好说明考古学家与民族学家有携手合作的必要。在摩尔根著作中反映出来的这种学科融合思想，对后人的启迪意义是很深刻的。故而《生活》一书的翻译出版无疑会促进我国考古学、民族学研究的深入发展。愿有关的同志读一读这部内容丰富的跨学科的著作。

值得一提的是，译者为把这部学术名著介绍给我国读者耗费了大量心血，真所谓"一名之立，旬月踟蹰"。仅从书名译法的改动就可见一斑。摩尔根此书原名为 *The Houses and House Life of the American Aborigines*。在1982年的《民族译丛》第一期上刊登该书的导论时，将书名译作《美洲土著的房屋和宅居生活》，现在则将"宅居生活"改为"家庭生活"。House 一词出现两次，后一处译为"家庭"，完全是译者研读全文、细心推敲的结果。

原始社会的社会组织是史前研究中的一大难点，早期的情形囿于民族学资料不足而难有定论，后期的又因为差异悬殊以致众说纷纭，所以，家庭、家族、宗族、亲族、世系群等有着不尽一致的释义。唯有译者具备一定的专业知识，把握作者原意，兼顾国内学术界的习惯用语，方能够将原文译得既"信"且"达"。

现在让我们引摩尔根在本书前言中的一段话作为结尾，来体会一下民族学与考古学相结合研究社会组织的重要意义：

"所有这些建筑物,从最小的到最大的,都说明了一个重要的事实,即家庭在各个发展阶段是个很软弱的组织,其力量不足以单独对付斗争生活,因此要几个家庭组成大家户以求得庇护。在土著时期的美洲各地,一个家庭住一所房屋是极少见的,普遍的情况是一所房屋大得足以容纳几个家庭,是群居性的房屋,家户一般是按氏族亲属的原则组成的,母亲及其子女属于同一氏族或克兰。"(前言,第2页。)

原载《中央民族学院学报》,1986年第2期。

追思流金岁月，再现历史真相：
读《从清华园到史语所
——李济治学生涯琐记》随感

《从清华园到史语所——李济治学生涯琐记》[①]（以下简称

---

① 李光谟：《从清华园到史语所——李济治学生涯琐记》，北京：清华大学出版社，2004年。

《琐记》）是一部30万字、图文并茂的传记性著作，传主乃是被考古学泰斗张光直誉为"中国考古学之父"的、他的老师李济先生（1896—1979）。阅读《琐记》后有以下几点给我印象至深，写出来向同行讨教。

第一，中国考古学建立之初正是有了清华放洋、获"哈佛人类学博士"学术背景的李济领军，科学的研究思路和田野作业才得以贯彻落实。熟悉中、西两道的李济实际上为中国现代考古设定了前进方向、奠定了坚实基础。借用张光直的话来说，如果当年中央研究院选择了"传统的古董收藏家型的学者"［引者按：即另一候选人马衡先生］来领导新成立的考古组，就很难设想中国的考古学现在会是什么样子了（《琐记》，第2—3页，以下再引该书时随文夹标页码）。而且李济从自身做起，立下考古队同仁决不购买、收藏文物的规矩（第250—252页）；默认对于田野工作发现、发掘的主持人有优先研究权（第325—326页）。这些"行规"在今天看来依然不失其楷模价值和警示意义。

第二，在保护祖国文物、维护民族尊严方面，李济为后人树立了榜样。有两件事情很说明问题。20世纪20年代，李济与美国的弗利尔艺术馆打交道，商量在中国合作从事考古发掘。弗利尔艺术馆本以收集中国艺术品为目标，而李济事先就向对方提出两个条件：（1）在中国进行田野考古必须与中国团体合作；（2）发掘出土的古物必须留在中国。几经交涉，终于使中方得以顺利利用外资进行科研（第76—77页）。1945年抗日战争胜利后，李济被"借用"去日本，查访被侵略者劫走的文物。他为索回被掠夺的珍贵文物辛勤奔走、尽心尽力，取得了一定的成绩。但他在给裴文中的信里仍遗憾地写道："弟在东京找'北京人'前后约5次，结果还是没有找到"（第168—170、第324页）。

第三，他在身边造就并维持着一个学风优良的学术共同体。他们有合作、有批评，在讨论科学问题上"直道而行"、不分尊卑、不计较面子。《琐记》里有一篇《七位考古、历史学家的"合作"》，讲述的就是梁思永、夏鼐和曾昭燏等在李济所撰《远古石器浅说》一文手稿上展开的师生学术讨论，以及由此折射出薪火相传的感人情谊（第188—189页）。李济殚精竭虑、提携后进，为中国考古学走向世界培养出了吴金鼎、尹达、夏鼐和张光直等众多优秀弟子，尽管蒙遭些许政治阴霾，在现代学术史上仍属佳话一段。书中收录的李济与张光直之间的通信尤为典型，倘若再联系选编者李光谟的按语来看，读者不难感受到"师徒胜父子"的深情洋溢其间。

第四，该书附有大量照片，给读者以鲜活的视觉形象，其中不少是难得一见的"珍品"。例如，"1948年中研院部分首届当选院士合影"（计48人，每人姓名都标注清楚）、"殷墟第十三次发掘出土完整的甲骨灰土柱"（卷首的插页）以及"1955年在美院士谈话会合影"（第331页），足见《琐记》作者收罗、考订资料的深厚功力。

《琐记》作者中国人民大学教授李光谟是李济之子，撰写这样的作品既有资料采集方面的便利，也有臧否人物方面的难度。不过按人类学的行话，我认为李光谟先生还是在真情激扬之中保持住了研究者应有的客观"研究距离"，描写生动感人而评论又公允得体。他的力作向读者披露了鲜为人知的掌故、展示了一代学人们的风采、再现了历史的真相，是中国考古学工作者了解学科发展史该读的好书。

原载《中国文物报》，2005年1月5日，第4版。

跨文化的心灵旅行
——读《尼萨》和《重访尼萨》

现今口述史、民族志、互主体性、女性视角等已经成为人文社会科学中备受青睐的议题或研究手段，人类学作为文化批评的作用也日益引起其他学科专家的重视。在这类新潮作品中，《尼萨》和《重访尼萨》是十分有趣而又具启发意义的两部。

《尼萨——一个昆人妇女的生活与诉说》（*Nisa*：*The Life and Words of a ! Kung Woman. New York*：*Vintage*，1981/1983，后文简称《尼萨》）是美国女人类学家肖斯塔克（Marjorie Shostak，1945—1996）的田野民族志著作，是当时身为大学生的作者在1969年8月至1971年3月和1975年对卡拉哈里沙漠北部边缘的一个狩猎－采集部落进行两次田野工作的产物。

1963年起，美国哈佛大学的人类学家Richard Lee和Irven DeVore等人对博茨瓦纳西北部Dobe地区的昆人（！Kung）开始了一项长期的调研计划。1969年，该项计划已近尾声，结婚不久的肖斯塔克与丈夫参加该计划的研究工作并同往Dobe地区。肖斯塔克的丈夫研究母婴关系和婴幼儿身心成长，而她本人则关注妇女生活史（第5、第25页）。

在共计25个月的两次实地调查中，肖斯塔克重点对8位昆人妇女进行了大量的生活史访谈，而最终被翻译和编辑出版的主要是老年妇女尼萨（约1921—?）的个人故事。肖斯塔克是尼萨生活故事的访问者、记录者、转译者和整理呈现者，她将21次访谈所得的30个小时的录音带变成《尼萨》这本条理分明、引人入胜的著作。这300页的个人叙述交织着趣味、感性、苦痛和戏剧性场景，读之令人动容。能说会道的尼萨清楚而又生动地讲述了她生活中的一些具有情感意义的事件：幼年时被抛弃，与其他孩童的第一次性游戏，新婚之夜的事情，母亲和几位丈夫的亡故，以及对逐渐变老的感受等。此外，尼萨还坦率地讲述了性行为和女性高潮的细节、受新情人所吸引的方式和原因等更为隐私的事情。由于尼萨丰富的人生经历以及讲故事的天分，我们从中获悉了昆人个体间的互动方式以及昆人社会的组织方式，了解了许多关于昆人童年、青少年和成年经验的新材料。

阅读该书，对于了解昆人生活固然重要，可是尤让我们深思的还是它的表达技巧以及背后的指导观念。若从口述史实践的角度看，至少有如下三个方面值得关注：

1. 三种声音的并置。

多年来，民族志写作中如何处理个人叙述（personal narrative）和客观描述之间的关系一直是个棘手问题。肖斯塔克的《尼萨》以主要报道人（尼萨）的个人叙述为主体，同时注意呈现作者（肖斯塔克）自己的个人叙述以及民族志概括和评论，试图以这三种"声音"的并置来调和客观化的民族志表述和田野工作中的主观性经历之间的矛盾，并尝试建立个人叙述在民族志表述中的权威。

显然，尼萨的个人叙述是全书的主体部分，通过对访谈录音的翻译和编辑，她的生活史以第一人称叙述的方式得以展现，并以生命周期的顺序为基本构架、辅以其他社会方面，排成从"早期记忆"、"家庭生活"、"丛林生活"……到"渐渐变老"等15章。除此之外，还有两种"声音"。一种是属于人类学家的，具体来说，就是指"导论"和"结语"里交代尼萨故事的收集过程和表述框架的形成等，以及加在每一章前面的民族志概括和评论（其中融合了其他受访者的讲述），从而有助于读者在更全面、更开阔的文化背景中理解尼萨的个人叙述。另一种声音则属于正在体验异文化的年轻美国女子肖斯塔克，它集中体现在《尼萨》一书的"导论"和"结语"部分，主要是肖斯塔克的个人自白。读者从中可以了解作者两次田野经历的背景和过程，在异文化环境中的兴趣、生活调适、感受和想法等。肖斯塔克在一个人性化的框架中实现了三者的相对平衡。因此，在马尔库斯和费彻尔的力作《作为文化批评的人类学》（1986）里，出版不久的《尼萨》即被视为将个人叙述用做民族志的成功范例。

2. 特定的合作关系产生特定的组合结果，看他人也反观自我。

肖斯塔克在谈论《尼萨》一书创作经验时明确地告诉我们，个人叙述不能脱离收集个人叙述所涉及的合作过程而独立存在，访谈是两个人之间的互动，即处于特定生命时段、具有独特人格特征和兴趣取向的一个人，回答由另一个处于特定生命时段、具有独特人格特征和兴趣取向的人所提出的一组特殊的问题。报道人的个人叙述的真实性，必须放在特定的访谈关系中才能得到较好的辨别和理解。具体就《尼萨》来说，一方面，访问者肖斯塔克作为一名 24 岁、新婚的美国女性，最感兴趣的是与她自身所处的生命阶段和文化环境相关（美国妇女运动）的问题："在一个如此迥异于我自身所处文化的文化中，作为一个女人意味着什么？如果存在普同性的话，它们是什么？我能够在多大程度上认同它们？"另一方面，尼萨作为一个正在经历更年期的艰难调适的昆人妇女，她所陈述的生活故事必定是经过某种过滤机制的选择性记忆，这些记忆可能是真实的、修饰的、想象的，或者是三者组合的，但肯定服务于她当下的自我定义。因此，尼萨的个人叙述仅仅反映了 50 岁的尼萨和 24 岁的肖斯塔克之间的暂时性协作，任何其他的组合，都必然会导致不同的结果[①]。

在具体的访谈过程中，肖斯塔克最想了解在昆人文化中做一个女人意味着什么，而其目的之一正是为了更好地理解在自身文化中做一个女人意味着什么。在全书结尾处，肖斯塔克明确写道："……她［尼萨——引者注］送给我一份伟大的礼物——了解快速变迁的复杂世界的手段。我所拥有的几乎每一次生活经历都因昆人世界和尼萨看待生活经历的方式而变得多彩和有意义"（第 371 页）。

当然，尼萨以其勇气、幽默、热情和自尊去直面生活、笑看未来的昆人妇女的个人故事，在引起肖斯塔克强烈共鸣的同时，也对广大读者具有启发和指导意义。而这种共鸣和指导意义的基础，正是人类生活中超越文化多样性的那些普同性的东西。

3. 个案追求的是一种典型性。

读了《尼萨》可知，肖斯塔克的做法的确是一种不错的选择。她毫不讳言，性格开放、结过 5 次婚、所生子女无一在世、

---

① M. Shostak：《〈尼萨〉创作经验谈》，载 Robert Perks 和 Alistair Thomson 主编：《口述史读本》，英文版，London：Routledge，1998.

遭受深重苦难的尼萨并不具有理想的代表性。然而在社会科学研究中，个案所要求具备的恰恰不是代表性而是典型性，是个案集中体现的某一类别现象的重要特征。与代表性所偏向的统计意义不同，典型性主要看重分析和理解的优势，二者恰好可以互补。如有的评论就认为，Richard Lee 和 Irven DeVore 等专家在组织化问卷调查的基础上对昆人生活的描述过于简化、缺乏血肉，而肖斯塔克和尼萨给我们提供了一种人性化的框架，在此框架内，昆人生活的深描得以呈现，量化的研究也可以得到更好的理解；尼萨关于婚姻、婴幼儿抚育和死亡的阐述，也为相关的人口学研究提供了例证，并使它们显得更为生动。

传统的功能主义民族志往往强调对作为集体的被研究者的观察和评论，以求客观、科学地认识社会活动的全貌。《尼萨》继承了这一现实主义的传统，致力于呈现一个遥远的狩猎－采集部落的文化经验，并在实质上保留了民族志作者对文化解释和整体文本的单方控制权。然而，与马凌诺斯基式的科学民族志相比，《尼萨》更具内省精神，更强调被研究者的文化表述，作者本人的自我意识也更为突出。无论对于我们当前的口述史研究还是民族研究和民族志写作，《尼萨》都具有重要的参考价值。

《尼萨》出版之后，肖斯塔克曾于 1989 年 6—7 月间第 3 次踏访昆人社会。这次重访的经历和感想在肖斯塔克逝世后由其亲友协助编辑整理出版，即《重访尼萨》（*Return to Nisa. Cambridge, Harvard University Press*，2000）。该书在写作风格上更接近于个人回忆录，而非民族志。

《重访尼萨》讲述的主要是肖斯塔克自己的旅行经历、感受和对当年田野经历的对比回想。当时作者身患乳腺癌、接受了乳房切除术和化疗，她试图故地重游，重拾友谊，寻求内心的平静。因此，这次旅行被称为"精神之旅"、"心灵之旅"。作者和包括尼萨在内的一群昆人，进行了一次狩猎—采集的旅程，途中开展了多次当地传统的治疗仪式和舞蹈（尼萨试图以此来帮助肖斯塔克治疗乳腺癌），作者对青春、健康和友谊的渴求跃然纸上。作者坦陈，"这个地方很有利于康复……即使它不能真的使我痊愈，但我在这些日子里感到很愉快"（第 94 页）。不过，尼萨和其他人不时以一种功利的方式对待她，在信息和服务的金钱报酬上不依不饶，又令她感到十分失望、沮丧。《尼萨》中所展示的那种和谐关系由此出现了裂痕，致使肖斯塔克进而反思研究者与被研究者在权力、经济以及对双方关系的定位和期望等方面存在的差异。但是，人类普同性中的某些品质毕竟有能力超越体质、种族、文化等的差异性，使得肖斯塔克在她的阿非里加（Africa）感知"天命"。在该书的"尾声"中，作者告诉我们，她在自己的生活中接纳了某些昆人的习俗，其首次分娩就仿效了昆人妇女的经验，在友谊、婚姻，以及对待性、小孩照料、离婚、闲暇时间的态度等问题上，昆人的处理方式也是她的参照标准（第 234 页）。作者还告诉我们，多数读者都能从尼萨的故事中体味出人类生活的相似性。例如，另一位从事妇女口述史研究的人类学家 Blanca Muratorio 的主要报道人、厄瓜多尔的盖丘亚族印第安妇女 Francisca 听闻了《尼萨》故事之后，甚至对尼萨的心愿和哀伤有着感同身受般的理解（第 235—236 页）。

此外，从"追踪调查"的意义上来说，作者非常关注 1975 年访问之后，尤其是《尼萨》一书出版以来，尼萨的生活与观念所发生的变化。肖斯塔克所支付的母牛和礼物，已经使尼萨成为当地最富有的昆人之一；尼萨曾经要求匿名，肖斯塔克因为恐怕不能在真正意义上保证这一点而心存不安，但 1989 年的尼萨似乎不再介意这个问题，反而因为被外来人辨认出真实身份而觉得自豪。当然，尼萨个人变化的大背景是昆人社会受外来文化影响所发生的变迁：生活方式由狩猎—采集逐渐转向畜牧—农耕。

总之，除了让人习得口述史访谈的经验和写作技巧之外，

《尼萨》和《重访尼萨》两书也可以被看做是肖斯塔克对研究者和被研究者关系的一种坦诚述说,同时也是用多声部叙述个人生活史的方式研究远方异域人群的一种尝试[①]。研究者与被研究者彼此的友谊有利于民族志作者获知异文化的诸多隐秘,从而更好地融入并理解当地场景,进而能够使自己透过跨文化比较研究实现心灵旅行,深刻感悟人生和人性。

与张丽梅合著,部分内容原载《博览群书》,2010年第2期。

[①] 有的人类学家指出,生活史通常包含口述产品到书面产品的转换,我们必须认真地考虑转换过程中所发生的扭曲和失真。生活史有可能是一种复杂的自我建构的结果,是人类学家某种个人性的、特殊需求的产物。

影视民族学

文字 VS 图像
——兼谈视觉人类学的边缘性

高度信息化的 21 世纪被称为"读图时代",当下视觉信息引起了各界的研究兴趣。从文化传播史的角度看,人类经历了"口传文化"——"书写文化"——"电子文化"的发展过程。文字产生后的数千年来,古今学术和近代学科的建设基本以"书写"为基石,人类学和民俗学等学科尽管具有关注边缘的特点,但是在理论和方法方面仍然仰仗文字书写。照相术和电影技术的出现曾经引起民族志学者对于如何在著述中更客观地表现他者的新思考。以现代科学工业技术为基础的"读图时代"的到来,使得文字的霸主地位遭受严峻挑战;不过,迄今为止,对于人类学的学科建设、理论和方法的创新来说,声像手段还只是起到补充文章的作用。视觉人类学对反省人类学具有积极意义,但同时由于其自身的局限,它在学科里的地位仍将注定处于边缘。

一、语—文—图

作为多媒体社会文人,回顾远古文字诞生造就的划时代意义,把它与当今数码技术的兴起作一番比较,似乎不无裨益。因为这恰恰是文字革命与文字面临被革命的前后两个不同的标志性时刻。

随着近代考古学和民族学的兴起,人们对于文明起源的研究有了更为科学的结论。现在普遍认为,文字的发明是文明起源的诸多要素之一①。伊特斯林认为，文字"是有声语的补充性交际手段，这种手段在语言的基础上产生，主要用来把言语传到远处，长久保持，并且借助图形符号或形象来表现……"②。其实中国清代文人陈澧也早有类似表述："声不能传于异地，留于异时，于是乎书之为文字。文字者，所以为意与声之迹也。"（《东塾读书记》）按中国传统的说法，文字的发明是"惊鬼神、动天地"的创举。长期以来，学术界多数人的意见认为，文字起源于图画；现在尽管有人认为文字起源于三种记事方式，但图画记事仍旧是其中之一③。对我们现在的讨论有启发意义的是学者们对于文字与图画的区别、怎样才算真正成为文字而不是图画或者刻画符号的辨析。值得重视的是：文字作为一个视觉化表达口语的符号系统，它是规范的、集体性的，可以不经由书写者本人解释而让读者们读出一致的字面意义。这一点，为我们比较日后录音和图像借助高科技来挑战文字书写的作品提供了参照。文字超越口传、超越刻画符号而成为文明起源的一大标志。德里达在《论文字学》等著作

---

① 从摩尔根的《古代社会》起，文字就被人类学家当作文明的标志之一。张光直虽然强调文明起源过程中财富的积累和相对集中以及统治权威崛起的重要性，但是文字或符号的运用依然是与之相关和不容忽视的因素。文字被看成是一种攫取权力的手段。列维－施特劳斯在他对南美洲南比克瓦拉族的田野笔记里也有感而发，认为，"书写的出现只是借用来做为一种象征，其目的是社会学的而非智性上的使用……（文字）只是为了增加一个个人的情感与地位，或者用以增加一种社会功能的权威与地位"，"书写文字似乎是被用来剥削人类而非启蒙人类的工具"。（参见恩格斯：《家庭、私有制和国家的起源》，北京：人民出版社，1972年，第一章"史前各文化阶段"；张光直著，郭净译：《美术、神话与祭祀》，沈阳：辽宁教育出版社，2002年，第七章"政治权威的崛起"；张光直：《考古学专题六讲》，北京：文物出版社，1986年，第一讲"中国古代史在世界史上的重要性"；[法]列维－施特劳斯著，王志明译：《忧郁的热带》，北京：生活•读书•新知三联书店，2000年，"一堂书写课"，第382、第385页。）

② [苏联]维•亚•伊特斯林著，左少兴译：《文字的产生和发展》，北京：北京大学出版社，1987年，第10页。

③ 汪宁生的研究表明，文字是由物件记事、符号记事、图画记事等三类记事方式引导出来的，详见汪宁生：《从原始记事到文字发明》，载《考古学报》，1981年第4期。

里一反西方自柏拉图以来、直至索绪尔的传统①，他不认为口语高于书面语，而声称文字较诸口语更具有本原性②。

一经告别"野蛮"进入文明时代，尽管期间经历过印刷术、留声（录音）机、照相术（摄影）那样的技术性革命，文明不仅没有被颠覆，反而通过积累发挥了更强大的能量。文字和书写便独领风骚数千年，把"口语"和"图画"都挤压到学术殿堂的边缘③。

当代艺术家徐冰的《文化动物》和《鸟》（互联网资料）

---

① 索绪尔专门研究了"文字表现语言"的问题，并对"文字凌驾于口语形式的原因"做了探讨。他说："语言和文字是两种不同的符号系统，后者唯一存在的理由是在于表现前者……但是书写的词常跟它所表现的口说的词紧密地混在一起，结果篡夺了主要的作用。"说到文字（书写形式）的威望遮蔽了语言的口耳相传的传统，在索绪尔列举的四条理由中有一条是，"在大多数人的脑子里，视觉印象比音响印象更为明晰和持久，因此他们更重视前者。结果，书写形象就专横起来，贬低了语音的价值"。详见［瑞士］索绪尔著，高名凯译：《普通语言学教程》，北京：商务印书馆，1980年，第47—48、第50页。

② 当代法国哲学家雅克·德里达甚至通过生造"分延"（difference，或译作"延异"）一词来展示他的这种思想。［法］德里达著，汪堂家译：《论文字学》，上海：上海译文出版社，1999年。德里达：《延异》，载王逢振主编：《2000年度新译西方文论选》，桂林：漓江出版社，2001年。

③ 为节约篇幅、使话题相对集中，在此我们只拟讨论图—文关系，而实际上当代冲击文字主宰地位的还有来自"口述"的"声音"。关于近期"口述史：历史人类学"和"口承传统"的两组相关专题讨论，分别参见《广西民族学院学报》2003年第3期和《读书》2003年第10期。

二、从表现他者到参与者互动

照相术和电影技术的出现,曾经引起人类学家对于如何在民族志著述中更客观地表现他者的新思考。19世纪晚期,人类学研究开始逐渐摆脱纯书斋的方式而注重实地调查。电影发明于1895年。1898年剑桥探险队开始了它的远征托雷斯海峡之行。探险队里的著名人类学家哈登(A. C. Haddon)将电影摄影机看成是"人类学必不可少的工具"。所以说视觉人类学(visual anthropology,亦译作影视人类学)几乎是与影像技术的发明创新同步出现的。早期图像作品在人类学里的功能侧重在记录和展示。视觉记录则被认为是在物化的意义上"拯救"了一些事件,而很少被考虑到有解释文化乃至反思人类学认识论的作用[1]。可是,后来视觉人类学却不怎么关注可视的文化内容(如面部表情、舞蹈、服饰、广告等),它关注的是技巧、方法和人际关系(如民族志影片的制作),也就是更加注重于运用视觉媒介来分析文化、同时反映主客互动。有关专家认为,视觉人类学可以提供不同的理解方式,"民族志电影"的作用不应只是简单地看成"电影式的民族志"。以下介绍学界关于这种参与者互动的一些论述。

戴维·麦克道格尔(David MacDougall)从人类学的角度探讨视觉信息,他的《人类学中的视觉信息》一文介绍了视觉信息处理中的人类学立场,进而分析不同参与者的互动关系,为探究视觉人类学边缘性的原因提供了有益的启示。麦克道格尔说,视觉人类学关注的不是视觉本身,而是渗透、编码于视觉中的文化系

---

[1] 直到1975年米德(Margaret Mead)仍这么认为,她写道:"为了将来"用电影来"抓取和保留"行为,解释的工作可以以后来再做,关键是拯救资料。

列关系；人类学可以解读视觉中的关系，也可以运用视觉来建构作品，使作品以更为丰富的知觉来解释文化是如何渗透、模塑社会经验的。视觉人类学由基于"单词—句子"的人类学思维向基于"形象—序列"的思维转变，建构了视觉人类学的智力基础[1]。但是，人类学如何处理不同的"人"这个问题并没有得到很好的解决，尤其是我们必须观察在视觉人类学制作过程中的参与者包括拍摄者、被拍摄主体及其他合作对象，他们的"意识"与"态度"如何进行彼此意义的交换、协商、妥协以及共构，以及这些在影片的拍摄过程中以何种方式得以呈现[2]。

影视作品还可以从主客二元互为主体的角度加以分析，其间充斥着权力关系和政治话语。有论者认为意义是建构的，把视觉领域作为文化意义建构的场所，意味着同时把有关听觉的、空间的及观看者的心理动力学全部分析和阐释集于一身。由此，视觉文化打开了文本空间的全部世界，形象、音响和空间描写彼此交织，不断积累我们每一次接触电影、电视、各种作品所获得意义和主观反应。观众身份意味着眼睛"看"的东西是由一整套信仰和欲望体系以及一整套符码化的语言和通用的机制强加给它的[3]。关于"看"的隐喻和机制成为十分重要的论述方式，因为"看"应该从种族、社会和性别意义上的"自我"和"他者"之间划分出本体论的界限。然而，"看"所包含的界限划分最困难

---

[1] David MacDougall, 'The visual in anthropology', in, ? Marcus Banks and Howard Morphy (eds.) Rethinking Visual Anthropology, New Haven and London: Yale University Press, 1997, pp. 276—95. 中文节译见戴维·麦克道格尔：《视觉人类学——人类学的扩展》，载《南阳师范学院学报》，2003年第8期。

[2] 林文玲：《米酒加盐巴："原住民影片"的再现政治》，http://www.tave.sinica.edu.tw/c/ve/vel.1.htm.

[3] [以色列] 艾利特·罗格芙：《视觉文化的政治学》，载《南阳师范学院学报》，2003年第8期。

的问题在于，它并不按照"这是你们"和"那是我们"的自我封闭的认同和传统的实证主义分类来行事，而是指谁在"看"（或"窥视"）谁，以及如何看的问题。在文化多元决定论"眼睛"的注视下，"主体"和"客体"之间的权力关系发生了很大变化。强调"看"的意义在于以此来说明不同种族的主体如何发现自己身处的文化困境。在分析时所依赖的"看"的机构化机制，电影、电影理论以及围绕这两者发展起来的人们的态度和幻想，这是一个主导的象征秩序，其有效成绩不可避免地与其窥视机制联系在一起[①]。

此外，当前人类学家们还面临原住民媒体和其他媒体的关系问题。原住民媒体自身迅速地变化，其制作者越来越吸引全球观众，他们身处跨文化位置，文化影响不断变迁并互相贯通、渗透，原住民媒体进入大众传媒，反之亦然。现代影片作为大众传媒的工具深深地影响了社会中很多本质性的事物，如道德、价值观、理想人格等。原住民和异族及移民社区的人一起，他们已经不再是以往孤立、不受外界影响的聚居地，不再认为他们自己是一种文化或政治群体的必然代表。所有这些因素导致原住民媒体制作者、艺术家处于跨文化和跨文本的位置。他们的作品既是争取文化认同，也是解说，创造了文化上的"视差效果"，取代了传统民族志电影的视角，同时又激励了它的发展[②]。但是，民族志电影制作者也正因此而日益边缘化，他们的认同与其他边缘人日趋相似，这便导致人类学研究中研究者身份认同困惑的问题。

再让我们从认识论的角度对视觉人类学做一点探讨。虽然

---

① ［美］周蕾：《看现代中国：如何建立一个种族观众的理论》，载张京媛主编：《后殖民理论与文化批评》，北京：北京大学出版社，1999年，第318—361页。
② 林文玲：《米酒加盐巴："原住民影片"的再现政治》。

俗话说"眼见为实",然而现在的问题却是:看到的并不一定可信,或者人们相信并不是因为他们见了,而是因为他们信了才去看。论者要问:"视觉人类学看见的是什么?"如果真实所见的不一定可信,那么科学就不仅仅是"眼见"的问题了。正如没有概念化的看法不一定是盲目的一样,在知识界、政治、宗教或任何领域,意义在本质上都是内在互相关联的。由于感知是动态地嵌入文化信仰的符号实践中的,故而可见的并不一定可信。从某种意义上讲这是信仰的实践:相信了才见得到。人类学观察者的记录模式应当是经过社会文化信仰实践获悉的,这规定了在特定的文化中什么才是"真正"应该看的。这也恰是特定文化中照片、电影主题关系被严重误解的原因。也就是说,照片的含义并不是由照片本身赋予的,更常见的就好似边远地区人们石刻艺术的含义就隐含在制品本身,或者讲故事者其自身、手势和谈话便界定了它的含义。在人类学摄制上人类学摄影家们推陈出新,开始注重和依赖地方性知识,培训当地文化持有者,用他们感知世界的方式去拍摄人类学电影,也正是为适应这一需要应运而生的。

三、视觉人类学的边缘地位

可视之物作为文化的产品和指示器,对于研究文化的人类学家来说具有很大的魅力,但它却没有能力解释自身。图像,尤其是脱离了原来文化脉络的图像,对于观众是作为一种隐喻呈现的。早先哈登(A. C. Haddon)将电影摄影机看成是"人类学必不可少的工具",20世纪80年代以来人类学家已经对此持有异议。哈斯崔普(Kirsten Hastrup)认为,与人类学撰写相比,电影只是"浅描"而不是"深描"(thick description,借用格尔茨语);而英国人类学家布洛克（Maurice Bloch）更坚信,人类学家如果花太多时间在电影上的话,那是他对自身的思想丧失了信心[①]。

杰伊·路比（Jay Ruby）曾经撰文指出,视觉人类学从来就没有完全融进主流的人类学,往往只是某些人类学家教学的视听辅助工具。视觉人类学的建立可以追溯到20世纪后半叶,那个时期大众媒体在文化认同的形成中发挥着核心作用,但是视觉人类学家发觉,他们反倒是涉入了其他专业的（视觉社会学、文化研究、电影理论、摄影史、舞蹈表演研究、建筑理论等）图像制作者和学者领域,而不是与其他分支的文化人类学家合作……人类学是一门由语词驱动的学科（a word—driven discipline）,由于不相信形象具有传递抽象观念的能力,所以它比较忽视视觉—图像世界。当编纂民族志时,研究者仍必须将复杂的田野工作经验以语词转录为笔记,然后通过理论和分析的办法把笔记转化成其他的语词。本来,人们可以尝试运用多种感官的经验来了解异文化,可是这种逻辑中心主义的理解取向基本上否决了多元的求知途径[②]。

图像研究处于边缘地位未被接受的局限有不同的认识论理论

[①] 转引自 Marcus Banks and Howard Morphy (eds.) *Rethinking Visual Anthropology*, New Haven and London: Yale University Press, 1997, p. 282.

[②] Jay Ruby, 'Visual anthropology', in Levinson, D. and Ember, M. (eds.) Encyclopedia of Cultural Anthropology, vol. 4, New York: Henry Holt and Co, 1996, pp. 1345, 1351. 转引自 Jon Prosseer, Image—based Research: A Sourcebook for Qualitative Researchers, 1998, pp. 97, 102—3. 顺便提及两个相关的论述,以资比较。(1) 钱钟书在《通感》一文里曾经说到,在日常经验里,视、听、触、嗅、味等感觉可以不分界限、彼此打通。普通语言对此也都有表现（见钱钟书:《七缀集》,北京:生活·读书·新知三联书店,2002年,第62—76页）。(2) 爱德蒙森注意到,弗洛伊德把希伯来人禁止偶像崇拜、信仰一个不可见的上帝,称为是智性上的进步,并且认为摈弃形象对文明的发展极为关键（马克·爱德蒙森:《文学对抗哲学——从柏拉图到德里达》,第2章"攻击在场",北京:中央编译出版社,2000年,第96—97页）。

的渊源和技术上的成因。人类学中图像研究的局限地位并不是因为影视作品的质量，也不是因为作品的关注点，而是因为作品本身的特征。理论上，经验主义者定性研究对科学的认识，以及定性研究的范式使用的大多是语词，偶尔才用数字，除了为进一步展示语词和数字外极少使用图像。从人类学学科史看，主流的理论范式都要求抽象、概括，它们一直是由语词来建构的，语词有抽象的特点，与图像的具体性、特定性恰恰形成鲜明的对比。在技术层面上，因人类学的主导是语词，不信任图像传达深奥理论的力量，反对图像研究最常见的原因是认为图像视角缺乏可信性。比如，温斯顿（Brian Winston）在《"摄像机不撒谎"：图片证据的片面性》一文中指出，照片在起初还被认为可作为科学论述的证据，然而，由于对照片的可操作性极大，照片并不代表外在世界。研究者们追溯发现，大量档案文件照片被伪造，以及数字技术处理可在摄像机和照片内切割重组不同的图像，这就打破了可视图像作为证据的幻想。温斯顿还以观看民族志电影《斧战》（The Ax Fight，1975）为例，对图像表达的局限性发表了评论。《斧战》是人类学家查侬（Napoleon Chagnon）和电影人阿什（Timothy Asch）拍摄的反映南美洲委内瑞拉的亚诺玛莫人（Yanomamo）的系列影片之一，查侬以撰写关于该民族的民族志著作《亚诺玛莫人：暴躁的民族》（Yanomamo：A Fierce People，1968）而成名。温斯顿评论道，如果不依靠字幕和画外音的解释，观众根本无法了解电影画面所诉说的内容[1]。

目前尚未解决的问题是，视觉能否作为调查和论述的媒介更有效地发挥作用。有论者提议暂时中止把人类学定位为一门言辞

---

[1] Brian Winston, "The camera never lies: the partiality of photographic evidence", in, Jon Prosseer ed., Image−based Research: A Sourcebook for Qualitative Researchers, London: Falmer Press, 1998, pp. 60−68.

的学科，而根据只有通过非口头方式才能获得的理解，来反思人类学某些知识的范畴。视觉人类学既不是对书面人类学的抄袭，也不是对它简单的替代，正因如此，必须建立有利于人类学整体发展的其他研究对象和方法论。但是，目前尚不能指望一门自足的视觉人类学会在将来的某一天奇迹般地出现①。

四、结　　语

从文化传播史的角度看，人类社会经历了一个"口传文化"——"书写文化"（后来又衍化出"印刷文化"）——"电子文化"的发展过程。社会发展导致文字的产生，而文字的出现又曾使人类社会发生了革命性变化，无论如何，书面语言产生之后的数千年来，学术和近代学科的建设基本以"书写"为基石，晚近方始成型的人类学和民俗学等学科尽管具有关注边缘的特点，但是在理论和方法方面仍然仰仗文字书写。照相术和电影技术的出现曾经引起人类学者对于如何在民族志著述中更客观地表现他者的新思考。以现代数码技术为基础的"多媒体时代"或"读图时代"的到来，使得文字的霸主地位遭受了严峻挑战；不过，我们认为迄今为止，对于人类学的学科建设、理论和方法的创新来说，声像手段还只是起到补充文章的作用。视觉人类学对反思人类学具有积极意义，但同时由于其自身的局限性，它在学科里的地位

---

① Marcus Banks and Howard Morphy (eds.) Rethinking Visual Anthropology, New Haven and London: Yale University Press, 1997, p. 293.

将注定处于边缘[①]。

与杨玉珍合著,原载《广西民族学院学报》(哲学社会科学版),2006年第1期。

[①] 为避免引起误会,我们要声明这里不是从艺术的角度探讨图文关系,谈论人类学也侧重在它的主体而不是作为分支领域之一的"艺术人类学"。我们强调,作为一门独立学科的人类学,首先考虑到的应该是"在田野工作的基础上探讨人类文化的多样性和普同性"这一宗旨。

出入影戏——跨越文本和角色的边界

以近期的小说和影视作品为例,结合当前的社会大背景,本文试图探讨导演或编剧与演员彼此角色的互换以及书面文本与影视文本之间的转换。

一、社会文本、书面文本与影视文本的切换

文艺作品创作的根本源泉是社会生活,而我们的文艺很久以来就是以服务人民大众为指导方针的。随着技术的进步,拍摄影视作品变得越来越方便,社会文本、书面文本与影视文本三者之间彼此切换成为当代文艺的一个特色。这种切换可以从主旋律电影《国歌》的打造中看出一斑。湖南的潇湘电影制片厂本来只是打算拍一部田汉的传记片,但后来定位为国歌的诞生。那是"一部集中描写文化人肩负着神圣的民族文化使命投身抗战、追求民族独立和解放的电影"(吴子牛语)。既然田汉被当作民族形象的化身来表现,那就是"圣贤",应该完美无缺,不能有污点。可是就是在这样的人物形象创造上,剧作者的矛盾心态暴露出来。反对神化个人与塑造合乎群众理想的英雄的做法都面临着取舍历史真实的困惑。历史上的田汉与两个女性有爱情纠葛,而她们也都对他的经历和思想产生了深刻的影响。剧本起初没有获得主管领导部门(广电总局等)专家的通过,其中一条理由就是"田汉已有妻子,不应该再有婚外情"。这"应该不应该"完全不考虑"历史真实"(historicity)问题,而是立

足主旋律影片正面人物角色的需要①。

小说与影视剧的改编是双向的,彼此都可以扩大作品的影响。现在有些作品是几乎同步推出影视文本和纸质文本,比如《大宅门》(郭宝昌导演)、《橘子红了》(李少红导演)、《画魂》(关锦鹏导演)等。电影剧本比小说稿酬来得高,所以在新时期甚至出现了所谓的"订购"现象②。有的作家坦言文字作品被搬上荧屏的"甜头",如叶辛的《蹉跎岁月》和《孽债》改编成电视剧播出之后扩大了影响,同时促进了小说的销路,引起轰动。但还是有作家不欢喜,毕竟它们是两种不同的文本、不同的艺术追求。例如王周生女士用比喻的说法道出了作家的无奈:"我觉得写小说像农民种地……各个环节都是个人自己干。而电视剧创作像工业生产,编剧最多是个木模工,产品要由导演去完成。因此,要小说作家亦工亦农实在是件很难的事。"王安忆说:"在影视作品中,编剧的地位绝对不是第一位的。电影或电视剧不是编剧的作品,编剧仅是为导演提供了一个拍摄的脚本,这是现实。"她还直言不讳,在这种现实中尽管影视媒体会促进小说的传播、扩大其影响,但也往往是对小说的一种扭曲。"如果完全按市场规律去操作,就会丧失知识分子的立场。这是知识分子的一种损失。"③

读图时代的文字作家又有市场经济的压力,有一部分人就考虑到了改变表达方式。小说《手记》的作者刘震云在接收香港凤凰卫视采访时谈到,尽管小说被改编成电影扩大了受众,但是在

---

① 吴子牛:《拍〈国歌〉的初衷》;张冀平:《〈国歌〉剧本的创作》;胡克:《宏大叙事面面观》;均载胡克主编:《中国电影美学:1999》,北京广播学院出版社,2000年。

② 所谓"订购"是指给出题目征求小说,同时买断其影视剧的改编权,预支稿酬。见戴锦华:《雾中风景》,北京:北京大学出版社,2000年,第351—352页。

③ 叶辛等:《影视创作与小说作家》,载唐明生编:《文化的多边对话》,上海:生活·读书·新知三联书店,1998年,第173—186页。

竞争激烈的市场中，作为作者，他还是不得不出场为销售自己的产品"吆喝"！

有的人则认为，文字反而不如图像容易表达自己的想法，于是连"电影剧本"都显得多余，有了分镜头剧本也不为之所拘。旧时的老话"剧本、剧本，一剧之本"，以新眼光看来简直就是扼杀艺术的紧箍咒。姜文在许戈辉的叩问下以《鬼子来了》的创作为例做了剖白[①]：

"……剧组成立了，其实没有剧本，不是说没有一个想法，而是这个想法在我脑子里可能已经四五年了，我只是没有形成一个可以作为商业操作和流程式的一个剧本。我觉得这有点亵渎这件事，我不是不能做，而是觉得不过瘾。然后在那个时候，我会跟副导演说，你去找这样一个人，你去找那样一个人，而且我们开始搭景了，这个时候剧本才同时出来。因为它其实在。其实我觉得有意思的是，拍一个你闭着眼睛能看到的一个东西，你去把它抓住，它已经存在了，是你把它找出来，甚至有不是我手把手地在制造它，而是它有可能在牵引着我走的那种感觉。"

电影《霸王别姬》剧照之一

---

① 许戈辉、姜文：《作秀挺难》，凤凰网，2003年。笔者采用了凤凰卫视"名人面对面"专栏中女主持许戈辉对多位与影视有缘的名人（导演、演员、作家）等的对话，可览 http://www.phoenixtv.com，以下不再在文内细标出处。

二、呈现自我：从幕后到前台

以《江湖》一片闻名的独立制片人吴文光为参加在丹麦举行的一个戏剧活动而拍摄了一部片子《寻找哈姆雷特》。他的举动颇有些类似人类学里的"实验民族志"。在他看来，在今天充满功利、提倡"该出手就出手"的中国现实里，讨论"哈姆雷特"所喻示的"生存还是毁灭"这样高贵的思考是很荒唐的。我想，他做的就是借用这份荒唐来折射现实社会生活。吴文光在没有明确的拍摄构思的情况下出门旅行，准备边拍边想。按他自述："出门后我在地铁车厢里拥挤的人群中对镜头即兴地说了第一句话：'我要找哈姆雷特。谁会是哈姆雷特呢？'"在以后的几个月里他以不同的旅行方式去了许多地方、接触了各式人等，然后就把这各式各样的人物和场景串联在一起，构成这部片子。"片子结尾还是我在地铁车厢里，广播里是报站的声音：'下一站是复兴门车站……'我就随口说：'下一站不是哈姆雷特站，我还得去找那个哈姆雷特。'"[1] 于是，我们似乎在荒诞里触摸到了某种社会病态，它激发我们去反思，一如吴以前的《江湖报告》。经受生活历练的吴文光选择了独到的视角表现生活，并且声称："我的作品都在力图不把自己排除在外，也就是不再以所谓'客观'的名义让自己安全可靠地待在岸边，假如说镜头中的对象是在黑暗和麻烦中的话，那我也在其中。"[2]

---

[1] 高杉：《寻找哈姆雷特——吴文光访谈录》，载邓启耀主编：《视觉表达：2002》，昆明：云南人民出版社，2003年，第244—245页。

[2] 吴文光：《质疑应该永远存在》，载邓启耀主编：《视觉表达：2002》，昆明：云南人民出版社，2003年，第406—407页。

程青松和黄鸥在《我的摄影机不撒谎》一书中，通过访谈、影片分析、导演手记等形式讲述了章明、姜文、张元、娄烨等8位先锋电影人的作品及其个人生存状态和创作理念。在访谈中，他们基本上都称自己是想用电影语言来表达自己，表达自己的情感。如贾樟柯对采访者说："我想从《站台》开始将个人的记忆书写于银幕，而记忆历史不再是官方的特权……"他还说，目前暂时还没有考虑拍摄山西以外的题材的片子，乃是因为"山西的那种生活经验给我的影响我一下还没有讲完"[①]。

近年来，小说家也"触电"写影视剧本，尽管有不同的个人得失体验，但是尝到甜头的人还是较多。例如，李碧华的《霸王别姬》、《诱僧》以及刘恒的《伏羲伏羲》等多部小说被改编成电影（《霸王别姬》、《诱僧》、《菊豆》等），在此之后刘恒自己还要过把瘾、亲自出任导演（《少年天子》）。部分电影人和小说家不甘寂寞，喜欢当两栖类，出入影戏内外，已经成为当今文艺界一大景观。导演在自己编导的影剧里作为"角儿"、哪怕是不起眼的配角亮亮相、露个脸，这样的例子还真不少，如姜文（《阳光灿烂的日子》、《鬼子来了》）、徐静蕾（《我和爸爸》）、张纪中（电视连续剧《天龙八部》制片人饰丐帮老帮主汪剑通）、陈凯歌（《和你在一起》），据说陈导演《霸王别姬》时还曾有自己演男一号段小楼的念头。

在中国电影发展已近百年的今天，当代明星演前辈明星有了可能，而且历史影像资料还为今天图像文本的"引文"提供了剪辑素材。由张曼玉演绎阮玲玉的影片《阮玲玉》（关锦鹏导演）便是一个绝佳的例证。片中"戏中戏"和"出入影戏"的场面比比皆是。另外，还有采访20世纪30年代老电影人的片段夹杂其

[①] 程青松、黄鸥：《我的摄影机不撒谎——六十年代中国电影导演档案》，北京：中国友谊出版公司，2002年，第356、第370页。

电影《霸王别姬》剧照之一

间。总之，影片被认为把过去与现代连接起来，导演"既拍出了认同又拍出了距离"[①]。

不过话还得说回来，这些明星出镜多半不愿以现实中的身份示人。例如，姜文愿意作为演员出镜却不愿意作为受访对象在电视上亮相。作为本真的常人，面对摄影机和灯光，他并不自由而且"特别不舒服，就不自在吧"。主持人表示不解地问道："那你演戏的时候呢？"姜文回答："演戏是另外一回事，演戏时，第一这个摄影机不会放在一个让你不舒服的位置；第二呢，你是另外一个人，你在变成另外一个人在实行他的一些事。这本身是有快感的，甚至你自己平常不想做的事，不愿意做的事，一旦你变成另外一个角色，你就好意思，可以或者有冲动去做，有一个角色，有一个壳在外面……作为一名演员特别有意思的是，我背着一个所谓的名义，我可以做一些我平常根本不可能做的事"。

---

① 梁秉钧：《民族电影与香港文化身份》，载郑树森编：《文化批评与华语电影》，桂林：广西师范大学出版社，2003年，第114页。

三、揣摩对方：作者、受众与影评人的《三岔口》

传统京剧《三岔口》是一出精彩的武打戏。妙就妙在对打是摸黑进行的，除了依靠实战经验"捕风捉影"外，彼此都要揣摩对方的心理。如今我们的导演/作家说来是凭借自己的作品来"引导消费新潮流"或者"制造/培养出一批新时尚的消费者"。其实在日趋成熟的受众或者市场消费者面前各方常常为摸黑对打而苦恼。张艺谋声称他无意用《英雄》去表达高深的主题，仅仅想"好看"[1]。可是偏偏有观众撰文批评《英雄》为专制独裁张本；甚至进一步推演"《英雄》的编剧们为秦王杀死无名找到'法治'和'民意'的借口，可谓用心良苦，而他们以当代政治视角解读刺秦历史故事的潜意识也因此更加露骨"[2]。目前，张艺谋的一些影片也被研究者当作"绝佳的族群个案"来看待[3]。

其实改编者有时又何尝不是如此？诚所谓"重要的不是作品表述的年代，而是作品写作的年代"。比如香港电影导演改编张爱玲当年的小说为电影，竟然是移花接木、别有用心。所谓昔日为给上海人看的香港传奇——张爱玲小说《半生缘》、《倾城之

---

[1] 张艺谋、刘江华：《武侠恒久远，英雄永流传》，载《北京青年报》，2002年12月9日，A20版

[2] 胡文辉：《〈英雄〉与〈鹿鼎记〉》，载《东方》，2003年第8期。

[3] 用陈修儒评电影《秋菊打官司》论文里的话说，目前最爱张艺谋电影的人竟然是人类学家。因为像《菊豆》、《大红灯笼高高挂》，为他们提供了研究中国家庭制度、婚姻关系甚至葬礼仪式的例子。"这部《秋菊打官司》有着更丰富的素材：人类学家跟着秋菊到处摸索与学习中国新的法律制度，就有如观察原始民族在学新东西"。陈修儒：《〈秋菊打官司〉的中国图像》，载郑树森编：《文化批评与华语电影》，桂林：广西师范大学出版社，2003年，第59页。

恋》，经过电影挪用——许鞍华导演的同名电影，竟成为今日香港人追索记忆的中介。这可算得上是一个从"他者凝视"转向"自我探寻"的过程①。小说家刘恒"改行"当编剧和导演，与人谈起自己的感受时说，相对于拍摄而言，剧本的文字是草图……剧本是水，一拍摄就流走了；是树叶，一拍完搬上屏幕，文字就随之凋零了②。

张艺谋改编刘恒的小说《伏羲伏羲》为电影《菊豆》，刘恒对此向许戈辉提到的一点是，相对于原著的"温"，张表现出来"火"。比如原著的结局是天青自杀，菊豆带着一个没满月的儿子回到了村里；而电影为表现激烈的冲突，改编成天白狠狠地用棍子把生父天青击入染池，菊豆则近乎疯狂、引火烧毁了整个染坊。

改编是否一定要"忠实于原著"，是个长久争论的话题。有的作家比较放得开，认为一旦把自己小说的改编权卖出，就应该任由别人去做。比如武汉女作家池莉面对许戈辉就是这样表示的。可是金庸告诉许戈辉的却是他私人出资奖励编导人员制作"忠实于原著"的武侠片。笔者以为，影视剧即使脱胎于小说名著，也完全可以按自己的理解进行再创造、再诠释。拘泥于原著而苛求影视作品未必合理，因为两者本来就是各有表现特色的艺术文本。

影评人是观众、读者中特殊的一部分，他们有较高的文化能量，但是从影片的整体社会影响来看，他们似乎偏偏没有折射"沉默的大多数"的反应，所以多半类似一种"过度的诠释"（艾柯语）。影评人的话语有时候读来会让人觉得是属于合乎一定逻

---

① 杨佳娴：《追悼一个消逝的时代》，载《读书》，2003年第4期。
② 咸江南：《知音：刘恒的奢侈期待》，载《中华读书报》，2003年10月29日，21版。

辑的"独白",他/她可以读出未必属于作者的原意,尽管或许不无深刻。比如电影《霸王别姬》,导演陈凯歌本人的说法是,影片要表现的是人性的两个主题——迷恋与背叛,青衣程蝶衣表现的是迷恋的主题,花脸段小楼则演出了背叛的角色,其中中国50年的历史演进只是背景;而且,程蝶衣的迷恋还多少反映了陈凯歌自己[1]。但在某影评人看来则是:"《霸》片是运用梅兰芳这般的名旦及其影响来讨论中国近代史中所面临的激剧变化与其文化含义,并透过戏剧文化精英的眼光来讨论私人与公共文化的特殊问题。"[2]两者相去甚远,且不说考证电影导演对于小说原作者心思的揣摩。

还有一种明显的"独白"现象就是,在他们的评论里,个体之间的关系往往被用来隐喻或隐射群体甚至于民族等政治共同体之间的关系。例如《菊豆》里的弑父,被解释为"第五代"导演在创作路子上一反前人、推陈出新,是一种杀死"第四代"(父辈)的举动。《甜蜜蜜》里大陆移民晓军与李翘的男女情感纠葛让影评人深思,1997年香港回归中国之后内地与它的关系是否还会继续保持恋人之间那种甜蜜蜜呢?丘静美在分析《省港旗兵》时,通过剧中人阿泰来思考中英港三方关系。引用作者的话说就是:"阿泰既是流氓,又是警察的线人……他既是阴谋者又是受害者。"阿泰游走于罪犯和法律、香港和内地之间,他不仅是一个类型人物,更位于叙事路线的狭缝位置,无形中替1997大限之后的香港前途,洒下一团悲观的迷雾。简单地说,阿泰成

---

[1] 罗雪莹、陈凯歌:《银幕上的寻梦人——陈凯歌访谈录》,载杨远婴等主编:《90年代的"第五代"》,北京:北京广播学院出版社,2002年,第264-266页。

[2] 廖炳惠:《〈霸王别姬〉——戏剧与电影艺术的结合》,载郑树森编:《文化批评与华语电影》,桂林:广西师范大学出版社,2003年,第93页。

为叙事的中介者，代表受困于英国和中国之间的香港。"[1] 或许从诠释的歧见能够更加明白其"独白"和"过度"的特点。对于电视连续剧《北京人在纽约》的片头歌，戴锦华与谢冕、张颐武师徒有迥然不同的理解。在谢、张看来，"这首歌无情地揭示了昔日的梦幻和希望的破碎，最好地提供了置身于冷战后新世界格局中的'中国'之境遇的表述。透过无情的追问让我们去重估走过的道路"。而戴女士则对此不敢苟同，认为"我们最多只能在这种'隐喻式的中美关系'中读出无奈与失望，而不是'无情的追问'与'重估'"[2]。

著名电影理论家劳拉·莫薇（Laura Mulvey）曾经区分了三种"凝视"：摄影机对演员的凝视、观众对银幕的凝视和剧中演员之间的凝视。好莱坞主流电影力图抹杀前两者，使观众投入到第三种凝视中去。银幕上的男主角代替观众们"看"，以他的视角、他的心理活动和行动来铺陈情节，从而使观众不自觉地认同父权制意识形态[3]。我们现在探讨导演或编剧与演员彼此角色的互换、书面文本与影视文本之间的转换以及观众和影评人的不同理解和反应，莫薇对于"看"与"被看"位置关系的论述能够刺激我们进行更深层的思考。

原载《河南社会科学》，2006 年第 1 期。

---

[1] 丘静美：《跨越边界——香港电影中的大陆显影》，载郑树森编：《文化批评与华语电影》，桂林：广西师范大学出版社，2003 年，第 134 页。

[2] 戴锦华：《隐形书写》，南京：江苏人民出版社，1999 年，第 169—170 页。

[3] Laura Mulvey, 1989, Visual Pleasure and Narrative Cinema（《视觉快感与叙事电影》），in Visual and Other Pleasure, London: Macmillan Press, pp. 14—26.

附 录

考古学中的聚落形态

张光直原著，胡鸿保、周燕译，陈星灿校[1]

人类将他们自己在他们所居住的地面上加以处理的方式，它包括房屋、房屋的安排方式，并且包括与共同体生活有关的其他建筑物的性质与处理方式。这些聚落反映了自然环境、建造者所表现的技术水平，以及该文化所拥有的各种社会互动和社会控制的制度。聚落形态的形式在很大程度上由普遍的文化需求所决定，因而它们为考古学文化的功能性解释提供了一个策略上的出发点（G. R. Willey，1953）。

在威利的这段对聚落形态的初步界说中有两点值得注意：其一，他认为考古文化的聚落形态方面与其说是研究的目的，不如说是研究的手段，它"有助于对史前社会的非物质方面和组织方面进行解释"（Willey，1953，第 xviii 页）；其二，按照威利的观点，聚落形态研究作为一种考古学方法并不是孤立地，而是与年代学及其他基础性工作相配合进行的，它仅仅是考古学里一个必要的组成部分，但其作用迄今为止尚未受到重视。这一点，威利在 1956 年和 1968 年的著作中都曾强调过。

尽管威利对自己的这一新成果持谦逊的态度，但事实上他早年的专题报告《维鲁河谷聚落形态之研究》现已成为经典。即使

---

[1] 原文题为《Settlement Patterns in Archaeology》，原载《Current Topics in Anthropology》（《人类学前沿话题》），Vol. 5，No. 24：1—26，Mass.：Addison-Wesley Publishing Company，1972. 译文载《华夏考古》，2002 年第 1 期，第 61—84 页。

我们不说正是这份报告宣告了美国考古的一个新时代，至少它也是美国考古学进入新时代的一个象征。在此之前，考古学家们的兴趣一直在文化重构和文化关系上（Steward and Setzler，1938；Taylor，1948），威利的聚落形态研究首次给一种"缀合的"（conjunctive）研究法提供了一个系统的方法论框架。而且，威利在1953年就已认识到，聚落形态研究将促使考古学家"认为'遗址'现象是史前活动的代表性单位或范畴"。因此，从概念化的角度出发，聚落形态研究必须考虑使用"遗址"或某种堆积单位作为基本单位，以便与使用个人物品或其他类别遗存作为基本单位的其他考古学研究方法区分开来。另外，既然有意义的堆积单位与人类的活动及互动圈是一致的，那么，聚落形态法就比其他考古方法更胜一筹，它能够让我们以一种人类学研究与思考相结合的方法来认识史前人的活动与互动。

从操作的角度考虑，威利坚持认为，聚落形态研究不应该被当作一种封闭自足的方法体系，而是应该被当作整个考古操作的一部分，这是正确的。考古学中的聚落形态研究从本质上讲是一种分类过程，在此过程中，考古学家必须依赖他可以使用的所有物质材料和每种考古技巧。近20年来聚落形态的考古学研究（有关的著作诸如Willey，1956，1968；Willey et al.，1965；张光直，1958，1962，1967a，1968；Sears，1961；Trigger，1965，1967，1968；Green，1967；Price，1969；Vanstone，1971；Spores，1972）的最大特征就是，为便于考古学研究，力图对聚落的形态进行分类，并且确定适当的类别。同一般意义上的考古学方法一样，聚落形态方法论的中心问题也在于界定适宜的分类单位并确定适宜的相互关系。

最近10年间，一群自称为新考古学家或过程考古学家的美国学者提出了一种方法体系，它有时也被视作一场革命（Martin，1971）。新考古学家关注的焦点在于文化生态学，他们时常尝试将所谓的一般系统论运用到考古学操作和考古学概念化之中（例如，Hole and Heizer，1969；Watson et al. 1971；Hammond，1971）。这样一来，聚落形态的研究必然会成为新考古学研究设计的基础，因为聚落形态常常能够直接与生态因素发生联系而且特别易于作层级分类。因此，难怪绝大多数的新考古学作品均涉及史前生计和聚落系统（Flannery，1965；Flannery and Coe，1968；Flannery et al.，1967；Struever，1968a，1968b，1971），以及相对于生存必需资源分布区域的人口组群分布形态的经验性资料（Gumerman，1971）。

有趣的是，尽管研究中所涉及的问题和提出的解决方法实际上都是相同的，可是新考古学家们却似乎并未意识到，他们的努力与早先的聚落形态研究工作具有思维的连续性。事实上，他们不怎么使用这个术语，在新考古学的著作中很少引用过去的聚落形态方面的考古学文献。理由并不难找，因为新考古学家们有意否认自己受惠于以前的考古学。不过，他们的聚落研究和先前的方法（例如，威利的）确有重大的差别。对新考古学家来说，不管聚落形态的名称是什么，都是他们要去探索并从中发掘出有力的理论的一个领域；然而对威利而言，它只不过是整个考古操作的一部分，尽管是基础性的部分。就方法论的程序而言，在具体运用由 Fritz 和 Plog 于 1970 年提出的"聚落形态"一词方面，威利所做的工作实际上是归纳性的，而新考古学家的工作则主要是演绎性的。威利运用聚落形态来研究具体的过去社会的功能和结构，可是新考古学家们却对变化的过程更感兴趣，譬如，或取自于或应用于聚落形态资料的概括过程，对于他们来讲，最基本的过程就是各种文化的生态演绎过程。

本文不打算追随任何一家学派的聚落形态研究思想。我们只是简要地勾画出问题的范围，概述解决这些问题的重要步骤，并适当地提出有助于解决问题的新方法。

一、地理学的蓝图与民族学的蓝图

无论是在地理学中还是在民族学中（Haggett and Chorley, 1967, 第21—26页; Pelto, 1970, 第13、第14页), "Model" 一词均表示一种模仿并力图接近真实的观念上的构建。不过，我们在此所使用的 Model（我们把它叫做蓝图）一词没有太多夸耀的意味，而纯粹是方法论意义上的。蓝图是对真实的一种图解或观念性的构建，它的运用也完全是出于探索性的目的：依据蓝图，我们可以将一个整体的各个部分拼合到一起。假设这里有些机器的散件，我们认为它们属于同一部引擎，就可以将已知的所有引擎设计图作为重新组装的蓝图，依照它们把这些散件组装到一起。组装的结果可能会千差万别：这些散件可能是一台特种引擎的部件；它们可能不属于任何已知的引擎体系，但我们能以已知的各引擎为蓝图设想它们的功能，于是就构建出了一个新的引擎体系；或者，到头来会证明那些散件根本就不是引擎部件。

把这种思想运用到聚落形态研究中，我们就首先必须试着理解现生人类的聚落形态，让它为我们的考古聚落遗存的解释提供可参照的蓝图，然后才能试着设计解释的程序。换句话讲，我们对散件的组装方法知道得越多，我们组装散件、利用散件创造新蓝图的本领就越大。

人文地理学和民族学都涉及现生人类的聚落形态，因而给我们提供了一些很有用的蓝图。在此我们不打算描述和讨论这些形态，仅对其中与考古学有关的某些方面加以评论。

(一) 地理学的蓝图

长期以来，聚落形态一直是人文地理学关注的焦点（Hudson，1970，第3页）。Peter Haggett 在 1965 年指出，"聚落是人类占据地表的一种具体表现，因此它们构成了地貌的一个基本要素，并且占据了人文地理学手册的中心位置。无论在早期 Jean Brunhes（1925）等人的陈述中，还是在当代 Emrys Jones（1966）等人的评论中，聚落形态都占有重要的位置"（Peter Haggett 1965，第88页）。

为了便于分析，Emrys Jones 将聚落研究区分出三个方面：聚落址［site，亦作"遗址"——译者注］，即房屋（dwelling）或房屋群与其邻近自然环境之间的关系；聚落形态（pattern），即房屋与房屋之间的关系，有时不将聚落址考虑在内；聚落的分布（distribution），即"聚落的内容更为广泛的方面，如什么地方有人定居、什么地方无人定居、聚落有何限定"（Emrys Jones 1966，第114、第115页）。

这三者中，聚落的分布在人文地理学的"位置学派"学者中备受重视。他们的一些概念和方法对于考古学家颇有用处，Haggett（1965）、Berry（1967）和 Gasner（1967）对此都曾有过描述。我们只能择其要者予以讨论。

人文地理学中"位置分析"的一个基本蓝图是所谓"常规网格模式"（regular lattice model），它构成了克里斯塔勒[①]"中心地理论"的基础。首先，我们要假设一种理想状态：人口与购买力分布均匀，地形整齐划一，资源分布均衡，并且各个方向上运输条件相同。在这种情况下，就会形成一定的水平聚落形态和垂直聚落形态。水平排列的基本特征是：（1）等距分布的聚落形成三角形格；（2）聚落位于六边形贸易区的中心点。

垂直排列假定了一个前提：存在着离散聚落群或聚落序列等级，组织的原理是：（1）高级中心地供应全部低级中心地之货物

---

① Walter Christaller，1893—1969，德国地理学家——译者注。

并提供部分与低级中心地不同的货物和服务;(2)与低级中心地相比,高级中心地提供更繁多的货物和更广泛的服务,其商业机构、人口、贸易区和贸易区人口数量更多,商业活动更为频繁。

垂直组织具有以下的组织表现形式:(1)高级中心地与低级中心地彼此距离较远;(2)低级中心地为能接受高级中心地的货物和服务,要在高级中心地的贸易区域内按照一定的规则"搭巢"(Garner 1967,第307、第308页)。

上述基本的常规网格蓝图尚有种种不同的变体,我们不必一一加以讨论。即使考古学家有这样的愿望,他们也还需要一段时日才能充分利用中心地理论的全部优点。简而言之,从考古学的使用上说,中心地理论的要点中有一个方法和一个理论需要注意。这个方法是,把聚落当作"活动"(生产活动与交换活动)的"串"(cluster),继而使"串"平行成网(network)、垂直分级(hierarchy),而根据不同的划分标准和尺度看,它们彼此通常是重叠的。这个方法对我们是有参考价值的。而这一理论是:一个聚落的位置定位是基于生存必需物资的最充分利用和各个点之间的最小位移考虑的结果。此理论可以扩充成为几个命题,比如 Garner 在 1967 年的文章中就是这样说的(Garner 1967,第304、第305页):(1)人类活动的空间分布反映对距离因素的有序调整。(2)一般说来,地点的选择是为了使距离的摩擦作用减到最小。(3)所有的位置都有一种可接近性,但是某些位置要比其他位置更易接近。(4)人类的活动有一种结集成群以利用规模经济的倾向——规模经济是通过在一些共同位置集中活动来节约操作成本。(5)人类活动的组织本质上是以等级化为特征的。(6)人类的占据是以局部性(local)为特征的。

不过,产生于现代经济背景下的聚落原理在多大程度上能够适用于"前资本主义"经济体系,还值得进一步讨论①。假定情况就是如此,并且形成如下假说:"遗址位置的确定是为了在开发、运输与分配自下而上必需食物资源的过程中最低程度地消耗时间和能量"(Hill,1971,第58页),然后,再设计出一个考古学的验证方案。若果真如此,那么很不幸,这将会是一种次序颠倒的科学探究。"努力的成果"从文化上说是相对的,那么,我们又如何来度量它、用什么标准来度量它呢?

最后,我们还要提一下 Kolb 和 Brunner 的常规串模式(Kolb and Brunner 1946;见 Garner 1967,第312、第313页)。这个假设是:**诸多聚落构成常规串**。其形态是:(1)村落的位置处于城镇的影响范围内;(2)寨子(hamlets)在村落贸易区的边缘,围绕村落形成组;(3)城镇处于中心的位置。这个蓝图的理论暗示是,聚落的空间分布在很大程度上是由聚落的大小和功能来决定的。在考古学中,这个理论十分有用,它可以帮助我们研究不同大小和功能的聚落彼此之间的影响和互动范围。

(二)民族学的蓝图

考古学与民族学的相互关系这些年来一直是某些热烈讨论的话题(如,可见张光直,1967b;Binford,1968;Freeman,1968;Anderson,1969)。民族志对于考古学解释的主要用途是

---

① Constantino A. Doxiadis 在 1968 年和 1970 年归纳的五条聚落原则至少在表面上与之相似,这些原则是:(1)最大限度地实现人类与自然因素(如水和树木)、其他人群以及人工制品(如建筑物和道路)的潜在接触;(2)以最小的努力来实现人类与之现实的和潜在的联系;(3)充分地获得人类的自我保护空间,亦即一人群能够与其他人群、动物或其他客体保持一段接触,得到但无情感或心理不适的距离;(4)充分保持人类与其环境间的良好关系,这里的环境包括自然、社会、外形和网络;(5)人类聚落的组织力求获得其他四条原则的充分融合,这取决于时间和空间、实际条件,以及人类创造融合的能力。

提供一种"类比法",这是一个含混的、有歧义的术语,我们最好换个名词,叫做"启发式蓝图"。民族志的蓝图不仅提供具体的联合(用途及种族上的连续性,等等)方面的情况,而且为考古学家提示了种种文化变量和社会变量中联合和并列的一般原则,使他们具备有关的现实生活中的知识,从而在处理考古材料时更为得心应手。

从民族志学者对现生人类聚落的研究中,我们或许可以做出如下的方法论的概括:(1)有两个主要区域可以形成聚落"形态",第一是诸聚落单位间的变量关系和等级关系,第二是相伴的空间变量以及文化的其他方面;(2)尽管对于任何一种形态的研究必须以界定各聚落单位之间内部或外部的结合为起点,但这种界定比较机动,它是由聚落相互关系的性质和等级水平决定的。简言之,聚落形态的研究是一个相关单位形成的分类过程,而此类研究的各种方法也必须这样来确定。

1. 聚落单位的划定

位置学派的地理学家们把大小不同的人口组群在地表上的存在看做是"人类活动在空间组织方面的必然特征……既然诸聚落在空间上是彼此分开的,则其间的联系点便是必要的,而研究框架之一就是把它们视为一个运输网络中的众多结节(nodes)或集中点(focal points)"(Garner,1967,第306页;又见Haggett and Chorley,1969)。这些"结节"是抽象的,而在现实中,依照网络的规模和性质的不同又赋予了它们不同的大小。它们同时也是便于民族学家调查的出发点。按照英国皇家人类学研究所的建议:"在研究一个社区的社会结构时,从地方群体的形式开始,从最小的家宅(homestead)开始,直到最大的地域群,这种方法被证实是很便于研究的。"(Royal Anthropological Institute,1951,第63、第64页)

Vogt把局部组群按聚落分析的需要分成几种不同的形式:

"（1）一类或数类住宅的性质；（2）在一个村落或社区单位内这数类住宅之间的空间排列；（3）住宅与其他建筑物（如庙宇、宫殿、球场、祭屋等）之间的关系；（4）村落或社区的整体规划；（5）一村落或社区与他村落或社区之间在一个较大的特定地区内彼此间的空间关系"（Vogt，1956，第174页）。故而，这些局部组群方式作为网络中彼此相关的一些"结节"可以包括三个最低的层级：个别住宅与特殊建筑物，一个村落或社区内这些住宅与建筑物的集合，村落间或社区间的联结。聚落单位相互关系（"网络"）的研究可以在这三个层级上交替进行。

2. 聚落单位之间的关系

一个聚落不仅是一个网络中的一个结节，而且还是根据许多不同标准编制起来的网络中的一个结节。最明显的、可能也是最重要的，是生态学的网络。民族志至少提供了两种解释聚落单位相互关系的文化生态学蓝图。

第一种，聚落单位在某一有意义的时段内为开发自然资源而形成的空间分布方面的类型学蓝图。1955年召开的一次有关功能论与进化论对社区类型影响的考古学研讨会（Beardsley et al.，1956）以及张光直和Watanabe分别于1962年和1968年提出的某些极地社会聚落形态的分类，均为其提供了例证。这些分类所涉及的重点就是：开发活动的空间场所的暂存性及其功能的专门性，特别是那些居住场所常常随季节变换而迁移、其功能也往往专门化的渔猎群体（Campbell，1968；Murdock，1969；Helm，1969a，1969b）。

第二种，生态学的蓝图，以Barth于1956年在巴基斯坦北部的研究为典型。该理论认为，在同一地区内的不同民族（而不是同一民族的不同聚落单位）分别开发不同生态点，彼此之间形成所谓"共生关系"（symbiosis）。同属于此类范畴的有19世纪初（北美洲）北部平原的狩猎者与园圃农人的关系，他们以物物交换的形式彼此交换产品（Ewers，1955，第11—14页）。

显然，生态并不是把聚落单位结合在一起的唯一纽带。聚落单位之间的关系还可能建立在政治、贸易、婚姻、宗教等基础上。这些共同活动有时由具体的建筑物作为表现象征（如城镇、市场、仪式中心），它们为参与这些网络的所有聚落单位所共有。但是，另外一些活动（如婚姻）则不如此。一个聚落完全可以同时属于许多不同的功能网络，而这些网络的地域或它们所涵盖的聚落在空间上往往并不吻合。

聚落单位的网络不一定都是由活动功能所界说的，各个单位也可能以不同的文化风格为标准而结合起来。无论是在同一个区域之内还是分散在数个地区当中，类型学上具有同一性的聚落系统其文化风格可能截然不同，而这些文化风格多半源自完全不同的历史背景。在美国文化人类学中，这些风格的实体（stylistic entities）都被称作文化，与图一中所描述的依照功能界说的聚落单位相比，它们产生于另一种理论基础。

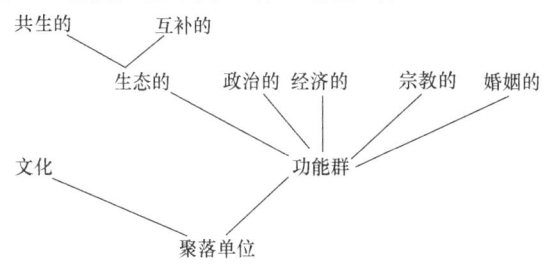

图一　聚落单位间的交互关系

3. 聚落单位的伴存文化

将聚落形态当作因变量——它们通常也是如此，那它们与文化的其他领域的因变量有着动态的联系，因此就提供了各个考古过程中的联系点。具体的聚落形态可以为文化的其他具体特征提供实例，反之，由具体的文化特征也可以推断出聚落的具体形态。

就民族学来看，遵循此路线的蓝图少得出奇，并且具有相当普遍性，但是进化论的关注点与结构—功能论的关注点是不一样的。前者假设文化和社会的发展有一个进化的过程，在此过程中，聚落的形态是具有进化意义的种种变量之一（Beardsley et al., 1956; McNett, 1970）。表一显示的是 McNett 所构想出的聚落形态的社会文化伴存形式（McNett, 1970, 第873页）其中很好地总结了这种观点。不过，这个蓝图在考古领域的应用具有相当大的局限性，它只能为"研究方案设计"提供一些思路。

表一 聚落形态与社会—文化的伴存形式（依据麦克奈尔，1970）

聚落形态	经济	政治	宗教	社会
在拥有的领地内作有限度的游居	通常限于采食工作，个人财产在主人死后便毁弃；财富共享；土地共有	由具有亲属关系的家庭或相好的家庭组成队群，其首领只是顾问性的	众多模糊的信仰，有萨满治病祈福	无地位差别
有中央基地的游居，一年中有部分时间在中央基地定居，初步的游牧；动物与人杂处	规模相当的共同体；若有剩余物资的话，也不为任何群体所专用	首领是共同体的象征	萨满教，更加关注死亡，集体祭礼从无到有	依能力大小来定地位
半定居村落，地力、环境资源耗尽后迁居，骑着马打猎	家族土地所有制；有剩余物资但实行再分配；有些村落手工业专门化	氏族、胞族通常是组织的基础，头人是共同体的代理人	更加正规，有更多的生老病死仪式和公益仪式；萨满有很大的权力	依剩余物资的分配来定地位

续表

聚落形态	经济	政治	宗教	社会
简单的核心形态；自给村落，或仪式—经济中心加上卫星村；分化的游牧；家畜放牧	土地私有制，职业分工专门化	在以亲属制为基础的体制中酋长具有强制性权力	形式化，有教士、庙宇公益仪式，有众神	依财产来区分阶层
高级的核心形态，具有永久性的行政中心	上层阶级控制较多的剩余物资	由国王控制的等级化的诸行政中心；法律和政治取代了亲属组织	由等级化的教士主持庙宇仪式、祭祀众神	世袭阶级
超核心的整合；基元进一步整合成国家，有代表性的是以征服方式形成的	商业化，大规模货物流通，更多的财富积累，纳税	统治者拥有绝对权力；政府控制人口；常备军	统治者与诸神合一	下层阶级人数众多，有许多奴隶

考古学上更能发挥作用的乃是具体聚落特征的结构—功能伴存，如人口（Cook and Heizer，1968）、亲属群体（Hogbin and Wedgwood，1953；张光直，1958），以及与房屋形状有关的种种因素（Whiting and Ayres，1968）。究竟是什么造成了这种蓝图应用的局限性的呢？那便是大量概括的统计学的推导，人们至今也未能弄清其因果关系——它并不像吸烟与肺癌之间的联系。

二、聚落形态的考古学

什么是考古学的聚落形态研究？这种方法有什么特点？炊格尔（Bruce G. Trigger）把聚落考古学定义为利用考古学资料来研究社会关系（Trigger，1967，第151页）。不过，"社会关系"也可以被视为方法论框架的要素，而不是研究的目的。在此，我们从另外一个角度来定义聚落考古学，即认为它是一种考古学的方法论，利用它，被当作过去活动的场所（loci）的聚落基元[①]可以成为考古分类的初级单位。借用炊格尔的话，我们可以把聚落考古学定义为"在社会关系的分析框架内来做考古资料的研究"。这套方法包括以下几个步骤：（1）聚落基元的整理；（2）各共时基元的连接；（3）各历时聚落基元的顺序排列；（4）聚落资料与其他资料之间相互关系的研究。

这套程序是参照地理学和民族学的蓝图提出来的，不过主要仍是以考古的实际需要为出发点。地理学和民族学的蓝图从启发思路方面来讲当然有用，但是，考古学的聚落形态研究与地理学或民族学的同类研究有很重要的区别。首先，对于不同聚落和聚落基元的相互关系而言，人类是关注的中心，正是人类在这些场所的种种活动赋予了这些相互关系意义。在地理学和民族学中，人类是个已知数，我们了解我们所讨论的人们的活动；而在考古学中，人则是一个未知数，是一个需要推断的主体。我们面临的是多种多样的活动场所和活动遗存，我们必须把它们联结成一些有意义的网络。这种联结的基础之一就是对社群的假定和推断。与此相关的是考古学与地理学和民族学之间的第二个重要区别，是它们各自的资料在时间维度上的区别。地理学家和民族学家讨论市场、中心地、聚落丛以及其他此类聚落网络，而体现这些所讨论的网络特征的种种活动乃是正在发生着的；考古学家则不得不与聚落的废墟及过去活动的遗存打交道，它们是在一个或长或短的时期内堆积而成的。使聚落网络得以形成的种种活动的"同时性"在考古学中也是个未知数，而且是第一步就必须加以明确的事情之一。因此，在聚落形态的考古学调查过程中的每一步（无论是聚落单位的整

[①] 关于"基元"（component）的定义见下文第三节——译者。

理，各共时基元与历时基元的连接，还是聚落和其他资料的相互关系），都有着明确的特殊任务等待考古学家去完成，这在其他的学科中没有先例，同时在很多情况下被当作必备的先决条件。

一些人带着将信将疑的态度把一般系统论引入了考古学（例如，Clarke，1968），但出于与上述类似的理由，这一理论不会被当作当前工作的明确的理论体系。尽管有些新考古学家为此理论的应用，尤其是在聚落形态的研究当中的应用做出了努力，但他们至今也没有明确地、令人信服地说明这一理论在考古学中如何应用才能发挥其作用，也没能证明这种方法比其他方法更加有用。一般系统论的一些基本的假定（assumptions）和许多特殊的命题（例如，见 Berrien，1968），明显是与考古学研究有关的，而且它们与考古学家多年来一直在使用的结构功能论的假定和命题——尽管他们对这些假定和命题的使用似乎盲目得有些过分——没有太大的差别。然而，无论是从一般意义上来讲还是用于聚落形态研究方面，作为一个理论体系的一般系统论在考古学中的作用都有待证实。我们认为，须经民族志来证实其有效性后方可将这一理论应用于考古学。既然考古学被视为人类学，那么，经由人类学充分消化了的方法和概念较诸没有被消化的那些应该说更容易被接受而且也更有效。人们正在努力将系统论的概念应用于民族志研究（例如，Vayda，1969），我们怀着兴趣关注它的进一步发展。

同时，如果不把聚落中的人纳入其中的话，聚落体系是建立不起来的；其目标不在于形成聚落址的体系，而在于形成人及其在聚落址内的活动的体系。一个生态区内必须先有人，然后才能构成其民族志和古民族志。在同一生态区的不同开发活动场所内可能只有一个单一族群，也可能有好几个。必须先开展大量基本的考古工作，我们才能彻底了解史前场所的细微特征。将聚落形态建立在经验的基础上之后，我们才能令人信服地将"一般系统论"应用于自己的研究成果。但这只适用于文化重建和文化诠释，而且，作为源于考古现实又为其服务的认识论模式，"一般系统论"必须与其他的诠释构架互相竞争。

三、聚落基元的整理

作为一门经验学科的考古学能够很容易地由一个遗址所代表的现实世界出发最终又回到这个出发点。聚落形态的研究法要求考古学家就从这些遗址着手开展工作，他最小的"结节"就是一个定态（stationary state）[①]内纵横交错的连续空间里的一个堆积单位。在实际考古作业中，这种"结节"至少包括以下内容：

一座单独的房屋、谷仓、储藏坑；或包括多座房屋、谷仓、储藏坑在内的连续区域的集群。

在一个没有发生有意义变化的时期内，在一个连续区域里堆积的垃圾或其他堆积物——通常由其上下层组的堆积不整合来界定：

单独的墓葬、单独的作坊、单独的杀兽点或屠宰场、单独的火塘或灶址、单独的过夜营帐或短期居住的营地，具有上述各种现象之全部或一部分的连续区域。

这些情形中，有一些是比较容易界定的，而另外一些则不太容易。结节的范围没有多少实际上的连续性，因为最终联结起来的系统是有等级的，而且必须囊括所有层级的所有结节。例如，如果一个遗址分五层，它可以是由一个两层的层面加上一个三层的层面合成的，也可以是由一个三层的层面加上一个两层的层面

---

① 关于 stationary state 的定义，可见后文——译者。

合成的。对于一个有居住地、工场、墓地的村落址，我们既能以整个村落为基本的结节，也可以以村落的各个不同单位为结节、而把村落当作一个更高的单位来看待。

不过，为了保持所用方法论的一致性，也为了便于更大范围内更高程度的联结，我们仍然武断地选择"基元"（component）这个单位作为我们分析的基本单位。基元这个术语长期以来为美国考古界所使用，它能够很好地满足我们聚落研究的需要。在美国考古界，基元指的是一个较大的考古学文化单位［一个"期"（focus）或"相"（phase）］中的一个单一遗址内的具体形象，它是一个初级的作业单位。我们在此使用的基元一词与他们有着细微但却相当重要的差别：我们也把基元当作一个初级作业单位，不过又以它为基础构建出一系列较大的单位（系统、圈，等等）。我们把基元定义为一个连续的空间和一段有意义的时期内存在的考古学实体。基元并非存在于真空中，它也不是孤立的，它始终是一个更大的时空系统中的一个基本单元。

"连续的空间"在原则上不好界定，但在考古实际中算不上一个问题。当然，它指的是空间上的水平维度而不是垂直维度，后者与其说是空间的倒不如说是时间的。但它也必须包含一个时间的维度。一个单独的房间显然是连续的；然而，一排房间即使在空间上是连续的，从基元界定的目的出发，它们既可以被当作连续的空间，也可以被当作不连续的空间。出于同样的目的，两个相隔一定距离的房间却很容易被当作连续的空间来考虑。下面让我们依次审察这些情况。

连成一排的房间：

几排相连的房间（如在 Pueblo 印第安人遗址中所见的）大多是一个连续占据的单独村落的一部分，因此多半是一个单独基元的要素。但是，如果一排房间中的一部分建造时间较早而另一部分较晚，较早建造的被一种文化的人们所占据，而较晚建造的却为另一种文化的人们或是同一旧文化的较晚而且差别极大的文化期的人们所占据，就可以表明，这一排房间是两个基元而不是一个。

两个分开的房间：

如果这两个房间由前后相继的两种文化所建造并且（或者）占据，它们就可以是两个各自独立的基元的组成部分；但如果它们是在同时被占据的，或者说它们建造时在功能上就是不可分的两部分，那就很容易被视作同一基元。

因此，一个考古学基元的空间维度是由三个标准来决定的：物理上的连续性、功能上的一致性以及时间上的共时性。时间在此似乎比空间更为优先，而在考古学的时间功能里，定态这个词汇是至关重要的[①]。

考古学家当然一直都在与物质资料的时间维度打交道；年代表就是他们工作的基石。可是考古学中最为重要的概念之一却出乎意料地很少引起重视。那就是各对考古客体在人类行为过程中相互作用的时间关系。当过去的某一个人丢弃他在生产、消费、家庭生活或其他活动中产生的废物，他的活动是按照从生到死的顺序进行的。这一行为顺序可能相当重要，但我们常常不能从其行为的结果复原其行为过程。一个人的行为一旦成为过去就不可能再重复。当我们把一个单独个体的行为顺序放到群体中去分析时，个体的数目就使顺序问题复杂化了。当群体从一地迁移到另一地时，例如季节性迁移，又再次按顺序丢弃废物，这一顺序对我们了解场所（localities）在群体活动中的作用极为重要。简言

---

① 定态（stationary state）与稳态（steady state）本来就是有严格区别的，它们用在考古学中也是如此。定态由张光直首先应用于考古学中（张光直，1967a），它指的是一种暂时性的范围（a temporal range），而稳态则是由 Plog 和 Hill 用于考古学中的（Plog and Hill 1971，第 10 页），它指的是一般系统论中所说的均衡状态。

之，按有意或无意的顺序堆积下来的考古遗存在某一时间内只有一个，而考古学家所要面对的是大部分都已融合在一起的各个单独时间段里的全部残存物。问题在于，如何按照个体或各个个体所在群体最初的活动顺序将这些个体丢弃的残存物串联在一起。

这个问题和聚落基元的界定有关，因为不同时间顺序下产生的残存物可能堆积在极为不同的环境中，这些环境会影响对基元的界定。举例来说，由10个石器制造者一天遗留下来的废料与由一个石器制造者10天遗留下来的废料，即使不是不能加以区分至少也是很难加以区分的。但是，对于聚落的特征来讲，这种区分就具有某种质的重要性。同样，一个长时期内的渐变与一个短时期内的突变，如果前者产生的废弃物少而后者产生的废弃物多，上述两种变化便是不能加以区分的了。另外一个例子是，当一位家庭成员死亡后，其住所就被抛弃，并在附近重建了一所屋子。从两处遗迹中很难看出这一变化顺序，而后来所构筑的单位与前者却有着百分之百的差异。

在这方面，考古学家与社会人类学家有着很大的不同：社会人类学家能够对观察和记录到的事件顺序加以描述，而考古学家则不能。在建立其社会结构蓝图时，人类学家通常会把这些顺序视为同一时期内互不相干的东西，是可以接受的；而考古学家却没有多少选择的余地。除非有考古资料证明这一顺序是至关重要的，否则他是不会将其记录下来的。

定态的概念是从社会人类学里借来的（而社会人类学又是从经济学里借来的），用来分析经验性的考古学时间段。且看下面这段论述：

"考古学同时性（contemporaneity）的可被接受的有意义的范围是什么呢？……一个考古学的共时单位（synchronic unit）是这样一个单位：在相当长时期内不发生变化并且不打乱整个文化要素组合的前提下，在其中产生变化。它是一种定态，在这种状态下，从其中的大部分或最重要的部分中归纳出来的行为和方式可以适用于其全体"（张光直，1967a，第33页）。

我们说，这不仅是因为过去事件的时间顺序在大多数情况下是不可能在考古资料中重建的，更主要的还在于，没有导致重大变化的顺序从长期来看是互不相干的。我们在工作过程中假定这些事件是同时的而不是连续的。但是每当重大变化发生，考古记录显示它实际上影响了整个考古资料的组合，我们便说，我们从一个时间段过渡到了另一个时间段。时间段是分层分级的，因为这些变化的规模和数量是分层分级的。出于某些考古学的目的分期可能划得比较精细，而出于其他目的则可能划得比较粗略。

如果我们遇到的是一个相对较短期的占据，期间没有发生过什么重大变化，对聚落基元的时间分析就容易完成。对这样的基元可做地层学的分析。如果我们遇到的是该遗址内的长期占据，其中占据者的文化经历过巨大的变化，那么基元就可以被界定为整个持续占据过程中的垂直段，尽管在这一垂直段内没有任何变化发生，但它对主要的文化重组的产生却至关重要。重要性的界定在某种程度上取决于调查者的主观判断，然而主观性却与段的划定息息相关；段自身依然是一个经验实体。在这个意义上，我们在此把定态定义为一种分析的策略；它既不是一种状态，也不是一种蓝图。

四、聚落的布局

在一个同时的聚落基元地域内，社会生活的活动是否是在一定地点进行的？在某些情况下，人类活动的模式是随意性的。但在另外一些情况下，那些人类活动区域是可以辨识出来的。如果在遗址内发现有屋子、窝棚、长期使用的灶塘等遗迹，那么至少某些人类活动——睡眠和炊煮的地方可以被确认下来。因此，聚落布局透过随意性和规整性一方面反映了活动布局，另一方面也是研究古代社会组织关系和精神生活的一条重要线索。笔者曾经建议，聚落单位内的布局也可以叫做"社区形态"（community patterns），在概念上有别于聚落形态，可是这个建议并未广为接受（张光直，1958，1962）。

在一个村落式的遗址中发现房屋或灶塘遗迹，我提出了一种方法用来识别住户单位（household units）并将其归类。我将它们分为四类：有计划的、无计划的、分组的和独立家宅式的（张光直，1958；也见 Fraser，1968）。一般说来，布局的种类与居民的亲属制度的类型有直接的联系。后者，即对器物特征在聚落单位内的空间分布研究，是从 James Deetz 对印第安人聚落中的陶器纹饰与居住面之间的关系研究开始的。学者可以从器物细部特征与聚落各部分地点或遗迹分布的联系，得出社会关系方面非常重要的结论（Deetz，1965；Longacre，1970；Hill，1970）。这些方法会在这套系列丛书的其他分册中予以介绍，这里就不细说了。

五、同时代诸聚落基元的联结

在绝大多数考古工作中，聚落形态研究一开始就涉及那么几个问题：把聚落基元组合成更高一级的单位，对这些组合里诸形态或规律的识别以及对这些形态的解释。作为原始材料的遗迹或作为过程之结节的聚落基元构成了联结的元素。联结是建立在各种各样的标准上的，这些标准强调结节的内容，由此又产生了各种各样交错重叠的组群。

图二和图三说明了如下两种情况：（1）考古遗迹的经验属性

及其分类的本质；(2) 基元联结的多元性和重复性。关于前者，应该弄清楚的一点就是：考古遗迹乃是经验实体，无论如何分门别类，它们既不会成为相对主义的，也不会成为超有机体的。正是这些由分类得出的范畴具有任意性和相对性，不过，也正是这些范畴赋予了我们对经验性考古遗迹的种种解释。

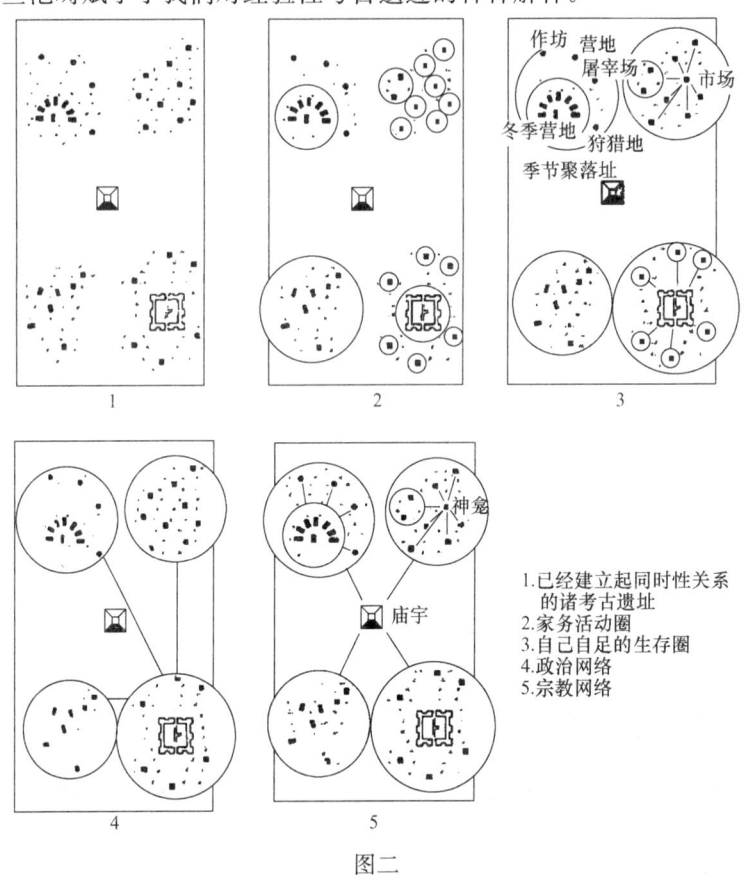

图二

1. 已经建立起同时性关系的诸考古遗址
2. 家务活动圈
3. 自己自足的生存圈
4. 政治网络
5. 宗教网络

在聚落基元的联结中，将时空、场所联结成网络的人类应该是我们的第一关注点。联结的概念和操作是建立在功能互补基础

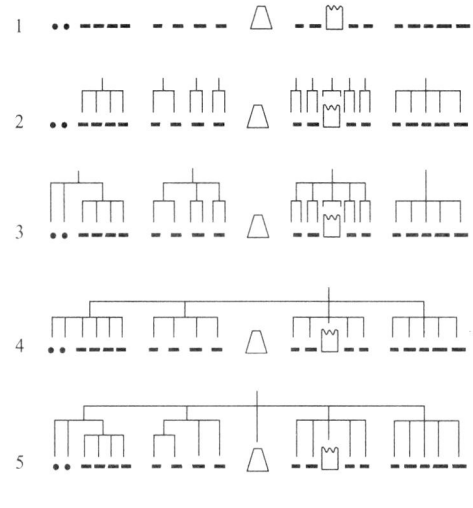

图三　图二中 1—5 的互动关系等级

上的，即遗址之所以联结成网络是因为它们每一个都有其特殊的功能，合起来便成为一个整体。但是，遗址作为一种物理上的地点可以具有许多不同的功能，这取决于来使用它们的人的开发水平。实际上考古遗址的具体功能取决于在这些遗址内利用其拥有的文化设施开展活动的人。遗址本身并不会结成特定的网络，而利用这些遗址的人们却可以结成网络。因此，聚落基元的联结实际上并非地点基元间的联结，而是服务于具体人群的，具体的、专门化的功能基元间的联结。

于是我们可以将聚落基元作下述分类，其中每一类都包含有部分或全部的聚落基元。

（一）季节性的聚落丛（Seasonal settlement complex）

基元由于距离的远近而会彼此联合或隔开。但是在同一地方的那些基元的原始开发活动，如家务、狩猎、捕鱼、采集、加工、工业活动等，则有一种专业分工的倾向。这些活动是季节性的或至少有季节性的变迁活动。只有那些具有互补性的单位组合方才能够构成一个完整的年度性生存圈并形成一个更高层次的自给自足单位。

以北极圈民族志资料为依据，笔者在1962年得出了具有如下一种聚落形态时空关系的类型学（张光直，1962，第29、第30页）：如果占据者们在一年左右的时间里主要的生活活动都能够在一个单独的地点完成，他们中的大部分在这一年左右的时间里也都占据着该地点，我们就把此地点称为一个年度聚落。例如，一个灌溉农业聚落就属于这种范畴。这类聚落的特点还可以由以后各年特定的占据地点来进一步体现，除非发生重大变动，使该地点的生态环境遭到破坏、不能再占据，否则这类聚落会一直延续下去。永久性聚落这个术语通常就是用来描述这类聚落的。然而，年度聚落不可能无限期地占据一个特定的地点，因为一个地方的生态资源是相对的，在短期内如果人们不设法让它复原，就会消耗殆尽。刀耕火种农业聚落即是例证。虽然在一年左右的时间里一个刀耕火种农业聚落足以保障一地主要的活动，但建成几年后就不得不放弃，所以它可以被称作半永久性聚落。另一方面，如果一个民族的年度性活动不能在一个地点完成，那么一年中不同的季节就需要有数个不同的地点，我们可以把这些功能互补的地点组成的网络叫做一个年生存区。区域之内的聚落便可以叫做季节性聚落。如果年生存区能够逐年地占据，这就有了定居的季节性聚落。季节性聚落依然存在于年生存区中，并且年年都在同一地点，这种就叫带永久性基地的定居季节性聚落。年生存区不变，但在一年或数年后主要的占据地点由一处迁往另一处的，我们称之为带瞬时性基地的定居聚落。如果年生存区内的生态潜能因年复一年的占据而被消耗殆尽，区内之居民不得不迁往他处，就出现了临时的季节性聚落（见表二）。

表二　一些重要聚落形态的归类

> Ⅰ. 年度聚落：占据者一年之内全部主要的生存活动能够在此类聚落内完成
> A. 永久性聚落：永久性地占据一个点。
> B. 半永久性聚落：占据一年或数年之后放弃，因为（原因之一）该地点的生态潜能耗尽、占据者不能使其复原。
>
> Ⅱ. 季节性聚落丛：由分布在年生存区的一群人在一年当中的不同季节轮流占据的季节性聚落网。
> A. 定居的季节性聚落：一群占据者永久性的年生存区。
> 1. 带永久性基地的：主要的季节性聚落的地点永远不变动。
> 2. 带瞬时性基地的：各季节性聚落地点（特别是主要占据地）在占据一年或数年后发生变化，其原因之一是特定地点（特别是主要占据地）在占据一年或数年后发生变化，其原因之一是特定地点的生态潜能耗尽，占据者不能使其复原，但群体的整个年生存区保持不变。
> B. 临时的季节性聚落：由于整个地区的生态潜能耗尽，占据者又不能使其复原，因此在占据一年或数年后，一群人不得不将占据地从一个年生存区迁往另一个年生存区。

近年来有一种尝试，企图把一般系统论引入考古学，尤其是引到对生存聚落系统的重建上（Struever，1971；又见 Struever，1968a，1968b；Binford and Binford，1966，1969）：

可以预料，以一种系统论的文化观来看，一个消失的生存聚落系统将揭示一个"物质文化结构"，它能够在多种不同的分析框架内描述，比如遗址、地域，等等。对从考古遗址中发现的物质要素的种类、数量和分布进行分析，可以使考古学家了解该遗址内的工具套（tool kits）、活动方向和活动区域等。它们是定义聚落类型的基础。假定物质环境具有一定的结构，文化是附着在这个环境之上的一个适应系统，那么生存经济以及与之紧密相连的聚落形态就应该反映这个环境。植物、动物、水和土壤资源的分布是有差异的，因此，与之有关的文化活动也各有不同。由执行特殊的开发或保障任务而形成的遗址会显露出一种相似的物质要素结构；所有这样的遗址都代表一种单一聚落样式

(type)。如果把关注焦点转向一个地区的范围，那么，一个灭绝的聚落系统的结构就能从多个聚落样式、数量和分布上得到反映，每一种都像我们在上文所描述过的那样……

从系统论的观点看……一个被发掘的遗址仅代表一个聚落样式而并不反映整个聚落系统。要重建一个聚落系统，必须在一个地区范围内进行工作。问题在于，需要通过考察发掘来确定器物、建筑物和食物遗存的功能样式的变异性，并由此而确定构成整个聚落系统的一种或几种聚落样式（Struever，1971，第11页）。

这段陈述与上面列出的蓝图从根本上说是一致的，但以系统的要求为前提，用"系统"语言来阐述，有置人及其文化于不顾、过分强调物质资源之嫌，而它们原本是应该利用和组织，即"系统化"资源的。在这里我们可能面临着一个优先权的问题。聚落系统的建构不可以仅仅建立在作为遗址本身类型的聚落样式的基础上，而必须在一个民族（people）、一个文化系统中进行。例如，在博茨瓦纳的昆布须曼人中，每当一个季节性周期变化开始时，几乎都有全新的一批个体到来，占据前一个季节轮过的个体占据过的地方，建成与之相同的生态体系，但其组织却有着极大的差异（Henry C. Harpending，私人通讯）。这可能属于一种特殊情况，不过它指出了考古学研究需要考虑民族（people）因素的重要性[①]。

[①] 一个季节性聚落丛的居民可能在每一个不同的季节里使用几个聚落址，因为有的聚落址只能用做极其专门化的开发活动——如Flannery所说的"采办系统"（procurement systems）（Flannery，1968）。一个季节性聚落丛由所有此类专门化的基元组成，被一个重要的社会群体在某个年份内的一段时间中所占据，这就彼此补充、在更高层次上形成一种生存自足。目前使用的术语都各有侧重，一个"季节性聚落丛"与一个"聚落系统"之间的区别是，前者强调的是使用考古学基元的人们的联结，而不是作为觅食等活动的物质场所的遗址本身。在实际考古情况中，有时不可能识别所有季节性基元的社群框架，但是这种强调对此是不加考虑的。

(二) 共生区域

相邻的聚落基元显示出开发活动专门化的倾向，但是这些活动实际上是以年而不是以季节为周期的。同一区域内的一批这样专门化的基元或基元串（cluster）形成一个自给自足的生存圈。在几个不同的基元或基元串之间开展贸易是合乎共生区域形成需要的。

William Sanders（1956）把共生区域定义为："几个平行的、具有不同气候和物产的亚区，出于上述的不同而结成共同的交易单位。"当满足以下全部三个条件时，我们所说的诸聚落基元将会组合成一个共生区域：诸聚落基元显示出适应不同微观环境的互有差异的开发机制；它们的占据大体上是同时发生的；它们构成贸易伙伴关系。这与 Frederik Barth（1956）和 John Ewers（1955）的民族学蓝图相似，但又与先前的范畴有所不同；前者是前后连续的、并由属于同一群人的要素在不同时期内的占据；后者指的是同时发生的、并推测是由不同的社会群体所占据的。如果我们必须使用聚落系统这个术语，那么或许可以把先前的范畴当作一个（属于某个特定的文化或民族的）季节性的聚落系统，而把现在的这个作为一个（属于某个或某些特定的文化或民族的）共生的聚落系统。从考古学来讲，要做出这样的区分并不困难（请比较 Flannery，1965，1968）。

(三) 自给自足的村落

一个自给自足的村落由一个单独的基元构成，偶尔也会由几个基元构成。在后一种情况中，诸基元各有各的特征、彼此集聚在毗邻的或大或小的范围之内。在这些基元或基元串中间，可以发生一些彼此互补的活动，显示出这是一个以年为周期的自给自足的生存圈。

从事旧大陆考古的学者会把这类聚落称为一个新石器时代村落，它往往从事农业。但是，农业并非一个必要条件，也不必排除其他的生计方式。一个农业村落常常有一批卫星式的居址或营地环绕着，那是一些从事（季节性的或终年的）捕鱼、狩猎和采集活动的地方。一个季节性的聚落丛与一个自给自足的村落之间的区别并不总是很明显的，但是后者比前者有更为集中的空间基地，而且此基地是年度性的。

（四）在较高水平上的大范围联结

聚落基元展示了上述的考古学特征。根据其家庭活动或基本生存活动的不同，它们可以被联结成为一个季节性的聚落丛、一个共生区域，或是一个自给自足的村落。不过，它们中的大多数共享（或者可以说是共享）一个专门化的重要场所，并在不同的层面上有不同的场所。比如，在宗教层面是一座庙宇或一个仪式中心，在经济（贸易）层面是一个市场，在宗教和社会组织的层面是一片公墓，而在工业和商业的层面是一个工场。然而，这个专门化的场所并非不可或缺。单由几类共享的考古遗存或许就能够显示出它们之间的互动。如果这种互动是政治性的，并且在时间上有持久性，那么我们遇到的可能是"部落"。Robert Heizer 曾经引用加利福尼亚的民族志个案来评判此类部落边界的考古认定（Robert Heizer，1962，第63、第64页）。

另外一种有趣的互动基元串乃是表现出所谓"殖民梯度"（colonization gradient）的基元串（Casagrande, Thompson, and Young, 1964）。它体现了殖民地的显著特征——"其地理边界、其聚落与聚落的社会结构以及其政治经济和社会制度经常发生变化，并且普遍具有流动性。当一个人从都市向边疆地区迁移，其流动性增大，国家制度对其约束力减小，同时社会与文化的摩擦更为显著"（第311页）。一个反映"殖民梯度"的聚落串将构成一个诸如贸易中心、边疆城镇、核心聚落、半核心聚落或离散聚落之类的聚落样式。每种样式在一个同时期的网络中都具备一种特定的功能，也可以代表在殖民情况下聚落发展的一个阶段。一个殖民串在考古学中是否很容易就得到确认是有问题的，然而，既然殖民是一个普遍发生的先驱聚落（pioneer settlement）过程，就必须考虑将它当作联结考古聚落基元的一种重要蓝图。

但是在史前研究中，像部落或殖民体系那样稳定而又界说明确的超基元单位并不多见。大多数考古学的单位在性质上是多变的。借用 Caldwell 的一个组合名词来说明这种情况，就可以把它们叫做"互动圈"（interaction spheres），该词是他于 1964 年研究美国东部的霍普韦尔（Hopewellian）现象时使用的。

（五）城乡连续体

城乡连续体是另一种比上述第 1、第 2、第 3 种范围更大、级别更高，而又不同于第 4 种的聚落形态。在上述第 4 种聚落基元范围内，每个基元自身是一个有生存力的单位，可是，为所有的单位所共享的专门化场所则通常是没有生存力的。在一个城乡连续体中，情况则恰恰相反：每个单位都不是自给自足的，但是共享的专门化单位——城镇或城市——则是自给自足的。

相对于其他基元而言，城市是自给自足的。行政核心、居住区、市场、礼拜中心、工场，等等，所有这一切互补的部分构成一个整体。但是中心在生活必需品的供应方面依赖农村。农村不能独立维持，因为在一个分离的层面上它们是专门化了的、与城市互补的部分。因此可以说，城市是农村的连续体，反之亦然。这倒并非只是在运输网络的意义上讲的，从基元层级上讲也是如此。

(六) 文化

以聚落考古学的观点看，文化包括聚落基元以及它们联结成的系统。它们共同享有一种风格，即一种特殊的处事方式，它有别于其他文化的其他单位和系统。聚落系统之间的"文化"差异是建立在逻辑理解和历史事实的基础上的，不同的民族（people）在同样的最基本的活动中可能使用完全不同的工具和器物（Bordes，1972，第146—149页；又见Bordes and Sonneville-Bordes，1970）。

虽然说不上与作为传统考古学特征的文化概念互不相容，聚落形态研究还是把文化概念当作界说聚落单位的一套必要的判断标准。新的研究方法也给文化考古学的传统和结果以新的意义。这表明，文化的概念和社会的概念是一个硬币的正反两面。正因为如此，我们更愿意把炊格尔的聚落考古学定义改为：把它视为对社会关系的研究是为了给文化概念以一个从属的作用，把它视为对考古学资料的社会关系方面的研究乃是为了在社会关系的框架中研究文化。

六、历时聚落形态

对历时聚落形态的研究是一种对变迁的研究——一个遗址、一个地区和一种文化及至整个世界范围内的聚落形态本身的变迁，作为一个遗址、一个地区、一种文化乃至整个世界范围内文化和社会变迁的具体表现的聚落形态内部的变迁。尽管作为人类、生命圈与自然环境相互关系的物质中心，聚落形态可能是这几者当中对整个文化体系和社会体系的变迁最为敏感，也是最能反映这种变迁的，但从方法论的角度看，这种研究与对其他文化领域的变迁的考古学研究并无二致。

(一) 单一遗址内的变迁

当一个遗址显示出一种长期连续的文化发展，而且分层明显，如 William Y. Adams 于 1968 年描述过的苏丹北部的 Meinarti 遗址，那么，研究过程就不会很复杂，只需对逐次占据各层面的聚落形态作一番比较即可。假使有变化发生，那只可能是以下两种变化之一：一种文化为另一种文化所取代，或是同一种文化内发生变化。根据该遗址在整个系统中所处的位置，——它是这一系统的一部分，——后一种变化可能涉及基元的物理特征（范围、大小、性质和排列等）的变化，也可能就是基元本身的变化。

当一个遗址始终被同一种文化所占据，变迁是逐渐发生的，也不一定总是存在地层学上的分段（这与我于 1969 年描述过的台湾南部的凤鼻头遗址的情况一样），于是，聚落形态的变迁就是我们界定为定态的文化变迁的一部分。不论在哪一种情况下，要描述并讨论考古遗址及其堆积，聚落中"永久性"（permanency）的概念通常是相对的，而且它始终是研究者们的关注点。不过，只有当它所有的参照点都陈述清楚时，"永久性"方才具有意义。有三点是最要紧的：人群、地点、时间段。

一个人群只有在占据一个地点达到了一个有意义的时间段时，才算得是永久性定居；一个地点只有在一个有意义的时间段里被同一人群所占据才算得是永久性的聚落。聚落的永久性有如此众多不同的程度和种类，故而有必要进行综合分类，以对时空的变更加以说明。这里不打算详述分类，但举几例来说明永久性聚落范畴的种种变体。一个极端的例子是中国传统的父系宗族。这种世系群分支的成员终身生活在自己出生的村落中，死后还是葬在这里。他们的后裔世世代代待在这里，维持父系世系，照看祖墓，而且希望自己的后裔将来同样照做不误。毫无疑问，这是永久性的聚落。另一方面，在所谓的游牧民族中，家庭群体在界限划定或松或紧的一片疆域内活动，他们每天、每个季节或是每年都从一个地点迁往另一个地点。在一些民族中，如布里亚特蒙古族，至少人群是一个黏合的因素；但是在另外一些民族中，如某些中部爱斯基摩人或者昆布须曼人，人群则一年年地变换邻居和住地。

尽管按照永久性程度的不同，聚落必然要从人群的角度出发来做界定，但考古学家和民族学家不同，不可能跟着他的民族跑，而是必须在固定的考古学遗址上来研究他们。民族志的蓝图告诉我们以下的策略：在讨论人类聚落的永久性的种类时，考古学家首先要确定他的遗址（通常是一个聚落基元）的一个堆积所代表的活动圈；然后确定每一个堆积单位内活动的性质和范围以及它们与邻近堆积单位的相互关系。

这些在考古学中是可以直接操作的，无须投入过多的时间精力，但是其结果颇有用处。它们可能包括以下几个类别：

1. 由单一事件（如通宵露营）形成的堆积单位，与任何先后的堆积单位无关，这可能是所有聚落中最不具永久性的。

2. 一个堆积单位可能代表一整个季节的活动，通常有其特性，但它也可能与任何先后的堆积单位无关。

3. 几个邻近的、具有季节性特征的堆积单位（与上面讲的类似）表明，该遗址是一个季节性占据遗址，由一个单独群体占据数年。从其年复一年服务于同一专门化功能的角度来看，这种聚落能被称作永久性聚落。在这样一个遗址内，可能会有一串或数串季节性堆积单位。后一种情况表明，在同一群体再次占据之前，此遗址曾有一段时期被弃置不用。

4. 与第三段中所描述的同属一类的许多堆积单位可能表明，遗址曾被同一群人多年内在同一个特定季节里多次反复占据。

5. 一个堆积单位可能代表一整年，即四个季节的活动，但与任何类似的堆积单位无关（不接续它们，也不为它们所接续）。换句话说，一个人群来到这里，定居下来，住上一年，然后迁往他处。

6. 有上述特征的几个堆积单位在遗址的分层中可能是彼此相接的，且有共同点。这表明，同一群体频繁地占据此遗址达数年，然后迁往他处。在一个单独的遗址中，可能会有一串或数串这样相关联的堆积单位。

7. 许多堆积单位，每一个代表一个年度的活动，在遗址中可能会分层，表明它们各被一支单独的人群永久性占据。这可能是所有聚落中最具永久性的。

这七类堆积单位被扼要归纳如下：（1）形成于单一事件的；（2）单季的；（3a）几个季节的、无反复；（3b）几个季节的、有反复；（4）多季节的；（5）单年的；（6a）几年的、无反复；（6b）几年的、有反复；（7）多年的。显然，所有这一切都是以遗址被单独的一群人据有为前提的。假如一个遗址被两个或两个以上的人群在不同的时间内据有，就另当别论。例如，A群首先在此地造成了一个单一事件的聚落，然后，B群来到这里，季节性地占据了这个遗址几个年头，最后，C群来了，把这里改变成为一个终年居住的聚落并且居住达数年之久。不消说，非自愿的、阶段性的占据，如自然的或人为的灾祸（Heizer，1962），尽管它们会导致其中某些类型的变体的产生，也不在此列。

这一类型学很简单，任何人都不难认识其民族志的渊源或可应用性。与此同时，该类型学也指出了几个相关的问题，这些问题也属于聚落形态研究中的最基本的因素，然而却几乎不可能通过此类型学或与之相适的单个遗址的田野材料找到答案。

时间

一个聚落到底要被占据多长的时间方才可以被定为具有"永

久性"？一个反复占据的多季节聚落和一个无反复占据的多年聚落，何者更具有永久性？堆积的厚度是否可以体现聚落的永久性？这些貌似荒谬的问题以及类似的问题开辟了许多新的求知领域，需要我们做出准确细致的回答。这明确显示出，像"迁移性聚落"（migratory settlement）这样的词汇在精确的考古学术语中没有一席之地。

空间

如果问题涉及几个人群以及他们的连续性占据，我们又该如何来分析其聚落的空间呢？如果是一个山洞或山顶区域，那是没有问题的；如果调查的是一条单独的深沟，问题就不那么切中要害了。但是，如果几个连续性的占据在地域上有重叠，那么我们就要问：要讨论的"遗址"究竟是哪一个？或者更精确地说，"遗址"究竟在何处？

人群

到目前为止，我们一直在多少有点含糊地使用"人群"这个词。如果要求术语的精确，我们就不得不接受种种考古学理论观点的约束。这些观点在这样一个方法论的讨论中还体现不出来，但是，在回答下面这些无可避免的问题时，它们很容易就会显露出来。这些问题是：何为人群？那是以文化认同为标志的社会认同还是一种个体的组群？在考古学上又该如何识别这样一种群体呢？想要找到这些问题的严肃的回答的愿望，迫使我们去深思我们研究的真正客体，即史前人类，并且思考如何界定他们、如何划分界定的层级。

这就又把我们带回到早先所提出的观点上：与民族志学者不同，考古学家不能够跟随他的研究对象到处去转，而必须把他的问题定位在固定的遗址上。但是在一个较高的分析层面，考古学家必须根据他所研究的人们来组织他的遗址。如果人们仅仅在一年中的几个季节占据一个遗址，那么在这年的其余时间里他们必然是在一些别的聚落之中。如果他们在一处特定的地点住了几年然后迁往他处，那么，在一个稍为不同的时间这同一群人肯定会占据另一些同类型聚落。从人的观点看，为各种不同的时间和空间所组织的活动形成的网络对于我们了解单一聚落中发生过的事件至关重要。在对这些网络的研究中，除了民族志，任何的器物或机械蓝图都不能提供我们所需要的资料和观点。

（二）一个比遗址更大范围内的变迁

文化生态学的一个地区可以被定义为一个自然空间，在此空间内，各种各样的资源彼此互补，使得其居民能够在生存方面做到自给自足。不过，居民有办法按照一定的时间长度和群体形式将自己组织起来，以便于利用技术设备开发这些资源。这里有几种重要的组织方式，其中第一种是，一个单独的社群在一个季节性聚落丛内组织起来；第二种是，几个群体在几个季节性聚落丛中组织起来；第三种是，几个群体各自居住在一个生态小区（niche）内，并且结成共生关系；第四种是一种共生聚落和季节性聚落的联合体。

地区聚落形态的历史可能是理解一个地区的生态系统和文化史的最重要的突破口之一。地区内的变迁，从季节性聚落和聚落丛到聚落共生，从核心聚落到离散聚落，或者从任何一种某个时期流行的形态到另外一种形态，都体现在可能是最敏感的焦点问题方面：生存形态的变化以及人—动植物—土地三者之间相互关系的变化。证实这种变迁的考古过程因此而成为研究文化的微观进化或微观发展的最重要的资料。Richard MacNeish 在 1971 年所作的墨西哥 Tehuacan 河谷研究报告，以一个小小的例子记录下了史前墨西哥人从采集食物到生产食物的逐步而又巨大的转变过程。

事实上，它是这类地区研究的积累或从中归纳出的一般性，它提供文化进化这一人类历史中抽象过程的基本证据。在一个名为"社区形态的功能论和进化论解释"的研讨会上，对几个社区形态的"初级样式"（type）做了区分：自由游居社区、受限游居社区、有中央基地的游居社区、半永久性定居社区、简单核心社区、高级核心社区和超核心整合社区（Beardsley et al.，1956）。学者们还进一步声称，从变迁和转型的角度看，在这些类型中，存在一个方向的连续性。所有这些"类别构成一个进化系列的诸发展阶段和层级"（第152页）。如前所说，McNett于1970年进一步发展了这个主题。

1959年，在纪念达尔文逝世100周年的研讨会上，人类进化是讨论的中心议题。聚落形态再次被认作是判别人类社会进化的一套基本标准之一。正如Julian Steward于1960年指出的，"作为社会性质的证据，这套标准包括聚落形态、环境以及工具的发明"（Julian Steward，1960，第177页）。Robert Braidwood也有类似的考虑，他在1960年用"生存—聚落样式"作为识别"史前层级"（levels in prehistory）的第一标准，因为"在对史前考古证据的解释中，那些一度曾经完整地显示过整个文化系列，而今又最为清楚明了地展现在我们面前的队群（band），正是代表'生存—聚落样式'的那些队群"（Braidwood，1960，第143页）。

Sanders和Price于1968年给进化论的考古学下定义时也使用了相似的标准，他们特别注意考虑"史前社会规模的大小、内部差异的性质和程度"。"社区规模的大小、凝聚程度、废弃物堆积的密度、规划、区内住房分布的变化、各地区与结构的功能——Sanders（1956）将这些称为'社区聚落形态'，社区间的空间关系，以及一个生态单位内按规模大小、规划和功能划分出的社区类型的多样性——即 Sanders 称作'地区（zonal）聚落形态'者，都提供了关于整个社会的规模、结构以及内部差异的适当资料"（Sanders and Price，1968，第52页）。

七、考古学中聚落形态的解释

一个特定的聚落为何坐落在一个特定的位置？这是与它的地理学的特征有关呢，还是与其他的聚落有关？为什么房屋的构造都有特定的样式？为什么聚落形态按照时间顺序在有意义的空间范围内发生变迁？

其中的第一个问题是1970年"西南人类学研究组"的 Prescott 会议的主要议题，其他几个问题在会上也提到过（Gumerman，1971）。几名与会者没有从实际事例中寻求问题的答案，而是以假设的方式给出了自己的回答——设法靠近生存资源的需要决定了聚落的位置，这样做是为了尽量减少获取所需之物所付出的人力。下一步便是制定研究计划来"验证"这些假设（Plog and Hill，1971；Hill，1971；Judge，1971）。

"西南人类学研究组"的考古学家们所采用的研究过程在某些情况下出于某些目的还是有用的。不过它是一个过程，如果用得极端一点的话，就会理想化、机械化、教条化，就会有破坏性——说它理想化是因为"规律"在先、现实在后，规律被强加在现实之上；说它机械化是因为计算的变量的数目不完整，而且没有把人类因素考虑在内；说它教条化是因为在这项特殊的操作中，考虑了环境因素而排斥了其他基本因素；而说它有破坏性是因为，无论所得结果是否支持这一假设，考古遗址一经发掘就不可能恢复原状。下面这种模式的研究步骤似乎更客观些：首先界定我们的各聚落单位，然后按时间和空间将它们联结起来，得到同时期的群体和种种历时的变迁（diachronic changes），最后寻求解释这些静态和动态现象的原因。按照这种方式，每做一个步骤，我们都可以、也应该在心中牢记几条规律式的原则，用它们来指导我们的策略，并用事实对其加以检验。这些步骤极有可能彼此印证。

```
              聚落形态
             ╱  │  ╲
            ╱   │   ╲
     生存资源 ──┼── 攫取技术
            ╲   │   ╱
             ╲  │  ╱
              人类组织
```

图四　聚落形态的主要伴存物

任何具有人类学倾向的考古学家在自己的研究中都会盲目认同考古变量的相互关系甚至相互依存。从性质上讲，相互关系是分层分级的，有许多相互对照的级。考古学里的解释就是为了确定说明事件的变量及各变量的形式之间的相互关系而提出一些假设，这些解释也分许多级。最高一级的解释试图揭示普遍范围内带共性的相互关系，并决定各类相互关系中何者具有首要性（primacy），但这类解释通常不能从考古学中找到，甚至与考古学毫不相干。有时我们所需的仅仅是解释变量的统计学上的共存或因果关系上的共存；此时，首要性的问题可以涉及也可以不涉及。与被开发资源有关的聚落形态的问题属于较低一级的解释的范畴。或许图四可以为我们显示这个链条中的最主要环节。当然，此类说明属于考古学解释的范畴。但是，如果认为它们是一般法则，并且把它们当作考古学研究的首要对象，甚至是唯一的基础，则可能轻率地得出先入为主的结论，并导致破坏性的考古实践。

只要我们确信聚落形态是相互依存的，并且相信其他文化变量和社会变量也是相互依存的，那么，我们就能尝试着建立考证据之间的这种相互关系来解释聚落形态，并且为推断由聚落形态实例所反映的文化和社会的其他方面奠定基础。聚落形态是由什么来决定的？回答必定是：多重因素。在每个考古实例中，这些因素即使不是全部也是绝大多数在起作用，不同情况的区别必然是由于各因素重要程度的不同。考古学家的任务就是要确定它们在各个个案中重要程度的大小。

1968年在一篇题为《聚落形态的界定》的论文中，炊格尔在三个标题之下列举了这些决定因素：

1. 单个的建筑物：生存的系统控制；建筑材料的利用；环境；技能和技术；家庭结构；财富和等级的差异；其他社会制度和特殊需求；生产的专业化；宗教信仰；政治制度；世俗的品味和时尚。

2. 社区的布局：环境与生存技术；家庭与亲属组织；阶级，宗教群体和族群；专门化；价值与取向，宇宙观。

3. 地区性的形态：自然资源的性质与利用；贸易；政治组织；战争；宗教；品味与象征因素；迁移和人口变化。

炊格尔的概括特别有意思："假如我们把聚落形态当作是一个社会对于一系列决定因素的调整的结果——这些决定因素对社会的要求无论是从它们的重要程度还是从它们的种类来说都是各不相同的，那么，我们不仅必须考虑影响聚落形态的种种因素，而且还要考虑不同因素影响一个特定形态的互动方式。各种因素的重要性会依位置状况和它们之间的临时性关系的不同而不同"（Trigger，1968，第70、第71页）。

这里最明显的启示是，考古学工作的整体论特征对于解释的直接影响。任何一种简单的假说，如果不是与考古现实相联系，就没有验证的价值。因为现实从来都不与任何定律或定律式的陈述产生联系，除非后者来源于现实或者能被现实所说明。人们在此能够观察到的另外一个要点是，考古学证据的时间维度的首要性：除非变量之间能够建立起同时性，否则就不能有变量的共存；而且，除非一个发展序列得到经验的证明，否则就不可能有所谓因果性的发展。在考古学中，存在超越所有理论的普遍真理和普遍程序，因为它们是所有理论的一部分。

最后，既然我们假定各种变量是相互依存的，那么从它们那里就可以得到聚落形态的决定因素。这也就是威利在1953年把他的聚落形态研究当作研究史前社会结构与功能的一个主要方法的原因。事实上，我们称之为聚落形态的考古现象一直都被考古学家们用于各类研究：史前人口（Naroll，1962；Cook and Heizer，1968；Cook，1972）、社会组织（张光直，1958；Sears，1961；Deetz，1965；Longacre，1970；Hill，1970）、科学（Heizer，1961；Hatch，1971）、宗教（Sears，1961），以及政府（Sears，1968）。此类推论的先决条件显然是包括对上文所述的聚落基元的共时性和历时性的界定与说明。

参 考 文 献

1. Adams, William Y. (1968). "Settlement patterns in microcosm: the changing aspect of a Nubian Village during twelve centuries." In K. C. Chang, ed., Settlement Archaeology, pp. 174—207. Palo Alto, Calif.: National Press.

2. Anderson, Keith M. (1969). "Ethnographic analogy and archaeological interpretation." Science, 163: 133—138.

3. Barth, Frederik (1956). "Ecological relationships of ethnic groups in Swat, North Pakistan." American Anthropologist, 58: 1079—1089.

4. Beardsley, Richard K., et al. (1956) "Functional and evolutionary implications of community patterning." In R. Wauchope, ed., Seminars in Archaeology: 1955, pp. 129—155. Memoir of the Society for American Archaeology, No. 11.

5. Berrien, F. Kenneth (1968). General and Social Systems. New

Brunswick, N. J. : Rutgers University Press.

6. Berry, Brian J. C. (1967). Geography of Market Centers and Retail Distribution . Englewood Cliffs, N. J. : Prentice-Hall.

7. Binford, Lewis R. (1968). "Methodological considerations of the archaeological use of ethnographic data. " In R. B. Lee and I. DeVore, eds. , Man the Hunter, pp. 262—267. Chicago: Aldine .

8. Binford, Lewis R. and Sally R. Binford (1966). "A preliminary analysis of functional variability in the Mousterian of Levallois Facies. " American Anthropologist, 68 (2), part 2, pp. 238—295.

9. Binford, Sally R. , and Lewis R. Binford (1969). "Stone tools and human behavior. " Scientific American, 220 (4): 20—84.

10. Bordes, Francois (1972). A Tale of Two Caves. New York : Harper and Row.

11. Bordes, Francois, and Denise de Sonneville-Bordes (1970). "The significance of variability in Palaeolithic assemblages. " World Archaeology, 2: 61—73.

12. Braidwood, Robert J. (1960). "Levels in prehistory: a model for the consideration of the evidence. " In Sol Tax, ed. , The Evolution of Man, Vol. II of Evolution After Darwin, pp. 143—151. Chicago: University of Chicago Press.

13. Brunhes, Jean (1925). La geographie humaine, 2 vols . Paris.

14. Caldwell, Joseph R. (1964). "interaction spheres in prehistory. " In J. R. Caldwell and R. L. Hall, eds. , Hopewellian Studies, pp. 135—143. Illinois State Museum Scientific Papers, 12.

15. Campbell, John M. (1968). "Territoriality among ancient hunters: interpretations from ethnography and nature. " In B. J. Meggers, ed. , Anthropological Archaeology in the Americas, pp. 1—21. Washington, D. C. : Anthropological Society of Washington.

16. Casagrande, Joseph B. , Stephen I. Thompson, and Philip D. Young (1964). "Colonization as a research frontier: the Ecuadorian case. " In Robert A. Manners, ed. , Process and Pattern in Culture: Essays in

Honor of Julian H. Steward. Chicago, Aldine.

17. Chang, K. C. (张光直) (1958) "Study of the Neolithic social grouping: examples from the New World." ("新石器时代的社会群体研究：新大陆的一些例子") American Anthropologist, 60: 298—334.

18. Chang, K. C. (1962) "A typology of settlement and community patterns in some circumpolar societies." ("一些环北极圈社会中聚落和社区形态的研究") Arctic Anthropology, 1 (1): 28—41.

19. Chang, K. C. (1967a) Rethinking Archaeology (《反思考古学》). New York: Random House.

20. Chang, K. C. (1967b) "Major aspects of the interrelationship of archaeology and ethnology" ("考古学与民族学相互关系的几个方面") Current Anthropology, 8: 227—243.

21. Chang, K. C., ed. (1968) Settlement Archaeology (《聚落考古学》). Palo Alto, Calif. : National Press.

22. Chang, K. C. (1969) Fengpitou, Tapenkeng, and the Prehistory of Taiwan (《凤鼻头、大坌坑与台湾史前史》). Yale University Publications in Anthropology, No. 73.

23. Clarke, David L. (1968). Analytical Archaeology. London: Methuen.

24. Cook, Sherburne F. (1972). Prehistoric Demography. Addison-Wesley Modular Publications, No. 16.

25. Cook, Sherburne F., and Robert F. Heizer (1968). "Relationships among houses, settlement areas, and population in aboriginal California." In K. C. Chang ed., Settlement Archaeology, pp. 79—116. Palo Alto, Calif. : National Press.

26. Deetz, James (1965). The Dynamics of Stylistic Chang in Arikawa Ceramics. Urbana: University of Illinois Press. Illinois Studies in Anthropology, No. 4.

27. Doxiadis, Constantinos (1968). Ekistics, an Introduction to the Science of Human Settlements. New York: Oxford University Press.

28. Doxiadis, Constantinos (1970). "Ekistics, the science of human settlements." Science, 170: 393—404;

29. Ewers, John C. (1955). "The horse in Blackfoot Indian culture." Bulletin, 159, Bureau of American Ethnology, Smithsonian Institution.

30. Flannery, Kent V. (1965). "The ecology of early food production in Mesopotamia." Science, 147: 1247—1256.

31. Flannery, Kent V. (1968). "Archaeological systems theory and early Mesoamerica." In B. J. Meggers, ed., Anthropological Archaeology in the Americas, pp. 67—81. Washington, D. C.: Anthropological Society of Washington.

32. Flannery, Kent V. and Michael D. Coe (1968). "Social and economic systems in formative Mesoamerica." In L. R. Binford and S. R. Binford, eds., New Perspectives in Archaeology. Chicago: Aldine.

33. Flannery, Kent V., A. V. T. Kirkby, M. J. Kirkby, and A. W. Williams, Jr. (1967). "Farming systems and political growth in ancient Oaxaca." Science, 158: 445—454.

34. Fraser, Douglas (1968). Village Planning in the Primitive World. New York: George Braziller.

35. Freeman, L. G., Jr. (1968). "A theoretical framework for interpreting archaeological materials." In R. B. Lee and I. DeVore, eds., Man the Hunter, pp. 262—267. Chicago: Aldine.

36. Fritz, John M., and Fred T. Plog (1970). "The nature of archaeological explanation." American Antiquity, 35: 405—412.

37. Garner, B. J. (1967). "Models of urban geography and settlement location." In R. J. Chorley and P. Haggett, eds., Socio-Economic Models in geography, pp. 303—360. London: Methuen.

38. Green, Roger C. (1967). "Settlement patterns: four cases from Polynesia." In Archaeology at the Eleventh Pacific Science Congress, Asian and Pacific Archaeology Series, No. 1, pp. 101—132.

39. Gumerman, George J., ed. (1971). The distribution of Prehistoric Population Aggregates. Prescott, Ariz.: Prescott College Press. Prescott College Anthropological Reports, No. 1.

40. Haggett, Peter, and Richard J. Chorley (1967). "Models, par-

adigms, and the new geography." In R. J. Chorley and P. Haggett, eds. , Socio — Economic Models in Geography, pp. 19 — 41. London: Methuen.

41. Haggett, Peter and Richard J. Chorley (1971). Network Analysis in Geography . London : Edward Arnold.

42. Hammond, Allen L. (1971). "The new archaeology toward a social science. " Science, 172: 1119—1120.

43. Hatch, Marion P. (1971). "An hypothesis on Olmec astronomy, with special reference to the La Venta Site." Contributions of the University of California Archaeological Research Facility, 13: 1—61.

44. Heizer, Robert F. (1961). "Inferences on the nature of Olmec society based upon data from the La Venta site." Kroeber Anthropological Papers, 25: 43—57.

45. Heizer, Robert F. (1962). "Village shifts and tribal spreads in California prehistory." Southwest Museum Masterkey, 30: 60—67.

46. Helm, June (1969a). "Remarks on methodology of band composition analysis." Bulletin of the National Museum of Canada, No. 228, pp. 212—217.

47. Helm, June (1969b). "Relationship between settlement pattern and community pattern." Bulletin of the National Museum of Canada, No. 230, pp. 151—162.

48. Hill, James (1970). Broken K: a Prehistoric Society in Eastern Arizona. Anthropological Papers of the University of Arizona, No. 18.

49. Hill, James (1971). "Research propositions for consideration, Southwestern Anthropological Research Group." In G. J. Gumerman, ed. , The Distribution of Prehistoric Population Aggregates, pp. 55—62. Prescott, Ariz. : Prescott College Press.

50. Hogbin, H. Ian, and Camilla H. Wedgwood (1953). "Local grouping in Melanesia." Oceania, 23: 242—276; 24: 58—76.

51. Hole, Frank, and Robert F. Heizer (1969). An Introduction to Prehistoric Archaeology, 2nd ed. New York: Holt, Rinehart, and Win-

ston.

52. Hudson, F. S. (1970). A Geography of Settlements. London: MacDonald and Evans.

53. Jones, Emrys(1966). Human Geography. New York : Praeger.

54. Judge, W. James(1971). "An interpretative framework for understanding site locations." In G. J. Gumerman, ed., The Distribution of Prehistoric Population Aggregates, pp. 38—44. Prescott, Ariz. : Prescott College Press.

55. Kolb, J. H., and E. de S. Brunner (1946). A Study of Rural Society. Boston: Houghton Mifflin.

56. Longacre, William A. (1970). Archaeology as Anthropology: a Case Study. Anthropological Papers of the University of Arizona, No. 17.

57. MacNeish, Richard S. (1971). "Speculation about how and why food production and village life developed in the Tehaucan Valley, Mexico." Archaeology, 24: 307—315.

58. Martin, Paul S. (1971). "The Revolution in Archaeology." American Antiquity, 36: 1—8.

59. McNettm Charles W., Jr. (1970). "A settlement pattern scale of cultural complexity." In R. Naroll and R. Cohen, eds., A Handbook of Method in Cultural Anthropology, pp. 872—886. Garden City, N. Y.: Natural History Press.

60. Mindeleffm Cosmos (1900). Localization of Tusayan Clans. Nineteenth Annual Report of the Bureau of American Ethnology, Part 2, pp. 635—653.

61. Morgan, Lewis H. (1881). Houses and House Life of the American Aborigines. University of Chicago Press (republished).

62. Murdock, George P. (1969). "Correlations of exploitative and settlement patterns." Bulletin of the National Museum of Canada, No. 230, pp. 129—150.

63. Naroll, Raoul (1962). "Floor area and settlement population." American Antiquity, 27: 587—589.

64. Pelto, Pertti J. (1970). Anthropological Research: the Structure of Inquiry. New York : Harper and Row.

65. Plog, Fred, and James N. Hill (1971). "Explaining variability in the distribution of sites." In C. J. Gumerman, ed., The Distribution of Prehistoric P. opulation Aggregates, pp. 7 — 36. Prescott, Ariz.: Prescott College Press.

66. Price, Barbara J. (1969). "Analysis of Mesoamerican settlement patterns: an essay in archaeological inference."Unpublished Ph. D. dissertation, Columbia University, distributed by University Microfilms, Inc., An Arbor, Mich.

67. Royal Anthropological Institute (1951). Notes and Queries in Anthropology, 6th ed. London: Routledge and Kegan Paul.

68. Sanders, William T. (1956). "The Central Mexican symbiotic region: a study in prehistoric settlement patterns." In G. R. Willey, ed., Prehistoric Settlement Patterns in the New World, pp. 115 — 127. Viking Fund Publications in Anthropology, No. 23.

69. Sanders, William T., and Barara J. Price (1968). Mesoamerica, the Evolution of a Civilization. New York: Random House.

70. Sears, William H. (1961). "The study of social and religious systems in North American archaeology." Current Anthropology, 2: 223 — 246.

71. Sears, William H. (1968). "The state and settlement patterns in the New World." In K. C. Chang, ed., Settlement Archaeology, pp. 134 — 153. Palo Alto, Calif. National Press.

72. Spores, Ronald (1972). An Archaeological Settlement Survey of the Nochixtlan Valley, Oaxaka. Vanderbilt University Publications in Anthropology, No. 1.

73. Steward, Julian H. (1960). "Evolutionary principles and social types." In Sol Tax, ed., The Evolution of Man, Vol. II of Evolution After Darwin, pp. 169 — 186. Chicago: University of Chicago Press.

74. Steward, Julian H. and Frank M. Setzler (1938). "Function and configuration in archaeology." American Antiquity, 4: 4 — 10.

75. Stjernquist, Berta (1971—1972). "Archaeological analysis of prehistoric society." Scripta Minora, 1, Regiae Societatis Humaniorum Litterarum Lundensis.

76. Struever, Stuart (1968a). "Problems, methods, and organization: a disparity in the growth of archaeology." In B. J. Meggers ed., Anthropological Archaeology in the Americas, pp. 131—151. Washington, D. C.: Anthropological Society of Washington.

77. Struever, Stuart (1968b). "Woodland subsistence — settlement systems in the lower Illinois Valley." In L. R. Binford and S. R. Binford, eds., New Perspectives in Archaeology, pp. 285—312. Chicago: Aldine.

78. Struever, Stuart (1971). "Comments on archaeological data requirements and research design." American Antiquity, 36: 9—19.

79. Taylor, Walter W. (1948). A Study of Archaeology. Memoir No. 69, American Anthropological Association.

80. Trigger, Bruce (1965). History and Settlement in Lower Nubia. Yale University Publications in Anthropology, No. 69.

81. Trigger, Bruce (1967). "Settlement archaeology——its goals and promise." American Antiquity, 32: 149—160.

82. Trigger, Bruce (1968). "The determinants of settlement patterns." In K. C. Chang, ed., Settlement Archaeology, Palo Alto, Calif.: National Press.

83. Vanstone, James W. (1971). Historic Settlement Patterns in the Nushagak River Region, Alaska. Fieldiana Anthropology, Vol. 61.

84. Vayda, Andrew P., ed. (1969). Environment and Cultural Behavior. American Museum Sourcebooks in Anthropology.

85. Vogt, Evon Z. (1956). "An appraisal of prehistoric settlement patterns in the New World." In G. R. Willey, ed., Prehistoric Settlement Patterns in the New World, pp. 173—182. Viking Fund Publications in Anthropology, No. 23.

86. Watanabe, Hitoshi (1968). "Subsistence and ecology of northern food gatherers with special reference to the Ainu." In R. B. Lee and I. De-

Vore, eds., Man the Hunter, pp. 69—77. Chicago: Aldine.

87. Watson, Patty Jo, S. A. LeBlanc, and C. L. Redman (1971). Explanation in Archaeology: an Explicitly Scientific Approach. New York: Columbia University Press.

88. Whiting, John W. M., and Barbara Ayres (1968). " Inferences from the shape of dwellings." In K. C. Chang, ed., Settlement Archaeology, pp. 117—133. Palo Alto, Calif.: National Press.

89. Willey, Gordon R. (1951). "Peruvian settlement and socio—economic patterns." In Sol Tax, ed., The Civilizations of Ancient America, pp. 195—200. Chicago: University of Chicago Press. Selected Papers of the 29th International Congress of Americanists.

90. Willey, Gordon R. (1953). Prehistoric Settlement Patterns in the Viru Valley, Peru. Bulletin 155, Bureau of American Ethnology, Smithsonian Institution.

91. Willey, Gordon R., ed. (1956). Prehistoric Settlement Patterns in the New World. Viking Fund Publications in Anthropology, No. 23.

92. Willey, Gordon R. (1968). "Settlement archaeology: an appraisal." K. C. Chang, ed., Settlement Archaeology, pp. 208—226. Palo Alto, Calif.: National Press.

93. Willey, Gordon R., W. R. Bullard, Jr., John B. Glass, and J. C. Gifford (1965). Prehistoric Maya Settlements in the Beliza Valley. Papers of the Peabody Museum, Harvard University, Vol. LIV.

林春的困境——左边是文物，右边是工程

石 破

55岁的林春是一个"地位特殊"的人。身为长江水利委员会文物考古队的总工程师，在工程设计部门的同事眼里，她是一名文物工作者；而在别的文物工作者眼里，她又是一名工程设计人员。林春认为，正因为这样，使自己能够以跨越工程、文物两个领域的视角，来看待大型工程建设中的文物保护问题。

林总工的"特殊性"具体体现在，她所在的长江设计院是南水北调中线工程设计的技术总承单位，属于咨询性质的中介机构，而林春则是其中代表国家和各投资股东，对文物部门提出的文物数量、保护方案、工程量和经费测算等进行审核的主要负责人。随着近年来公众舆论对南水北调工程文物抢救工作的强烈关注及忧虑，林春也处在备受争议、质询的风口浪尖上。

"钱是算出来的，不是想出来的"

今年9月下旬，全国政协副主席张思卿带领"南水北调工程文物保护调研考察组"实地考察时，有两个省的文物部门向考察组反映"长江委砍削中线工程文物保护的青苗费、不可预见费和发掘面积"。稍后，林春给张思卿写信，从自己工作的角度说明情况。

这样的经历，对林春来说已经习以为常。今年8月中旬，主

要由林春执笔的《南水北调中线一期工程文物保护专题报告（送审稿）》，在北京交由国务院南水北调办公室、水利部、国家文物局等部门的专家进行审查。在审查会上，有人质问林春："你有什么权力删掉文物部门报上的项目？"林春回答说："我当然有这个权力，是国务院让我来把关的！任何单位要钱，都应该有一个机构来检查，军费开支那么重要，也不是国防部想要多少就要多少。如果我做得不好，可以批评，但不可以说我没有这个权力。"

"钱是算出来的，不是想出来的。"10月13日下午，在长江设计院库区陈旧、拥挤的办公室里，坐在旧沙发上的林春跟记者说，"我做了一辈子考古工作，在长江设计院又是负责文物工作，我要能搞来20亿经费，不是更光荣吗？但我有个底线，就是一定要符合国家规定！打擦边球都可以，但不能乱来。有个省文物部门把淹没线以上的点报上来59个，都被我砍掉了。因为这些东西总要见历史的——用不了几年，这份报告书就会公之于世，很多人，包括国际组织都会来研究它的科学性、合理性。按照规定，我们的设计错误不能超过5%，虚列移民经费是要犯罪坐牢的，到时候跳楼都解释不清了！"

与三峡工程投资全由国家承担的情况不同，南水北调工程的投资体系有了重大变化：中央投资比例占30%，基金比例为25%，项目法人筹资45%。这意味着文物保护的任何开支实际上都要由各投资股东出血。利益各方都会瞪大眼睛，看着从自己和其他投资人口袋里掏出多少钱，钱如何使用？而这种关注的结果，就是中介方的不可或缺——投资方必须通过中介机构来控制投资，提高资金投入效率。

但中介方的出现，难免令文物部门感到不爽，因为"对涉及的文物有多少、该不该保护，文物部门不能完全说了算。尽管最终的审批权按照法律还在国家文物局，但我们的调查必须先得到中介部门的通过……"

所以，尽管林春做了几十年考古工作，文物界里把她当自己人看待的并不多，更有些人将她视为敌人。"人的胸怀是不同的。有些人不能容忍别人，不懂得与'非我族类'打交道，总以为只有自己是公正的，一看钱少了，就跳将起来。"

随着社会的发展和媒体的宣扬，现在全社会的文物保护意识有所加强，林春认为这是好事，但这种意志还要化为可行的步骤才行。"因为文物保护实际上涉及各方的切身利益，凡是涉及切身利益的事都不好办。虽然我们看到的经常是工程的投资方利用各种方法逃避自己所应承担的文物保护责任，可是事情也不能完全倒过来：建设方必须为文物业务方的账单无条件买单。所以在这个问题上，我们用心良苦。我给你报批的钱再多，越界太远，可能最后的结果是你一分钱也拿不到。"

一般来说，文物保护经费由三块组成：一、工程量；二、单价；三、科目。林春从概算专业的角度分析说："科目越多，钱也越多；同时我们还想尽办法把单价往上涨，但文物部门有些人不懂这一点，光知道多造发掘面积。另外，有的科目放在这里不合适，我把它放到其他规定里。文物部门发现了，说不行，你得给我拿回来！比如'不可预见费'列在文物保护里，只有 3%—5%；要是跟着移民列，有 12%。但文物部门一看这笔费用没列在文物里，就非要让拿回来，放到他看得见、摸得着的地方不可。你想过没有：我就是给你列在文物保护里，这笔钱也是放在纸上，不是放进你的口袋里，你要用它，还得申请，还得有人来审查，人家还不见得一定会批准！"

当务之急是"兼容"

1976 年从厦门大学历史系毕业的林春，被分配到长江水利委员会文物考古队。这支考古队是1958年由文化部、中国科学院和长江水利委员会三家共同组建的。当时,长江流域大规模水利建设中的文物保护无法可依,文保经费也没有任何保证,时任长江水利委员会主任的林一山是北京师范大学历史系的毕业生,有眼光,力主成立考古队。"那时候,长江流域14个省文物局的考古队都是我们的分队,中国科学院还有一个考古队(中国科学院考古所长江队),是我们的直属分队。"林春说。

30年来,长江水利委员会文物考古队的同事来来去去,只有林春一个人坚守至今。记者问她可曾感到孤独?林春回答说:"我不怕孤独,有孤独才有思想的自由。本质上,我是个有自由主义倾向的知识分子。"

林春极不赞成"南水北调文物保护工作存在文物部门与水利部门之争"的说法,"水利部门跟文物保护经费的多少没有一点利害关系,我们怎么会希望文物保护经费越少越好呢?只要是符合规定的经费,我都会给他们算上去。但我不能造假,不能违反国家制定的规范,这是任何一个科学工作者应有的品格。"

2003年1月,武当山遇真宫遭遇火灾。当地文物部门有人跟林春说:"遇真宫烧了,你们水利部门该拍手称快了吧?"林春听了很生气,回敬道:"本人在考古学上吃的苦比你多,对中国考古学的贡献也比你多!你不要认为'非我族类',其心必异!遇真宫是你的,也是我的;遇真宫烧了,你心疼,我也心疼!我这辈子都在搞考古,我的孩子就是在宜昌工地生的,长到4岁半才离开!"

"在工地上生孩子"是怎么回事呢?林春笑说:"那也不是我有多高尚。那个工地是我们1973年在宜昌附近的小镇上发掘的一个考古点,一直坚持下来了。1988年,我已经三十七八岁了,单位还没分房,只能住集体宿舍。在集体宿舍怎么生孩子啊?反正工地也不能离人,就去了。农村房子大,我在那里待了那么多年，万一有事，总还有人照应。"

做了 30 年考古的林春，对考古工作的认识是："考古不是挖红薯，挖的是信息量。"把文物挖出来并不难，难在现在国内考古学有两极分化倾向：有些大专院校的考古工作往研究型方向发展，追赶国际新潮流，但容易与实际脱节；而某些省、市考古队却变成了消防队，一有工程就往上冲，配合工程建设进行抢救性发掘。由于工期紧张，做研究的时间就少得可怜，所以这些"消防队"队员的理论研究水平不敢恭维。

另外，林春认为，文物部门与工程部门互不理解，是由于几十年的专业分割、部门分割，造成了工程部门只懂工程，文物部门只懂文物；考古界不懂得工程界的语言，工程界也不懂得考古界的语言。"大学里分文科和理工科，理工科的学生不知道在人文社会里很多东西 1 加 1 不一定等于 2；反之，文科学生则往往不懂得，现代社会是需要依靠数目字来管理的。"

在遇真宫保护问题上，长江设计院提出的是造价最高的围堰方案，结果文物部门"骂声不绝"。林春跟湖北省考古研究所副所长李桃元讨论过这个问题。她说："桃元，你要反对我也可以，但你听我把话说完。这三个方案，围堰的预算是 5000 多万元，就地抬升的预算是 3000 多万元，搬迁方案的预算是 800 多万元。我给你推荐最贵的围堰方案，列的是 5000 多万元。如果到时你不用，坚持用抬升方案，把多余的 2000 多万元退给国家就行了；如果你想花 800 多万元搬迁，把多余的 4000 多万元退还给国家就行了。但是，如果你现在就定了'抬升'，我把经费给你列上，到时你想改回围堰也找不到钱了！你要知道大型工程的建设程序，想追加 2000 多万是难上加难。"

"李桃元一听就明白了，不吵了，但不明白的人又来吵。"林春对记者笑道，"不过吵架也是一种沟通。吵比不吵好。文物部门的当务之急，是如何与别人兼容，才会让别人了解你、理解你，帮助你达到目的。"

在这方面，老百姓的智慧也许更实在。林春给记者讲了一个故事："有一次我们搞考古发掘，跟当地老百姓算好了补偿费，他们也同意，但睡了一夜，第二天又反悔了，要求田野里的土豆要一窝、一窝算钱。当时很火呵，但还要说'行，那就按窝来算吧'。算来算去，结果补偿费比原来的还低。老百姓说，那还按原来的算法来补吧。"

在大型工程建设中，工程部门与文物部门遵循的也是不同的思维方式。比如衡量一件文物的重要程度，工程部门的描述是：该文物长、高、宽各多少？什么颜色？是国家几级文物单位？文物部门则往往把文物分为重要、次重要、一般和不重要，如此描述一番就行了。

"所以，就需要有一个共同的规范，技术标准要能兼容，都能放到各个领域里操作。现在我们的报告每个阶段都有评审，虽然烦琐，但是错误减少了，而且在这些阶段，能听到各个利益集团的声音，这是很有必要的。"林春说。

文保工作应以程序来管理

文物部门与工程部门的观念冲突，远在 10 多年前三峡工程立项起便存在了。中国人民大学社会学系教授、人类学家胡鸿保曾在一篇名为《关于三峡工程文物保护的思考》的文章里提到，文物部门认为三峡库区文物众多，需要 20 亿元保护经费，而工程部门则认为"任何建设的经费投放都必须有一个限额，其中的任何项目都必须有一个合适的比例"，因此只在三峡移民总经费的 400 亿元中列出文物专项经费 3 亿元。尽管这 3 亿元人民币等于当年全国文物保护总经费的 5 倍多，文物部门仍不满意。

胡教授分析说:"两个部门的争议核心在于三峡文物工作的管理体制上,文物部门认为文物保护是文物部门的专利,工程部门只管给钱;工程部门则把文物工作视为三峡工程建设的组成部分,理应纳入现代工程管理体制。"

胡教授举例说:"文物部门提出,文物包括民国时期修的'救世堂'、1987年大修的'清真寺'、清末至民国的坟墓(包括有主坟)、出了'青花瓷片'的遗址、20世纪80年代修的位于淹没线以上的'屈原祠'、1966年的'文化大革命'标语、民间的磨房水井和一些海拔高度显然超出175米、位于水库淹没线以上的地点。而且文物点的数量还在以惊人的速度上升……对于这些无法确定内涵和外延的、数量不断增长的三峡文物,习惯于精确计量思维和严密工作程序的工程部门简直无所适从。"

"文物部门在确定文物点和制订保护规划时,并没有与其他单位磋商。他们以自己的专业身份认为,文物点的确定乃至文物保护工作的全过程应完全由自己解决而不需要外人插手。然而,在工程部门看来,三峡文物工作是三峡工程的组成部分,与工程中的其他所有项目一样,都必须经过审查。所以,问题不在于最终文物点数目的多少,而在于文物点的数量没有经过审核,没有经过双方的共同确认。在他们的概念中,无论从科学史的观点,还是从科学管理的角度,任何未经审查的项目都不可能被认为是科学可靠的。"

与此同时,文物部门为了三峡文物独立于三峡工程管理之外而奔走呼号,并赢来了许多同情;工程部门也愿意把这一问题甩出去,但双方均未能如愿以偿。在反复的争执中,三峡文物抢救工作一拖再拖,错过了许多宝贵时间。

胡教授认为,之所以出现这种争执,相当程度上是依然停留在计划经济思维方式、管理体制的中国文物界,对于大型工程建设所奉行的市场经济规则、制度的不理解和不适应所致。"不适应市场经济的文物部门不是面向市场，而是采用强化行政职能、集中权力来对付越来越困难的局面，而这种集权垄断的结果，使本来就封闭的文物部门更加封闭，局面更加困难。"

胡鸿保这篇文章发表于1997年第7期《三峡工程建设》杂志。文章发表后，当即引起国内文物界的强烈反弹。有的考古专家气愤之余，扬言要将作者告上法庭。因林春曾表述过与此类似的观点，还有人怀疑她是这篇文章的实际作者，使她蒙受了些许"不白之冤"。

在林春看来，工程部门与文物部门的磨合是必不可少的。著名考古学家、三峡文物保护规划组组长俞伟超认为，三峡工程的文物保护就是一个磨合过程。通过磨合，逐渐找到共通点。林春觉得南水北调的文物保护又是一种磨合。文物工作需要在大型工程中经过这样的磨合。

在这方面，现行的文物保护法律、法规，跟不上时代发展，也构成了文物保护工作的阻碍因素。比如文物部门现在执行的《考古调查、勘探、发掘经费预算定额管理办法》还是1990年由国家文物局、国家计划委员会、财政部联合颁布的。林春说："按照这个标准，80％的费用都是用在田野上的，几乎没有考虑到社会交易成本，这是计划经济色彩很浓厚的做法。现代社会的分工越细，社会交易成本越高，间接费用也就越高。因为标准里没有间接费，文物部门只好多造发掘面积，这是自杀性的做法——如果最后查出没有这个东西，你怎么向人民交代、怎么向历史交代？"

现行的《文物保护法》，程序上的规定太少，缺乏可操作性。比如该法第29条规定："进行大型基本建设工程，建设单位应当事先报请省、自治区、直辖市人民政府文物行政部门组织从事考古发掘的单位在工程范围内有可能埋藏文物的地方进行考古调查、勘探。"

"什么才算是'事先'?"林春质疑道,"丹江口大坝加高工程今年9月26日动工,我25日才告诉你,也算是'事先',那你的文物保护工作还来得及做吗？南水北调工程连项目法人都是去年年底才组建的。我们设计部门又不是项目法人,凭什么要由我'事先'告诉你？我不能把业主的权利给夺过来呀!"

林春认为,《文物保护法》是2002年修订通过的,近两三年内再次修订也不太可能,所以就应该制订相应的技术规范,这个规范应是各方共同商量、共同认可、共同遵照执行的。"比如项目建议书阶段,工程部门和文物部门各要做什么事情；可行性研究阶段,工程部门和文物部门又各要做什么事情,都有明细的条文和标准。这样,等到工程开工的时候,前期工作不就都完成了吗？"

值得欣喜的是,今年8月12日,《南水北调中线一期工程文物保护专题报告（送审稿）》在北京顺利通过了13位专家（其中9位文物专家）的审查。林春和相关省、市文物部门只要根据专家组的评审意见予以修改,最后再通过国家计划委员会的审查就可以了。根据送审的报告,长江设计院、中水淮河工程公司与中国文物研究所共同编制了《南水北调东、中线一期工程文物保护专题报告工作大纲》。林春自豪地说："这是中国文物保护第一本大纲性的工作规范,以前从来没有两个不同部门共同制订过一项技术标准的。只有大家共同认可的标准才有可操作性。"

原载《南风窗》,2005年第22期。

做水利工程文物保护代言人

高立洪、肖丹

一位女性、水利系统唯一的一位考古学家——长江水利委员会文物考古队总工程师,在那个不为人知的考古基地,一个人坚守了30个春秋。她说她的手心是工程,手背是文物。为了她这手心手背,她挣扎在"边缘地带",以一个知识分子的良知,一次又一次走出困境。

随着南水北调中线工程的标志性项目——丹江口水库大坝加高工程和中线穿越黄河工程相继开工,南水北调工程进入中线一期工程的全线建设阶段。南水北调工程的实施,给沿线文物保护带来了挑战和机遇。作为这一进程的参与者和见证者,林春在倍感幸运的同时,也感到了自己身上的责任。前不久,本刊记者在京采访了这位在考古界享有声望、水利系统唯一一位考古学家,与她就南水北调工程文物保护、就她的人生进行了一次交流。

> 两条调水线路更像是两条文化遗产长廊,尽可能地保存好古老文明,让新生文明承继更多的文化涵养,是南水北调工程千秋伟业的文化基石

现代水利周刊:南水北调中线、东线工程沿线文物的状况怎样?

林春：南水北调是我国一项水资源合理配置的重大战略工程，南水北调工程中、东两线将穿越湖北、河南、河北、天津、北京、江苏、山东等7个省（直辖市），工程沿线区域自古人口稠密，经济发达，历史文化遗存极为丰富。其中，中线工程源头丹江口地区是楚汉文化、荆楚文化地区，进入河南是夏商文化地区，再进入河北就到了燕赵文化地区；而东线工程则涉及大运河文化和齐鲁文化。可以说，两条用来调水的线路更像是两条文化遗产走廊。根据汇总成果，南水北调工程东线和中线工程涉及文物708处。

现代水利周刊：为保护南水北调工程沿线文物，国家目前已做了哪些工作？

林春：南水北调工程文物保护工作受到了国家最高领导层的重视。2005年3月，胡锦涛主席、温家宝总理对此做出重要批示，要求各有关方面做好南水北调工程文物保护工作。早在2003年夏，国家文物局、水利部就联合下发了《关于做好南水北调东中线文物保护工作通知》。2004年，国家发改委、国务院南水北调办公室、水利部、国家文物局共同组建"南水北调工程文物保护工作协调小组"，共同确立南水北调工程文物保护前期工作程序、文物保护原则和范围、保护方案编制审查和投资。这一共同决策机制的建立，有力地保证了前期工作的顺利进行。

2005年夏，部分重要文物项目已提前进入保护实施阶段，国家已先期拨款6500多万元用于实施阶段的文物保护。目前，由淮委规划设计院、长江设计院汇总编制的南水北调东中线工程文物保护规划报告已通过了有关方面的共同审查，与总体可研设计文件一起，送国家发展和改革委员会终审。

现代水利周刊：南水北调中线文物保护的主要方案是什么？

林春：与三峡工程文物保护规划一样，地面文物主要有搬迁复建、原地保护、登记存档等3种方案；地下文物以考古调查、勘探和发掘为主要保护手段。

现代水利周刊：长江水利委员会和长江设计院在南水北调中线工程文物保护工作中，扮演什么角色？

林春：根据南水北调工程文物保护工作协调小组安排，长江水利委员会负责丹江口大坝加高工程水库淹没区文物保护前期工作，由长江水利委员会组织，各有关文物单位分区域（或项目）开展文物核查和规划工作。长江设计院是以中介机构身份参与南水北调中线工程文物保护前期工作的，主要任务是：编制技术标准，复查文物是否属于中线工程建设征地范围，核查经费概算是否符合国家法定收费标准，编制汇总报告。

现代水利周刊：作为中线工程文物保护汇总工作技术负责人，您觉得取得的最大的成就是什么？最大的遗憾是什么？

林春：作为技术人员，我最大的成就是，我们与文物行家们一起，制定了一套与建设工程可研阶段技术规范相兼容的文物保护技术规范。从技术角度，最大的遗憾是，目前的保护手段主要体现在"物"的层面而缺乏对"文"的挖掘。"物"的迁移量不等同文物保护质量，发掘、搬迁只是手段而不是目的。文物保护优劣的标志是文化信息量获得的多少。在重视"物"的迁移量的观念下，忽略了对依附于这些物中"文"的内涵挖掘，出现偏离文物保护初衷的倾向。

现代水利周刊：媒体非常关注南水北调文物保护，您怎么看待来自媒体的关注和报道，甚至尖锐批评？

林春：媒体报道是社会参与南水北调文物保护工作的有效方式，也是督促更好开展这一工作的力量，这是国家民主建设进步的重要体现。近年来虽然文物工作受到越来越高的重视，但在现实中文物行业仍然是"弱势群体"，在工程建设中常处于弱势状态，运用媒体报道的方式引起社会关注不失为一项策略。虽然在南水北调文物报道中出现某些极端化倾向，但我相信，随着工作的进展这一现象会有所改变,因为历史将证明事情的真相并不完全是那么一回事。

文物保护和水利工程建设可以多方共赢

现代水利周刊:您对水利工程文物保护工作有何认识?加强这一工作的意义在哪里?

林春:从资源的角度看问题,文物保护和建设工程在本质上是相通的,属于资源开发与资源保护相互依存的关系,是一对既对立又统一的矛盾统一体。国际学术界主流观点认为,中国乃至许多古代东方国家的起源是由于治理水患和农业灌溉的需要,如"大禹治水"。水利建设与人类社会的生存和发展息息相关,水利工程是历代有为政府大兴之事。许多古代水利工程或与水利相关的遗物、遗迹成为今天的重点文物保护单位,例如都江堰、白鹤梁、大运河、灵渠等,而今天的三峡、南水北调工程也将成为后世的文物。

今天,现代水利工程在加速建设新文明的同时,也急剧地破坏原生环境,数十平方公里甚至数百平方公里范围的原始地貌植被、古老的村庄和传统的生活方式由于工程而面貌全非。也许有人认为旧东西早该淘汰,钢筋混凝土结构比土木结构要"进步"。但从科学发展观的角度看,GDP 不等于社会发展标的物,茅草屋与钢筋混凝土建筑在人类社会生态上没有优劣之分。从社会发展史的视野看,社会生态的多样性与生物物种多样性一样弥足珍贵。在水利建设过程中加强对文化遗产的保护是时代赋予我们的神圣责任。

汪恕诚部长在《大坝与生态》一文中指出,我国水电建设先后经历技术制约、投资制约、市场制约和生态制约四个阶段。近年来社会各界越来越关注水电工程中的生态与环境问题，其中包括对文物和景观的影响。汪部长号召"水利水电工作者要勇于挑起大坝建设与生态保护两副重担"。

现代水利周刊：您觉得文物保护与水利工程建设能够获得双赢吗？如何做才能取得双赢？

林春：只要我们能够认识到现代水利工程应当承担生态保护的历史责任，与相关部门建立相应的工作程序，制订相互兼容的技术规范，文物保护与水利工程建设就一定能够取得双赢。

南水北调工程文物保护的实践告诉我们，建立既符合工程建设又符合文物保护的工作程序和技术规范是当务之急。从国际上许多国家的经验看，这种建立在权利共享、义务同担基础上的工程建设与文物保护，能够获得双赢。

现代水利周刊：听说汪部长要求您做好水利工程文物保护工作的代言人，您是如何认识这一任务的？

林春：2003年我有机会向汪部长汇报三峡工程文物保护工作，汪部长以他一贯的思维角度，要求我做好水利工程文物保护的代言人。说实在话，我没有做好，虽然我想做好。

虽然没有达到领导的要求，但我以此为工作的最高标准。在南水北调文物工作中，我将自己定位在"桥梁"的位置上，重点是用沟通与协调拉近各方之间的距离。不仅让建设方了解文物的重要性，而且还在技术规范上将文物保护落实在细节上；我苦口婆心地让文物行业人员了解工程建设的工作程序和技术规范。

> 在困难的环境下，林春做着自己该做的事情，在她30年考古生涯中，有22个春节是在红花套工地上度过的，考古让她很累，也让她享受着与古人对话的乐趣

现代水利周刊：您从厦门大学考古专业毕业后到了长江水利委员会，原因是什么？

林春：1974年，我们有机会到长江中游实习，仲春的清晨在岳阳上船，至今仍清晰地记得第一次亲历长江的情景，我们一行十几名师生在江轮的甲板上用随身携带的行李打了一溜通铺。薄雾中长江的那种朦胧让我领悟了什么叫博大，什么是深邃，从此奠定我献身长江建设事业的决心。

现代水利周刊：到了长江水利委员会后，主要做了哪些事情？

林春：20世纪70年代是地震频繁期，加上三峡工程建设的需要，"水文考古"、"地震考古"成为文物考古工作的一项重要内容。长江水利委员会文物考古队就是在这种背景下由文化部、中国科学院和长江水利委员会共同成立的。因此在毕业后的一段时间，我在长江上游跋山涉水进行多次历史水文调查和历史地震调查，这种跨学科的工作使我长了不少知识，令我开拓眼界，从中了解了不同学科的不同思维习惯和工作方法。

我们考古队有个考古工地，位于宜昌附近名叫红花套的小镇。1973—1977年全国文物考古工作因"文化大革命"进入基本停顿的状况，为配合葛洲坝工程的古老背对比方案，国家文物局、中国科学院和长江水利委员会共同在红花套遗址举办"长江流域第二期考古工作人员训练班"。许多今天的顶级考古学家都指导过遗址发掘工作，许多今日卓有成就的中年学者的学术生涯

起源于此。

1978年年底，我开始负责工地工作，着手整理多年积累的考古发掘、调查资料。整理考古发掘报告是考古学的基础性工作，而当时的我还不具备主持整理大型学术报告的水平，只有在实践中下死工夫。对100多个探方、1000多个遗迹单位的遗物，一遍又一遍地打开、拼对、统计、比较，搞不懂时只有掉泪，抹了泪接着再做。1980年我主持三峡坝区路家河等遗址的考古发掘，并出版了三峡工程第一本考古发掘报告《宜昌路家河》。

长期的田野工作也有无穷的乐趣。1980年夏，我由巫山乘一艘开往巫溪的人货混载小船沿大宁河逆水而上，半途中山洪暴发，眼见一堵又一堵水墙向小船迎面扑来，船工们面如土色，用十指紧紧扒着岸边陡峭的石壁缝隙，挺过一次又一次的洪峰，而我却在兴奋地给老师写信：如果这次葬身水底，与三峡融为一体，我将成为巫山神女。考古学的最大魅力在于，面对的是一个认识上永无止境的古代世界，真正的考古学家即使身陷绝境也有自己的梦。

自1994年起，我负责南水北调中线丹江口水库文物调查工作，调查成果得到贾兰坡等专家的充分肯定。从1996年开始，我参与三峡工程文物规划长达数年的审查，后又负责三峡文物经费测算，还曾以各种方式参与小浪底等水利工程文物保护工作。这些经历使我能够将工程建设和文物行业不同的技术规范有机地结合起来，较好地完成南水北调中线工程文物保护规划工作。

现代水利周刊：从事这么多年文物工作，您得到了什么，又失去了什么？与家人长年分离，您觉得自己幸福吗？

林春：任何人对幸福都有自己的理解，自己幸福与否纯属个人感受。我失去了很多东西，但自以为得到了更珍贵的东西：独立的人格、独特的见解——而这些正是急剧转型的社会变革时代一个知识分子最宝贵的。

有所得必有所失，然而，有所失也必有所得。一位老考古学